世纪高等教育精品大系

Shiji Gaodeng Jiaoyu Jingpin Da Xi

浙江省高等教育重点教材

中药商品学

主编　宋捷民　袁强

浙江科学技术出版社

图书在版编目（CIP）数据

中药商品学 / 宋捷民，袁强主编. — 杭州：浙江科学技术出版社，2016.6

ISBN 978-7-5341-7071-3

Ⅰ. ①中… Ⅱ. ①宋… ②袁… Ⅲ. ①中药材-商品学 Ⅳ. ①F762.2

中国版本图书馆CIP数据核字（2016）第085805号

书　　名　中药商品学
主　　编　宋捷民　袁　强

出版发行　浙江科学技术出版社
杭州市体育场路347号　邮政编码：310006
办公室电话：0571-85176593
销售部电话：0571-85176040
网　址：www.zkpress.com
E-mail：zkpress@zkpress.com

排　　版　杭州兴邦电子印务有限公司
印　　刷　浙江新华数码印务有限公司

开　　本　787×1092　1/16　　印　张　17.75
字　　数　431 000
版　　次　2016年6月第1版　　印　次　2016年6月第1次印刷
书　　号　ISBN 978-7-5341-7071-3　　定　价　29.00元

责任编辑　刘　丹　李骁睿　　责任校对　张　特
责任美编　金　晖　　责任印务　田　文

编委会

主　编　宋捷民　袁　强

副主编　管家齐　单伟光　成信法
梁泽华　廖广辉　张　云

编　委　钱旭武　杜伟峰　徐照辉
李越兰　洪　寅　卢　芳
金　华　胡　洁　谢　军
张椿椿　周汪洋　宋述程
万晓青　刘　敏　李晶晶
李春燕　王晓倩　宋　龙

前　言

《中药商品学》是一门研究中药品、保健品和其他中医医疗用品作为商品的使用价值及在流通过程中实现价值的规律的应用科学。商品质量是商品使用价值的基础。因此，中药商品学研究的中心内容是中药商品质量，即围绕商品质量这个中心内容研究商品质量的形成及其影响因素，研究商品质量标准、质量评价方法、质量管理，研究商品包装、广告、商标、知识产权、物流、保管、养护、电子商务、新产品开发、环境保护等。

针对中药学专业培养目标，《中药商品学》的教学要求是突出中药学专业教学特点。教学内容侧重以中药为主的各类商品及流通过程中价值的实现，根据中药商品的特殊性，重点讲授中药商品包装、广告、知识产权、电子商务、环境保护与资源等内容。对于教材总论中的质量标准(GSP)、保管、养护、规格鉴定等内容，因其他专业课中也有讲授，故可不讲或少讲，做到学有专长，教有侧重。为了满足行业需要，我们组织了浙江中医药大学、浙江工业大学、天津中医药大学、上海中医药大学、湖北中医药大学、黑龙江中医药大学、南京中医药大学、浙江医药高等专科学校的教师联合编写了浙江省高等教育重点教材《中药商品学》。本教材适合中药类、药学类、食品类专业的本科教学或其他类专业的辅修选修使用。本书编写的要求是：以教材建设推动课程教学模式改革，通过教学内容和教材体例的更新，推进教学方法和考试方法改革，建设适应不同层次、不同类型教学需求的高质量系列教材。本教材及时跟踪本学科发展前沿，反映相关专业和技术发展的最新理念与成果，不断更新教学内容，使其更符合新形势下市场的实际。

本书由上篇和下篇组成。

上篇分十三章，主要论述中药商品学概论的主要内容：第一章中药商品学概述，第二章中药商品的分类、品种与编码，第三章中药商品的质量与标准，第四章中药商品的市场，第五章中药商品的物流管理，第六章中药商品的储存与养护，第七章中药商品的包装，第八章中药商品的广告，第九章中药专利和商标，第十章中药商品电子商务，第十一章中药市场信息与预测，第十二章中药商品的可持续发展，第十三章中药新产品开发。每章后附有复习思考题，供学生掌握各章节的重点与难点。

下篇分三章，主要论述各类中药商品的特点与规格：第十四章中药材、饮片及成方制剂，第十五章保健食品和中药化妆品，第十六章中医医疗器械。每章后附有复习思考题，以便于学生更好地掌握各章节的知识要点。

中药商品学作为一门新兴学科，涉及知识面广泛，在学科界定、编写框架构建及内容安排等方面均有较大的难度。由于时间仓促、水平有限,书中难免存在缺点和错误,敬请各位专家和广大读者提出宝贵意见,以便日后修订、完善。

编者

2015年12月

目　录

上　篇

下　篇

上篇

第一章 中药商品学概述

第一节 中药商品概述

中药商品学主要研究中药商品和商品的有形附加的共性理论及其相关规律。在我国,用中医药治疗疾病已有3000多年的历史,它对维护我国人民健康、中华民族的繁荣昌盛作出了重要贡献。中药商品作为防病治病的物质,具有商品的基本特征和基本属性,同时作为治疗疾病的特殊商品又具有其专属性。掌握商品与中药商品的特点,对于学好中药商品学是十分必要的。

一、商品

(一)商品的含义

商品是用来交换的劳动产品。商品是人类社会的生产力发展到一定历史阶段的产物,是用于交换的劳动产品。恩格斯对此进行了科学的总结:商品"首先是私人产品。但是,只有这些私人产品不是为自己的消费,而是为他人的消费,即为社会的消费而生产时,它们才成为商品;它们通过交换进入社会的消费"。随着人类劳动技能、劳动工具和社会分工的发展以及生产效率的提高,数量渐多的产品除了满足生产者自身需要外,开始出现剩余,于是剩余产品被拿来同他人的剩余产品进行交换,以满足自己的其他需要。这时商品及其生产、交换就出现了。《周礼·天官冢宰》谓:"医师掌医之政令,聚毒药以共医事。"可见在周朝时中药作为商品,已经生产并通过交换,而用于为广大人民群众防病治病。

狭义商品仅指符合定义的有形产品,我们通常用于交换的以物质形态为表现的劳动产品是商品,如药品、保健食品。

广义商品除了包含狭义商品所指的有形的产品外,还包含无形的服务产品。以知识形态、资金形态、劳务形态为表现的劳动产品,如技术成果、专利、股票、债券、药学服务等都是商品。

(二)商品具有的基本特征

1. 具有使用价值的劳动产品。

商品是由人们的劳动创造出来的物品,它是经过劳动而获得的。某些天然物品,如果人们不劳而获、为己所用就不能称为商品。如山上野生的金樱子、草丛中爬行的乌梢蛇、林边的蛤士蟆、我们日常呼吸的空气、天上落下来的雨水都不能算是商品,但这些天然物品如果经过人们劳动加工而用于交换则另当别论。如养殖的乌梢蛇经加工进入中药房作为药品来出售就变成了商品;养殖的蛤士蟆抓出来,经过清洗、取出带油的输卵管、干燥,送到饭店作为滋补食物出售时就变成了商品。

2. 供他人消费(即社会消费)的劳动产品。

商品是供他人消费(即社会消费),而不是供生产者或经营者自己用的劳动产品,如农家自酿自饮的水酒,自制自食的咸肉,夏天自产自用泡茶解暑的夏枯草、六月霜。用自己的产品来满足自己的需要,生产的就只是产品,而不是商品。要生产商品,不仅要生产使用价值,还要为别人生产使用价值,即生产社会的使用价值。所以,自产自用的劳动产品不能归于商品。

3. 必须通过交换才能到达他人手中的劳动产品。

能与别的产品进行交换的产品就是商品。人们生产的物品不供自己的消费,而是为他人的消费,即为社会的消费而生产时,它们才成为商品。它们通过交换进入社会的消费。早期的商品交换方式是简单的"以物易物",如我国古代药王庙会,不同产地的中药品种相互交换;后来发展成为以货币为媒介的较高级交换方式,如我国每年的"广交会"。商品交换和商品生产的实现标志着人类社会进入了新商品经济发展阶段。

(三) 商品的基本属性

商品是用来交换的劳动产品,具有使用价值和价值两个基本属性。商品是使用价值和价值的统一体。

1. 使用价值。

使用价值是指商品能够以自身自然属性来满足人们某种需要的属性,是商品的效用或物的效用,即商品的有用性。

2. 价值。

价值是凝结在商品中的抽象劳动。商品的价值是商品的本质属性,反映了人和人之间的社会关系。

二、中药商品

首先中药商品具有商品的实质、基本特征和基本属性,是商品中的分类商品。同时其属性是治疗疾病的特殊商品,市场特征是专营、专控、专用,由具有药品专营和生产资质的医药公司、药店、医院、药厂等专业部门负责生产、营销和指导使用。专控是指不得随意买卖,必须由国家药品和卫生管理部门控制市场的生产、流通、销售和使用。凡是进行中药商品生产、流通、销售和使用的部门,必须具有专业资质和营业执照。专用是指中药商品用于医疗用途,消费者是患者。尤其是中药进入医疗市场要经过药品审批程序,没有经过药品审批的不能作为药品使用。中药有处方药和非处方药之分,由医师处方使用或指导使用。

中药商品范围很广,其主要作用为维护人类健康,一般分为六大类。

(一) 中药材和饮片

中药材是在原产地以传统方式采收、加工的半成品或成品。中药饮片是中药材经过加工炮制,可直接用于中医临床的中药。这个概念表明,中药材、中药饮片并没有绝对的界限,饮片包括了部分经产地加工的中药切片(包括切段、块、瓣)、原形药材饮片以及经过炮制的药材饮片。南宋周密的《武林旧事》中首次出现"作坊"出售"熟药圆散,生药饮片"的记载,可见饮片作为商品大约始于宋朝。

（二）中成药

中成药是在中医药理论指导下，以中药饮片为原料，按照规定的处方、生产工艺和质量标准生产的成方制剂，具有便于携带、使用方便等特点。

（三）保健食品

保健食品是指具有特定保健功能或者以补充维生素、矿物质为目的的食品，即适合特定人群食用，具有调节机体功能，不以治疗疾病为目的，并且对人体不产生任何急性、亚急性或者慢性危害的食品。中药中有84种可以药食两用，有114种可用于保健。

（四）中药化妆品

中药化妆品是指以中医药理论为指导，含有中药，具有明显的功能性，针对性强，以预防为主，以涂抹、喷洒或者其他类似方法，散布于人体表面的任何部位，以达到清洁、保养、美容、修饰和改变外观，或者修正人体气味，保持良好状态为目的的化学工业品或精细化工产品。

（五）中医医疗器具设备和医用材料

中医医疗器具设备和医用材料是指以中医药理论为指导，单独或者组合使用于人体的仪器、设备、器具、材料或者其他物品，包括所需要的软件。

（六）有形附加物

附在上述中药商品上的还有有形附加物，如商品名、企业名、包装及标记、商标、专利标记等。

第二节 中药商品学的研究内容和任务

一、中药商品学的研究内容

马克思在《资本论》第一章就明确指出："商品的使用价值为商品学这门学科提供材料。"也就是说，商品的使用价值是商品学学科的研究内容。

中药商品学是一门研究药品、保健品和其他医疗用品作为商品的使用价值及在流通过程中实现使用价值的规律的应用科学，是以中药商品为研究对象，而且研究中药商品使用价值的一门科学。商品质量是商品使用价值的基础。因此，商品学研究的中心内容是商品质量，即围绕商品质量这个中心内容研究商品质量的形成及其影响因素，研究商品质量标准、质量评价方法、质量管理，研究商品包装、广告、商标、保管、运输、储藏、养护、维修及其使用方法，研究商品与环境保护的关系等。

中药商品学学科体系的总体框架由总论和各论构成。总论部分即商品学学科体系框架的主体部分，包括中药商品的品种与编码、中药商品质量标准、中药商品包装、中药商品养护与储运、中药商品的商标与专利等。各论部分即中药商品学概论学科体系的支架部分，如药材与饮片、成方制剂、保健食品、医疗器械、中药化妆品等。由中药商品学总论和中药商品学各论构成中药商品学学科完整的科学体系。

从中药商品学学科性质看，商品学是既具有自然科学属性，又具备社会科学属性的综合性应用学科。科学技术的提高，现代商品经济的发展，使中药商品学面临许多新问题和新任务，其研究内容更加丰富，涉及的范围更加广泛，需要运用技术、经济、社会的观点，全面地考察、研究和评价中药商品的质量和使用价值。

目前,中药商品学的研究内容重点是两个方面:

第一,研究与中药商品质量有关的自然属性,也就是要研究中药商品的外形、规格、结构和化学性质、物理机械性质、生物学性质、生理学与生态学性质等。

决定中药商品的内在质量的是化学性质、物理性质、生物性质等。决定中药商品的外在质量的是规格、剂型、结构等。

第二,研究影响中药商品质量的因素、商品质量在流通和使用过程中的各种变化规律,以及各种外界因素对这些变化的影响。例如,中药商品分类(商品信息化),中药商品标准化的管理,中药商品的保管、储藏与养护,商品物流、商品包装,广告与商标,中药商品与健康,商品与环境保护,商务电子化等。

二、中药商品学的任务

(一) 研究中药商品质量监督与管理

中药商品是特殊商品,关系人民的生命与健康。在中药商品生产和流通过程中,为保证中药商品使用价值的实现,必须依据中药商品标准对商品质量进行鉴定、评价,另一方面,依照法规也必须对中药商品质量实行监督与管理,以维护广大消费者的权益。同时还要研究中药商品与环境保护的关系。

(二) 研究中药商品经营技术

为控制与减少中药商品在流通领域中的损失,提高经营效益,必须研究中药商品经营技术,如商品储存运输技术、保管养护技术等。

(三) 研究中药商品促销手段

科学的促销手段,是企业获取信誉,增强市场竞争能力的重要措施。研究如何科学、准确地向消费者宣传介绍中药商品的原料组成、规格、功能主治、特点、使用方法、保管方法、维护技术等,可达到引导消费,提高经营效益的目的。

(四) 研究新产品开发

在市场经济充分发展的条件下,为了满足社会需要,提高企业市场竞争能力,拓宽中药商品使用领域、使用范围、使用功能,必须应用新技术,研究开发新产品,使企业在市场上始终保持旺盛的生命力。

第三节 中药商品学的发展历史

我国是一个历史悠久的文明古国,商品经济一度比较发达,为中药商品学的诞生奠定了物质基础。我国中药商品学的产生与发展大体上可以分为以下几个时期。

一、原始社会至秦汉时期

我国商品经济的历史渊源,可追溯到原始社会后期的“物物交换”。那时并无“市”可集,只不过是在村落的十字路口摆摆地摊而已。集市贸易大约起源于殷、周时期。《周易·系辞》曰:“日中为市,致天下之民,聚天下之货,交易而退,各得其所。”战国时大都邑,如齐都临淄、赵都邯郸、大梁(开封)、洛阳等邑都有市,称为“有市之邑”。范蠡、端木赐、吕不韦都是著名的大商人。《中国通史》记载:“郑商人到周出卖皮革,到楚收买丝绵,晋自楚输入木材、皮革。春秋晚期,大商贾势力足以交通诸侯卿相,与问政事。”

中药作为商品交换，应该是在中药的应用之后。中药的发现与应用始于神农氏时代，《史记·补三皇本纪》云："神农氏以赭鞭鞭草木，始尝百草，始有医药。"相传商代伊尹创制汤液。西皇甫谧在《针灸甲乙经》序中谓："伊尹以亚圣之才，撰用神农本草，以为汤液。"我国中药学发达很早，正式的文字记载可以追溯到公元前1000多年的西周时代，从周至秦汉时期，政府均设有医官执掌医药。药商在招揽生意和辨别货物真伪时，深切感受到商品经营知识的重要性，于是将散落的关于中药商品知识的只言片语逐步广集成书。

现存最早的中药商品学专著当推《范子计然》，一般认为该著作成书于西汉，为范蠡所撰，也有人认为作者不详，托名范蠡或计然所著。全书分为上、中、下三卷，上卷论述了物情物理、谋国九术、富国称霸；中卷记载了天、地、日、月、三光、风雨、露、四时等气象、地理知识；下卷论述101种商品，其中有中药商品86种，包括植物药65种、动物药6种、矿物药15种。书中不记载药物的性能、功效与主治，是一部重点论述中药质量的商品学专著。书中大部分中药记有品名和产地，内中还简要论述了36种中药的优质品标准，如产地、形状、粗细、色泽、质地、气味、采收季节等，还记载有少数中药的等级和当时的价格。东汉末年的《神农本草经》也记载了不少中药商品学知识，除了介绍中药的功能与主治外，还记载了中药的产地、采集、加工、储存、真伪鉴别，以及丸、散、膏、酒等多种剂型。

二、晋至宋金元时期

历经后汉、三国、两晋至南齐，由于临床用药的不断发展，以及中外通商和文化交流，使西域南海诸国的药物如乳香、苏合香、沉香等香料药输入我国，新的药物品种逐渐增多，并陆续有了零星记载。南朝梁时陶弘景撰成《本草经集注》一书，载药730种，分玉石、草、木、虫兽、果菜、米食、有名未用七类，在世界上首创按自然属性分类药物的方法，对中药商品学分类作出了贡献。该书对药物的形态、性味、产地、采制、剂量、真伪辨别等都做了较为详尽的论述，强调药物的产地、采制方法与其疗效具有密切关系。此外，该书还考定了古今用药的度量衡，并规定了汤、酒、膏、丸等剂型的制作规范，保证中药商品计量的准确性与质量的可靠性。

隋唐时期，我国南北统一，经济文化繁荣，交通发达，外贸增加，西域药品输入日益增多，从而推动了中药商品的迅速发展。唐朝中期著名文学家柳宗元所著的《宋清传》，通过为唐朝长安药商宋清作传，详细记录了唐朝中药商人的经营史。唐朝药铺所经营的环节有药物的收购、加工、销售。销售中，有针对"长安医工"的批发，也有针对"疾病疕疡者"的零售。零售中，有内科用药和外科药剂。药商宋清首先自觉坚持"居善药"，即经营中坚持药品质量第一。第二对用户与消费者不分贫富贵贱、现钱赊账，均一视同仁，给予好药。三是自觉承担救助贫病者的社会责任。每到年底对无力偿付者，宋清就将欠据烧毁，不再保存。四是重口碑，靠不断扩大市场、薄利多销积累利润。宋清作为唐朝优秀中药商人的经营思想，体现了中国传统文化以人为本、和谐相处的核心价值。

中医自古以来以茶为药，唐朝陆羽的《茶经》，概述了茶叶的质量、茶叶的评审、茶叶的饮用方法、茶叶的保管等商品学知识。

唐朝政府组织苏敬等中医药学者编撰的《新修本草》，是我国历史上第一部由国家组织修订并颁发的全国药品标准。

古代药市是庙会活动与药材交易的紧密结合，在药业经营活动中占有十分重要的地位。最早的药市出现于中唐时期的梓州(今四川省三台县)。《岁时广记》记载："唐王昌遇，梓州人,得道,号元子,大中十三年(859年)九月九日上升。自是以来,天下货药辈,皆于九月初集梓州城,八日夜,于州院街易元龙池中,货其所赍之药,川俗因谓之药市,递明而散。逮国朝天圣中(1023~1031年),燕龙图肃知郡事,又展为三日,至十一日而罢。药市之起,自唐王昌遇始也。"五代的成都药市,规模和热闹场面都大大超过梓州,而且改在白天举行。《岁时广记》引《四川记》载:"成都九月九日为药市,诘旦尽一川所出药草异物与道人毕集。帅守置酒行市以乐之,别设酒以犒道人。是日早,士人尽入市中,相传以为吸药气愈疾,令人康宁。"

宋朝首创了官办药局,这是我国历史上最早的国家药局,也使药物管理纳入国家法制管理的范畴,由国家控制药物贸易,实行专营,制止商人投机,对制药实行监管。惠民局与和剂局有较为完善的组织结构和管理制度,朝廷对成药整个制作过程和销售严加管理和监督。宋朝周密的《癸辛杂识》记载:"和剂惠民药局,当时制药有官,监造有官,监门又有官。药药成,分之内外,凡七十局,出售则又各有监官。皆以选人经任者为之,谓之京局官……"并颁布了药物标准。《太平惠民和剂局方》推行了成药,降低了药价,对人民的身体健康和疾病的救治、药物的贸易发展等都产生了很大作用。国家药局制定药物生产监管与卖药轮值制度、药物质量检查制度等,尤其是其专卖制度,宋高宗下诏打击冒充和剂局生产的假药,并确定使用"和剂局记"的贴子印记商标进行保护等,在世界医药管理史及医药贸易方面的影响深远。宋朝还曾以法律形式规定了医生的职业道德及医疗事故的责任,凡利用医药诈取财物者,以匪盗论处;庸医误伤致人死命者,以法绳之;主管官员不恤下属病苦者,亦予惩处。

元朝对推行官药局体制十分积极,《元史·食货志》有较详细的记载。还在元太宗窝阔台灭金后的第三年(1237年),就令燕京等十路置局,官给银500锭为规运之本。元成宗铁穆耳又令各路置局,根据民户多少拨给官本。其中湖广行省韶州府惠民药局,不仅向社会供应药品,还组织南北药材交流,扩大了官药局的职能范围。

三、明清至现代时期

明朝洪武元年(1368年),朱元璋诏令全国药商在药材贸易繁盛的禹州(今河南省禹州市)集结交易,初步形成全国中药商品市场;又在洪武八年(1375年)四月八日(佛祖释迦牟尼诞辰日)到百泉卫源庙祭祀,以后每年在此前后几天形成更大庙会及市场。百泉地处太行山余脉苏门山南麓及卫源河源头,大宗太行山药材及外地药材商人参加交易,禹州、百泉药市由此兴起。

明代李时珍的《本草纲目》,将中药商品按自然属性分为水、火、土、金石、草、谷、菜、果、木、服器、虫、鳞、介、禽、兽、人共16部62类。这种按"从贱至贵"的原则,即从无机到有机、从低等到高等的分类,基本上符合进化论的观点,因此可以说是当时世界上最先进的中药商品分类法。《本草纲目》中的每一味药都按释名、集解、修治、气味、主治、发明、附方等项分别叙述,详细介绍了中药商品的名称由来和含义、产地、形态、真伪鉴别、采集、栽培、炮制方法、性味功能、主治特点等。《本草纲目》是一部详细介绍中药商品学知识的商品学著作。1590年刊印后,有多种外文译本在国外广为流传。日本的商品学著作《宜禁本草》就是根据《本草纲目》编写的。

民间药铺在明朝逐渐发展起来,这些药铺除供应饮片,还自制成药,较有名的药铺如:北京有永乐年间开业的万全堂,嘉靖五年的西鹤年堂,万历年间的永安堂、马思远药锭等;

广州有嘉靖年间的冯了性药号，万历年间的陈李济药店；始创于明朝末年(1637年)的武汉叶开泰药室。我国中药行业商人组织的商会会馆首创于京城北京。北京药业在明代中期以后发展很快，嘉靖年间(1522～1566年)建立药行商会，辟会馆为议事机构，是第一个具有专用名称的药业行会组织。药业会馆到清朝就很盛行了。

清朝药政管理大体承袭明制，由生药库收藏药材，官办药厂供应民间药品，在太医院内有专司药品加工的"切制医生"。随着医药发展分工日趋完善，1654年，曾于景山东门外，筑药房三间，领医官奉旨施药。同时，民间药铺进一步发展，苏州雷允上诵芬堂创建于1662年；北京同仁堂创建于1669年；杭州胡庆余堂创建于1874年。这些老药铺重视药品质量，讲究信誉，受到群众信任，有的至今还享有盛誉。

在清末民初全国共有17个大药帮，包括关东帮、古北口帮、西北口帮、京通卫帮、祁州帮、山西帮、陕西帮、山东帮、怀帮、彰武帮、禹州帮、宁波帮、亳州帮、江西帮、汉口帮、川帮和广帮。帮首由推举产生或轮流担任，多数为著名业主，因而只是兼挂头衔，负责组织处理内外事务。帮内同业自主经营，自负盈亏，形成一个松散的药商集团。他们活跃于全国各大药材集散地，主要从事药材购销批发业务。

民国时期，我国医药学发展的总体特点是中西医药并存。虽然国民政府对中医药采取了不支持甚至歧视的政策，但是在志士仁人的努力下，中医药学以其顽强的生命力，依然继续向前发展，并取得了不少成果。陈存仁主编的《中国药学大辞典》(1935年)，全书约200万字，收录词目4300余条，既广罗古籍，又博采新说，且附有标本图册，内有不少商品学知识，受到药界推崇。同时，大量西方商品学知识和书籍也传入我国，1908年李漱将日本的《商品学》译成商品学教材《新译商品学》出版；1928年潘吟阁著《分业商品学》；1934年刘冠英著《现代商品学》；1937年万嘉禾著《商品研究通论》。1922年，当时的中国大学首次开设了商品学课程。从1936年起，天津的津沽大学、上海的沪江大学、广州的暨南大学相继开设商品学课程，对于商品学的分支——中药商品学的发展都有很大影响。

新中国成立后，我国社会主义事业取得了伟大成就，政治稳定，经济繁荣，重大科学技术研究成果层出不穷。许多先进技术和理论被引进到中医药学中，大大促进了中医药学的发展。政府高度重视中医药事业的继承和发扬，制定了一系列相应的政策和措施，使中医药事业走上了健康发展的轨道。据商业部门统计，1954年全国私营中药商户10.4万户，是西药商户(6600多户)的15倍之多；中药从业人员有27万多人，私营起主要作用。

1954年，毛泽东主席明确指出，我国中药有几千年的历史，是祖国极其宝贵的遗产，应当很好地保护与发展。1955年3月1日成立了中国药材公司，中药业务由卫生部移交商业部。1955年7月4日，中国药材公司由商业部移交全国供销合作总社，成立全国供销合作总社中药材管理总局。1957年，药材生产由中药行业统管，各级药材公司不仅负责药材的购销经营管理，并负责中药材的生产管理和科学研究，形成农、工、商一体，产、供、销结合的专业公司。1979年，中药又由商业部移交国家医药管理总局管理。2001年，中国药材公司转制为中国药材集团公司。在这期间，我国于20世纪60年代、70年代、80年代先后进行过三次大规模中药资源普查。其中第三次中药资源普查，是规模最大的中药资源普查，始于1983年。当时的结果显示，我国中药资源有12807种，其中药用植物11116种，药用动物1571种，药用矿物80种。1977年，原商业部与原卫生部、原国家计量局协作，经过调查研究作出决定：对中药的计量单位由旧制改为新制，中医处方计量改"钱"为"克"，并统一了全国中药计量单位，改变几千年来的中药计量习惯。1994年，国家整顿并确定了全国17个中药材市场，允许原卫生部规定的69种食药兼用的中药饮片进入市场按质论价、自由交易。

2003年，中央国企改革，中国药材集团公司移交国资委。2005年，中国药材集团公司全面完成改制转型，正式并入中国医药集团总公司。同时各地区业务统一归地方管理，进入地方的改制转型，全国各省、市、县、乡多级药材和药品商业流通及管理网络被打破。2003年，国家开始实施中药材GAP认证和饮片GMP认证。

针对我国社会主义市场经济体制的逐步建立，对中药教育的课程设置提出了新的要求。中药专业的学生毕业后，将面对中药由国家统一调配转变为市场进行调节这一形势。这样他们将更多地介入到市场经济的商品流通领域中去，如何使他们适应这一新情况，是中药专业教育一个亟待解决的问题。20世纪90年代初，广西中医学院、浙江中医学院首先开设了《中药商品学》课程。以后大多数中医药院校开设了《中药商品学》。2006年，中国商品学会中药商品学分会成立，对中药商品学的发展起到了进一步的推动作用。《中药商品学》教材陆续出版，1997年朱圣和著《中成药商品学》，1999年白世庆撰写《中药商品学》，2002年张贵君主编全国高等中医院校教材《中药商品学》，2009年袁强、宋捷民主编卫生部"十一五"规划教材《医药商品学》，2010年税丕先、庄元春主编《现代中药材商品学》，2012年卢先明主编全国高等中医药院校成人教育规划教材(专升本)《中药商品学》。

第四节　学习中药商品学的意义

中药商品学是一门新学科，在我国由计划经济转入市场经济后，中药商品由国家统一调配转为由市场调节，所以需要我们从市场的角度对中药商品进行研究。学习中药商品学的意义在于：

一、保证商品质量

根据GMP标准和GAP标准，中药商品在生产过程中的质量容易把握，但一出厂进入流通领域后质量就很难把握。由于中药商品流通领域范围广，流通渠道多，造成流通领域中药商品质量问题的原因错综复杂，如环境变化大，人为因素增加均可影响中药商品的质量。另外，现在中药商品市场竞争激烈，企业要通过广告宣传、商标法来保护优质中药商品。学习中药商品学可以熟悉和掌握中药商品的经营管理法规及中药商品产销概况、分类方法、品种规格、性能特点、质量标准、包装条件、养护措施、使用常识等，有助于搞好中药商品经营管理和提高中药企业管理水平。

二、提高经济效益

学习中药商品学的目的是提高经济效益。所谓经济效益，是指通过商品和劳动的对外交换所取得的社会劳动节约，即以尽量少的劳动耗费取得尽量多的经营成果，或者以同等的劳动耗费取得更多的经营成果。从而有利于满足人民不断增长的物质和文化生活需求。提高经济效益，意味着增加收入，增加资金积累，从而有利于国民经济和企业的发展。提高经济效益，主要是提高投资效益和中药资源利用效益，从而有利于缓解中国人口多与中药资源相对不足、资金短缺的矛盾，提高经济增长的速度。以前我国不少中药商品对商品的外形、规格和服务等都不注重，这样使我国中药商品长期处于低产值的阶段。通过学习《中药商品学》,我们将充分利用现代管理手段来减少损耗,通过使用先进的生产工艺,提高中药商品质量,使生产者、设计开发者、经营者掌握必需的中药商品知识,以达到提高效益、增加价值的目的。

三、有利于促进消费

正确指导个人消费,充分发挥中药商品的更大作用。在市场经济社会中,每一个人都是社会商品的消费者,各种中药商品的使用或食用方法,与中药商品本身的属性密切相关。只有具备一定的中药商品知识,中药商品的使用价值才能得到充分发挥,才能在优劣兼有的中药商品市场中正确辨识中药商品,购买中药商品。通过大力普及中药商品知识和消费知识,使消费者认识和了解中药商品,学会科学地选购和使用中药商品,掌握正确的消费方式,由此促进中药商品使用价值的实现。中药商品的广告宣传要合法正确,要能指导消费,有利于民众的身体健康,要能美化生活。说明书与标签要详细准确,包装要能吸引或刺激消费。学习《中药商品学》可以使我们正确评价中药商品,正确宣传与解释中药商品,起到促进生产与指导消费的积极作用。

四、提高企业管理水平

商品学是随着商品经济和科学技术的发展而发展起来的。在国外,一名成功的工商企业家必须具有市场学、销售学和商品学的知识。在国内,随着市场经济的进一步发展,也有人称商品学是与经济学、管理学并驾齐驱的企业经营活动的三大科学支柱之一,企业经营管理工作者不懂得商品学,就好比医生不懂药品一样。学好《中药商品学》,正确运用中药商品学的理论,对提高企业生产水平,合理开发中药商品十分有益。通过广告和商标扩大影响、树立品牌形象,通过包装、装潢增加中药商品的价值和销售量,同时提高企业形象,更好地满足广大人民群众日益增长的物质需求。

五、扩大国外市场

随着全球范围内"回归自然"浪潮的兴起,中医药进出口贸易在全球医药市场格局变化和我国医药内需发展强劲等因素的作用下,保持了较快增长势头,但在管理、科研、产品、人才和规模等许多方面与国际市场的要求仍然相去甚远。国外市场对中药商品的特征要求很严格,以前要求标明中药所含的化学成分,现在改为要求注明药效;并且对中药商品说明书的规范、外包装的美观、商标的注册、标签和合格评定的程序、商品对环境的影响、重金属含量、农药残留量、微生物指标,还有动植物检验检疫等均有严格要求,不符合标准就退运。这就要求我们中药商品企业对商品特征及国际标准进行深入研究,积极参与中药商品国际标准的制定,使我国的中药商品符合国际市场的要求,以提高我国中药商品在世界上的地位和占领广阔的世界中药商品市场。

复习思考题

(1) 中药商品一般分为哪六大类?

(2) 请论述中药商品学的任务。

(3) 在清末民初全国共有哪17个大药帮?

(4) 请回答学习中药商品学的意义。

第二章　中药商品的分类、品种与编码

第一节　商品的分类

一、商品分类的概念

将商品集合体按一定的标志，科学系统地逐次划分为总类、大类、类别、组别、品目，甚至规格、花色等细目的过程，称为商品分类。

商品分类中的总类，一般根据生产、流通的行业划分。总类下又各自分为大类、中类、小类、品种、规格等。

二、商品分类的作用

商品分类的目的在于更好地进行商品生产经营活动，因此商品分类的作用体现在以下四个方面：

（1）研究商品使用价值、评价商品质量的重要方法。

（2）实现商品使用价值、提高管理水平的重要手段。

（3）编制商品目录、实现管理现代化的前提。

（4）有利于国际信息资源共享和对外贸易的发展。

三、商品分类的原则

商品分类的原则是建立科学商品分类体系的重要依据。

（一）科学性原则

科学性原则是商品分类的基本前提。分类目的和要求必须明确；分类对象的范围应准确界定；分类对象的名称是唯一的；选择分类对象最稳定的本质属性或特征作为分类的依据。

（二）系统性原则

系统性原则是商品分类的关键。以分类对象的稳定本质属性或特征为基础，将选定的分类对象按照一定的顺序排列，每个分类对象在这个序列中都占有一个位置，并反映它们彼此之间既有联系又有区别的关系。

（三）可延性原则

可延性原则又称可扩展性原则、后备性原则，即进行商品分类要事先设置足够的收容类目，留有足够的空位，以保证新产品出现时不至于打乱已建立的原有的分类体系和结构，同时为低层级的分类子系统在此分类体系基础上进行延拓和细化创造条件。

（四）兼容性原则

兼容性原则是指相关的各个分类体系之间应具有良好的对应与转换关系。建立新的分类体系时，要尽可能与原有的分类体系保持一定的连续性，使相关的分类体系之间相互衔接和协调，同时考虑与国际通用的分类体系对应和协调，以有利于推广应用，便于信息的查询、对比和交流。

（五）综合实用性原则

综合实用性原则是检验商品分类的实践标准。商品分类首先应满足国家总政策、总规划的要求，同时应充分满足生产、流通及消费的需要。因此，商品分类应尽最大努力结合各部门、各系统、各行业、各企业及消费者的实际，满足各方面的需要。

（六）唯一性原则

唯一性原则要求保证商品所属类别的专一性、分类标志的统一性。商品分类后的每一个品种，只能出现在一个类别里，或每个下级单位只能出现在一个上级单位里。

四、全国工农业产品（商品、物资）分类与代码的编制

（一）编制目的和适用范围

1. 目的。

为提高我国经济管理水平，建立统一的、科学的国民经济核算制度和实现国家经济信息的自动化管理，特制定本标准。

2. 适用范围。

该编制是国民经济统一核算的重要基础标准，供计划、统计、会计、业务等工作使用，是国家经济信息系统的重要基础标准，是全国各经济信息系统进行信息交换的共同语言。

（二）分类原则

（1）分类对象是我国生产的工农业产品（商品、物资）。进口的商品（物资），除少数原材料外，均不包括在本标准范围内。

（2）以科学分类为主，按工农业产品（商品、物资）的基本属性分类，适当兼顾部门管理的需要。

（3）分类首先满足现代化管理的需要，适当照顾当前管理水平。

（4）为统一全国工农业产品、商品、物资的分类，兼顾生产领域和流通领域的要求。

（5）与相关标准兼容。

（三）编码方法

（1）为层次代码结构，共分四层（不包括门类），每层均以两位阿拉伯数字表示。为便于检索，设置了门类，用英文字母表示其顺序。

（2）每层的代码一般从“01”开始，按升序排列，最多编至“99”。但第三层代码的编写另有特殊规定，见(6)。

（3）各层中数字为“99”的代码均表示收容类目。同一层内分成若干区间时，每个区间的收容类目一般用末位数字为“9”的代码表示。

（4）第一、二、三层的类目不再细分时，在它们的代码后面补“0”直至第八位。

（5）各层均留有适当空码，以备增加或调整类目用。

（6）第三层设有“开列区”，其类目用“01”至“09”表示。不设开列类目时，主分类区第三层类目的代码一般从“10”开始编写。“开列区”类目在代码前均标有“※”号。

（四）有关“开列区”的规定

1. “开列区”类目的设置。

为满足管理上的特殊需要，在第三层设有“开列区”。该区类目有下列两种情况：

（1）对主分类区类目所含产品（商品、物资）按不同属性重新分类。例如，对于特厚钢

板,在主分类区已按钢种分类,在“开列区”又按用途将其分为“锅炉用特厚钢板”、“压力容器用特厚钢板”等。

(2) 按各种不同要求设置类目。例如,在主分类区已按加工工艺对金属切削机床进行了分类,但在管理上尚需了解金属切削机床的技术装备水平。因此,在“开列区”又补充设置了“数控机床”、“高精度机床”等。

2. “开列区”类目的使用规定。

“开列区”类目之间没有严格的逻辑关系,因此一般不能进行汇总;由于存在交叉关系,也不能与主分类区类目一起汇总。

(五) 计算单位

本标准一般采用不加量词的计算单位,使用者可根据需要加以适当的量词。未给出计算单位的产品(商品、物资)需汇总时,可以暂用“元”。

(六) 使用要求

(1) 为国民经济统一核算和国家经济信息系统提供了统一的全国工农业产品(商品、物资)分类编码体系,各部门、各地区必须按照本标准及国家对使用本标准的有关要求整理上报资料。

(2) 各部门、各地区在使用本标准过程中允许做适当细化和补充;也可以在本标准基础上制订本部门、本地区的标准,但必须与本标准兼容,以保证信息交换和资源共享。

(七) 全国工农业产品(商品、物资)分类与代码表

详见国务院国民经济统一核算标准领导小组办公室和国家标准局信息编码研究所编写的《全国工农业产品(商品、物资)分类与代码》。

五、全国工农业产品(商品、物资)分类与代码

A 农、林、牧、渔业产品

01 农业产品

02 营林产品

03 人工饲养动物和捕猎的野生动物及其产品

04 渔业产品

05 观赏植物

06 其他农、林、牧、渔业产品

B 矿产品及竹、木采伐产品

07 煤、石油和天然气

08 黑色金属矿采选产品

09 有色金属矿采选产品

10 非金属矿采选产品

11 木、竹采伐产品

C 电力、蒸汽供热量、煤气(天然气除外)和水

12 电力、蒸汽供热量、煤气(天然气除外)和水

D 加工食品、饮料、烟草加工品和饲料

13 加工食品

14 饮料

15　烟草加工品
16　饲料
E　纺织品，针织品，服装及其缝纫品，鞋帽，皮革、毛皮及其制品
18　纺织用纤维加工品
19　纺织品
20　针织品
21　服装及其他缝纫品
22　鞋帽
23　皮革、毛皮及其制品
F　木材、竹、藤、棕、草制品及家具
24　木材、竹、藤、棕、草制品
25　家具
G　纸浆、纸和纸制品，印刷品，文教体育用品
26　纸浆、纸和纸制品
27　印刷品
28　文教体育用品
H　石油制品、焦炭及煤制品
29　石油制品
30　焦炭及煤制品
J　化工产品
31　无机化学品
32　化学肥料
33　化学农药
34　有机化学品及涂、颜、染料，催化剂，助剂，添加剂和黏合剂
35　高分子聚合物
36　信息用化学品
37　化学试剂
38　日用化工品
39　其他化工产品
K　医药
40　化学原料药
41　化学药制剂
42　中药材
43　中成药
44　畜用药
45　生物制品
L　橡胶制品和塑料制品
46　橡胶制品
47　塑料制品
M　建筑材料及其他非金属矿物制品

48 建筑材料及其他非金属矿物制品

N 黑色金属冶炼及其压延产品

49 钢铁冶炼产品

50 钢材

51 其他黑色金属冶炼及其压延产品

P 有色金属冶炼及其压延产品

52 有色金属冶炼产品

53 有色金属压延加工产品

Q 金属制品

55 金属结构及其构件

56 工具

57 金属丝及其制品

58 建筑用金属制品

59 搪瓷制品及日用金属制品

60 其他金属制品

R 普通机械

61 锅炉及原动机

62 金属加工机械

63 通用设备

64 铸锻件及通用零部件

65 工业专用设备

66 农、林、牧、渔业机械

67 建筑工程机械和钻探机械

68 医疗器械

69 其他机械产品

S 交通运输设备

72 铁路运输设备

73 公路运输设备及工矿车辆

74 船舶及其辅机、飞行器

T 电器机械及器材

75 电机

76 输变电设备

77 电工器材

78 家用电器

79 其他电器装置和设备

U 电子产品及通信设备

80 雷达和无线电导航设备

81 通信设备

82 广播电视设备

83 电子计算机及其外部设备

84　电子元件
85　电子器件
V　仪器仪表、计量标准器具及量具、衡器
87　仪器仪表
88　计量标准器具及量具、衡器
W　工艺美术品、古玩及珍藏品
90　工艺美术品
91　古玩及珍藏品
X　废旧物资
92　废旧物资
Z　其他产品(商品、物资)
99　其他产品(商品、物资)

第二节　中药商品的分类

我国中药产品可谓门类齐全、品种繁多,其技术、生产、销售、消费特点各不相同。对中药产品实行正确的分类,可以帮助中药企业针对自已所生产和经营的产品类别,正确掌握其生产经营上的特点,有利于提高中药企业的市场经营管理。中药产品根据不同的分类标准,可以有许多不同的分法。随着医药科学技术的发展,各类中药商品之间制造、加工技术、包装、销售技术等相互渗透现象越来越普遍,因此中药商品的各种分类之间也呈现相互联系、相互交融的现象。

一、中药商品按生产方式和功用分类

中药商品按生产方式和功用可分为中药药品类、中医器械类、保健食品类和化妆品类。

(一) 中药药品类

1. 中药材。

通常我们把从自然界中采集、未经加工的原药称为中药材,一般可分为植物药、动物药和矿物药;按药用部位可分为根、根茎类、皮类、叶类、花类、种子果实类、全草类等。

2. 饮片。

饮片是指根据需要,经过炮制处理而形成的供配方用的中药,或可直接用于中医临床的中药。按功能可分为解表药、清热药、泻下药、祛风湿药、利水渗湿药、化湿药、温里药、理气药、消食药、驱虫药、止血药、活血祛瘀药、化痰止咳平喘药、安神药、平肝息风药、开窍药、补虚药、收涩药、涌吐药、外用药。

3. 成方制剂。

成方制剂是指临床反复使用、安全有效、剂型固定,并采取合理工艺制备成质量稳定、可控,经批准依法生产的成方中药制剂。

(二) 中医器械类

1. 中医器械。

中医器械是指在中医理论指导下单独或者组合使用于人体的仪器、设备、器具、材料或者其他物品,包括所需要的软件;其用于人体体表及体内的作用不是用药理学、免疫学

或者代谢的手段获得，但是可能有这些手段参与并起一定的辅助作用。在中国医疗器械分类目中的录编号为6827，可分为：①诊断仪器，如中医专家系统、脉象仪、舌象仪、痛阈测量仪、经络分析仪；②治疗仪器，如电子穴位测定治疗仪、综合电针仪、电麻仪、定量针麻仪、探穴针麻机、穴位测试仪、耳穴探测治疗机；③中医器具，如针灸针、小针刀、三棱针、梅花针、负压罐、刮痧板。

2. 中医耗材。

3. 中药药包材。

中药药包材是指接触中药药品且直接使用的药品包装用材料、容器。药包材产品分为Ⅰ、Ⅱ、Ⅲ三类。药包材分类目录由国家食品药品监督管理总局制定、公布。国家对药包材实行产品注册制度。国家食品药品监督管理总局和省、自治区、直辖市食品药品监督管理部门按照统一管理、分级负责的原则，负责药包材的注册管理工作。

（三）保健食品类

1. 营养补充剂。

此类保健食品中含有人体缺乏的一种或数种营养成分（如维生素、微量元素类），不以补充能量为目的。

2. 中药型保健食品。

此类保健食品是指根据其功能及应用范围，以中药学理论指导组方原则，以中药或者中药提取物为主要原料制成的保健食品。

3. 微生态型保健食品。

此类保健食品含一种或多种益生菌，有利于补充体内营养，防止多种慢性病及老年病的发生。

4. 活性成分型保健食品。

此类保健食品主要由从鱼、蛇、鳖、鲨鱼等陆地海洋生物中提取的活性成分制成，对特定人群具有明显保健功能。

5. 添加剂型保健食品。

此类保健食品是指在日用食品中添加某些活性成分制成的保健食品。

6. 混合型保健食品。

此类保健食品是指集营养成分、中药成分、微生态成分两者或三者于一体的保健食品。

（四）化妆品类

化妆品类按功效和监管形式分为普通化妆品、特殊用途化妆品。特殊用途化妆品分为九类，除防晒产品外，均不进行功效评价。

1. 育发。

此类化妆品有助于毛发生长、减少脱发和断发。

2. 染发。

此类化妆品具有改变头发颜色的作用。

3. 烫发。

此类化妆品能改变头发弯曲度，并维持相对稳定。

4. 脱毛。

此类化妆品具有减少、消除体毛的作用。

5. 美乳。

此类化妆品有助于乳房健美。

6. 健美。

此类化妆品有助于体形健美。

7. 除臭。

此类化妆品可用于消除腋臭。

8. 祛斑。

此类化妆品可用于减轻皮肤表皮的色素沉着。

9. 防晒。

此类化妆品具有吸收紫外线的作用，能减轻因日晒引起的皮肤损伤。

二、按我国药品管理制度分类

（一）处方药和非处方药

《中华人民共和国药品管理法》（以下简称《药品管理法》）规定：国家对药品实行处方药与非处方药分类管理。

1. 处方药。

处方药是指只能通过具有执照的医师或者有他们的处方才能调配，并在医务人员的指导下应用的药物。根据规定，药品制造商和销售者都不能将处方药直接提供给患者，但可以合法地提供给那些正规合法经营批发或零售处方药的公司或个人，或者给医院、诊所、医生，或准许对这些药物开处方的人。

2. 非处方药。

非处方药是指那些只要消费者按照药品标签上列出的规定，如用法、说明与注意事项等，就能安全使用的药物。因其不需要处方即可出售，所以叫非处方药。在国外，非处方药称为“柜台药”，英文写成“Over the Counter”，简称OTC。非处方药必须具备的特点是：

（1）非处方药使用时不需要专业医务人员的指导和监督。

（2）消费者按药品标签或说明书的指导来使用，说明书文字应通俗易懂。

（3）非处方药的适应证是指那些能自我作出诊断的疾病，药品起效快速，疗效确切，能较快减轻病人不舒服的感觉。

（4）非处方药能减轻小疾病的初始症状和防止其恶化，也能减轻已确定的慢性疾病的症状或延缓病情的发展。

（5）非处方药有高度的安全性，不会引起药物依赖性，毒反应发生率低，不在体内蓄积，不致诱导耐药性或抗药性。

（6）非处方药的药效、剂量都具有稳定性。

（二）国家基本药物、医保药品目录药和新农合药品目录药

1. 国家基本药物。

国家卫生和计划生育委员会（原国家卫生部）《制订国家基本药物工作方案》（此文发布于卫生部尚存时）中指出：“国家基本药物系指从我国目前临床应用的各类药物中经过科学评价而遴选出的在同类药品中具有代表性的药品，其特点是疗效肯定、不良反应小、质量稳定、价格合理、使用方便等。列入基本药物的品种，国家要按需求保证生产和供应，

并在此范围内制订公费医疗报销药品目录。”确定国家基本药物，目的在于加强药品生产、使用环节的管理，既保证广大人民群众安全、有效、合理地用药，又完善公费医疗制度，减少药品浪费，使国家有限的卫生资源得到有效的利用，达到最佳的社会效益和经济效益。

2.《基本医疗保险药品目录》药品。

这部分药品是指为了保障城镇职工医疗保险用药需要，合理控制药品费用而规定的基本医疗保险用药药品。纳入《基本医疗保险药品目录》的药品，是临床必需、安全有效、价格合理、使用方便、市场能够保证供应的药品，并且具备下列条件之一：《中华人民共和国药典》（现行版）收载的药品；符合国家药品监督管理部门颁发标准的药品；国家药品监督管理部门批准正式进口的药品。

《基本医疗保险药品目录》药品包括西药、中成药、中药饮片。这些药品在国家基本药物基础上遴选而定，并分为“甲类目录”和“乙类目录”。“甲类目录”药品是临床必需、使用广泛、疗效好、同类药品中价格最低的药品，由国家统一制定，各地不得调整。“乙类目录”药品可供临床选择使用，药价比“甲类目录”药品略高。“乙类目录”药品由国家制定，各省、自治区、直辖市可适当调整（不超过其总数的15%）。

3. 新农合药品目录药。

这部分药品是指纳入《新农合药品目录》的药品。新型农村合作医疗简称“新农合”，是指由政府组织、引导、支持，农民自愿参加，个人、集体和政府多方筹资，以大病统筹为主的农民医疗互助共济制度。

（三）中标药品

中标药品是指政府执行统一采购的一种方式，意指国家对处方药品由政府统一招标，招标的内容包括药品的品牌、价格、规格、剂型等，各个投标商家要在药品招标开始之前将招标的资料提交政府招标办公室，由招标办统一评定，然后决定中标。中标后的产品方可进入医院销售。

（四）中药保护品种、药品行政保护药

1. 中药保护品种。

国家中药保护品种主要用来保护一些疗效较好的中药，按照我国中药保护品种条例规定，受保护的中药品种分为一、二级。一级保护品种保护期限可分别为30年、20年、10年，二级保护品种为7年。可以申请一级保护中药品种的有：A.对特定疾病有特殊疗效；B.相当于国家一级保护野生药材的人工制成品；C.用于预防和治疗特殊疾病。可以申请二级保护中药品种的有：A.对特定疾病有显著疗效的；B.可以申请一级保护的品种或者已经解除一级保护的品种；C.从天然药物中提取的有效物质及特殊制剂。一级和二级保护期满后，都可申请延期，延期最长不超过原期限。申请中药保护的主要益处有两个：A.药品处方组成及工艺制法在保护期限内保密，不得公开；B.该品种在保护期内仅限于由获得《中药保护品种证书》的企业生产。

2. 药品行政保护药。

对外国药品独占权人的合法权益给予行政保护，药品行政保护期为7年6个月，自药品行政保护证书颁发之日起计算。

三、根据生产地分类

中药商品根据生产地可分为：

1. 国产药品。

国产药品是指产地在中国大陆以内，国家食品药品监督管理总局批准生产、上市销售的药品，Z代表中成药，S代表生物制品，J代表进口药品国内分包装，B代表具有辅助治疗作用的药品，F代表药用辅料。

2. 进口药品。

进口药品是指产地在中国大陆以外的地方，从外国进口或由我国香港、澳门特别行政区及台湾地区引入的药品。进口药品不仅在包装或标签上标明批准文号"国药准字J"字样，而且自我国香港、澳门特别行政区及台湾地区引入的药品还要标明"医药产品注册证号"，自我国香港、澳门特别行政区及台湾地区以外的地区或国家进口的药品还要标明"进口药品注册证号"。

3. 国产医用器材。

国产医用器材的产地在中国大陆以内，有国家食品药品监督管理总局批准的"国食药监械(准)字注册号"，是指用于人体疾病诊断、治疗、预防、调节人体生理功能，或者替代人体器官的仪器、设备、器械、装置、器具、植入物、材料及其他相关物品。

4. 进口医用器材。

进口医用器材的产地在中国大陆以外的地方，有国家食品药品监督管理总局批准的"国食药监械(进)字注册号"。用于人体疾病诊断、治疗、预防、调节人体生理功能，或者替代人体器官的仪器、设备、器械、装置、器具、植入物、材料及其他相关物品。

5. 国产保健食品。

国产保健食品是指产地在中国大陆以内，具有"国食健字G批准文号"的特定保健功能的食品，即适宜于特定人群食用，具有调节机体功能，不以治疗疾病为目的的食品。

6. 进口功能食品。

进口功能食品是指产地在中国大陆以外的地方的功能食品，有"国食健字J批准文号"，适宜于具有调节机体功能，不以治疗疾病为目的的食品。

四、按医药商品的特殊性分类

医药商品按特殊性一般可分为普通药品、特殊管理的药品(如麻醉药品、精神药品、医用毒性药品、放射性药品)。

(一) 普通药品

普通药品是指毒性较小、不良反应较少、安全范围较大的药品，如葡萄糖、阿司匹林等。需要指出的是任何药品无必要地使用或过多使用，都是不安全的。

(二) 特殊药品

1. 毒性药品。

毒性药品系毒性剧烈、治疗剂量与中毒剂量相近，使用不当会致人中毒或死亡的药品。

(1) 毒性中药品种。如砒石(红砒、白砒)、砒霜、水银、生马钱子、生川乌、生草乌、生白附子、生附子、生半夏、生南星、生巴豆、斑蝥、青娘虫、红娘虫、生甘遂、生狼毒、生藤黄、生千金子、生天仙子、闹羊花、雪上一枝蒿、红升丹、白降丹、蟾酥、洋金花、红粉、轻粉、雄黄。

(2) 毒性中药分类。砒石(红砒、白砒)、砒霜、水银为一类毒性中药，其余为二类毒性中药。

2. 麻醉药品。

麻醉药品是指连续使用后易产生身体依赖性、能成瘾的药品,如中药罂粟壳等。

(三) 新药、新生物制品与仿制药品

《中华人民共和国药品管理法》指出:“国家鼓励研究和创制新药。”有关新药、新生物制品、仿制药品的法定定义如下。

1. 新药。

新药是指我国未生产过的药品。已生产的药品改变剂型、改变给药途径、增加新的适应证或制成新的复方制剂,亦按新药管理。新药在临床前研究中尚不属于药品,一经批准进入临床研究,便称为研究中药品。

2. 新生物制品。

新生物制品是指我国未批准上市的生物制品。已批准上市的生物制品,当改换制备疫苗和生物技术产品的菌毒种、细胞株及其他重大生产工艺改革对制品的安全性、有效性可能有显著影响时,按生物制品审批。

3. 仿制药品。

仿制药品是指仿制国家已批准正式生产并收载于国家药品标准(包括《中国生物制品规程》)的品种。

(四) 现代药与传统药

《中华人民共和国药品管理法》规定:“国家发展现代药和传统药。”

1. 现代药。

现代药一般是指19世纪以来发展起来的化学药品、抗生素、生化药品、放射性药品、血清疫苗、血液制品等。它们是用合成、分离提取、化学修饰、生物技术等方法制取的物质,结构基本清楚,有控制质量的标准和方法,这些物质是用现代医学的理论和方法筛选确定其药效的。这类药发展很快,已有数万品种。因为这类药最初在西方国家发展起来后传入我国,故又称西药。

2. 传统药。

传统药一般是指各国历史上流传下来的药物,主要是动物、植物和矿物药,又称天然药物。我国的传统药又称中药。中药治病的经验和理论,如性味、归经、功效、应用、用法、用量、禁忌,都是在中医辨证理论的指导下,根据药物的性能组合在方剂中使用。中药最本质的特点是在中医理论指导下应用。中医药是一个整体,它的基本理论是建立在把人体、健康、环境视为一个整体的哲学观点上。中药不但历史悠久,至今仍是我国人民防治疾病不可缺少的药物,而且在世界各国影响很大。

第三节 中药商品的编码

一、国家药品编码的适用范围

为加强药品监督管理,确保公众用药安全,依据《药品注册管理办法》,近日,国家食品药品监督管理总局印发了《关于实施国家药品编码管理的通知》(以下简称《通知》),对批准上市的药品实行编码管理。

国家药品编码，是指在药品研制、生产、经营、使用和监督管理中由计算机使用的表示特定信息的编码标识。国家药品编码包括本位码、监管码和分类码，以数字或数字与字母组合形式表现。

本位码用于国家药品注册信息管理，在药品包装上不体现。药品首次注册登记时赋予本位码，是国家批准注册药品唯一的身份标识。监管码用于药品监控追溯系统，直接体现在药品包装(大、中、小)上，可供识读器识读，并反映相关产品信息。分类码用于医保、药品临床研究、药品供应及药品分类管理等，在药品包装上不体现。

国家药品编码本位码由国家食品药品监督管理总局统一编制赋码，药品在生产上市注册申请获得审批通过的同时获得国家药品编码。药品注册信息发生变更时，国家药品编码本位码进行相应变更，相关信息在国家食品药品监督管理总局网站上统一发布。

《通知》中要求，各省、自治区、直辖市食品药品监管部门积极配合国家食品药品监督管理总局做好国家药品编码管理工作，严格监管，确保国家药品编码的有效使用。任何单位和个人不得伪造、冒用、擅自转让国家药品编码。

企业可在国家食品药品监督管理总局网站数据查询栏目中的国产和进口药品数据库，通过输入药品名称、批准文号、企业名称等关键信息查询药品本位码。

二、国家药品编码的管理

国家食品药品监督管理总局成立国家药品编码编制工作领导小组，领导小组下设办公室，办公室设在国家食品药品监督管理总局信息中心。办公室负责国家药品编码以下日常管理工作：

(1) 落实国家药品编码工作原则和有关规定。

(2) 拟定国家药品编码编制规则、技术标准与方案、使用制度。

(3) 组织实施国家药品编码的编制、使用、修订、维护等工作。

(4) 承担药品编码的赋码、系统运行和管理等工作。

三、国家药品编码的编制

国家药品编码包括本位码、监管码和分类码。本位码由药品国别码、药品类别码、药品本体码、校验码依次连接而成。《国家药品编码本位码编制规则》见本节。监管码与分类码的编制、管理规则另行制定。

国家药品编码遵循科学性、实用性、规范性、完整性与可操作性的原则，同时兼顾扩展性与可维护性。

四、国家药品编码发布及变更

国家药品编码本位码由国家食品药品监督管理总局统一编制赋码，药品在生产上市注册申请获得审批通过的同时获得国家药品编码，在生产、经营、使用和监督管理过程中使用。

药品注册信息发生变更时，国家药品编码本位码进行相应变更，行政相对人有义务配合药品监管部门及时更新国家药品编码相关信息；药品批准证明文件被注销时，国家药品编码同时被注销。药品编码变更、注销后，原有国家药品编码不得再被使用。国家药品编码及变更信息在国家食品药品监督管理总局网站上统一发布。

在国家药品编码的基础上，对药品生产、经营实施药品电子监管和药品分类管理。监管码、分类码的发布和变更方式另行制定。

五、相关要求

各省、自治区、直辖市食品药品监管部门积极配合国家食品药品监督管理总局做好国家药品编码管理工作，严格监管，确保国家药品编码的有效使用。任何单位和个人不得伪造、冒用、擅自转让国家药品编码。

六、国家药品编码本位码编制规则

（1）国家药品编码本位码共14位，由药品国别码、药品类别码、药品本体码和校验码依次连接组成，不留空格，其结构如下：

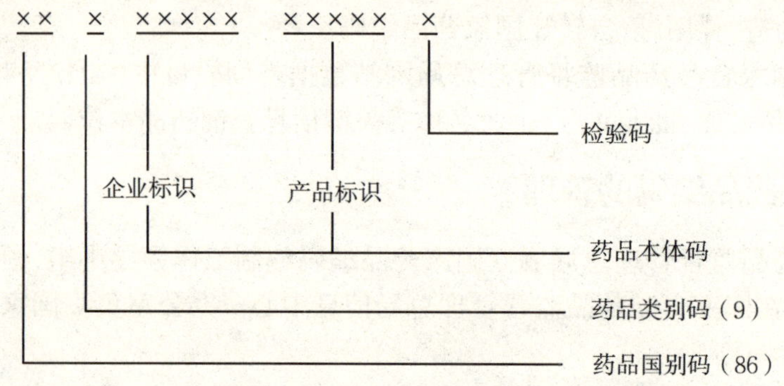

示例：86900001000019

（2）国家药品编码本位码国别码为“86”，代表在我国境内生产、销售的所有药品；国家药品编码本位码类别码为“9”，代表药品；国家药品编码本位码本体码的前五位为药品企业标识，根据《企业法人营业执照》、《药品生产许可证》，遵循一照一证的原则，按照流水的方式编制；国家药品编码本位码本体码的后五位为药品产品标识，是指前五位确定的企业所拥有的所有药品产品。药品产品标识根据药品批准文号，依据药品名称、剂型、规格，遵循一物一码的原则，按照流水的方式编制。

（3）国家药品本体码由药品监督管理部门授权的维护管理机构统一编制赋码。

（4）校验码是国家药品编码本位码中的最后一个字符，通过特定的数学公式来检验国家药品编码本位码中前13位数字的正确性，计算方法按照“GB 18937”执行。

第四节　条形码

一、商品条形码及其应用

（一）商品条形码的概念

商品条形码是指由一组规则排列的条、空及其对应字符组成的标识，用以表示一定的商品信息的符号。

商品条形码由两部分组成，其条、空组合部分，称为条形码符号，用于条形码识读机器快速扫描、准确识读;其对应的下方的一组13位数字,是供人识别字符,也就是该条形码所表示的商品标识代码。

(二)条形码的分类与结构

1. 分类。

世界上常用的码制有EAN条形码、UPC条形码、25条形码、交叉25条形码、库德巴条形码、Code 39条形码和Code 128条形码等。

UPC条形码(统一产品代码):只能表示数字,有A、B、C、D、E五个版本,版本A-12位数字,版本E-7位数字,最后一位为校验位,大小是宽1.5in(英寸)(1in=2.54cm),高1in,而且背景要清晰,主要在美国和加拿大使用,用于工业、医药、仓储等部门。

EAN条形码:是国际通用的符号体系,是一种长度固定、无含意的条形码,所表达的信息全部为数字,主要应用于商品标识。

Code 39条形码和Code 128条形码:为目前国内企业内部的自定义码制,可以根据需要确定条形码的长度和信息,它编码的信息可以是数字,也可以包含字母,主要应用于工业生产线领域、图书管理等,如表示产品序列号、图书、文档编号等。

Code 93码:是一种类似于Code 39码的条形码,它的密度较高,同样适用于工业制造领域。

交叉25条形码(也叫穿插25码):只能表示数字0~9,长度可变,条形码呈连续性,所有条与空都表示代码,第一个数字由条开始,第二个数字由空组成,应用于商品批发、仓库、机场、生产(包装)识别、工业中,条形码的识读率高,可用于固定扫描器的可靠扫描,在所有一维条形码中的密度最高。

库德巴条形码(Codabar):也称"血库用码",可表示数字0~9,字符$、+、-,还有只能用作起始和终止符的a、b、c、d四个字符,空白区比窄条宽10倍,非连续性条形码,每个字符表示为4条3空,条形码长度可变,没有校验位,主要应用于血站的献血员管理和血库管理,也可作物料管理、图书馆、机场包裹发送中。

PDF417二维条形码(简称417条形码):典型的二维条形码码制,不需要连接一个数据库,本身可存储大量数据。417条形码主要应用于医院、驾驶证、物料管理、货物运输;特点是当条形码受到一定破坏时,错误纠正能使条形码正确解码;PDF417条形码是Symbol科技公司于1990年研制的二维条形码产品。它是一个多行、连续性、可变长、包含大量数据的符号标识。每个条形码有3~90行,每一行有一个起始部分、数据部分、终止部分。它的字符集包括所有128个字符,最大数据含量是1850个字符。

2. 结构。

目前商品上最常使用的就是EAN条形码。

EAN条形码亦称通用商品条形码,由国际物品编码协会制定,通用于世界各地,是目前国际上使用最广泛的一种商品条形码。我国在国内推行使用的也是这种商品条形码。EAN条形码分为EAN-13(标准版)和EAN-8(缩短版)两种。

EAN-13通用商品条形码一般由前缀部分、制造厂商代码、商品代码和校验码组成。商品条形码中的前缀码是用来标识国家或地区的代码,赋码权归国际物品编码协会。制造厂商代码的赋权在各个国家或地区的物品编码组织,我国由国家物品编码中心赋予制造厂商代码。商品代码是用来标识商品的代码,赋码权由产品生产企业自己行使,生产企业按照规定条件自己决定在自己的何种商品上使用哪些阿拉伯数字为商品条形码。商品条形码最后用1位校验码来校验商品条形码中左起第1～12数字代码的正确性。

（三）国际物品编码协会成员国或地区的代码

000～019、030～039、060～139:美国。

300～379:法国。

380:保加利亚。

383:斯洛文尼亚。

385:克罗地亚。

387:波黑。

400～440:德国。

450～459、490～499:日本。

460～469:俄罗斯。

470:吉尔吉斯斯坦。

474:爱沙尼亚。

475:拉脱维亚。

476:阿塞拜疆。

477:立陶宛。

478:乌兹别克斯坦。

479:斯里兰卡。

480:菲律宾。

481:白俄罗斯。

482:乌克兰。

484:摩尔多瓦。

485:亚美尼亚。

486:格鲁吉亚。

487:哈萨克斯坦。

500～509:英国。

520:希腊。

528:黎巴嫩。

529:塞浦路斯。

530:阿尔巴尼亚。

531:马其顿。

535:马耳他。

539:爱尔兰。

540～549:比利时和卢森堡。

560:葡萄牙。

569:冰岛。

570～579:丹麦。

590:波兰。

594:罗马尼亚。

599:匈牙利。

600、601:南非。
603:加纳。
604:塞内加尔。
608:巴林。
609:毛里求斯。
611:摩洛哥。
613:阿尔及利亚。
615:尼日利亚。
616:肯尼亚。
618:象牙海岸。
619:突尼斯。
620:坦桑尼亚。
621:叙利亚。
622:埃及。
623:文莱。
624:利比亚。
625:约旦。
626:伊朗。
627:科威特。
628:沙特阿拉伯。
629:阿拉伯联合酋长国。
640～649:芬兰。
690～699:中华人民共和国。
700～709:挪威。
729:以色列。
730～739:瑞典。
740:危地马拉。
741:萨尔瓦多。
742:洪都拉斯。
743:尼加拉瓜。
744:哥斯达黎加。
745:巴拿马。
746:多米尼加。
750:墨西哥。
754～755:加拿大。
759:委内瑞拉。
760～769:瑞士。
770:哥伦比亚。
773:乌拉圭。
775:秘鲁。

777:玻利维亚。

779:阿根廷。

780:智利。

784:巴拉圭。

786:厄瓜多尔。

789～790:巴西。

800～839:意大利。

840～849:西班牙。

850:古巴。

858:斯洛伐克。

859:捷克。

860:南斯拉夫。

865:蒙古。

867:朝鲜。

869:土耳其。

870～879:荷兰。

880:韩国。

884:柬埔寨。

885:泰国。

888:新加坡。

890:印度。

893:越南。

899:印度尼西亚。

900～919:奥地利。

930～939:澳大利亚。

940～949:新西兰。

955:马来西亚。

(四) 商品条形码应用

1. 条形码的优点。

条形码具有如下优点:

(1) 可靠准确。与普通键盘输入比较,普通键盘输入平均每300个字符有1个错误,而条形码平均15000个字符才1个错误,甚至36亿个字符才1个错误(主要取决于编码方法和识读设备)。

(2) 数据输入速度快。与键盘输入相比,速度可提高5倍。

(3) 经济便宜。与其他自动识别技术相比条形码的识读设备及印刷的价格都相当便宜。

(4) 灵活、实用。条形码符号作为一种识别手段可单独使用,也可和有关设备结合组成自动识别系统,还可和其他控制设备结合实现系统的自动化管理。同时,没有识别设备时还可实现手工键盘输入。

(5) 制作容易。条形码标签制作容易,对印刷技术、设备和原材料无特殊要求。

2. 条形码的应用。

条形码作为一种及时、准确、可靠、经济的数据输入手段已被物流信息系统所采用，在工业发达的国家已经普及应用，已成为商品独有的世界通用的“身份证”。欧美国家、日本等已经普遍使用条形码技术。条形码技术正在世界各地迅速普及，其应用领域还在不断扩大。由于采用了条形码，消费者从心理上对商品质量产生了安全感，条形码在识别伪劣产品、防假打假中也可起到重要作用。条形码技术具有先进、适用、容易掌握和见效快等特点，在信息（数据）采集中发挥优势。无论在商品的入库、出库、上架，还是在和顾客结算的过程中，都要面对如何将数据量巨大的商品（不论是整包包装还是拆封后单个零售）信息输入计算机中的问题。如果在单个商品的包装上印制条形码符号，利用条形码阅读器，就可以高速、准确、及时地掌握商品的品种（货号）、数量、单价、生产厂家、出厂日期等信息。这样不仅提高了效率，同时也吸引了更多的顾客，减少或消除顾客购货后结算和付款时出现拥挤排队现象。条形码技术在中国将作为主要的自动识别技术，广泛应用于工业自动化控制和各类管理信息系统中，并将渗透到多技术领域和高新技术的产品中。

3. 商品条形码编码原则。

(1) 唯一性原则。①对同一商品项目的商品必须分配相同的商品标识代码；②对不同商品项目的商品必须分配不同的商品标识代码。

(2) 无含义性原则。最大限度地利用商品项目代码的编码容量。每一位数字不与基本特征相关，也不与厂商性质、地域等信息相关。

(3) 稳定性原则。尽可能地减少商品标识代码的变更，保持其稳定性。

二、二维条形码

(一) 二维码的概念

二维条形码又称二维码，是用某种特定的几何图形按一定规律在平面（二维方向上）分布的黑白相间的图形记录数据符号信息的；在代码编制上巧妙地利用构成计算机内部逻辑基础的“0”、“1”比特流的概念，使用若干个与二进制相对应的几何形体来表示文字数值信息，通过图像输入设备或光电扫描设备自动识读以实现信息自动处理；它具有条形码技术的一些共性：每种码制有其特定的字符集；每个字符占有一定的宽度；具有一定的校验功能等。同时还具有对不同行的信息自动识别功能及处理图形旋转变化等特点。

(二) 二维条形码的特点

1. 高密度。

目前，应用比较成熟的一维条形码如EAN、UPC条形码，因密度较低，故仅作为一种标识数据，不能对产品进行描述。我们要知道产品的有关信息，必须通过识读条形码而进入数据库。这就要求我们必须事先建立以条形码所表示的代码为索引字段的数据库。二维条形码通过利用垂直方向的尺寸来提高条形码的信息密度。通常情况下其密度是一维条形码的几十到几百倍，这样我们就可以把产品信息全部存储在一个二维条形码中，要查看产品信息，只要用识读设备扫描二维条形码即可，因此不需要事先建立数据库，真正实现了用条形码对“物品”的描述。

2. 具有纠错功能。

一维条形码的应用建立在这样一个基础上，那就是识读时拒读（即读不出）要比误读（读错）好。因此一维条形码通常同其表示的信息一同印刷出来。当条形码受到损坏（如污染、脱墨等)时,可以通过键盘录入代替扫描条形码。鉴于以上原则,一维条形码没有考虑到条形码本身的纠错功能,尽管引入了校验字符的概念,但仅限于防止读错。二维条形码可以表示数以千计字节的数据,通常情况下,所表示的信息不可能与条形码符号一同印刷出来。如果没有纠错功能,当二维条形码的某部分损坏时,该条形码便变得毫无意义,因此二维条形码引入错误纠正机制。这种纠错机制使得二维条形码因穿孔、污损等引起局部损坏时,照样可以正确得到识读。二维条形码的纠错算法与人造卫星和VCD等所用的纠错算法相同。这种纠错机制使得二维条形码成为一种安全可靠的信息存储和识别的方法,这是一维条形码无法相比的。

3. 可以表示多种语言文字。

多数一维条形码所能表示的字符集不过是10个数字,26个英文字母及一些特殊字符。条形码字符集最大的Code 128条形码,所能表示的字符个数也不过是128个ASCⅡ符。因此要用一维条形码表示其他语言文字(如汉字、日文等)是不可能的。多数二维条形码都具有字节表示模式,即提供了一种表示字节流的机制。我们知道,不论何种语言文字,它们在计算机中存储时都以机内码的形式表现,而内部码都是字节码。这样我们就可以设法将各种语言文字信息转换成字节流,然后再将字节流用二维条形码表示,从而为多种语言文字的条形码表示提供了一条前所未有的途径。

4. 可表示图像数据。

既然二维条形码可以表示字节数据,而图像多以字节形式存储,因此使图像(如照片、指纹等)的条形码表示成为可能。

5. 可引入加密机制。

加密机制的引入是二维条形码的又一优点。比如我们用二维条形码表示照片时,我们可以先用一定的加密算法将图像信息加密,然后再用二维条形码表示。在识别二维条形码时,再加以一定的解密算法,就可以恢复所表示的照片。这样便可以防止各种证件、卡片等的伪造。

(三)二维码分类

目前全球一、二维码超过250种,其中常见的有20余种。而目前国内二维码产品大多数源自于国外的技术,如美国PDF417码、日本的QR码、韩国DM码,应用最为广泛的为QR(quick response)码和DM(data matrix)码。不同的二维码技术指标之间存在着差异,其中主要的技术指标包括信息存储容量和信息纠错功能。

二维条形码可以分为堆叠式(行排式)二维条形码和矩阵式二维条形码。堆叠式(行排式)二维条形码形态上是由多行短截的一维条形码堆叠而成;矩阵式二维条形码以矩阵的形式组成,在矩阵相应元素位置上用“点”表示二进制“1”,用“空”表示二进制“0”,“点”和“空”的排列组成代码。

1. 堆叠式(行排式)二维条形码。

堆叠式(行排式)二维条形码又称堆积式二维条形码或层排式二维条形码,其编码原理是建立在一维条形码基础之上,按需要堆积成二行或多行。它在编码设计、校验原理、识读方式等方面继承了一维条形码的一些特点,识读设备与条形码印刷与一维条形码技术兼容。但由于行数的增加,需要对行进行判定,其译码算法与软件也不完全相同于一维条形码。有代表性的行排式二维条形码有Code 16K、Code 49、PDF417等。

2. 矩阵式二维条形码。

矩阵式二维条形码又称棋盘式二维条形码，它是在一个矩形空间通过黑、白像素在矩阵中的不同分布进行编码。在矩阵相应元素位置上，用点（方点、圆点或其他形状）的出现表示二进制"1"，点的不出现表示二进制的"0"，点的排列组合确定了矩阵式二维条形码所代表的意义。矩阵式二维条形码是建立在计算机图像处理技术、组合编码原理等基础上的一种新型图形符号自动识读处理码制。具有代表性的矩阵式二维条形码有Code One、Maxi Code、QR Code、Data Matrix等。

（四）二维码应用

二维码具有储存量大、保密性高、追踪性高、抗损性强、备援性大、成本便宜等特性，这些特性特别适用于表单、安全保密、追踪、证照、存货盘点、资料备援等方面。

1. 表单应用。

公文表单、商业表单、进出口报单、舱单等资料之传送交换，减少人工重复输入表单资料，避免人为错误，降低人力成本。

2. 保密应用。

商业情报、经济情报、政治情报、军事情报、私人情报等机密资料之加密及传递。

3. 追踪应用。

公文自动追踪、生产线零件自动追踪、客户服务自动追踪、邮购运送自动追踪、维修记录自动追踪、危险物品自动追踪、后勤补给自动追踪、医疗体检自动追踪、生态研究（如鸟类研究）自动追踪等。

4. 证照应用。

护照、身份证、挂号证、驾照、会员证、识别证、连锁店会员证等证照的资料登记及自动输入，发挥"随到随读"、"立即取用"的资讯管理效果。

5. 盘点应用。

物流中心、仓储中心、联勤中心之货品及固定资产之自动盘点，发挥"立即盘点"、"立即决策"的效果。

6. 备援应用。

文件表单的资料若不愿或不能以磁碟、光碟等电子媒体储存备援时，可利用二维条形码来储存备援，携带方便，不怕折叠，保存时间长，又可影印传真，做更多备份。

7. 网络资源下载。

可以应用到网上的资源下载，比如电子书、游戏。

（五）二维码的主要特点

我们以QR Code为例，介绍二维条形码（二维码）的特点。

QR Code为快速响应矩阵码（quick response code），是目前最具有代表性的二维条形码之一，是由日本Denso公司于1994年9月研制的。它除了具有一维条形码及其他二维条形码所具有的信息容量大、可靠性高、可表示汉字及图像多种文字信息、保密防伪性强等优点外，还具有如下主要特点（表2-1）：

表2-1　一维条形码和二维条形码比较表

一维条形码	二维条形码
可直接显示内容为英文、数字、简单符号	可直接显示英文、中文、数字、符号、图形
储存数据不多，主要依靠计算机中的关联数据库	储存数据量大，可存放1K字符，可用扫描仪直接读取内容，无需另接数据库
保密性能不高	保密性高（可加密）
损污后可读性差	安全级别最高时，损污50%仍可读取完整信息

EAN码

PDF417码

QR Code

1. 超高速识读。

从QR Code的英文名称"quick response code"可以看出，超高速识读特点是QR Code区别于PDF417码、Data Matrix等条形码的主要特性。由于在用CCD识读QR Code时，整个QR Code符号中信息的读取是通过QR Code符号的位置探测图形，因此信息识读过程所需时间很短，它具有超高速识读特点。用CCD二维条形码识读设备，每秒可识读30个含有100个字符的QR Code符号；对于含有相同数据信息的PDF417码符号，每秒仅能识读3个符号；对于Data Matrix矩阵码，每秒仅能识读2～3个符号。

2. 全方位识读。

QR Code具有全方位（360°）识读特点，这是QR Code优于堆叠式二维条形码如PDF417码的另一主要特点，由于PDF417码是将一维条形码符号在行排高度上的截短来实现的，因此，它很难实现全方位识读，其识读方位角仅为±10°。

3. 能够有效地表示中国汉字、日本汉字。

由于QR Code用特定的数据压缩模式表示中国汉字和日本汉字，它仅用13bit就可表示一个汉字，而PDF417码、Data Matrix等二维条形码没有特定的汉字表示模式，因此仅用字节表示模式来表示汉字，在用字节模式表示汉字时，需用16bit（2个字节）表示一个汉字，因此QR Code比其他二维条形码表示汉字的效率提高了20%。

（六）混合码及其应用

美国UCC组织（统一编码委员会）推出了一种新的码制——混合码，它是一种一维条形码和二维条形码的组合码，采用UCC/EAN-128并以二维条形码作为补充，提供采购订单号、装运单、路线信息、装运通知的电子备份、包装、包含事项和批号等信息。

（1）混合码在药品流通中的应用。用二维条形码记录补充信息，可以提供过期日期以利于药品周转，同时可以记录批号用于药品跟踪。

（2）混合码在零售业中的应用。在食品，特别是新鲜及冷冻的易坏的东西上标上批号和过期日期可以使得货物的周转效率大大提高。在电子产品上也可以标上软件和硬件的版本修订信息。

复习思考题

（1）商品分类的原则是哪些？

（2）中药商品根据生产地可分为哪几类？

（3）写出美国、法国、中国三个国家的国际物品编码协会的代码。

（4）请回答二维码的主要特点。

第三章　中药商品的质量与标准

第一节　质量的基本概念

质量的内容十分丰富,随着社会经济和科学技术的发展,其也在不断充实、完善和深化,同样,人们对质量概念的认识也经历了一个不断发展和深化的历史过程。

一、朱兰的质量定义

美国著名质量管理专家朱兰(J. M. Juran)博士从顾客的角度出发而提出:“产品质量就是产品的适用性,即产品在使用时能成功地满足用户需要的程度。”用户对产品的基本要求就是适用,适用性恰如其分地表达了质量的内涵。

这一定义有两个方面的含义,即使用要求和满足程度。人们使用产品,会对产品质量提出一定的要求,而这些要求往往受到使用时间、使用地点、使用对象、社会环境和市场竞争等因素的影响,这些因素变化,会使人们对同一产品提出不同的质量要求。因此,质量不是一个固定不变的概念,它是动态的、变化的、发展的;它随着时间、地点、使用对象的不同而不同,随着社会的发展、技术的进步而不断更新和丰富。

用户对产品的使用要求的满足程度,反映在对产品的性能、经济特性、服务特性、环境特性和心理特性等方面。因此,质量是一个综合的概念。它并不要求技术特性越高越好,而是追求诸如性能、成本、数量、交货期、服务等因素的最佳组合,即所谓的最适当。

二、ISO 8402的质量定义

质量:反映实体满足明确或隐含需要能力的特性总和。其含义有两方面:

(1) 在合同环境中,需要是规定的,而在其他环境中,隐含需要则应加以识别和确定。

(2) 在许多情况下,需要会随时间而改变,这就要求定期修改规范。

从定义可以看出,质量就其本质来说是一种客观事物具有某种能力的属性,由于客观事物具备了某种能力,才可能满足人们的需要。需要由两个层次构成:第一层次是产品或服务必须满足规定或潜在的需要,这种需要可以是技术规范中规定的要求,也可能是在技术规范中未注明,但用户在使用过程中实际存在的需要。它是动态的、变化的、发展的和相对的,这种需要随时间、地点、使用对象和社会环境的变化而变化。因此,这里的需要实质上就是产品或服务的适用性。第二层次是在第一层次的前提下,质量是产品特征和特性的总和。因为需要应加以表征,必须转化成有指标的特征和特性,这些特征和特性通常是可以衡量的:全部符合特征和特性要求的产品,就是满足用户需要的产品。因此,“质量”定义的第二层次实质上就是产品的符合性。另外,质量的定义中所说“实体”是指可单独描述和研究的事物,它可以是活动、过程、产品、组织、体系、人,以及它们的组合。

从以上分析可知,企业只有生产出用户使用的产品,才能占领市场。而就企业内部来讲,企业又必须生产符合质量特征和特性指标的产品。所以,企业除了研究质量的适用性之外，还要研究质量的符合性。

三、ISO 9000的质量定义

质量：一组固有特性满足要求的程度。

上述定义，可以从以下几个方面来理解：

(1) 相对于ISO 8402的术语，更能直接地表述质量的属性，由于它对质量的载体不做界定，说明质量是可以存在于不同领域或任何事物中。对质量管理体系来说，质量的载体不仅针对产品，即过程的结果（如硬件、流程性材料、软件和服务），也针对过程和体系或者它们的组合。也就是说，所谓"质量"，既可以是零部件、计算机软件或服务等产品的质量，也可以是某项活动的工作质量或某个过程的工作质量，还可以是指企业的信誉、体系的有效性。

(2) 定义中特性是指事物所特有的性质，固有特性是事物本来就有的，它是通过产品、过程或体系设计和开发及其后之实现过程形成的属性。例如：物质特性（如机械、电气、化学或生物特性）、官感特性（如用嗅觉、触觉、味觉、视觉等感觉控测的特性）、行为特性（如礼貌、诚实、正直）、时间特性（如准时性、可靠性、可用性）、人体工效特性（如语言或生理特性、人身安全特性）、功能特性（如飞机最高速度）等。这些固有特性的要求大多数是可以测量的。赋予的特性（如某一产品的价格），并非是产品、体系或过程的固有特性。

(3) 满足要求就是应满足明示的（如明确规定的）、通常隐含的（如组织的惯例、一般习惯）或必须履行的（如法律法规、行业规则）的需要和期望。只有全面满足这些要求，才能评定为好的质量或优秀的质量。

(4) 顾客和其他相关方对产品、体系或过程的质量要求是动态的、发展的和相对的。它随着时间、地点、环境的变化而变化。所以，应定期对质量进行评审，按照变化的需要和期望，相应地改进产品、体系或过程的质量，确保持续地满足顾客和其他相关方的要求。

(5) "质量"一词可用形容词如差、好或优秀等来修饰。

在质量管理过程中，"质量"的含义是广义的，除了产品质量之外，还包括工作质量。质量管理不仅要管好产品本身的质量，还要管好质量赖以产生和形成的工作质量，并以工作质量为重点。

第二节　中药材的质量与控制

中药材质量控制的主要内容包括：检查中药材中可能混入的杂质，以及与药品质量有关的项目，根据品种不同或具体情况，具有不同检查内容，是保证中药材质量的重要项目之一。根据来源，中药材可分为植物类中药材、动物类中药材与矿物类中药材，其质量控制内容如下：①植物类中药材检查。根据中药材的具体情况确定对质量有影响的检查项目，如杂质、水分、总灰分、酸不溶性灰分、膨胀度、重金属、砷盐、吸收度、色度等。如有可能混有其他有害物质，应酌情检查，如农药残留量等。②动物类中药材检查。动物类中药材含水分较多，易霉坏变质，故多规定水分检查。一些动物类中药材在生产或储存过程中，可能会产生一些带有腐败气的碱性物质，影响质量、安全与疗效，可规定挥发性碱性物质（挥发性盐基氮）的限量检查。其他如总灰分、重金属、砷盐、杂质等检查，可根据具体情况进行。③矿物类中药材检查。矿物类中药材广泛分布于自然界，有的虽然进行生加工，但仍易夹有杂质及有害物质，必须加以检查并规定限度，如检查重金属、砷盐、镁盐、铁盐、锌盐、干燥失重等项目。就检查项目性质而言，可分为限量检查、定量检查。限量检查是指常规检查项目，多数中药材均可使用，即共性内容，如水分的限量、有害物质的限定、杂质限量等。定量检查是指与中药材临床疗效直接相关的项目，即个性内容，如有效成分的含量、生物活性的强度等。

一、中药材质量的限量控制

（一）水分含量测定

一般对容易吸收湿气而发霉变质、酸败的中药材规定水分检查。水分的测定是为了保证中药材不因水分超过限度而发霉变质。水分限度制定应考虑气候、温度、湿度的不同，以及药材包装、储运的实际情况。常用的测定方法主要有烘干法、甲苯法、减压干燥法。供测定的材料供试品一般先破碎成直径不超过3mm的颗粒或薄片。直径在3mm以下的花类、种子类和果实类中药材，可不破碎。

（二）灰分含量测定

中药材的灰分测定分为总灰分测定及酸不溶性灰分测定。所谓总灰分，是指中药材本身经过灰化后遗留的不挥发性的无机成分，以及中药材表面附着的不挥发性无机成分的总和；酸不溶性灰分是指总灰分中加10%盐酸处理，得到不溶于10%盐酸的灰分。

同一种中药材，在无外来掺杂物时，一般都是有一定的总灰分范围。规定中药材的总灰分限度，对于保证中药材的品质和纯净度有一定意义。中药材本身所含的无机盐(包括钙盐，如草酸钙)大多数可溶于稀盐酸中，而来自泥沙等外来杂质的大部分硅酸盐类，在稀盐酸中不溶解，因此测定酸不溶性灰分能较准确地表明中药材的外来杂质。

（三）浸出物测定

某些中药材有效成分尚不明确或尚无精确测量方法，无法进行含量测定，而浸出物的指标能明显区别中药材的质量优劣的，可结合用药习惯、中药材质地及已知化学成分类别，选定适宜的溶剂，测定其浸出物量，但必须有针对性和控制质量的意义。

（四）挥发油测定

测定用的供试品，一般需粉碎，使通过二号至三号筛，并均匀混合，在特定的挥发油测定器中进行测定，测定方法分别为甲法、乙法。

（五）有害物质的控制

主要是针对农药残留过量和重金属含量超标。

1. 农药残留量测定。

农药的使用对中药材的稳产、高产有着重大意义，但长期广泛使用农药也带来了生药的农药残留问题。长期以来，我国使用的农药主要为有机氯、有机磷类，尤其是以“六六六”(BHC)、“滴滴涕”(DDT)为代表的有机氯农药是我国最早大规模使用的农药。虽然我国在1983年已经禁止使用，但因其有累积性，不易降解，目前在许多药材中仍可检出。长期服用有机氯超标的生药易造成蓄积中毒，故农药残留量测定主要是对“六六六”、“滴滴涕”、五氯硝基苯等残留量进行测定。

农药残留量的限度按照现代版药典执行。如《中华人民共和国药典》，甘草含有有机氯农药残留量“六六六”不得超过千万分之二，“滴滴涕”不得超过千万分之二，五氯硝基苯(PCNB)不得超过千万分之一。

2. 重金属。

重金属是指在实验条件下能与硫代乙酰胺或硫化钠作用显色的金属杂质，包括铅、汞、镉等。由于在中药材生产中遇到铅的机会较多，且铅易蓄积中毒，故检查时以铅为代表。

中药材本身的颜色或其他原因对测定有干扰的，要经过有机破坏，可按现代版药典附录重金属项目操作。对样品需做有机破坏与不经有机破坏的实验对比，以确定何种处理对检查重金属更为正确。重金属限度一般不超过百万分之二十。

3. 砷盐检查。

药典中砷盐检查用古蔡氏法或二乙基硫代氨基甲酸银法。两法中取标准砷溶液2ml（相当于2μg的砷）所产生的色为最适合。若要求得供试品含砷的限量，需改变供试品的取用量，来与标准砷溶液（2μg的砷）所产生的色做比较，否则影响比色的正确性。砷盐限度一般不得超过百万分之十。

4. 其他有害物质的检查。

有的中药材由于寄生于有毒植物而产生有害物质，亦需加以检查。例如桑寄生需做强心苷检查，是因为寄生于夹竹桃树上的桑寄生会吸入夹竹桃树中的强心苷（有明显的强心苷反应）而具毒性，故应确定强心苷来判断桑寄生中是否有夹竹桃寄生的混入；如寄生于马桑上，则应检查有毒成分印度防己毒素，以控制马桑寄生的混入。

许多中药材在储藏过程中易霉变而产生黄曲霉素。现代科学研究结果证实，有14种霉菌素有致癌作用，而黄曲霉素致癌作用强度位居前列。因此，有必要对中药材中的黄曲霉素进行限量控制，以确保用药安全。

（六）其他检查项目

1. 杂质。

中药材中混杂的杂质，系指物种与规定相符，但其性状或部位与规定不符的中药材；来源与规定不同的物质；无机杂质如砂石、泥块、尘土等。

2. 药用部分比例。

为保证药品质量，有的中药材需规定药用部分的比例。例如穿心莲，规定穿心莲叶不得少于35%。

3. 酸败度。

酸败是指油脂或含油脂的种子类中药材，在储藏过程中，与空气、光线接触，发生复杂的化学变化，产生特异的刺激臭味（俗称“哈喇味”），即产生了低分子化合物，如酮类和游离脂肪酸，从而影响中药材的观感和内在质量。

二、中药材质量的定量控制

中药材含有多种成分，这些成分常共同发挥临床疗效，有的还具有双向调节作用。虽然很难确定某一化学成分是中医用药的唯一有效成分，有些尚不一定能与中医用药完全吻合，或与临床疗效直观地比较，但药物的疗效应该有其物质基础。因此，以中医理论为指导，结合现代科学研究，选择其具生理活性的主要化学成分，作为有效或指标性成分之一，建立含量测定项目，对评价药物的内在质量，并衡量其商品质量是否达到要求及产品是否稳定是非常必要的。

（一）以化学成分为对象

中药材化学成分数目众多，可分为活性成分、非活性成分。其中与主要功效一致的活性成分又称有效成分。

以化学成分作为质量控制指标，应该首选有效成分，进行针对性定量；有效成分尚不清楚而化学大类成分清楚的，可对总成分如黄酮、总生物碱、总皂苷进行测定。有效成分不清楚，质量控制指标应选用“指标成分”，即虽然不具有与传统功效相同的药效，但具有其他生物活性的化学成分。

（二）化学成分的定量分析

1. 含量测定方法选择。

常用的如经典分析方法（容量法、重量法）、分光光度法（包括比色法）、气相色谱法、高效液相色谱法、薄层色谱-分光光度法、薄层扫描法和其他理化检验方法及生物测定法。

2. 含量测定方法考察。

可以引用药典或文献收载的与其成分相同的测定方法，但因品种不同，与自行建立的新方法一样都必须进行方法学考察研究。

3. 含量限（幅）度的制定。

可根据传统鉴别经验，将中药材样品依质量优劣顺序排列。如所测成分含量高低与之相应，则把含量较低但仍可药用者取为下限。如无传统鉴别经验或测得值与经验鉴定不相关，则可根据样品检测实际情况规定，留有余地，作为暂行限度，至少测得10批样品数据。必须强调的是，含量限度的制定应有足够的、具代表性的样品数据为基础。

（三）生物检定

生物检定又称生物测定法，是利用生物（整体或离体）的反应来测定各种药物的效价、作用强度和毒性的一种方法。大部分中药材的主要成分含量可以用理化分析的方法加以测定，但也有些中药材缺乏适当的、准确的理化分析方法来决定其有效成分的含量或效价，因此必须通过药理作用的观察来测定其效价单位的大小而评价其质量。

三、中药材的指纹图谱

中药材发挥治疗效果的物质基础是其所含有的化学成分，而中药材中的化学成分种类、数量众多，且相互之间存在着协同和拮抗作用，使其表现极大的复杂性，尤其是当前大多数中药材的活性成分尚未完全明了，以任何一种或几种化学成分为指标都难以全面评价中药材的内在品质。因此，应用现代色谱、波谱分析手段建立生药化学成分图谱，是实现中药材质量控制的有效方法。

中药材化学成分指纹图谱系指中药材经适当处理后，采用一定的分析手段，得到的能够标定该中药材特性的共有化学成分峰的图谱。指纹图谱比较全面地反映了中药材所含化学成分的种类和数量，更加有效地体现了中药材成分的复杂性，从而能更好地评价中药材的内在质量。中药材化学成分指纹图谱必须同时具有系统性、特征性、重现性。

（1）系统性是指指纹图谱反映的化学成分应包括有效组分群中的主要成分，或指标成分的全部。如大黄的有效成分为蒽醌类化合物，则其指纹图谱应尽可能多地反映蒽醌类成分。

（2）特征性是指指纹图谱中反映的化学成分信息（具体表现为保留时间或位移值）具有高度选择性。这些信息的综合结果，将能特征性地区分中药材的真伪和优劣。如北五味子的HPLC指纹图谱和TLC指纹图谱，不仅包括多种已知的五味子木脂素类成分，还有许多未知成分，这些成分之间的顺序、比值在一定范围内是固定的。随中药材品种的不同，通过这些整体信息，可以很好地区分北五味子和南五味子，以及其他来源的五味子类中药材。

（3）重现性是指在规定的方法与条件下，不同的操作者和不同的实验室所建立的指纹图谱的误差应在允许的范围之内。指纹图谱的检测标准包括中药材的名称、汉语拼音、拉丁名、来源、供试品和参照物的制备、检测方法、指纹图谱及技术参数。

第三节　中药材质量标准的内容

中药材质量标准由质量标准草案及起草说明组成。质量标准草案包括名称、汉语拼音、药材拉丁名、来源、性状、鉴别、检查、浸出物测定、含量测定、炮制、性味与归经、功能与主治、用法与用量、注意及储藏等项。起草说明是说明制定质量标准中各个项目的理由，规定各项目指标的依据、技术条件和注意事项等，既要有理论解释，又要有实践工作的总结，即试验数据。

质量标准有关项目内容的技术要求如下：

一、名称、汉语拼音、药材拉丁名

按中药命名原则要求制定。

二、来源

来源包括原植（动、矿）物的科名、中文名、拉丁学名、用药部位、采收季节和产地加工等。矿物药包括矿物的类、族、矿石名或岩石名、主要成分及产地加工。

（1）原植（动、矿）物需经鉴定，确定原植（动）物的科名、中文名、拉丁学名和矿物的中文名及拉丁名。

（2）药用部位是指植（动、矿）物经产地加工后可药用的某一部分或全部。

（3）采收季节和产地加工是指能保证药材质量的最佳采收季节和产地加工方法。起草说明提供：药材鉴定详细资料及原植（动、矿）物的形态描述、生态环境、生长特征、产地和分布。引种或野生变家养的植、动物药材应有与原种、养的植、动物对比的资料。

三、性状

性状系指中药材的外形、颜色、表面特征、质地、断面及气味等的描述，除必须鲜用的按鲜品描述外，一般以完整的干药材为主；易破碎的中药材还必须描述破碎部分。描述要抓住主要特征，文字要简练，术语需规范，描述应确切。

四、鉴别

选用方法要求专属、灵敏。包括经验鉴别、显微鉴别（组织切片、粉末或表面制片、显微化学）、一般理化鉴别、色谱或光谱鉴别及其他方法鉴别。色谱鉴别应设对照品或对照药材。

五、检查

检查包括杂质、水分、灰分、酸不溶性灰分、重金属、砷盐、农药残留量、有关的毒性成分及其他必要的检查项目。起草说明提供:各检查项目的理由及其试验数据,阐明确定该检查项目限度指标的意义及依据,说明重金属、砷盐、农药残留量的考察结果及是否列入质量标准的理由。

六、浸出物测定

可参照《中华人民共和国药典》附录浸出物测定的要求,结合用药的习惯、药材质地及已知的化学成分类别等选定适宜的溶剂,测定浸出物量以控制质量。浸出物量的限(幅)度指标应根据实测数据制定,并以药材的干品计算。

七、含量测定

应建立有效成分含量测定项目,操作逐步叙述应准确,术语和计量单位应规范。含量限(幅)度指标应根据实测数据制定。

起草说明提供:根据样品的特点和有关化学成分的性质,选择相应的测定方法。应阐明含量测定方法的原理,确定该测定方法的方法学考察资料和相关图谱(包括测定方法的线性关系、精密度、重现性、稳定性试验及回收率试验等);阐明确定该含量限(幅)度的意义及依据(至少应有10批样品20个数据)。

八、炮制

根据用药需要进行炮制的品种,制定合理的加工炮制工艺,明确辅料用量和炮制品的质量要求。

九、性味与归经、功能与主治、用法与用量、注意及储藏等

根据该药材研究结果制定。

第四节 中成药、中药提取物的质量控制

一、中成药、中药提取物质量控制标准制定原则

(一)同步进行原则

质量标准的研究应与制备工艺研究同步进行。如某药厂委托湖南中医药大学进行某中成药的质量标准研究,其中含量测定项测定的是何首乌中2,3,5,4′-四羟基二苯乙烯-2-O-β-D-葡萄糖苷。由于该制剂的制备工艺研究为药厂自己做的,质量标准研究所用的样品也是药厂提供的,结果在质量标准研究时,其含量非常低。寻找原因,发现药厂在进行制备工艺研究时没有测定含量,由于在样品生产过程中温度较高,而2,3,5,4′-四羟基二苯乙烯-2-O-β-D-葡萄糖苷对热很敏感,从而导致了有效成分转移率很低。从此例可以看出:质量标准的研究应与制备工艺研究同步进行。

（二）样品代表性原则

在进行质量标准研究时，其样品必须有代表性，否则其质量标准将无法实施。如某药厂研究了一个中药新制剂，在研究过程中，按要求应有10批样品，但为了赶时间，只用了1批样品代替10批，国家食品药品监督管理总局批准了批件后，在生产的过程中，其含量在10批中总共有6～7批不达标，最后导致无法生产。

（三）对照试验原则

所有试验项目必须设阴性对照，必要时应设阳性对照，尤其是处方中有药材是多来源的情况。如处方中有党参，而党参有三个来源，那么，我们在进行质量标准研究时，应收集三种来源的党参，按已定的制备工艺制成样品，并以党参对照药材等为对照，进行研究，确定其质量标准，固定党参生产投料的来源。

（四）重复性原则

质量标准的试验项目应重复进行，确定其重现性如何。

二、中成药质量控制的内容

（一）原辅料的质量控制

（1）药材的质量控制。根据《中华人民共和国药典》质量控制。

（2）辅料的质量控制。根据《中华人民共和国药典》质量控制，部颁标准、地方标准等法定依据进行。

（二）中间体的质量控制

在质量标准研究过程中，企业应制定每一个中间体的质量控制标准，在生产过程中，必须按制定的中间体内控标准对每一个中间体进行质量控制。

（三）成品的质量控制

企业根据10批以上的样品研究制定成品的质量标准，由药品检验所复核，并由国家食品药品监督管理局审批，企业按国家批准的质量标准对成品进行质量控制。

三、中成药质量标准的内容

（一）名称、汉语拼音

中成药的命名应避免混乱，力求明确、简短、科学，不得暗示疗效。

（二）处方

（1）处方中各药材应符合法定标准，无法定标准的，应制定标准。

（2）处方需保密而不列出处方时，应按保密品种申报，并填写《中药新药保密申请表》。

（3）处方中药材一般应根据中医药理论，按君、臣、佐、使顺序排列。

（4）处方中药材生品与炮制品写法：①不注明炮制要求的均指生品；②某些剧毒药材依习惯冠以“生”字，以引起重视，如生川乌；③药材需炮制的，用括号注明，如当归(酒炒)；④长期习惯直接用炮制名的药材，如熟大黄；⑤属于一般性的净选等加工方法不另注明，可参照《中华人民共和国药典》炮制通则和药材项下的规定处理。

（三）制法

根据制备工艺试验研究结果进行简要总结，一般要求：

（1）详细写明制剂工艺的全过程，在保证质量的前提下，不宜规定过细，保密品种制法可忽略。

(2) 制法项下主要叙述:处方共有多少味药、各味药处理的简单工艺、使用药引、辅料的名称及用量、制成的剂型、制成总量等。

(3) 制备工艺中对质量有影响的关键工艺应列出控制的技术条件及关键半成品(中间体)的质量标准,如粉碎的细度、清膏的相对密度等。

(四) 性状

通常是依据样品除去包装后的实际情况拟定,至少是中试样品或大生产样品。片剂或丸剂有包衣的,应除去包衣,以片芯或丸芯进行描述;硬胶囊应描述其内容物。性状项的描述应是多批样品综合描述的结果。

(五) 鉴别

鉴别项能确定该处方中药材的存在、真伪和纯度,或是否含有某一成分。其基本要求是:

(1) 首选方中君药、贵重药、毒药。

(2) 使用原料药材是多来源品种的,确定鉴别方法时要多收集该药材习用的样品,通过试验比较,找出共同鉴别点,加以规定。

(3) 在已颁布的中成药标准中,不同的中成药中含同一药材,大多采用共同的鉴别方法,因此可借鉴同一方法,如有干扰,可用别的方法。

(4) 原则上应用处方中所有药材进行鉴别研究,根据试验结果,纳入质量标准正文的药材数一般不得少于处方总药材数的50%。

(5) 鉴别方法可用经验鉴别、显微鉴别、理化鉴别等。

(六) 检查

(1) 常规检查。可根据《中华人民共和国药典》附录中制剂通则规定进行检查,其中重金属在百万分之十以上和砷盐在百万分之二以上应纳入质量标准正文。

(2) 有害物质检查。①处方含有有毒成分药材的,应做有毒成分的限量检查;②含乙醇的制剂应做甲醇的检查,如内服酒剂、酊剂;③外用中成药含有醋酸的,由于醋酸易挥发而影响疗效,应做限量检查,规定纳入正文。

(七) 含量测定

中成药的处方组成是在中医药理论指导下形成的,由于处方药材中成分复杂,虽然难以用其中某个化学成分或某个有效成分来完全阐述清楚,但治病的药物仍要落实到作用物质基础上。因此,应用现代分析手段测定化学成分的含量,在当前来说,仍是提高质量标准可靠性的关键。其基本要求是:

(1) 主药(君药或臣药)有效成分清楚的,应测定有效成分含量。

(2) 主药(君药或臣药)有效成分不清楚的,应测定特征成分含量。

(3) 主药(君药或臣药)总类成分清楚的,应测定总类成分含量,如总黄酮、总皂苷。

(4) 主药(君药或臣药)有效成分或特征成分不清楚的,应测定全组方有效部位的含量。

(5) 含量测定应做方法学考察试验,其要求同第六节中含量测定。

中成药的含量限(幅)度应根据实测数据(至少10批样品、20个数据)制定。含量限度通常与工艺有关。在生产过程中,一般有30%的损失,在工艺合理、原料稳定的前提下,成品含量应稳定在这一范围内,不在这一范围,应考虑含量测定方法是否有问题。

(八) 功能与主治、用法与用量、禁忌、注意、规格、储藏等

不赘言。

四、中药提取物质量标准的内容

中药提取物质量标准的内容与中成药的非常类似,其主要区别如下:

(1) 中药提取物多一个英文名。

(2) 无处方项,但有一个提取物使用原料说明,如连翘提取物可以用“本品为连翘经加工制成的提取物”。

(3) 无剂型通则检查内容,常有水分检查、重金属检查、砷盐检查等。

(4) 如果提取物是某些制剂的原料,则有【制剂】项,如银杏叶提取物可有【制剂】银杏叶片。

第五节 中药商品的监督检验

中药商品质量监督检验是中药商品质量监督管理的重要依据,质量监督必须采用检验手段,如果检验技术不可靠,检验数据不真实,必然造成质量监督工作的失误和不公正。因此,必须加强中药商品质量监督检验的管理和研究。

一、中药商品检验

(一) 商品检验的定义

国家标准GB/T 6583-92和国际标准ISO 8402-86将检验定义为:对产品或服务的一种或多种特征进行测量、检查、试验、度量,并将这些特性与规定的要求进行全面比较以确定其符合性的活动。

商品检验的主体是商品的供货方、购货方或者第三方。

商品检验的对象是商品的各种特性,如商品的质量、规格、重量、数量及包装等方面。

商品检验的依据是合同、标准,或国际、国家有关法律、法规、惯例等对商品的要求。

商品检验的目的是在一定条件下,借助科学的手段和方法,对商品进行检验后,做出合格与否或通过验收与否判定;或为维护买卖双方合法权益,避免或解决各种风险损失和责任划分的争议,便利商品交接结算而出具各种有关证书。

(二) 中药商品质量监督检验的性质

国家为了对中药商品质量进行监督,必须采用监督检验,这种监督检验与中药商品生产检验、验收检验的性质不同。中药商品监督检验具有第三方检验的公正性,因为它不涉及买卖双方的经济利益,不以营利为目的,具有公正立场;中药商品监督检验是代表国家对研制、生产、经营、使用的中药商品质量进行的检验,具有比生产检验或验收检验更高的权威性;中药商品监督检验是根据国家的法律规定进行的检验,在法律上具有更强的仲裁性。

二、中药商品检验机构

为了保证中药商品质量的监督管理,国家通过立法,规定各级药品监督管理部门设置

药品检验机构,授权各级药品检验机构对中药商品质量进行监督检验。我国的药品检验机构分四级:国家级的中国药品生物制品检定所;省、自治区、直辖市级(简称省级)药品检验所;地、市级药品检验所;县级药品检验所。药品检验机构是执行国家对中药商品监督检验的法定专业技术机构。

三、中药商品质量监督检验机构的职能

(一)中药商品质量监督检查工作

药品检验所是通过对中药商品的检验与检查进行质量监督。监督的范围包括:

(1)国内生产的医药产品按国家药品标准进行检验。

(2)医疗机构自配的制剂按国家药品标准和制剂规范进行检验。

(3)进出口中药商品按药品监督管理部门指定的质量标准进行检验。

为了掌握与考察中药商品质量情况,药品检验所应对中药商品生产、经营和使用单位的中药商品进行定期或不定期的,有计划或随机抽验。凡新投产的、质量不够稳定的、易变质失效的、使用量大的、应用面广的,以及临床上反映存在某种质量问题的品种,应予重点抽验。对中药商品进行检验时,必须填写检验报告书。

检验报告书是对中药商品质量所做的技术鉴定,结论必须明确。对检验不合格的药品,必要时应深入实际调查研究,全面了解情况,做出正确结论,并应按下列情况处理:①属委托检验的药品,合格者,报告书应详列检验项目和检验结果,发至送检单位;不合格者,报告书应详列不合格的项目及具体数据和检验结果,发至送检单位,必要时提出处理意见,报当地药品监督管理部门。②对抽验结果不合格的药品,应提出处理意见,连同报告书报当地药品监督管理部门处理。③属仲裁检验的药品,在报告书上应详列全部结果和具体数据,必要时报当地药品监督管理部门处理,并抄送上一级药品检验所。

(二)医药生产、经营企业的监督检查工作

药品检验所应有计划、有重点地派员深入到中药商品生产、经营和使用单位进行药品质量监督检查,促进、帮助他们提高中药商品的质量。检查的主要内容:

(1)中药商品质量管理制度的执行情况。

(2)质量管理部门的检验技术和检验方法。

(3)与中药商品质量有关的生产工艺、原辅料、制剂的配制过程及分装储存条件等。

(4)中药商品质量监督工作开展的情况。

(5)影响中药商品质量的有关产、供、销单位的卫生情况。

(三)药品标准和标准品、对照品的管理工作

标准品的制备由国家食品药品监督管理总局指定的药厂承担。中国药品生物制品检定所负责国家标准品的统筹安排、标定、保管及分发工作;省、自治区、直辖市药品检验所根据中国药品生物制品检定所的统一安排,承担部分国家标准品的标定等任务。

四、中药质量监督检验的类型

中药商品质量监督检验根据其目的和处理办法不同,可分为抽查性检验、委托检验、复核检验、技术仲裁检验及进出口检验等五种类型。

(一)抽查性检验

药品检验所授权定期或不定期地对药品生产企业、经营企业和医疗单位的中药商

品质量进行检查和抽验。通过抽验,发现中药商品质量问题和倾向,并依法处理,从宏观上对中药商品质量进行了控制,督促企、事业单位严格按药品标准生产、经营、使用合格药品。抽验是一种强制性检验,抽验结果由国家药品监督主管部门发布《药品质量检验公报》。

(二) 委托检验

委托检验是指:

(1) 药品监督管理部门委托药检所检验的药品。

(2) 药品生产企业、经营企业和医疗机构因不具备检验技术和检验条件而委托药检所检验的药品,均属委托检验。

(三) 复核检验

复核检验是对原检验结果的复验,其目的是为了证明原检验数据和结果的可靠性和真实性,以确保中药商品的质量。

(四) 技术仲裁检验

技术仲裁检验是公正判定、裁决有质量争议的药品,保护当事人的正当权益。

(五) 进出口药品检验

进出口药品检验是对进出口的中药商品实施的检验。进口的中药商品检验按《进口药品管理办法》和有关规定执行,由口岸药品检验所进行检验;出口的中药商品按出口合同的标准检验。

第六节　医院中药质量检验与监督

《中华人民共和国药品管理法》第三十二条规定:“药品必须符合国家药品标准。”医院要确保药品在使用时能达到预防、治疗疾病的要求,应严格按照现代管理学的要求建立药品质量管理体系。中药质量由种植技术、生产环境、采收季节、加工炮制、制剂技术与质量控制等因素决定,对于医院使用的中药材饮片、成药,以及在医院炮制的饮片、配制的制剂的质量检验与监督也是重要环节。在医院药学部(科)建立相应的机构——药检室(科)的重要性在于:它是医院中药质量管理体系中的质量管理机构,建立并做好药检室的管理,对于保证中药质量、保证药品疗效、保障人民用药安全、维护人民身体健康将起到重要的作用。

一、中药质量管理的特点

药品不是一般意义上的商品,符合质量要求的药品才能发挥治疗作用。因此,对药品质量的要求是有效性、安全性、稳定性、均一性并重。为确保中药质量,国家以法律来保证对其监督、检验工作的顺利进行。

中药质量管理是依据国家法律、法规、制度、政策,对药品研制、生产、销售、使用的中药质量(包括进出口中药和中药饮片的质量),以及影响中药质量的工作进行管理和监督的过程。医院药学部门依照《药品管理法》及《医疗机构药事管理办法》设立药检室,负责医院内中药质量的监督、检验工作。

(一) 中药质量管理的特点

我国中药质量管理具有全面质量管理的特点:检验监督与质量管理相结合,中药质量监督管理和促进医药经济发展相结合,中药质量监督管理应该坚持质量第一的准则,贯彻法制化与科学化高度统一的思想。

(二)质量检验与监督的总目标

质量检验与监督的总目标就是确保和提高医院中药质量。医院药检室强调日常工作的现场监督及对有质量疑问中药的即时抽验,负责本单位中药质量监督网的建立与业务指导,协调医院各部门的中药质量工作。在采购与保管的中药质量管理方面具有与中药经营企业质检机构相同的职责,在中药加工炮制与制剂的生产质量管理方面又类似于生产企业的质管机构。因此,医院药学部(科)所属药检室监督、检验的特点可以概括如下:

(1)涉及的业务面广,既有制剂生产、加工炮制,又有中药采购与保管养护等方面的质量检验与监督。

(2)现场监督与实验检验并重。

二、中药质量的检验与监督

(一)质量检验与监督机构

加强药品质量管理,建立健全药品检验与监督制度,保证临床用药安全有效是我国医院药事管理部门工作的重要任务。做好医院购入中药、自配制剂及炮制品的质量检验与监督是医院实施全面质量管理的重要组成部分。因此,医院药学部门必须建立相应的机构开展这项工作,这一机构通常被称为药检室,它是医院药品质量管理体系中的质量管理部门,其规模可根据医院的类型而定,在药学部(科)的领导下开展工作,贯彻执行药品管理法规,建立相应的质量监督网络,对医院用药实施质量检验监督。

(二)质量检验监督的职责

质量检验监督的职责就是组织制定并积极参与医院各项药品质量活动,负责制定和修订质量管理方面的工作制度;严格执行国家和地方自配制剂标准,对自配制剂全检和对购入药品、加工炮制品进行抽验;制定报批注册自配制剂品种的质量标准和检验规程;收集质量信息资料。向科主任及有关负责人反馈院内外有关技术与质量信息和分析结论,为解决质量问题提供必要的依据;对检验数据的准确性,对错检及自配制剂漏检负责,对院内药品质量负主要责任。树立质量监督观念,为推行药品质量全面管理发挥监督控制作用。

(三)质量检验与监督权限

医院药品检验部门有以下权限:禁止购入、使用不合格药品;禁止不合格原料、辅料、中间体、包装材料用于加工炮制和制剂生产;禁止使用未经检验的自配制剂和未经验收的医院加工炮制成品,对本院制剂留样进行定期观察、检验,为制定制剂的有效期、质量保证期和储存条件提供可靠数据,制定质量标准;对医院中药质量实施跟踪;有计划、有重点地开展有关药品质量、检验方法改进和新技术应用等各项科研工作;负责药检仪器设备、衡量器具的使用、保养与管理工作。

(四)质量检验与监督人员素质

质量检验与监督人员包括药检室专职从事药品质量监督和检验的药学技术人员以及药学部各业务科室(包括中西药房、制剂室、煎药室、药库等)的兼职药品质量监督人员,他们担负着全院药品质量的监督管理与检验工作,挑选其组成人员应从政治思想素质、业务技术水平两个方面综合考虑。

除上述两方面的要求外，还应考虑个人行为能力及有关规定，如从业者必须身体健康，无传染疾病、无色盲、无弱视等。

国家中医药管理局颁布的《医疗机构中药饮片质量管理办法（试行）》对医院中药饮片质量监督管理人员做出了具体的要求：各医疗机构应有1名中药专业技术人员担任饮片质量监督员工作。三级医院必须有1名副主任中药师以上专业技术职务人员；二级医院必须有1名中药师以上专业技术职务人员；一级医院和其他医疗机构必须有1名中药士或相当中药士以上专业技术水平的人员，担任饮片质量监督员工作。饮片质量监督员，对本机构使用的饮片进行不定期抽查，并做检查记录，检查工作每月不少于2次。发现质量可疑或不合格的饮片，医疗机构应立即停止使用，并查明原因，做出相应的处理。医疗机构对中药材和饮片的质量验收，应选派严于律己、奉公守法，对中药材、饮片质量具备鉴别经验的中药专业技术人员专人负责。

第七节　医院中药质量监督与检验工作的管理

中药质量监督、检验业务的技术管理是指在质量监督、检验业务中，根据药检室工作的特点和规律，着重强调技术工作的规范化，应用先进的管理理论和现代管理技术及方法，达到高效率，确保质量的管理目标。它是衡量药检室管理水平的标准。只有优良的质量监督与检验业务技术管理，才能保证监督、检验业务的工作质量，避免监督失误，达到保证临床用药安全有效的目标。

一、药检工作制度

（1）除实验室工作人员和因工作需要者外，任何人未经允许不得入室。

（2）进入实验室人员应按规定穿戴工作服、帽，进入无菌室还应换专用衣、鞋、帽，注意保持室内整洁安静，严禁吸烟。非工作人员未经允许不得擅自动用仪器、用具等物品。

（3）实验者、主检人应熟悉实验内容，做好各项准备工作。

（4）实验各项操作有法定操作方法的应严格依法操作。无法定操作方法的应按该项目公认的技术与方法制定操作规程，实验记录应及时完成。除显微特征图外，各种记录应用档案墨水书写，记录要求完整，绘图清晰，各项计算与数据处理正确，使用术语要恰如其分。记录无原则错误、无病句、无错别字、层次清晰。

（5）了解仪器性能，熟练操作，用前检查、校正准确，用后还原。需要登记的，按规定记录使用经过。

（6）各种试剂、对照品、标准液应符合法定标准要求，标准液倒出后未用完部分不得倒回原容器。

（7）度、量、衡器等应符合法定计量标准要求。并定期检定。

（8）使用易燃、易爆、剧毒等危险试剂、溶液，应严格按操作规程操作，防止发生意外。用完后废弃方法要稳妥。

（9）各种仪器、用具、试剂、对照品、器皿等均应有合理的固定存放位置，排列有序，用后还原或经必要的处理后放回原处。

（10）严禁用量杯、烧杯等用具饮水，并严禁将其他物品当成生活用具。

（11）爱护公物，严禁浪费。

二、质量监督工作制度

(1) 认真履行工作职责,完成各项药品监督任务。

(2) 药品质量监督者应做到实事求是,认真负责,记录完整。检查完毕有总结。对有质量疑问或问题的药品有正确处理意见,必要时应汇报。

(3) 为了反映监督对象的药品质量、工作质量的真实性,除定期监督检查外,一般不事先通知。

(4) 抽取样品必须符合抽样原则,按规定方法并开具抽样清单。

(5) 工作人员必须奉公守法,秉公办事,不徇私,坚持公正性、科学性。

(6) 明确监督重点、深入监督现场。发现未按有关质量管理制度执行者应及时纠正、批评,必要时向有关领导或当地药政、药检部门反映。

(7) 所有监督文字材料均应定期整理、归档,供质量分析与考评用。

三、药品抽样方法

(一) 抽样原则

(1) 购入或科内领用验收过程中有质量疑问的品种。

(2) 稀有、贵重中药材又未附检验报告者。

(3) 保管养护及各种检查中发现有质量疑问的药品。

(4) 按计划进行质量考核的品种。

(5) 市场紧俏可能出现伪劣品的品种。

(6) 医、患反映使用某种中成药后发生不应该发生的毒副反应的品种。

(7) 其他认为有必要抽验的品种。

(二) 抽取方法

对药品进行抽样检验必须符合抽样原则。样品的代表性直接影响药品质量结论的正确性。因此必须确定中、成药样品抽取的正确方法,确保样品能代表该批药品。抽取样品需填写抽样单。

1. 中药材(饮片)取样方法。

医院每次购入的某一品种规格中药数量不大,多数在5件(包)之内,且往往是验收或检查过程中发现有质量疑问的品种,因此应严格按《中华人民共和国药典》取样法执行。

2. 中成药取样方法。

同品规的中成药先看是否同生产厂、同批号、外包装是否一致,确认相同且无异常后合并开包取样,不同者或有异常者分别取样。3件以上者随机抽取其中的2件取样。2件以下者逐件取样。取样时应从每件的上、中、下或左、中、右分别抽取1～2个小包装作为样品,样品所需小包数即样品量根据该品种药品规格的大小及检验项目来确定。大规格不得少于3个最少包装,小规格以满足一次检验用量的3倍为准。

四、检品收办

检品收办是指从样品发给主检人的过程,包括审查委托人填写的委托书项目、验收样品、登记与编号、确定并发送主检人四项工作。

（一）委托书项目

委托书是委托者与受理者之间委托与被委托关系的一种书面文件。委托书中左边项目要求委托人如实填写。委托人是药检室人员时，在样品来源项应填写抽于何处。其他项目由受理者填写。

（二）验收样品

验收样品是检品收办人核实样品与委托人所填写的诸项是否相符，样品量是否足够的过程。一般样品量为完成一次该检品委托检验项目用量的3倍，即检验用、复试或复核用、留样用。无误后填写收到时间并登记、编号。

（三）登记与编号

登记是将有关检品的诸项按照一定的规范简明扼要地记录在登记簿上，收办人登记除检验结果、报告日期二栏的其余诸栏。属中药类的检品，生产者一栏可改填该中药的发售单位。检验结果、报告日期在发出报告时填写。

（四）确定并发送主检人

收办人完成上述工作后，在委托书中规定的位置填写指定检验分室或主检人，并即时将委托书和检品（供一次检验所需用量）送交指定的主检人，当面填写送交时间并签名。签名的目的一是下达工作任务，二是收办人对检品收办员负责。

五、检验过程管理

主检人收到委托书和待检验样品后，首先根据委托检验项目，确定必须做的试验项目，再根据实验操作规程要求准备用具、试剂、标准品或对照品等。实验中要求真实、科学地做好原始记录。高质量地完成上述各项工作，对保证结论的公正与客观性有极其重要的意义。

记录应保证科学性与完整性：①科学性是指在记录中所用词句能客观地反映每步操作方法，描述各种现象，无原则性错误，使人一览便知。这就要求记录内容概念清晰、用词准确、语句通顺。②完整性是指记录的内容全面、无遗漏。还应尽可能语句精练、简明，书写整洁规范，按性状、鉴别、检查、含量测定、结论顺序书写，无任意涂改，并经自查无误后签名交审核人。此外，还要求记录时用档案记录墨水书写，绘制的显微特征图应线条清晰准确，使用法定计量单位等。

六、结论与报告书的填写

结论是主检人按委托要求对检品进行检验后所写出的书面意见。由主检人书写于检验记录之后。产生结论的判断依据是检验原始记录中的各种信息，如数据、化学反应结果（正负）或特征等。正式报告是检品检验结果的通知书，也可以说是被检药品或半成品能否使用或等级规格的书面通知。结论是正式报告的依据，正式报告是集合结论之后的决定书。

七、留样观察

（一）留样范围、目的与时限

留样范围包括实行报告书制度的自制制剂。医院药检室留样的目的与制药企业有所区别。对“三级标准”中已收载的自制品种，由于工艺较成熟，质量标准也较完善，此类制剂的留样一般至该批药品用完为止。如果改变了生产条件而生产的药品,前3～5批的留样可适当延长,但最多3年。对"三级标准"中未收载的品种,样品需留3年或更长时间,可通过对样品的观察,进行定期分析,为更合理地确定该品种的各项质量标准、产品质量负责期及生产工艺的改进等提供依据。

(二) 制度

(1) 设立留样观察室(柜)配齐必要设施。

(2) 确定留样范围。

(3) 指定专人负责,负责留样观察记录的填写,按规定抽取和保管观察样品。

(4) 各产品每批次需留4瓶(盒),每5批中要有1批留10瓶(盒),新产品或改变生产条件、工艺者前3批应留10瓶(盒)。

(5) 留样除有关部门抽验或观察人做检验分析外,任何人不得动用。

(6) 留样观察周期为6个月,每季度应随机抽取未到期样品进行检验,同剂型、同品规应尽量分开安排。留样10瓶(盒)者,第三个季度开始每季度抽1瓶(盒)检验。药库、药房反映有质量问题的药品,应及时抽样进行检查或检验。在观察期内发现质量问题,应及时通知有关部门,并适当处理剩余药品。

(7) 留样观察样品到期后取出进行全检,酌情处理,但不得出售。除另有规定外,一般样品留样观察期为3年。

(三) 管理

药检室应指定专人负责留样品的管理。每品规批次的产品有一份观察记录。样品收到后应进行登记、编号、定位存放,从收到时开始进行观察并记录结果。样品的储藏环境一般为10～30℃,相对湿度不超过80%。有条件的还应为其创造高温、低温、恒温、干、湿等不同环境。每半年要有留样观察记录与分析小结,年终有总结。分析小结与总结应及时报送有关领导,必要时抄送有关科室。

八、药品质量分析与报告

(一) 分析与报告的目的

进行质量分析、掌握质量动态,如实向有关部门反映药品质量情况是药检室的职责之一。

(1) 供管理层制订各期质量目标与计划参考。

(2) 提供在购入、生产、储藏、养护过程中不合格药品产生的原因及解决措施,供管理层在制订或修改规章制度和对人、财、物合理调配等方面提供依据和参考。

(3) 明确监督、检验的重点。

(4) 为各药品部门提高药品质量提供依据。

(二) 分析与报告制度

(1) 定期召开质量分析会、座谈会,会议有明确的议题和决议。质量分析会有专人记录。

(2) 定期召开药检室工作人员和部门兼职质监员参加的有关质量方面的学习与讨论会。

(3) 做好收集质量信息、数据等基础工作,对质量问题的分析应逐渐由经验判别过渡到利用统计学方法分析判断。

(4) 年、季、月都应有质量统计分析报表和质量总结,并及时上报和存档。
(5) 发生质量事故,及时调查分析处理,并将结果报送有关部门,调查材料归档。
(6) 根据分析、预测质量变化趋向,定期报送有关领导和各工作部门。

复习思考题

(1) ISO 9000的质量定义可以从哪几个方面来理解?
(2) 请回答中药材质量标准有关项目内容的技术要求。
(3) 请回答中药质量监督检验的类型。
(4) 请回答中药材(饮片)取样方法。

第四章　中药商品的市场

第一节　医药商品市场概述

一、市场的概念

(1) 市场是商品交换的场所,是医药商品集散、交换的场所。从宏观的角度说,市场是指随着市场经济杠杆趋动出现的购销中药商品关系的总和,如常见的药品批发市场、中药材市场等。这是对市场本意的解释,也是市场最早出现的形态。它是从空间状态来描述市场交易活动的,是在商品经济不发达时期人们对商品交换关系的初步认识。随着社会分工和市场经济的不断发展,商品生产与交换突破了地域的界限,人们对市场的看法也发生了根本的变化。

(2) 市场是商品交换和流通的领域。随着社会分工的发展、货币的出现,市场的范围不断地从一地一域发展到全国,形成许多商业城市。其特征是四通八达、纵横交错、密集如网,它联系着生产与消费,联系着全国,甚至全世界。这样的城市已不只是作为商品交易的场所,而且已成为以货币为媒介的商品交换的场所,形成了商品流通过程。这种市场是商品交换和流通领域的概念,突破了市场的"时空"限制,强调了商品交换与流通过程的作用,以及商品交换与流通过程对再生产的调节功能,使人们对市场的认识进一步深化,有力地推动了市场经济的发展。

(3) 市场是商品供求关系的总和。由于生理或心理的欲望,人们产生了许多需求,同时又由于社会分工,各类生产经营企业提供了多样化的产品和服务,各种各样的需求与供给就构成了市场。我们不仅应看到市场是商品交换的场所和商品交换与流通的领域,还应看到市场的实质是商品供求关系。在社会再生产过程中,只有商品供求关系相对平衡,才能顺利实现商品交换,促进市场经济的发展。

(4) 市场是指对某种商品有需求和有购买能力的顾客或用户,是显在顾客和潜在顾客的总和。在市场经济高度发展的现代社会,商品需求与供给关系呈现纷繁复杂的状况。一种产品不可能满足所有人的需要,而只能满足部分人的特定需要。人类需要具有多样性和多变性的适销对路的产品。市场商品交换的实现,依赖于人们对产品的需求,不仅要受产品供给的限制,还要受人们购买力的影响。这种观点强调了人们的需求和购买欲望,强调了人们的购买能力,从而使商品交换关系建立在现实可靠的基础之上。

二、市场的作用

市场由供需双方组成,缺一不可。在市场经济条件下,供需双方在市场上进行商品交换活动,并由市场这只"看不见的手"来调节和指导生产者和消费者的行为。市场的作用表现为:

(1) 市场是联结供需的桥梁,是联系生产和消费的纽带。生产者和消费者的关系,在市场上具体地转化为供和求的关系。对商品生产者而言,市场需求就体现在商品和适销对路上。市场把社会化分工下的社会化商品生产与亿万人民的各种需求结合成错综复杂的交易网,组成高效的社会商品经济的有机整体。

(2) 市场是商品生产和扩大再生产的中间环节。市场通过自己独有的运行法则来调节市场供需,使各行业间保持协调与平衡,使社会资源配置趋于合理,保证社会再生产顺利进行。

(3) 市场是企业竞争的舞台,是优胜劣汰的裁判员。在市场经济条件下,市场为生产者提供公平竞争的市场环境,经过竞争对企业与产品进行筛选,促使其不断优化。市场是"无情的",它对那些不能及时调整产品结构,产品没有销路的企业和产品坚决地亮出"红牌",甚至将其淘汰出局;市场又是"有义的",它会给那些适销对路的产品和素质较高的企业以足够的生存与发展的机会。

三、医药市场类型

我们可以对医药市场进行分类,其目的也是对其归类总结,以寻找出其特点、现状与发展趋势。

(一) 按医药市场规模分类

按医药市场规模来分,医药市场可以分为宏观医药市场和微观医药市场。宏观医药市场指一定时期内一个国家或地区的全部药品市场需求总量,是有关医药市场容量的总量指标。它既影响国家医药产业政策的制定,也决定着医药企业的销售潜力。对其分析的内容需包括现状和将来的趋势,国家有关政策法规的实施与影响情况,地区间、品种间的差别与变化,国内国际市场竞争态势,产品与结构调整的趋势等。微观医药市场则是指某类、某种具体药品在一定时期和一定范围内的市场规模。如我国感冒药市场、心血管药品市场等,它也可以用一定时期内一定地区的某一类特定消费者所需要某类药品的数量来表示。

(二) 按医药市场客体组成分类

按医药市场客体组成来分,医药市场可以分为消费者市场、生产者市场、中间商市场和政府市场。医药消费者市场,由某类、某种药品的最终使用者组成的市场,在以消费者为导向的市场营销活动中,它的一切情况都是医药企业密切关注的内容。生产者市场即医药工业市场,构成这个市场的顾客,由为了进一步生产其他药品再出售而从事生产经营活动的医药原料药、中间体的顾客组成。中间商市场在医药行业具体表现为由医药商业公司和各级各类医院组成的市场,他们经营药品和器械的最终目的,不是为了自己消费,而是为了通过销售而盈利。在生产者市场,广告宣传的作用十分有限,大多数在于沟通产销信息,而人员推销是最有效、最主要的促销形式。政府市场是一个庞大的市场,每年采购一定的药品,用于国防、司法和公共福利事业等。政府采购具有高度的专业性与特殊性,公开招标与签订供货协议是其主要形式。

(三) 按照医药市场地域结构分类

按照医药市场地域结构来分,医药市场可以分为城市医药市场、农村医药市场、国内医药市场、世界医药市场。城市医药市场与农村医药市场由于在地区间经济差异、消费者的收入、消费观念与习惯、文化水平、卫生状况与医疗条件等方面的差别,以及国家医疗保险覆盖范围局限性等,在药品的需求量、品种、档次等方面都存在着很大的差别。这就要求医药生产经营企业根据其药品主要销售地点采取合适的营销策略。与此相类似,国内和世界医药市场的差别就更大,进行国际医药市场营销时需要调整的营销策略就更多。

(四) 按药品分类管理要求分类

按药品分类管理要求来分,医药市场可以分为处方药市场、非处方药市场。从2000年1月1日开始,我国根据药品品种、规格、适应证、剂量及给药途径的不同,实施药品处方药和非处方药分类管理。处方药是需要凭专业医师的处方才能得到并在医务人员的指导下服用的药品。非处方药是为适应我国经济的发展、人民自我卫生保健意识的增强、及“大病去医院,小病上药店”的用药习惯等需要而实施的。由于非处方药不需要医生处方,不需要在医务人员的指导下服用,为保证人民用药的安全有效,国家有关部门除需要严把遴选、更新、淘汰与转换关外,对其药效、标识、流通过程等方面都规定有区别于处方药的要求。这是非处方药生产经营企业必须认真掌握并严格执行的。

(五) 按医药产品种类分类

按医药产品的大类来区分医药市场,同样能够展示不同市场的不同特点、现状与趋势等。由于统计口径及目的不同,分类的标准也各有不同。既可按中药材、化学合成药、生物技术药三大类来划分,又可用诸如解热镇痛类药品、抗生素类药品、大容量注射液、医疗器械、化学试剂与玻璃仪器等标准来划分。

四、医药市场的管理

医药市场管理是国家政府部门根据有关政策法规,运用科学的方法和手段对医药市场的商品流通活动进行行政管理。具体地说,就是对从事医药商品交换活动的单位和个人,在医药商品品种、价格、质量、合同、税收、利润等各个方面进行组织调控和监督。加强医药市场的管理,对于繁荣社会主义市场经济,合理组织中药商品流通,打击违法犯罪活动,维护消费者利益都具有十分重要的意义。医药市场管理的中心内容是贯彻实施国家医药市场管理的有关法律法规、规章制度,监督管理医药商品的流通渠道、流通结构以及医药经营方向,调节需求与供给的相对平衡,保证医药市场活动与整个国民经济协调发展。

五、医药市场的竞争

竞争是一切商品经济的客观规律,市场竞争迫使生产者和经营者改善经营管理,提高生产率和推动技术进步。医药商业企业作为相对独立的经营者,在市场经济的营销中,必须在竞争中求发展,在发展中求生存。其主要表现在下列几个方面:

(一) 销售品种竞争

医药商品具有品种众多和产地广泛等特征,医药经营企业要取得销售上的有利地位,必须在市场需求的前提下,保证所经营的品种和规格齐全,研究产品的更新和多样化,以满足医疗和保健市场的需要。

(二) 商品质量竞争

质量是增强企业竞争能力的关键因素,医药商品作为特殊的商品,其质量主要包括内在质量和外在质量两部分,外在质量主要是指药品本身的技术标准和包装等;内在标准则是药品的临床疗效。医药商业企业必须不断采用新技术,提高商品经营中质量的全面管理水平,创名牌和优质产品。

（三）商品价格竞争

在医药商品的性能、用途、质量和包装等条件相同的情况下，只有提高工作效率和企业的管理水平，才能降低生产成本。在国家有关部门许可的范围内，以低于同类产品的价格销售，赢得较大的市场份额，并能获得较多的利润，以促进企业的发展。

（四）时间竞争

时间是医药商业竞争中的重要因素之一。在购销过程中，遵守交货时间是保证商品畅销和企业信誉的重要环节。作为一种特殊的商品，医药商业企业必须按时组织货源，及时地满足市场的需要。

（五）服务竞争

药品的供应是满足临床医疗的需要，对医院和患者的服务质量，直接影响到药品在市场的竞争能力。对医疗单位的服务，包括售前、售时和售后三个方面。销售时要详细解释药物的性味功能、主治、用法用量、禁忌证、注意事项、保存方法等。免费送药上门，实行售后质量跟踪服务，不断改进工作作风，从而赢得更多的用户。

第二节　中药商品市场

一、国内主要中药材市场

我国拥有约700亿美元的中医药市场，目前，我国中药产业年规模已达4100亿元以上，1995年4月，国家中医药管理局、卫生部、国家工商局共同制订并下发了《整顿中药材专业市场标准》，全国整顿中药材专业市场工作逐步展开。全国原有的117个药品集贸市场和药材市场，截至1997年，先后有安徽亳州、河北安国、成都荷花池、河南禹州、哈尔滨三棵树、江西樟树、广州清平、湖北蕲春等17个中药材专业市场通过验收，90个市场被关闭、取缔，其余市场转营他业，同时，各地从维护国家社会经济秩序稳定，保证人民群众健康的大局出发，关闭、取缔了一批未经批准的药材市场和药品集贸市场。从而有效地规范了我国药材流通秩序，保障了人民群众用药安全。

以上17家大型中药材专业交易市场都设有固定摊位。据2005年数据，全国17家中药材市场年成交额达1200亿元，其中最大的安徽亳州中药材市场年成交额100亿～120亿元。

（一）安徽省亳州市中药材专业市场

亳州是全国四大药都之一。亳州中药材交易中心是目前国内规模最大的中药材专业市场。该交易中心坐落在国家级历史名城——安徽省亳州市省级经济开发区内。京九铁路、105国道、311国道从旁边交叉而过，交通十分便利，占地近400亩，建筑面积20万m^2，已拥有1000余家中药材经营铺面房，32000m^2的交易大厅安置了6000多个经营摊位；气势恢宏的现代化办公主楼建筑面积约7000m^2，内设中华药都投资股份有限公司办公机构、大屏幕报价系统、交易大厅电视监控系统、中华药都信息中心、优质中药材种子种苗销售部、中药材种苗检测中心、中药材饮片精品超市等。交易中心自开业以来，交易鼎盛，热闹非凡。目前中药材日上市量高达6000t，上市品种2600余种，日客流量5万～6万人，中药材年成交额约100亿元。1995年，亳州被誉为“华佗故里，药材之乡”、“中华药都”。目前亳州市农村约有60万亩土地种植中药材，50万人从事中药材种植、加工、经营及相关的第三产业。同时,以交易中心为龙头,促进了亳州市交通、旅游、通信、信息业和市政建设的迅猛发展。为进一步发展中药材交易中心的龙头作用,增强交易中心的辐射能力,占地180亩的交易中心二期工程已经全面启动,项目包括铺面房、大型仓储、大型停车场、学校、医院和中华药都大酒店。中华药都投资股份公司计划用1年的时间完成二期工程的开发、建设,从而使交易中心形成管理科学、配套完善、环境优美、特色鲜明的全国甚至全世界最大的中药材集散地。主要经营的产品为生药及饮片,如:白术(本地产)、桔梗、天麻、板蓝根、菟丝子、胖大海等。

(二) 河南省禹州市中药材专业市场

素有"中华药城"之称的河南省禹州市是全国四大药都之一,也是我国医药发祥地之一。禹州具有悠久的中药材种植、采集、加工历史,以"加工精良、遵古炮制"著称于世。历史上就有"药不到禹州不香,医不见药王不妙"之说。自春秋战国以来,神医扁鹊、医圣张仲景、药王孙思邈等都曾在禹州行医采药、著书立说。在他们的直接影响下,禹州的医药业也得到大的发展,从唐朝开始,禹州药市逐步形成,伴随着药业的进一步发展和繁荣,明朝时期,禹州就成为全国四大药材集散地之一。1996年,禹州被国家中医药管理局、卫生部、国家工商行政管理局定为全国17个中药材专业市场之一,河南省唯一的国家定点中药材专业市场。2001年,禹州市投资2亿元新建了现今的河南禹州中药材专业市场(又称中华药城)。目前,该市场是中国17家标准化、规范化的国家级中药材专业市场之一,也是河南唯一的国家级定点中药材专业市场。药城占地面积400余亩,建筑面积230000m²,可容纳2500个摊位的中心交易大厅,以及2000余间3层以上的经商楼,并附属仓储、银行、饭店、停车场、娱乐场等各种服务设施,是一所集物流、信息、金融等为一体的大型现代化中药材专业市场。市场经营品种1000多种,固定从业人员10000多人,年交易额达10亿元。位于中华药城中心位置的交易大厅,由河南宋基投资公司兴建,禹州市药业管理委员会实行统一管理,是中华药城的主要建筑设施,占地30亩,分上、下两层,层高8m,主要采用柜台陈列式经营。为适应中药材市场发展的需要,中华药城交易大厅目前正在重新改造和定位。改造后的交易大厅将设立河南省唯一经国家授权,按GSP标准经营中药饮片的法定场所。目前,禹州中药材市场拥有全国各地药商600多家。同时,在市场周边聚集着许多内地知名中成药厂家,市场经营的中药材品种达1000多种,以批发为主,兼顾零售,主要是现金交易。由于依托周边乡镇30余万亩中药材种植基地,中华药城的药材价廉物美,在国内中药材市场占有重要份额,配套服务多样,管理规范,颇受商家青睐。

(三) 四川省成都市荷花池中药材专业市场

四川省成都市是全国四大药都之一。荷花池中药材专业市场位于四川省成都市五块石蓉北商贸大道42号,是1996年由原荷花池中药材交易区和五块石中药材市场合并而成。该市场占地80亩,拥有3500个铺面、摊位,年成交量20万吨,药材辐射整个西部地区,并销往沿海一带,还远销日本、韩国等。2008年,原荷花池中药材专业市场整体搬入成都国际商贸城,现已发展成为中西部地区规模最大、现代化设施最齐备的中药材专业市场,也是全球最大的虫草集散中心,2010年市场成交额近300亿元,位列全国中药材市场前茅,是西部地区最大的中药材专业市场,享有很高的知名度。

(四) 河北省安国市中药材专业市场

河北省安国市是全国四大药都之一。安国市古称祁州,是全国最大的中药材集散地,素有"草到安国方成药,药经祁州始生香"的美誉。改革开放以来,特别是近年来,安国市委、市政府大力实施“以药兴市、科技兴药”的发展战略，初步形成了“产加销一条龙、科工贸一体化”的药业特色经济新格局；全市中药材种植常年保持在13万亩以上，中药材产量占河北省的75%以上；占地2000多亩的全国规模最大的中药材专业市场——东方药城，有药行（栈）近300家，中心交易大厅摊位4000多个，市场年成交额逾50亿元。经营品种2800多个，日客流量3万余人，日吞吐中药材500多吨，是以中药产业为龙头，集经销加工、医疗保健、科研、信息、购物、娱乐、参观为一体的大型中药材专业市场。东方药城东侧的市场升级工程——东方药城国际中药材商贸中心，总投资2.2亿元，是集电子商务、物流配送、现代仓储等功能为一体的河北省市场建设示范项目。

（五）江西省樟树市中药材专业市场

江西省樟树市在唐朝即辟为药墟，宋元时形成药市，明清时期臻于鼎盛，终成“南北川广药材之总汇”的大气候。但由于设施落后，交易方式陈旧等原因，药都繁华逐渐逝去。2004年以来，樟树市开始规划建设一个档次高、规模大、硬件设施一流的中药材专业市场。市场规划面积为500亩，建筑总面积达25万m^2，拥有集商贸、仓储、居家为一体的店铺1000余套，设有功能齐全的现代化电子商务交易大厅，以及休闲广场、阳光草坪、景观大道等配套设施。新中药材专业市场一期规划紧邻105国道，长500m，纵深311m，占地235亩，市场主入口处设置一个直径为120m的半圆形广场，建筑围绕广场展开，铺面房由3层半联排式单元组成，市场中央设置综合服务大厅，后侧布局停车、货物配载中心。一期市场总建筑面积18万m^2，其中店面4万m^2，交易大厅0.6万m^2，仓储5万m^2，计划投资1.5亿元，可同时容纳1000户以上药商入市经营。二期市场规划用地256亩，用于中药材加工、仓储、中转。现有300余户药商在市场内经营，年成交量10万吨，交易额超10亿元，辐射全国21个省（市、自治区），中国香港、澳门特别行政区及台湾地区，以及东南亚地区。

（六）广州市清平中药材专业市场

清平中药材专业市场于1979年经广州市政府批准开办，是全国首批8个重点中药材专业市场之一。清平中药材专业市场是经国家批准设立的全国17个中药材市场之一，是广州市唯一合法的中药商品交易场所。清平中药材专业市场年成交额高达10亿元，经营户来自五湖四海，商品交易活跃，销往全国各省（市、自治区）、中国香港、澳门特别行政区及台湾地区，以及东南亚，甚至世界各地，是中国南方最大的中药材特别是贵细滋补性中药材——“南药”的集散地和进出口贸易口岸。市场面积11200m^2，设置1200多个售货台。2006年3月27日，由广州清平集团投资，广州清平建设发展有限公司开发，位于广州清平路与六二三路交界处的清平中药材专业市场工程全面竣工。标志着有26年经营历史的清平中药商铺正式升级换代。

（七）广东省普宁市中药材专业市场

广东省普宁市的中药材市场历史源远流长，早在明清年代，普宁就是粤东地区中药材集散地。普宁是广东山区市之一，山区面积占全市面积的67%。境内山川交错，气候温和，雨量充沛，具有良好的生态环境，各种中草药资源十分丰富。南阳山区的后溪、船埔、黄沙、梅林一带野生中药材400多种，尤其是陈皮、巴戟、山栀子、甘葛、乌梅、山药等品种为当地名特产，还有梅林盛产的枳壳、厚朴、千重纸等，构成了普宁市的药源。普宁市也是外地药材商品的集散地。目前，市场日均上市品种700多种，年贸易成交额8.5亿元以上，中药材销售已辐射到全国18个省（市、自治区）及中国香港、澳门特别行政区，而且远销日本、韩国、东南亚、北美洲等国家和地区。1996年7月，普宁中药材专业市场被国家批准为首批8个国家定点中药材专业市场之一，是一个以生产基地为依托的传统中药材集散地，是“南药”走向全国、走向世界的最大窗口。普宁中药材专业市场于1998年10月1日建成投入使用，市场占地面积4.2万m^2，建筑面积4.5万m^2，采用中西合璧的建筑风格，设施配套完善，拥有铺位400多间，经营商户405户，经营全国道地中药材共1000多种。该市场配备有电脑信息、电视监控、药物检验、中药鉴别等综合服务机构和现代化设施，总投资1.5亿元。

（八）山东省鄄城县舜王城中药材专业市场

山东省鄄城县素有“中国绿色药都”之称。全县中药材种植面积10万余亩，中药材加工企业30余家。鄄城县建设的鄄城县舜王城中药材专业市场，是继安徽亳州、河北安国之后的全国重要中药材集散地之一，是山东省唯一的国家级中药材专业市场。该市场占地14万m^2，建筑面积6万m^2，拥有固定门店460余套，日上市摊位1000余个，经营品种1100多种，年经销各类中药材5万吨，成交额3亿多元。全国20多个省（市、自治区）、中国香港特别行政区、中国台湾地区，以及韩国、越南、日本等国家和地区的客商经常来此交易。一些优质地产中药材如丹皮、白芍、白芷、板蓝根、红花、黄芪、半夏、生地、天花粉、桔梗等享誉海内外。由新疆汇通集团投资20.8亿元建设的山东舜王城中药现代科技园，将按照大市场、大物流、大药都的思路，计划用3～5年时间，建设成集中药材种养加、产供销、农工商、产学研和旅游观光、休闲度假于一体的中药现代化科技园。投资1.5亿元，建筑面积15万m^2的首期项目舜王中药城按照规划设计，主要建设280套风格典雅的商铺楼、标准仓库、一处中药材交易大厅，以及各种配套工程。

（九）哈尔滨三棵树中药材专业市场

哈尔滨三棵树中药材专业市场建立于1991年，是通过国家“一部三局”验收的17家中药材专业市场之一，是东北三省和内蒙古自治区唯一的中药材市场。目前，已投入使用的新址占地6000多m^2，建筑面积2.3万m^2，容纳的商户由原来的100多户增加至1000户，内设中草药种植科研中心、电子商务网络中心、质检中心、仓储中心，以及商服、银行等配套机构和设施，形成设施完善，功能齐全的市场，市场规模及设施均达到国内同类市场一流水平。

（十）兰州市黄河中药材专业市场

兰州市黄河中药材专业市场是全国17家国家级中药材专业市场之一，1994年8月创办，1996年9月经国家“一部三局”联合批准为甘、宁、青、新唯一的国家级中药材专业市场，也是兰州市十大市场之一。经过近10年的发展，黄河中药材专业市场营业额已达1亿元，实现利税1000万元，逐步形成了“立足甘肃、面向西北、辐射全国”的经营格局。2003年6月18日，原甘肃陇西中药材专业市场整体顺利搬迁至黄河国际展览中心2号展馆，实行市场化经营和商业化管理模式，树立了全新的服务和品牌。2003年9月，为积极响应国家对中药材专业市场的整改，该市场向甘肃省食品药品监督管理局提出中药材专业市场改制申请，并于2003年年底正式领取了中药饮片批发公司经营许可证，目前正按GSP标准筹建中药材批发有限公司，形成完全属于自己的中药品牌、模式和供销网络。

（十一）湖南省长沙市高桥中药材专业市场

湖南省长沙市高桥中药材专业市场就是原来的湖南岳阳花板桥中药材市场。湖南省岳阳市花板桥中药材市场由岳阳市农办、农业局、农科所于1992年8月联合创办，是国家首批验收颁证的全国8家中药材专业市场之一。市场位于岳阳市岳阳区花板桥路、金鹗路、东环路交汇处，距107国道5km，距火车站2km，距城陵矶外贸码头8km，交通十分便利。市场占地123亩，计划投资1.6亿元，已投资5800万元，完成建筑面积5.5万m^2，建成封闭门面、仓库、住宅2000余套(间)，并完善了学校、银行、医院、邮电等设施。市场现有来自全国20多个省(市、自治区)的经营户480多户。从2004年5月开始，在湖南省政府的大力协调下，花板桥中药材专业市场整体迁往长沙，同长沙大市场完成整合，成为长沙市高桥中药材专业市场。

（十二）湖南省廉桥中药材专业市场

湖南省廉桥中药材专业市场就是原来的邵东廉桥中药材市场。它位于湖南省邵东县廉桥镇，320国道与娄邵铁路纵横贯通，交通便利。湖南省廉桥中药材专业市场源于隋唐，新中国成立后曾停业。1983年后逐步恢复并迅速发展壮大。市场经营方式灵活，批零兼营，并可代购代销。医疗、通信、托幼、食宿、短途搬运、长途发运等服务设施配套，购销便利。药材销售辐射到全国各地，部分品种远销新加坡、马来西亚等国家和地区。1996年成交额达1.5亿元，成为全国重要中药材集散地，并跻身全国十大药材市场行列，有江南药都之美誉。市场实现了规范化、系统化管理，走上了更加健康发展的轨道，是湖南省内两个经国家审批设立的中药材专业市场之一。2007年，市场有中药材经营户616户，从业人员5000余人。市场经营药材1000多种，日成交量100吨左右，年成交额突破10亿元，年纳税费600多万元。2005年，邵东县人民政府和香港华轩集团有限公司、邵阳市廉桥药都发展有限公司正式签订了关于投资建设湖南廉桥药都科技产业园的合同书，商定在邵东县廉桥镇新建一个占地面积535亩、总投资5000万美元的高标准中药材物流基地及中药产业园。一期工程于2006年1月正式竣工并投入运行。

（十三）西安万寿路中药材专业市场

西安万寿路中药材专业市场始建于1991年12月，刚建成时建筑面积14591m^2，有固定、临时摊位500余个，市场经营品种达600多种，日成交额50多万元。现在已经发展成为营业面积45万m^2，有固定、临时摊位1500余个，市场经营品种达1600多种，日成交额150多万元，且经营机制健全、服务优良的新型中药材市场，其销售辐射新疆、甘肃、青海、宁夏及周边市县。

（十四）湖北省蕲春中药材专业市场

蕲春中草药资源极为丰富，不仅品种较多，而且门类也较齐全，是我国著名的盛产道地中药材之乡，历来为重点中药材产区之一。1991年，设立了李时珍中药材专业市场。该市场占地面积102亩，建筑面积12000m^2。年销售额近3亿元，上市中药材达1000多种，年销售丹皮、杜仲、桔梗等地产药材近800吨，形成了种植、加工、销售良性循环，成为长江中下游地区重要中药材集散地。

（十五）重庆市解放路中药材专业市场

重庆市解放路中药材专业市场又称重庆桐君阁中药批发市场(原储奇门中药材市场)，是国家最早批准的8家中药材专业市场之一，建设规模较大，配套设施齐全，市场占地面积2500m^2，为“六楼一底”的大型室内交易市场，建筑面积10000m^2，共设摊位400个、写字间40套。

（十六）广西玉林中药材专业市场

广西玉林中药材专业市场位于玉林市城区东南面的中秀路，距离玉林火车站800m，公路、铁路运输十分方便。玉林市中药材专业市场于1988年12月建成并投入使用，占地面积60亩,共有铺面式摊位812间,市场经营户800多户,经营中药材1000多种,年成交额近10亿元,年创利税1000多万元。玉林中药材专业市场是全国17家中药材专业市场之一,市场贸易辐射全国20多个省(市、自治区),远销日本、韩国、越南、泰国、马来西亚、新加坡等,对带动其他产业的发展,推进玉林中药产业化起到了重要作用。

(十七)昆明菊花园中药材专业市场

昆明菊花园中药材专业市场位于昆明市东郊路174号,始建于1991年,于1996年通过"一部三局"的严格全面考查审批,经验收合格后,跻身全国17家中药材专业市场之列,成为云南省唯一一家中药材专业市场。现有经营商户300余户,经营中药材4000余种,担负着云南省80%以上的中药材收购、储藏和批发的重任,年贸易额达10亿元。

二、中药海外市场

我国一直倡导中药走向世界,中医中药走向世界为全人类服务是我国中医药界多年的愿望。2013年我国医药进出口额为896.9亿美元,同比增长10.3%;出口511.8亿美元,同比增长6.8%。虽然中药商品占医药外贸比重较低,仅占约5%,但是属于近年来进出口增速最快的产品。2012年中药类产品出口为24.99亿美元,2013年我国中药出口31.4亿美元,同比增长25.5%;进口10.8亿美元,同比增长23.7%。不管是出口还是进口,中药都是医药外贸中增速唯一超过20%的产品,成为我国医药外贸的亮点之一。我国中药的出口形式主要为植物提取物,其次为中药材及饮片、中成药、保健品。具体以甜叶菊、甘草提取物、银杏叶制剂、紫杉醇、三七制剂等现代植物药为代表,附加值低。我国至今没有任何一种中药能以治疗药、处方药的身份进入美、英等国市场。我国有10种中成药向美国FDA申请注册已10多年,投入的人力、物力、财力不计其数,至今没有任何一种中药通过FDA审批,获准以处方药进入美国市场,合法地进入美国医院作为治疗药使用。目前全世界中药市场每年销售额达300多亿美元,而在全球拥有绝对中药材资源优势的中国却只占了5%的份额。目前,我国中药产业年规模已达4100亿元以上,中成药出口仅2.7亿美元,中成药出口仍然面临困难。

另外,中药材贸易值得关注的是资源类中药材产品,进口增幅较大。因为甘草提取物成为第二大出口过亿元的品种,出口额为1.0亿元,同比增长13.5%。甘草进口大幅增加,进口额达到6900万美元,增幅109.8%,超过出口额2200万美元。我国中药产业已经进入全球资源配置的新阶段,迫切需要国家出台政策,鼓励进口我国稀缺的中药材资源(比如甘草、乳香、没药、木香等),促进我国中医药事业更好地发展。

美国、日本是全球最重要的保健品消费市场。2013年,我国对美国、日本市场的出口额分别为8139.1万美元和2416万美元,对美同比增长39.6%,而对日本同比下降7.5%。对美国出口的产品主要是鱼油,占78.9%;对日本出口保健品主要是鲜蜂王浆及蜂王浆粉、蜂王浆及其制剂等蜂产品,占95%。

(一)亚洲市场

目前,中药已出口至全球171个国家和地区,亚洲地区由于地缘关系,受中国传统文化影响较多,既是中药出口的传统市场,也是主要市场。2013年,对亚洲国家和地区的出口额为19.8亿美元,同比增长29.2%,占63.4%。前十市场中,亚洲占据7席。尤其对中国香港的出口,占总出口额的22.4%,继续成为中药出口的桥头堡。环顾全球,承认中药药品身份的国家和地区基本分布在亚洲,比如新加坡、越南和阿联酋等,这些市场对中药的需求增长较快，值得我们深入开发。东盟国家是中成药出口的重要目的地。2013年，我国对东盟出口中成药4701万美元，同比增长11.4%。由于受中国传统文化的影响，东盟地区最具发展潜力，最有可能成为中成药出口新的增长点。2013年，我国对日本中药出口4.5亿美元，同比下降4.7%。下滑幅度相对较少的是日本尚无法寻求到替代品的中药材，但有消息称，日本已经开始在南美洲等地引种中药材。

我国中药产品对亚洲市场的出口主要为中国香港、日本、韩国，其次是越南、马来西亚、中国台湾、新加坡。我国对亚洲出口的中药产品以药用植物、植物提取物、中成药为主。我国中药产品从亚洲市场的进口主要来自中国香港、印度尼西亚、印度、日本、新加坡。中式成药、海草海藻、薄荷油、药用干鲜植物是自亚洲国家和地区进口的主要产品类别，其中中式成药进口占绝对优势。

（二）欧美市场

较为发达的美国、德国等国存在中药出口市场，是出于对植物药及其提取物的需求，所以这些国家同样成为中药出口的传统市场，并且也保持较高的增速。2013年，这两个市场占据中药出口前五位中的两席。美国是全球最大的医药保健品消费市场，2001～2011年这10年间，美国稳居我国中药产品出口市场排名的第三位。我国对美国出口的中药产品，以植物提取物、保健品、中药材及饮片等原料型产品为主，其出口额占比均在95%左右；而中成药产品占比则相对较小，为5%～6%。其中，植物提取物是我国对美国出口的主要产品类别，其出口额占比一般都在60%以上，而美国也一直位列我国植物提取物产品出口市场排名的第一位。以2011年数据为例，我国中药对美国出口额最大的产品类别为植物提取物，出口额为1.8亿美元，占65.6%；保健品出口额为5664.0万美元，占20.7%，位居第二；中药材及饮片出口额为2215.2万美元，占8.1%，位列第三；中成药出口额为1531.2万美元，仅占5.6%。在美国，有7个中成药正在进行临床研究。其中，复方丹参滴丸、血脂康、扶正化瘀胶囊3种药物已经完成了临床二期研究，有的已经开展了临床三期研究，有的正在准备开展临床三期研究。桂枝茯苓胶丸在进行临床二期研究，进展比较顺利。中国的中药标准，像丹参这味药材，已经列入美国药典，这是我国第一个被列入美国药典的中药。现在还有几十个药物正在由美国药典委员会进行审查，估计近几年内也会陆续收入美国药典，这是一个很重大的进步。中国药材的标准纳入了美国药典，就会按照这个标准要求植物药，为我们更多中药进入美国提供了基础。同时，中成药在欧盟也开展了注册研究，其中地奥心血康已经完成了注册工作，还有几个药物正在进行中，预计在近1～2年也会注册成功。这一批药物在欧美国家注册，提升了中医药的影响。

欧洲各国市场也在我国中药贸易中占据一席之地，法国、西班牙、英国、荷兰、瑞士等6国贸易额占我国对全欧洲市场贸易总额的75%。我国对欧洲出口市场主要为德国，出口产品主要是植物提取物芦丁、用做香料的植物、杀菌杀虫植物等。我国从欧洲主要进口产品为中式成药、阿拉伯胶和植物液汁及浸膏。

（三）拉丁美洲市场

拉丁美洲市场以进口为主，且优势明显。在中药类进口市场中，除亚欧传统地区外，拉丁美洲远超北美洲，紧随欧洲之后。从拉丁美洲主要进口产品为海草海藻类商品，其次为鱼油、鱼脂及其分离品。

三、中成药市场

中药作为我国的民族医药产业，长期以来都是我国医药政策扶持的重要领域，随着我国经济的高速发展，中医药产业也保持了良好的发展势头，2011年国内中成药企业已达1300余家，可生产中成药4000余种，中成药销售占国内医药市场份额的25%左右。2013年，IMS发布了题为《中国中成药市场发展形势纵览及前景展望》的研究报告，该报告指出，2008年以来，中国中成药市场的增长速度持续领先于西药市场，中药在整体医药市场中的重要性日趋明显。而政策支持、产品革新和临床数据加强成为驱动中成药市场快速发展的三驾马车。

（一）政策支持

政策支持首先体现在国家对中医药事业的重视上。2011年3月，我国《国民经济和社会发展第十二个五年规划纲要》首次将中医药单列一节，并在开局之年由中央财政投入59亿元支持中医药发展。其次是医保报销目录大量收入中成药。《国家基本医疗保险药品目录》自2000年起开始实施，该目录先后于2004年、2009年进行过两次调整。中成药品种也从最初的575个，逐步增加到823个和987个，占比从最初的39%提高至44%和49%。大多数中成药产品在进入医保目录后实现销售快速增长，复合增长率达20%～40%。第三是价格政策对中成药的保护。国家发改委对中成药价格调整较为谨慎，以肿瘤药为例，对比西药23%的降价幅度，中成药降幅仅为14.5%。此外，在西药总体价格走低的背景下，中成药价格自2006年起在中药材价格上涨的带动下，反而有了44%的明显上升。

（二）产品革新

尽管传统中成药领域同质化现象严重，市场竞争激烈，但随着中药现代化发展，产品革新为相关中药企业提供了发展的新动力，尤其是老产品的新剂型改造，成为不少厂家利润增长的方向。以复方丹参滴丸为例，相比其他丹参口服制剂，滴丸剂型具有作用迅速、可口服也可舌下含服等优势，加上滴丸处方中冰片用量仅为片剂的六分之一，解决了冰片含量大对胃肠刺激等副反应，使得复方丹参滴丸连续几年都占据口服丹参市场医院销售7成以上的业绩，且市场份额呈增长趋势，遥遥领先于其他口服丹参产品。

（三）临床证据加强

临床证据加强也是中成药销量看好的原因之一。众所周知，传统中药缺乏像西药那样正规的临床试验证据的支持。但随着本土药企市场营销逐步学术化、专业化，部分中成药企业已开始投资于临床试验，并与相关治疗领域学术带头人建立起合作关系，以此加强循证医学研究，以提升产品的市场竞争力。如步长集团选取了60家三甲医院为其拳头产品稳心颗粒进行多中心临床研究，以岭药业的通心络通过双盲试验证明疗效，绿叶制药的血脂康目前在美国已完成二期临床研究。这些举措均为产品在国内外进一步推广提供了有力的临床依据。

四、全国中药材指数

（一）中国·成都中药材指数

为了更好地促进中药材在培育、种植、销售、储藏等各个环节走向现代化、产业化、信息化，2011年4月16日，由商务部批准立项的全国中药材指数在四川成都发布。价格指数是反映不同时期商品价格水平的变化方向、趋势和程度的重要经济指标。该指数由中药材价格指数和中药材购销经理指数两部分构成，分别反映中药材价格和行业景气度，从4500种中药材中最终筛选出1275种代表品种的价格进行价格指数发布。成都指数由商务部定期通过城乡市场信息服务体系发布平台向全球发布，其中商务预报网络版每周1次，应急状态下随时发布。

成都指数作为反映中药材价格和行业景气度的重要指标，将成为政府制定政策、调控市场、引领中药材种植、监测、管理、指导、服务的重要手段。其具有四大重要作用：第一，为政府和行业主管部门准确、及时了解和掌握中国甚至世界中药材贸易动态，了解中药材专业市场的运行状况，制定相关行业政策和发展规划提供依据；第二，为中药材种植者和经营者提供商情信息，从而种植适销对路的药材，选择经营品种和收购时机，保持合理库存，提高资金利用率；第三，为市场管理者进一步提高管理水平，改善服务质量创造条件；第四，引领中药材产业发展方向，为广大业内人士提供最有参考价值的市场信息。

通过指数能够及时了解全国范围内中药材生产贸易情况、价格行情走势等相关信息，促进中药材在培育、种植、生产、销售、流通、输出等各个环节走向现代化、产业化、信息化，为中药材市场的生产经营及监管提供有效的数据支持。因此，成都指数的编制和对外发布，在中药材专业市场发展史上具有里程碑式的重大意义。

（二）康美·中国中药材价格指数

由国家发改委部署编制的康美·中国中药材价格指数，2013年1月8日在广东省普宁市正式发布。这标志着我国第一个全国性药材价格指数进入正式运行阶段，这也是国内第一个依托大型民营企业编制的全国性价格指数。该指数依托康美药业公司建立，已覆盖全国各大区域的价格采集体系，在安徽亳州、河北安国、广东普宁等全国六大主要中药材专业市场建立信息服务中心，覆盖的中药材交易量超过75%，有较强的代表性。纳入该价格指数权重范围的中药材共有12大类、516个品种和700多个品规，能较好地反映中药材价格的变动趋势。该指数已逐渐成为我国中药材价格走势的风向标，成为市场定价、商家经营、药农生产的重要参考依据。通过编制发布康美·中国中药材价格指数，不仅可有效引导和稳定中药材市场价格，维护消费者和生产者利益，还可极大地提升我国在国际中药材市场的价格话语权，推动中医中药走向世界。负责编制运营该价格指数的康美药业公司，是我国中药材及中药饮片行业的龙头企业，管理着全国75%以上的中药材交易市场。

五、中国中医药市场现状与发展

国家食品药品监督管理总局南方医药经济研究所在其主办的第21届全国医药经济信息发布会上，发布了《2009年度中国医药市场发展蓝皮书》。蓝皮书显示，我国中医药企业投入研发经费由2001年的16.2亿元增加至2005年的43.4亿元。“创新药物与中药现代化”重大专项共有45个品种取得新药证书；41个品种完成全部研究工作，正在申报新药证书；109个品种进入临床试验阶段，还有206个创新性强、前景较好的品种课题处于临床研究阶段。中药工业总产值占整个医药工业总产值的四分之一强。

随着“十五”期间我国“创新药物和中药现代化”重大科技专项的确立，新型中成药大品种、先进工艺技术与装备、新型饮片和提取物、常用大宗药材及濒危稀缺药材繁育等技术产业化进程明显加快，创新药物研究取得了一系列重大标志性成果。其中包括抗心律失常一类新药盐酸关附甲素、注射用红花黄色素、丹参多酚酸粉针剂、注射用红花黄色素冻干粉针或滴注液、强心力胶囊等。一批拥有自主知识产权的现代创新中药实现了产业化，如人工虎骨粉、体外培育牛黄、丹参多酚酸粉针剂、西洋参茎叶总皂苷、骨碎补总黄酮、海洋药物褐藻多糖硫酸酯等。

我国中成药行业逐步摆脱了剂型简单、制作工艺落后、产品结构不合理的落后状况。目前国家批准上市的中成药共有9000多种，约5.8万个药品批准文号。目前我国中药产业年规模已达4100亿元以上，占整个医药工业总产值的26.53%。我国通过实施中药品种保护制度，提高并巩固了中药产业的竞争壁垒，推动了中药整体质量水平的提高和科技进步。截至2007年底，我国先后公布了2469个国家中药保护品种。

此外，我国采取综合措施加强对中药材的管理，保护中药种质和遗传资源，加强优选优育和中药种源研究。目前已初步建立起中药数据库和种质资源库，并开展了珍稀濒危中药资源保护的研究，全面禁止犀牛角、虎骨等动物材料入药使用，限制天然麝香、天然牛黄等珍稀中药资源的使用范围。同时大力开展珍稀濒危中药资源的替代品研究，中药饮片、中成药的主要原料药材目前已实现人工栽培，逐步发展规范化种植和产业化生产。截至2008年年底，已有52家企业通过中药材GAP认证。截至2007年底，已有343家企业通过了中药饮片GMP认证。颁布的出口商务标准促进了行业水平的提高，规范了行业秩序。2013年，医保商会发布了植物提取物的七个国际商务标准。标准发布后，引起行业及国外组织的广泛关注，尤其是部分标准中识假辨假检测方法的公布，对于推动行业健康发展起到积极作用。美国药典委员会主动与医保商会联系，商谈将柳枝提取物标准、越橘提取物标准、虎杖提取物标准等三个标准(其余四个标准美国药典中都已涵盖)纳入美国药典标准，植物提取物国际商务标准已经完全达到了国际水平，将对未来我国植物提取物行业发展带来深远影响。

复习思考题

(1) 简述市场的概念及作用。

(2) 试述市场的竞争形势。

(3) 试述中药材指数。

(4) 简述国内主要中药材市场概况。

第五章　中药商品的物流管理

随着生产技术和管理技术的提高，企业之间的市场竞争日趋激烈，人们逐渐发现，企业在降低生产成本方面的竞争似乎已经走到了尽头，竞争的焦点开始从生产领域转向非生产领域，转向运输、储存、包装、装卸、流通加工等物流活动领域。人们开始研究如何在这些领域降低物流成本，提高服务质量，创造“第三个利润源泉”。从此，物流管理从企业传统的生产和销售活动中分离出来，成为独立的研究领域和学科范围。物流管理科学的诞生，使得原来在经济活动中处于潜隐状态的物流系统显现出来，它揭示了物流活动的各个环节的内在联系，它的发展和日臻完善，是现代企业在市场竞争中制胜的法宝。

第一节　物流概论

物流学专家研究发现，在产品从开始生产直至到达消费者手里的整个过程中，产品的包装、搬运、储存、配送、运输等方面的费用，在总费用中占有相当大的比重。可见物流管理具有巨大的成本下降空间和利润增长空间。当代物流管理对中药企业服务水平的提高，培育中药企业核心竞争力都起到十分重要的作用。

一、物流概述

（一）物流的概念

2001年8月1日起，正式实施的由国家质量技术监督局发布的《中华人民共和国国家质量标准物流术语》中规定：“物流是物品从供应地向接受地实体流动过程，根据实际需要将运输、储存、装卸、搬运、包装、加工配送、信息处理等基本功能实现有机结合。”

物流的定义包含以下要点：①物流是物品实体流动，物流中的“物”包括一切可以进行物理性位置移动的货物，物流中的“流”既涵盖有交易产生的商业活动中的“流通”，又包括生产领域中的“流程”等；②物流的主要流向是物品由供应地向接受地流动；③物流包括物品的空间位置移动，时间位置调整和外观形状及物品性质的改变，能增加物品的效用，更好地满足顾客需求；④物流坚持以现代市场营销理念为指导，以满足顾客需要为出发点和归宿点；⑤物流是供应链的一部分，是运输、储存、装卸、搬运、包装、流通加工，配送、信息处理等基本功能的有机结合。

（二）商流与物流的关系

无论是国内贸易还是国际贸易，由于所有权的间隔，生产者要想把自己的产品让渡出去，必须通过交易完成，顾客要想得到所需的产品也必须通过交易完成。这种解决所有权间隔的交易称为商流。商流中的产品称为商品，是交易的对象。商品由供给方向需求方转让，是按市场规律进行的，要受价格机制、供求机制、竞争机制等市场机制的调节。商品交易的全过程构成了商流的研究内容，具体包括市场预测、经营方向定位、经营方式选择、货源组织、商品采购、商品促销、现场销售、财务管理等。

1. 商流与物流的统一。

商流与物流都是流通的重要组成部分,两者相辅相成,互相补充。商流与物流的统一是指商流和物流在同一时间发生。“一手交钱,一手交货”便是商流与物流统一的形象写照。在社会发展初期,生产力水平低下,生产者与消费者在时间上、空间上间隔比较小,双方可以直接接触,生产者在转让商品所有权的同时,也把商品实体交给了消费者,实现商流与物流的统一。在生产力水平相对发达的今天,如果供求双方的诚信经营机制未能有效建立,那么,出于对各自利益的保护,控制交易中的信用风险,供求双方可能会继续沿用传统的“一手交钱,一手交货”交易方式,保持商流与物流的统一。

2. 商流与物流的分离。

商流与物流分离指将物流设施和有关物流的功能从商业流通领域中分离出来,单独设置物流据点,集中处理若干流通据点的物流业务。随着社会经济的发展,商流与物流统一的情形虽仍存在,但已不符合社会发展的趋势。当今社会生产力高度发达,国际间的经济交往日益增多,生产规模和流通规模不断放大,信息技术与管理手段的运用日新月异,商流与物流分离也就成为一个必然的趋势。商流与物流虽然密切相关,但各自具有不同的活动内容和规律。商流一般要经过一定的经营环节来进行业务活动,而物流则不受经营环节的限制,它可以根据商品的种类、数量、交货要求、运输条件等,使商品尽可能由产地通过最少环节,以最短的物流路线,按时保质地送到用户手中。另外,商流与物流的实体——资金流和货物实体流有相对独立性。货物实体流受到实物形态的限制,其运动形式、运动渠道与资金流存在很大的不同。资金流可以由银行间的结算系统通过划账方式短时间完成,从而完成交易,实现所有权的转让。但是货物物理性的移动还需经过运输、存储、配送等一系列相对漫长的过程来实现。

实践证明,如果按照一定的原则简化货物实体流通渠道,不与商流渠道重合,那么,可以降低物流费用,提高物流效率。

第二节　中药商品的物流系统与管理

物流作为一个由若干子系统构成的综合系统,其活动包括运输、保管、配送、装卸、搬运、包装、流通加工和信息处理等。

一、运输

运输是物流的主要功能之一。按物流的概念,物流是货物实体的物理性运动,这种运动不仅改变了货物的时间状态,也改变了货物的空间状态。运输承担了改变货物空间状态的主要任务,是改变货物空间状态的主要手段。运输再配以搬运、配送等活动,就能圆满完成改变空间状态的全部任务。运输的方式共有五种,既有公路、铁路、水路,又有航空和管道。各种运输方式都有其优缺点,掌握其各自特点,有利于我们进行运输管理和选择。

(一) 公路运输

公路运输是指使用汽车在公路上载运货物的运输方式。公路运输不仅可以直接运入或运出货物,而且也是车站、港口和机场集散的重要手段。大多数消费品是通过公路运输的。公路运输有速度较快、可靠性高和对产品损伤较小的特点。汽车承运人具有灵活性，他们能够在各种类型的公路上进行运输，不像铁路那样要受到铁轨和站点的限制。所以公路比其他运输方式的市场覆盖面都要高。汽车运输的特点使得它特别适合于配送短距离高价值的产品。由于递送的灵活性，公路运输在中间产品和轻工产品的运输方面也有较大的竞争优势。在各种运输方式中，汽车运输的固定成本很低，这是因为汽车运输企业并不需要拥有公路。但是变动成本相对较高，因为公路的建设和维修费用经常是以税和收费站的形式向承运人征收的。总体来说，公路运输在物流作业中起着骨干作用。公路运输比较适宜在内陆地区运输短途旅客和货物，因而可以与铁路、水路、航空联运，为车站、机场、港口集疏运旅客和货物，也可以深入山区及偏僻的农村进行旅客和货物运输，在远离铁路的区域从事干线运输。

（二）铁路运输

铁路运输能够远距离输送大批量货物，因此它在城市之间拥有巨大的运量和收入。尤其在我国，幅员辽阔，铁路是货物运输的主要方式。但是因受到铁轨、站点等限制，铁路运输的灵活性不高。铁路一般是按照规定的时间表运营的，发货的频率要比公路低。虽然设备和站点等的限制使得铁路营运的固定成本很高，但是铁路营运的变动成本相对较低，这使得铁路运输的总成本通常比公路运输和航空运输要低。高固定成本和低变动成本使得铁路运输的规模经济十分明显。综合考虑，铁路适合在内陆地区运送中长距离、大运量、时间性强、可靠性要求高的一般货物和特种货物运输。从投资效果看，在运输量比较大的地区之间建设铁路比较合理。

（三）水路运输

水路运输是指使用船舶及其他航运工具，在江河湖泊、运河和海洋上载运货物的一种运输方式。这是一种最古老的运输方式。其主要优点是能够运输数量巨大的货物，适合运输低价值货物，例如谷物、矿石、煤炭、石油等。水路运输的主要缺点是其营运范围和运输速度受到限制。除非其起始地和目的地都接近水道，否则必须有铁路和公路补充运输。水运是国际货物运输的主要方式。在固定成本方面，水路运输排在铁路运输和公路运输之间。码头的开发和维护一般是由政府统一进行的。与铁路和公路相比，其固定成本适中。变动成本则只包括运营中的成本，而水路运营成本相对较低。因此，水路运输综合优势较为突出，适宜于运距长、运量大、时间性不太强的各种大宗物资运输。

（四）航空运输

航空运输的主要优点在于运输速度快，但货运的高成本使得空运并不适用于大众化的产品，通常航空运输一般用来输送高价值产品或时间要求比成本更为重要的产品。与铁路、水路和管道相比，航空货运的固定成本较低。空中航线和飞机场通常是由国家投资来开发和维护的，航空货运的固定成本与购买飞机有关，也与所需特殊的搬运系统和货物集装箱有关。另一方面，由于燃料消耗、维修保养，以及飞行人员和地勤人员费用较高，航空货运的变动成本是极高的。因此，航空运输只适宜远距离、体积小、价值高的货物运输，以及鲜活产品、时令性产品和邮件等货物的运输。

（五）管道运输

中药商品很少用管道运输。

二、保管

所谓保管是指对货物进行储存及对其数量、质量进行管理控制的活动。仓库的分类保管活动主要是通过仓库进行管理的。仓库主要有以下几种分类：

1. 按仓库在社会再生产过程中所处的位置不同分类。

(1) 生产领域仓库。包括原材料仓库，半成品、在制品和产成品仓库。其中，原材料仓库是指结束了流通阶段，进入生产准备阶段的原材料存放场所；产成品库是指存放生产企业的已经制成并经检验合格，进入销售阶段但还未离开生产企业的成品的场所；半成品、在制品仓库是指在企业生产过程中，处于各生产阶段之间的半成品库和在制品库，其目的在于衔接各生产阶段和保证生产过程连续不断地进行。

(2) 流通领域仓库。包括物流企业中转仓库和商业企业的自用仓库，主要用于商品的保管、分类、中转和配送。这种类型的仓库以商品的流通中转和配送为主要功能，机械化程度比较高，周转快，保管时间短，功能齐全。

(3) 储备型仓库。这种类型的仓库以物资的长期保管或储备为目的，货物在库时间长，周转速度慢。

2. 按仓库的使用范围分类。

(1) 企业仓库。是指企业自己投资兴建，用于保管自己生产经营所需货物的仓库。

(2) 营业仓库。是指面向社会提供仓储服务而修建的仓库。这类仓库以出租库房和仓储设备，提供装卸、包装、流通、加工、送货等服务为经营目的，功能比较齐全，服务范围比较广，进出货频繁，吞吐量大，使用效率较高。

(3) 公用仓库。是由国家或一个主管部门修建的，为社会物流业务服务的公用仓库，如车站货场仓库、港口码头仓库等。其特点是公共性、公益性强，功能比较单一，仓库结构相对简单。

3. 按保管装置识别和使用方便的需要来进行分类。

保管除了需要仓库主体建筑(库房、货棚、货场)之外，还需一定的技术装置与机具。仓库设施及设备是按识别和使用方便的需要进行分类的，其中按设施及设备的主要用途和特征，可划分为装卸搬运设备、保管设备等。

(1) 装卸搬运设备。这一类设备是商品出入库和在库堆码及翻跺作业而使用的设备，它对于改进仓储管理，减轻仓储劳动强度，提高收发货劳动效率，减少操作中的商品损失，具有重要作用。现有的仓库装卸搬运设备一般有装卸堆码设备、搬运传送设备。

(2) 保管设备。在各种类型的仓库中，保管设备都是不可缺少的，且数量很大。保管设备通常有苫垫用品、存货用具、计量设备、养护检验设备、通风、照明、保暖设备、安全设备、其他用品及工具。

三、配送

配送包含了物流中若干功能要素，是物流中一种特殊的、综合的活动形式，是商流与物流的结合。配送是根据用户要求，在配送中心或其他物流节点对商品进行集货、分货、配货作业，并按时将商品送交收货人的物流活动。配送实际上是一个货物集散过程。从总体上讲，配送是由备货、理货、送货三个基本步骤组成。其中每个步骤又包含若干个具体的、枝节性的环节，如集货、分拣、配货、配装、送货等。这些都是配送的一般环节，并不是所有的配送都必须按这样的环节进行。

（一）备货

备货指准备货物的系列活动，它是配送的基础环节。严格来说，备货应当包括两项具体活动：筹集货物和存储货物。在不同的经济体制下，筹集货物（或称组织货源）是由不同的行为主体去完成的。若生产型中药企业直接进行配送，筹集货物的工作自然是由中药企业自己去组织的；而在专业化流通体制下，组织货源和筹集货物的工作则会出现两种情况：其一，由提供配送服务的配送企业直接承担。一般是通过向生产型中药企业订货来完成此项工作。其二，选择商流、物流分开的模式进行配送。订货等筹集货物的工作通常是由货主自己去做，配送组织只负责进货和集货等工作，货物所有权属于货主（配送服务的需求者）。然而，就总体活动而言，筹集货物都是由订货、进货、集货及相关的验货、结算等一系列活动组成的。存储货物是订货、进货活动的延续。在配送活动中，货物储存有两种表现形态：一种是暂停形态；另一种是储备形态。暂停形态的存储是指按照分拣、配货工序要求，在理货场地储存少量货物。这种形态的货物储存是为了适应日配、即时配送的需要而设置的，其数量多少对下一个环节的工作方便与否会产生很大影响，但不会影响储存活动的总体效益。储备形态的储存是按照一定时期配送活动要求和根据货源的到货情况有计划地确定的，它是使配送持续运作的资源保证。用于支持配送的货物储备有两种具体形态，即周转储备和保险储备。然而，不管是哪一种形态的储备，相对来说，数量都比较多。因此，货物储备合理与否，会直接影响配送的整体效益。

（二）理货

理货是配送的一项重要内容，也是配送区别于一般送货的重要标志。理货包括货物分拣、配货和包装等项经济活动。货物分拣是指从储存的货物中选出用户所需要的货物。分拣货物需要采用适当的方式和手段。分拣一般采取两种方式来操作：一种是摘果式，一种是播种式。所谓摘果式分拣，就好像在果园中摘果子那样去拣选货物。具体做法是：作业人员拉着集货箱（或称分拣箱）在排列整齐的仓库货架间巡回走动，按照订单处理后的分拣单上所列的品种、规格、数量等信息，将客户所需要的货物拣出并装入集货箱内。在一般情况下，每次拣选只为一个客户配装。目前不少配送中心，由于推广和应用了自动化分拣技术，并装配了自动化分拣设施等，大大提高了分拣作业的劳动效率。播种式分拣货物形似于田野中的播种操作。其做法是：将一批客户的订单汇总，以同品种商品为配货单位形成若干拣货单，分拣时，先持拣货单从储存仓位上集中取出某商品，然后搬运到理货场，将商品按客户各自需求量分放到对应货位，暂储待运。再按同样的方法去拣取其他商品，直至全部订单配货完毕。为了完好无损地运送货物和便于识别配备好的货物，有些经过分拣、配备好的货物还需要重新包装，并且要在包装物上贴上标签，记载货物的品种、数量、收货人的姓名、地址及运抵时间等。

（三）送货

送货是配送活动的核心，也是备货和理货工序的延伸。在物流活动中，送货实际上就是货物的运输。因此，常常以运输代表送货。但是，组成配送活动的运输与通常所讲的干线运输是有很大区别的。由于配送中的送货需面对众多的客户，并且要多方向运动，因此，在送货过程中，常常进行三种选择：运输方式、运输路线和运输工具。

在配送过程中，根据用户要求或配送对象的特点，有时需要在未配货之前先对货物进行加工，以求提高配送质量，更好地满足用户需要。融合在配送中的货物加工是流通加工的一种特殊形式，其主要目的是使配送的货物完全适合用户的需要和提高资源的利用率。

四、装卸搬运

装卸搬运是物流系统的构成要素之一，属于衔接性的物流活动。在任何其他物流活动互相过渡时，都是以装卸搬运来衔接，因而装卸搬运往往成为整个物流系统的“瓶颈”，是物流各功能之间能否形成有机联系和紧密衔接的关键。在实际操作中，装卸与搬运是密不可分的，两者伴随在一起发生。因此，在物流学科中并不过分强调两者差别而是作为一种活动来对待。

中药企业管理装卸搬运是指在物流过程中，为运输、保管和配送的需要而对货物进行的装卸、搬运、堆垛、取货、理货等，或与之相关的作业。装卸搬运活动的基本动作包括装车(船、机)、卸车(船、机)、堆垛、入库、出库以及连接上述各项活动而作的短程输送，是伴随运输、保管和配送等活动而产生的必要活动。

装卸搬运机械是物流系统中使用数量最多、频度最大的机械设备。据不完全统计，目前世界上已经有700多种不同结构形式和不同用途的装卸搬运机械。主要装卸搬运机械有：

（一）装卸搬运车辆

装卸搬运车辆是指依靠机械本身的运行和装卸机构的功能，实现货物水平搬运和装卸的车辆，主要有：叉车(叉车装卸机)、搬运车、牵引车和挂车等类别。

（二）输送机械

输送机械是指一种在一定的输送线路上，可以将货物从装载起点到卸载终点以恒定的或变化的速度进行输送，形成连续或脉动物流的机械，主要有：带式输送机、斗式提升机、悬挂输送机、埋刮板输送机、螺旋输送机、滚柱输送机、震动输送机、气力输送装置等类别。

（三）起重机械

起重机械是指靠人力或动力使货物做上下、左右、前后等间歇、周期性运动的转载机械，主要用于起重、运输、装卸、机器安装等作业。主要有较小型起重机(如滑车、手动或电动葫芦等)、桥式起重机(如架式起重机、桥式起重机等)、门式起重机和装卸桥、臂架式(旋转式)起重机(如门式起重机、塔式起重机、汽车起重机、轮胎起重机等)、堆垛起重机等类型。

（四）散装装卸机械

散装装卸机械是指具有装卸和运输两种功能的机械，主要以装卸散装货物为主，如装卸机、卸载机、翻车机等。

五、包装和流通加工

（一）包装的类型

包装按目的、功能、形态分有不同类型，通常分为两类：一类是为市场销售而包装，称为商业包装；另一类是为了物流运输而包装，称为工业包装。

1. 商业包装。

为了吸引消费者的注意力，成功的商业包装能够吸引顾客、引起消费者的购买欲，并能提高商品的价格。但是理想的商业包装从物流的角度看又往往是不合适的。例如，重量只有24g的洋参胶囊，为了引起消费者的注意，设计的包装盒体积有3100mm^3。对于物流来说这样做会过大地占据运输工具和仓库的空间，是不合理的。

2. 工业包装。

为了达到方便装卸、储存、保管、运输的目的，货物都需要包装，这类包装就是工业包装。运用包装手段，将单个的商品或零部件用盒、包、袋、箱等方式集中成组，以提高物流管理的效率。这种将单个分散的商品组装成一个更大单元的方式称为成组化或集装化，这是物流包装中的一个重要研究课题。

（二）流通加工的概念及内容

1. 流通加工的概念。

流通加工是流通过程中的加工活动，是为了方便流通、运输、储存、配送以及方便用户充分、综合利用货物而进行的加工活动。

2. 流通加工的内容。

流通加工的内容有装袋、定量化小包装、拴牌子、贴标签、配货、挑选、混装、刷标记等。流通加工不仅能够提高物流系统效率，而且对于标准化建设、提高销售效率、改进商品价值也越来越重要。

第三节 中药商品的收、发和质量保护

中药商品运输的整个过程包括发货、承运、中转、收货等环节，每个环节对维护中药商品的使用价值和价值都有重要影响。

一、中药商品发送

中药商品发送是中药商品运输业务中的主要环节之一。它是指发货单位将收货单位需要的中药商品，按照运输计划的要求，选择一定的运输工具和运输方式，在规定日期内安全、准确地把中药商品送到收货单位的一种运输活动。中药商品发送工作是物流管理的一项重要内容，也是中药商品运输过程中的第一道环节。发送质量的好坏，直接影响到后续的运输、中转、接收等各个环节的工作，甚至影响到整个中药商品流通的速度、效益及中药商品的质量。

中药商品发送工作的主要内容有三项：

（一）编制中药商品发送计划

编制中药商品发送计划，主要是确定合理的运输路线、中转环节、运输工具，以及发送货物的配载，选择恰当的发送时间等。

（二）组织配载

根据中药商品调运的需要及中药商品本身的性质，考虑车船等运输条件的可能，组配中药商品发送的工作，叫做组织配载。其形式有见单组配、见货组配两种。

1. 见单组配。

见单组配是把分散存放在医药仓库或药厂的待运药品，凭其调拨供应单或商品发货单等发运单据，先集中起来，并按照中药商品性质及其发运到达目的地，进行组合配置。根据单据提供的依据，先办理中药商品托运手续，待装车、装船时，再把中药商品集中起来发运出去。

2. 见货组配。

见货组配是先将待发送的中药商品集中起来，按中药商品的性质及发送目的地，在企业自有仓库、专用货场或码头上进行组配，待办理托运手续后直接装车、装船的发送方法。

（三）办理托运

发货人按照铁路、公路、水路及航空等运输部门开办的业务范围和种类，选择最适合所运中药商品的运输组织方式，委托运输部门或企业将中药商品运输到指定地点，交给收货人的活动，称为托运。托运时需按规定填报货物运单，并提出必要的证明文件。运输部门或企业受理以后，发货人可按指定的日期与地点组织送货，组织发运。在托运时，发货人应当根据发送中药商品的性质，按有关规定对中药商品进行包装，并填写运输标志，必要时还要参加监装工作，与运输部门做好交接，缴付运费，带回加盖承运日戳的货物运单，托运工作即告完成。

二、建立中药商品物流情报系统

物流情报是源于企业物流活动的需要而产生的。为了使中药商品的运输、保管、发送工作正常、合理进行，协调发展，建立物流情报系统非常必要。物流情报的主要内容有接受订货情报、库存情报、生产和采购进度情报、发货和运输情报及物流管理情报等。建立中药商品物流情报系统的目的，是为了更好地开展中药商品贸易活动，对于从接受订货到发货的各种物流职能进行合理控制与协调，使商品迅速、准确地到达客户手中，降低流通费用。

三、中药商品的接收

中药商品的接收又称为中药商品的到达业务。指中药商品运达收货地时，接收单位组织人力、运力，准备仓容、货位，点验检查运达的中药商品的业务活动。中药商品的接收一般包括以下四个环节：

1. 接收准备。

企业接到发运单位的起运预报或车站、飞机场的到货通知后，应立即做好接收准备工作。首先，应当把到货通知单与合同对比，检查所到中药商品是否为合同中订购的中药商品，其产地、质量、品名、规格、等级、数量、包装和到货时间是否符合合同要求；然后与有关业务部门联系，看此批中药商品是否已经销出，根据情况决定是直拨购买单位，还是直接入本企业仓库或上柜供应；最后通知有关部门或单位准备仓位，落实收货、验货事项，安排好运输工具和运力，调度接收工作。

2. 卸前检查。

卸前检查是由接收单位会同承运部门对装货车、船的门窗、货物苫盖物、捆扎状况，以及集装箱的封条进行检查，观察运达的中药商品是否完整，有无异常情况（如被盗、换货、受潮、受淋、变质等）。

3. 清点验收。

清点验收是将卸下的中药商品按运单进行整理，并清点核对中药商品的名称、规格、件数、重量、包装、标志、起运和到达站（港）是否相符。同时，逐一检验中药商品的外包装是否完好，有无破损、变形、受潮、霉腐、污染等情况，并做好记录。发现异常情况，应立即与承运方进行交涉、处理。

4. 办理直拨、入库或中转业务。

做好中药商品清点验收工作后，为了及时疏通站(港)，加速中药商品和车船的周转，及时将中药商品供应市场，应当根据该批中药商品的流向，尽快采取直拨直调、办理中转托运业务或者入库。

四、中药商品运输中的质量保护

在经历时间和空间转移的过程中，中药商品将经受各种环境和恶劣条件的考验，对中药商品加强保护措施是必不可少的。在运输过程中，中药商品的质量保护措施主要有以下五项：

1. 轻装轻卸。

中药商品在运输过程中要经过多次装卸搬运，如果装卸搬运操作不当，会给中药商品造成很大损伤。如：针剂、水剂、糖浆剂等玻璃器皿装的药品绝大多数损坏都是由于野蛮装卸和操作不当造成的，给国家、企业和消费者造成了巨大损失。所以，要求在中药商品装卸搬运过程中，严格执行操作规范，根据中药商品的不同性质，参照包装标志中的注意事项轻装轻卸，减少人为损失。

2. 合理堆码。

中药商品在运输、装卸过程中需要经历多次堆码。在堆码时，除应当轻装轻卸外，还应注意“向上标志”、“禁止倾斜标志”、“可叠层数标志”等，堆放的高度和宽度都应符合规定，不能超高、超宽，堆码整齐有序、捆扎牢固，以防止运输途中与车厢外的物品碰撞、跌落或遗失。

3. 妥善苫垫。

为了防止中药商品在运输途中的风吹、日晒、雨淋、水淹及污染，应妥善采取苫垫措施。通常用帆布、油布或塑料薄膜遮盖，车厢底座垫上垫板等。如果在车站、码头待运或中转、临时堆放，必须放在仓库、货棚中，地面应有木、石桩脚垫衬，防止药品受潮。

4. 适当环境。

若中药商品在运输中需经历较大的地理跨度，道路和气候都存在较大的差异。为确保中药商品运输途中的安全，应将怕热、怕冷、怕光、易腐、易分解的中药商品装入专用车厢内，使中药商品在运输途中有个良好的环境，保证中药商品质量稳定、完好。

5. 良好包装。

中药商品运输的安全，在很大程度上取决于中药商品包装质量。包装物的设计，除了要适应中药商品性能、特点外，更要考虑运输途中可能出现的损伤情况。如易碎的中药商品，应当采用牢固、可靠的外包装及良好的内衬，以防止震动、冲撞造成的中药商品外包装破损。在运输全过程中，应非常重视对中药商品包装的检查，不良包装的中药商品严禁进入物流环节。

复习思考题

(1) 何谓物流？试述商流与物流的关系。

(2) 试述中药商品的物流系统包括哪些？

(3) 中药商品的接收包括哪些环节？

(4) 如何进行中药商品运输中的质量保护？

第六章　中药商品的储存与养护

中药商品储存是中药商品流通的重要环节，也是保证中药稳定性的关键技术，它贯穿于中药商品的采购、生产、调配、销售的整个过程。中药采购部门、生产部门、批发部门、零售部门都设有储存中药的仓库，同时运输过程中的中药也处于储存状态。中药在储存过程中受内在和外在因素的影响，会发生质量变化，这就决定了中药养护的必要性。中药商品的养护即根据中药的储存特性要求，采取科学、合理、经济、有效的手段和方法，通过控制调节中药的储存条件，对中药储存质量进行定期检查，达到有效防止中药质量变异，确保储存中药质量和药效的目的。科学的储存是为了保证库存中药的质量，为此所采取的各种保养、维护等措施，统称为中药商品养护。

第一节　中药商品储存与养护的目的和意义

一、中药商品储存与养护的目的

中药商品大都含有淀粉、糖类、蛋白质、脂肪、纤维素等成分，在储存过程中受内在和外在因素的影响，必然发生物理、化学、生物学的变化，如变色、氧化、风化、变味、霉烂、虫蛀、泛油等变质现象。其中尤以霉烂和虫蛀对药材的危害最大，不仅造成经济损失，更严重的是使中药疗效降低，甚至完全丧失药用价值或产生毒副作用。因此，对中药商品进行严格的、科学的管理，才能完成中药商品的流通。其目的是保证医疗用药的质量稳定、安全、有效，减少损耗，满足人们防病治病、康复保健的需要。

（一）保证市场供应

中药商品储存一方面有利于购进业务活动，另一方面又有利于批发、零售业务活动，可以将中药商品源源不断地收进、发出，持续不断地供应市场，满足人们医疗保健需要。

（二）提高应急能力，促进流通顺畅迅速

中药商品的生产与消费在时间上和地区上往往存在差异，如有的常年生产，季节消费；有的季节生产，常年消费；中药材还有道地药材、非道地药材之分，进行必要的储存可以调节这种差异，灵活调剂余缺，促进流通通畅迅速。中药商品的储存也可使在疫病流行和自然灾害等各种非常情况下，具备应急供应能力。

（三）促进中药商品生产标准化

中药商品的储存有助于减轻生产企业的负担，加快生产资金的周转。中药商品入库和出库时，还要进行质量抽检和质量核对，有时还需向药检部门报检，防止假药、劣药进入市场，从而促进中药生产企业不断提高中药商品质量和改进中药商品包装，使中药商品生产水平不断提高。

（四）保证中药商品的质量稳定、安全有效

养护是在中药商品储存期间所采取的必要措施，以保证其质量稳定、安全有效。中药商品来源广泛，性能各异，成分复杂，有的怕热、怕冻、怕潮、怕干，有的容易发生虫蛀、霉变等变异现象。有些新鲜药材极易腐烂，储存的条件更加严格。因此，加强中药商品的储存与养护，才能避免因保管不善所造成的中药质量下降、药效损失。

（五）确保中药商品储存安全

确保中药商品储存安全是指在中药商品储存过程中，必须采取一定的养护技术，确保中药不发生质量变化，不发生燃烧、爆炸、污损等现象。《中华人民共和国药品管理法》指出，中药仓库必须制定中药保管制度，采取必要的养护措施，强调变质的或被污染的中药不能药用，以保持中药的质量和纯洁度。中药作为药品的一大类别，其养护是一项必要措施，只有采取“预防为主”的原则，精心养护，才能确保中药商品的储存安全。

二、中药商品储存与养护的意义

（一）确保中药商品安全有效，保证其使用价值

中药企业仓库储存着大量中药商品，其基本职能是保存中药商品，保证中药商品在库不丢失、不损坏、数量准确、质量完好。同时，仓库具有一定的条件和设备，应加强中药商品养护，确保中药的安全有效，减少其破损、变质，避免各种损失，保证中药商品的使用价值。

（二）加强中药商品流通，满足人民防病治病的需要

中药商品流通是连接中药生产和消费的桥梁。加强中药商品流通，既要疏通中药商品流通渠道，采取灵活多样的购销形式，积极组织中药商品的收购和推销；又必须组织好中药商品的储存，加强中药商品的养护，以保证中药流通的顺利进行。如果流通领域中的仓储设施不足、技术设备条件落后、仓储管理不善、仓储能力过小等，都会限制中药商品的流通速度和规模，阻碍中药商品流通的发展，进而影响市场供应，不能满足人民防治疾病的需要。中药商品是特殊商品，是中药的一大类，为了预防突然发生的疫情和灾情，就要有一定数量的中药商品储备，以备不时之需。并且在促进中药工业生产发展，保证中药商品市场供应和满足中药消费者需要方面，都起着重要作用。

（三）监督中药质量，保证用药安全有效，维护中药消费者的利益

中药商品进入流通领域的第一道护栏就是中药的储存。一方面不合格的中药商品不许入库，另一方面不符合规定的中药商品不许发放。如此即可阻止不符合规定的中药商品进入流通领域中，从而起到保护中药商品消费者利益的作用。

（四）降低流通费用，加速资金周转，提高企业经济效益

中药商品的储存不同于一般中药的购销业务。中药商品储存中的劳动是生产劳动在流通领域的继续，它虽不创造新的产品，但能在原有产品上追加价值，从而为社会创造新的价值。中药商品储存部门通过加强储存管理，改善储存保管条件，提高仓储能力和设备的使用效率，能节约储存过程中的劳动消耗，降低储存费用；同时，做好中药商品的养护工作，避免和减少中药的损耗，以及加快吞吐业务，加速资金周转，提高工作效率，扩大业务范围，从而可以节约开支，提高企业的经济效益。

（五）中药商品养护有助于维护社会财富

我国仍属发展中国家，经济还不十分发达，扩大再生产具有同样重要的经济意义。据统计，1980年以来，全国每年的仓储商品损耗为3.4亿～3.8亿元，而医药商品占有一定的比例，其中中药商品比重最大，这说明搞好中药商品养护，降低中药商品损耗是有很大潜力的。即使是今后社会生产力得到很大提高的情况下，做好中药商品的养护工作，也是提高社会经济效益，增加社会财富的重要手段之一。

第二节　中药商品储存与养护的原则

一、中药商品储存的原则

中药商品储存的基本原则是分区、分类储存。即要熟悉商品质量特性及储存要求，按商品的自然属性分类，按区、库、号科学储存。

（一）分区储存

区域的划分要以“安全、方便、节约”及“符合相关法规规定、保障产品质量”为原则，力求便利业务，便于管理，节省仓容，确保安全。

（二）分类储存

可先将中药按中药材、饮片、中成药分三类，中药材和中药饮片分库存放，可按根茎、果实、花、草、叶、藤木、树皮、动物、矿产、菌藻等划分种类。中成药可按剂型如蜜丸、水丸、散剂、片剂、针剂、冲剂、胶囊剂等划分。

（三）按中药特性分类

中药可按保管难易要求如易生虫、易霉变、怕热、怕潮、怕风化等来安排储存场所，以便养护管理。

（四）中药分区分类储存应遵守的原则

（1）药品与非药品、内服药与外用药必须严格分开存放。性状比较相近、性质相互影响、容易串味的品种应分开存放。

（2）长期储存的怕压或发热易燃的中药应定期翻码倒垛，并加强检查。

（3）质量变异、效期商品要单独存放，按规定挂上明显标志，并及时处理。

（4）退货商品应单独存放，查明原因，做好记录，挂上标志，及时处理。

（5）在库商品严格施行色标管理。合格品为绿色，不合格品为红色，待验品为黄色。

二、中药商品养护的原则

（一）贯彻“预防为主”原则

根据中药的性质和包装的质量、形状，正确选择仓位、堆码和苫垫形式，合理使用仓库面积，提高仓库利用率，并为安全保管，及时检查盘点和出库等创造方便条件；按照库存中药性质的需要，控制和调节库房的温度、湿度；定期进行中药在库检查，及时了解中药质量变化，并采取相应的防治措施；熟悉中药性能，研究影响中药质量的各种因素，掌握中药质量变化规律，提高中药保管养护科学水平，及时采取各种有效措施，防患于未然；保持库房的清洁卫生，做好防治微生物和鼠、虫害工作；此外，对久储、残损、变质和接近失效的中药，要催促有关业务部门及时处理，以避免和减少损失。

（二）遵循先产先出、易变先出、近期先出的原则

1. 先产先出。

先产先出是指同一商品，对先生产的批号应先出库。一般而言，由于环境条件和中药

本身的变化，中药储存的时间愈长，变化就愈大，超过一定期限就会引起变质，以至于造成损失。中药应采取先产先出，有利于储存的中药不断更新，以确保其质量。

2. 易变先出。

易变先出是指同一商品，对不宜久储易于变质的应先出库。有的中药虽然后入库，但由于受到风雨、潮湿、阳光、气温、害虫、微生物的侵袭及其他原因，而比先入库的中药易于变质。在这种情况下，当中药出库时就不能机械地采用先产先出，而需依据中药的质量，将易霉、易坏、不宜久储的先出库。

3. 近期先出。

近期先出即近失效期先出库，指库存有效期相同的同种商品，对接近失效期的先行出库。对仓库来讲，所谓近失效期，还应包括给这些中药留有调运、供应和使用的时间，使其在失效之前进入市场并投入使用。某些中药虽然离失效期尚远，但因遭到意外事故不宜久储时，则应采取易变先出，以免受到损失。

（三）在库中药定期检查原则

中药在库检查，指对库存中药的查看和检验。通过检查，做到及时了解中药的质量变化，以便采取相应的防护措施。中药在库检查的时间和方法，应根据中药的性质及其变化规律，结合季节气候、储存环境和储存时间长短等因素掌握，大致可分为以下三种：

1. 逐日检查。

一般由仓库保管员自行检查。

2. 定期检查。

一般是结合盘点进行月、季全面检查。如有效期中药、毒性中药、限剧类药、麻醉类中药、危险类中药应每月检查1次；性质不稳定中药至少应每季度检查1次：受热易变质的中药应在夏季加强检查；易吸潮引湿的中药在梅雨季节加强检查；怕冻中药在冬季加强检查。

3. 突击检查。

一般是在汛期、雨季、霉季、高温、严寒或者发现事故苗头，临时组织力量进行全面或局部的检查。

中药的检查内容包括：库房内的温度、湿度，中药的外观性状和质量变化情况，中药包装的变异，中药堆垛安全，中药储存动态等。在检查中，要特别注意对那些容易变质、损坏和规定有效期的中药的查看和检验。

第三节　中药商品的在库养护

中药商品的在库养护，是指中药商品在仓库储存过程中所进行的保养和维护工作。仓库的中药养护工作，涉及面很广，科学技术性较强，它是仓库中药保管的一项经常性工作。它对中药储存安全、保证中药质量、减少损耗、促进中药流通，有着重要作用。

药库要按照安全、方便、节约的原则，合理利用仓容。要留有适当的墙距、垛距、顶距、灯距、底距，并做到堆码合理，整齐、牢固、无倒置现象。

一、中药的分类储存

中药商品入库以后，应根据各种中药商品的性质、剂型、包装、仓储条件、出入库和在库养护要求进行分类储存，并设置货位标识。然后选择每一类商品最适宜存放地点，把存放地点划分为若干货区，每区又划分为若干货位，并按顺序编号。这种管理方法即一般所谓的“分区分类，货位编号”。它的好处是：商品有较固定的堆码地点，便于发货、检查和保管；可使商品出入库迅速，有利于提高工作效率，加速商品流转；由于货位固定，品种集中，保管人员易于熟悉商品性能，掌握可能发生质量变异的规律，提高科学养护水平。现将分区分类货位编号说明如下：

1. 分区。

按中药类别、储存数量结合仓库建筑和设备条件，将仓库面积划分为若干货区，并规定某一货区存放某些商品。为了解决各货区间的忙闲不均现象，可留出机动货区，或调整货区存放的商品种类，或重新划分货区。

2. 分类。

将中药按其性质和所要求的储存条件划分成若干类，分类集中存放。根据分类，确定中药堆码在什么类型的仓库，如普通库、保温库、冷藏库或危险品库。同一库内还应根据中药包装重量和出入库的多少来正确安排堆码位置，如笨重的、出入频繁的品种存放在出入口较近的地方。

3. 货位编号。

将仓库划分为若干货区，每个区又划分为若干排，把每排划分若干货位号，并按顺序进行编号。编号时可用罗马数字、阿拉伯数字或拉丁文字母等来表示。为了便于识别，在仓库梁上、墙上、货架上或地上用带色油漆标明库号、货区号、排号和货位号，亦可以在库内上空拉金属丝悬挂标牌。货位编号工作完成以后，还可以设立货位卡片，发货时可以根据卡片迅速找到所需商品的存放地点，这样可以方便工作，节约时间，减少差错。

由于各单位仓库条件不同，出入库量和商品品种数量不等，所以需根据实际情况，结合上述“分区分类，货位编号”的办法，采取适当的保管方式。总之，既要达到科学管理的目的，又使储存地点适合商品性能，还有利于保管工作的进行。

二、中药的堆码

中药除分类存放外，还要妥善堆码。堆码也称堆垛，要根据中药的种类、特性、包装、体积、重量、库房高度、设备条件、地面负荷，以及操作安全、易于清点数量、易于识别标记等条件，选择堆码形式、码垛技术，确定堆垛高度。码垛时要做到妥善苫垫、垛脚稳固、堆垛整齐、层次分明；货垛之间，货垛与墙、柱、窗、屋顶之间应保持一定距离，留有适当的通道，以便于中药的搬运、检查和养护。不同批号的药品不得混垛，垛间距不小于5cm，与库房内墙、顶、温度调控设备及管道等设施间距不小于30cm，与地面间距不小于10cm。

商品堆码的形式很多，但对于中药商品的堆码一般多数采用立方垛，适用于木箱、纸箱和袋装中药，在堆码立方垛时，每件的大小、重量都相同，才能堆得稳、堆得高。

堆码立方垛主要用直码、交叉码两种：

1. 直码。

直码是指整整齐齐地把货件从下而上堆码，上层与下层的堆放形式一样。这种堆码方法适用于木箱或纸箱包装，优点是简便易取，便于点数，但不稳固。

2. 交叉码。

交叉码是指上、下层纵横交叉堆码。这种堆码方法比较稳固，但工作不便，适用于袋装商品或需堆码较高的木箱、纸箱包装商品。

立方垛分实垛、通风垛两种，实垛是把货件堆码成一个实心的立方体，中间没有任何空隙；通风垛是在货件中间留有一定的空隙，可以流通空气，便于防潮。

桶装中药商品由于包装的特点，不能堆成立方垛，必须把上层货件的堆放范围逐渐缩小，堆成宝塔垛，以增加其稳固性。

中药商品的堆码除上述垛形外，还可以有其他形式，在实际工作中，应根据具体情况来考虑，亦可以创造更适宜的垛形，只要能堆码稳妥，节省劳力和费用，达到中药商品储存安全和工作便利即可，不必拘于形式。

三、温度、湿度管理

温度、湿度是影响中药变质的重要因素，温度、湿度管理不当常会促使中药发生分解、挥发、融化、变形、冻结、沉淀、潮解、风化、稀释、溶化、发酵、酸败、生霉、虫蛀等变化，以致变质失效。所以，应该建立仓库温度、湿度管理制度，严格控制仓库的温度、湿度，这是防止中药霉坏变质的基本条件，是做好中药养护的关键。

仓库温度、湿度直接受气候变化的影响，只是库内温度、湿度变化的时间比库外慢些，变化程度小些。因此，我们除了要熟悉各种中药的特性外，还必须了解气候变化的规律，掌握温度、湿度年变化和日变化的情况，以及气候对不同仓库的影响，以便适当地控制和调节库内的温度、湿度，创造适宜的储存条件，保证中药的质量。

另外，药库管理必须注意以下几点：

(1) 对有特殊储存要求的中药，应建立符合所需条件的库房和相应设施。中药在冷处保管，温度控制在2～10℃；阴凉处温度控制在20℃以下；室温温度控制在10～30℃；相对湿度控制在60%～75%。各种测量和临控仪器应经常核对。

(2) 中药商品入库时，应按凭证核对品名、规格、数量和质量验收人员的签章(外地产品入库时，还应查对药厂检验报告)，并对质量进行抽查，发现问题及时与质量检验或业务部门联系解决。对货单不符、质量异常、包装不牢、标志不清，影响安全储运的中药，不宜入库。

(3) 保管员应熟悉中药质量性质及储运要求，按中药性质不同自然分类，按区、库、排、号进行科学储存。内服药与外用药，一般药与杀虫鼠药必须分开存放。性能相互影响，容易串味，名称容易搞错的品种也应分开存放。麻醉类中药、精神类中药、毒性中药应专库或专柜存放，指定专人保管。危险品应严格执行公安部颁布的化学危险品储存管理暂行办法、爆炸物品管理规则和仓库防火安全管理规则等规定，按其危险性质，分类存放于有专门设施的专用仓库。有效期中药按有效期远近，按批号，依次专码堆放。长期储存的怕压商品应定期翻码整垛，货垛之间应采取必要的隔垫措施。退货商品应单独存放和标记，要查清原因，及时处理。退货要做记录(包括退货单位、日期、品名、规格、数量、退货理由、检查结果、处理日期及处理情况等)并保存2年。搬运和堆垛应严格遵守中药商品外包装标记的要求，安全操作，防止野蛮装卸。

(4) 贯彻先进先出，近期先出和易变先出，按批号出库的原则。中药商品出库时登记生产批号或年、月、日，有效期限及入库年、月、日。把好中药出库验发关，变质和过期中药严禁发货。药库必须设保管账。正确记载储存器材进、出、存动态。坚持货位编号、层批标量、动碰复核、日记月清、月对季(半年)盘等方法,保证账货相符。账簿及有关凭证必须按财会制度规定妥善保管,不得擅自销毁。

(5) 药库不得私自动用储存的器材;不准个人动用装物料和其他财物;不准在存放货区放置个人物品。中药器材要实行分区、分类管理。特殊中药(器材)如毒性中药、危险类中药、麻醉类中药、有效期中药等,必须按有关规定采取专柜储存,指定专人保管。严禁将其相互混存或与一般中药器械混存,必须分开存放。有效期中药(器材)必须按有关规定储存。

(6) 药库要维护中药(器材)的质量。根据中药(器材)性质、仓储条件和气候变化,安排适宜的储存场所。要加强温度、湿度管理,正确采用通风、密封、吸潮、降温等养护方法和措施。切实保证中药(器材)的疗效和使用价值。药库要搞好库房和环境的清洁卫生,定期进行清扫。中药、原料和精密医疗器械等,不得露天存放,其他物资也要尽量减少露天存放现象。

(7) 药库要监督中药(器材)的质量问题,必须及时采取措施。有效期的中药(器材),要建立登记和催调制度,认真实施。药库要建立中药(器材)养护档案。配合药剂科做好质量信息反馈。

第四节　影响中药商品质量的因素

中药商品在储存与养护过程中发生变异的因素有两个方面:一是内因,主要是药品本身的物理、化学性质的变化引起的;二是外因,外界环境会促使药品变质、疗效降低或丧失药用价值,主要的有温度、湿度、空气、日光、储存时间、虫害、霉菌及包装等。

一、温度

药物的成分在常温条件下是比较稳定的,温度过高或过低都能使中药变质。特别是温度过高与中药的挥发程度、形态及引起氧化、水解等理化和微生物寄生有很大关系。有些中药温度过低又易引起冻结或析出沉淀。

(一) 高温影响

1. 霉变。

大部分微生物是属于嗜温性的,温度升高(30℃以上)有利于它们的繁殖和活动,从而加速霉变。如贝母、白及、天冬、生半夏、桔梗、黄精等易发生霉变。

2. 挥发走油。

气温升高,使含有芳香物质的中成药如薄荷油、红花油等易挥发。含脂肪油和挥发油丰富的中成药,如软膏类、栓剂等,由于温度增高而软化或融化,以致所含的油质往外溢出,在包装上呈现油样物质。

(二) 低温影响

在低温条件下,有些中药可发生物理、化学变化,以致药效减低,甚至失效。如中成药的液体制剂,在低温(0℃以下)条件下易发生析出沉淀;有些水剂中药结冻胀破容器,使药液外漏造成损失或降低药效。

二、湿度

湿度随地区及温度高低而变化。湿度对中药的质量影响很大。湿度太大能使中药潮解、液化、变质或成为霉料，湿度太小，也容易使某些中药风化。

1. 风化。

有些风化后的中药，其化学性质一般并未改变，但在使用时剂量难以掌握。特别是剧毒中药，可能因超过用量而造成事故。易风化的中药如明矾、芒硝等。

2. 引湿。

大多数中药在湿度较高的情况下，能吸收空气中的水蒸气而引湿，其结果使中药出现稀释、潮解、变形、发霉等现象。如芒硝受潮后潮解。

3. 其他。

湿度引起中药材及中药饮片的质量变异有潮解、融化、酸败、干枯、风化、皱缩和霉烂等。多数中药变质现象的发生都与湿度有一定关系。如湿度控制适宜，则害虫不会滋生，霉菌不能繁殖，也不会引起变质现象，故仓储中要严格控制湿度。

三、空气

空气是各种气体的混合物，其中对中药质量影响比较大的为氧气、二氧化碳、水蒸气和灰尘。氧气约占空气体积的五分之一。由于其性质活泼，易使某些药物发生氧化作用而变质。如挥发油受氧的作用易引起树脂化，脂肪油容易氧化而结成块状，并能氧化酸败。空气中的二氧化碳被中药吸收，发生碳酸化而使中药变质。又如散剂能吸附空气中的水分，灰尘及有害气体，能影响中药的质量及促进变质或霉变。

四、日光

光线中的紫外线可促进中药变色、分解氧化，使之变质，以致降低或失去药用价值。如保管不当，被光线直接照射会引起变质，如使某些色泽鲜艳的花类中药退色，变为黄色至棕色，如玫瑰花、月季花、款冬花等；含油脂的中药能产生酸败；酒类能产生浑浊；含苷类及维生素类的成药产生分解；针剂、水剂日光照射后，因温度升高，能变色或降低药效；升药见光会析出水银等。同样日光能引起或促进中药中的许多有机物和无机物发生化学变化，如氧化、还原、分解等，从而影响中药的质量。如含有生物碱类、维生素类、酚类、挥发油类、黄酮类、蒽醌类等成分的中药，受光照射后，易发生光化学反应，出现颜色变化。同时日光的大量热能对中药有加热作用，使暴晒的中药温度升高，导致某些中药出现气味散失、泛油、粘连、融化、干枯等现象。

五、储存时间

有些中药由于受湿度、光线、温度、空气等因素的影响，可能发生不同程度的变质，最终导致不能使用。有些中药因其性质或效价不稳定，尽管储存条件适宜，时间过久也会逐渐变质、失效。有效期系指中药在规定的储存条件下，能够保持质量合格的期限，要求使用单位在规定期限内使用。

六、包装

包装容器是直接盛装和保护中药的器物，种类很多，质量有别，对中药的影响也不一样，医药商品包装应当努力实现标准化、规格化和经济化。要求包装的类型、规格、容量、包装材料、容器结构造型、承受压力，以及商品盛放、底垫、封装方法有统一规定，合适的包装应能承受合理的堆压和撞击，具有一定的防震、防腐蚀能力。常用的包装有玻璃容器、瓷制容器、金属容器、纸及硬纸包装、塑料包装等。

普通玻璃在水中可被水解形成游离碱，它可使生物碱盐变色、沉淀，甚至分解失效。所以在中成药生产包装时，一定要根据中药理化性质选择符合要求的玻璃容器，以免影响中药质量。玻璃颜色对保证中药质量具有重要意义，紫外线能透过玻璃使中药变色变质。因此，易受紫外线影响的中药包装于琥珀色玻璃容器里最合适。

因金属容易受酸碱及其他化学物质的腐蚀，所以易与金属发生化学反应的中药不宜使用金属容器包装。

塑料包装应选用无毒塑料包装。

七、仓虫与霉菌

仓虫和霉菌对中药的危害十分严重，因中药大多数都含有可供仓虫和霉菌生长繁殖所需要的养分，倘若保管不善，很容易造成大批中药霉蛀损失。

1. 虫蛀。

虫蛀即害虫蛀蚀。常见危害中药的害虫有米象、谷象、大谷盗、药谷盗、烟草甲虫、谷蛾及虫类等数十种。一般害虫生长繁殖的最适应温度是16～35℃，相对湿度为60%以上。湿度大、气温高时，害虫危害也最严重。所以，中药虫蛀常在夏秋季节发生。

2. 发霉。

发霉系指中药外表或内部生长霉菌。一般危害中药的常见霉菌有黑酵菌、绿霉菌、蓝霉菌等。

中药发霉除与本身性质和含水量有关外，温度、湿度等也是引起霉变重要因素，特别是温度在20～30℃，相对湿度在70%以上时，霉菌可大量生长繁殖。所以，在梅雨季节，不少中药常因加工制作或包装不严、储藏条件不适宜而造成霉烂变质。

八、内在因素

中药商品变质还有其自身的内在因素，尤其是中药材、中药饮片，如含淀粉的药材，易吸收外界水分，受霉菌感染，有利于害虫吸取养料赖以生存。含有挥发油的药材，一般在20℃左右，其油分就会挥发。含有糖类物质的药材，遇水或受潮后即会膨胀发热，引起发酵、霉变；同时糖类物质也是微生物、害虫的最好养料，有利于其繁殖。含有油脂的药材，保管不当，油脂就会发生水解、氧化而产生分解和酸败现象。含有色素的药材，色素若被破坏会引起药材色泽的变化；含有结晶水的中药容易风化；有的中药容易升华。

第五节　不同性质中药商品的储存方法

一、易受光线影响而变质的中药的储存方法

（1）凡遇光易引起变化的中药，为避免光线对中药的影响，可采用棕色玻璃瓶黑色纸包裹的玻璃器包装，以防止紫外线透入。

（2）需要避光保存的中药，应放在阴凉干燥、阳光不易直射到的地方。门、窗可悬挂遮光用的黑布帘、黑纸，以防止阳光照入。

（3）不常用的怕光中药，可储存于严密的药箱内，存放怕光的常用中药的药橱或药架应用不透光的布帘遮蔽。

（4）见光容易氧化、分解的药物，必须保存于密闭的避光容器中，并尽量采用小包装。

二、易受湿度影响而变质的中药的储存方法

（1）对易吸湿的中药，可用软木塞塞紧、蜡封、外加螺旋盖盖紧。对易挥发的中药，应密封，置于阴凉干燥处保存。

（2）控制药库内的湿度，以保持相对湿度在70%左右为宜，可辅用吸湿剂如石灰、木炭，有条件者可设置排风扇和通风器，尤其在梅雨季节，更要采取有效的防霉措施。除上述防潮设备外，药库应根据天气条件，分别采取下列措施，即在晴朗干燥的天气，可打开门窗，加强自然通风，当下雾、下雨或室外湿度高于室内时，应紧闭门窗，以防止室外潮气侵入。

（3）对少量易受潮中药，可采用石灰干燥器储存，即用木箱、瓦缸等容器装入块状四分之一容量石灰，石灰层上面存放中药，待石灰吸湿成粉状后，应及时换掉。

三、易受温度影响而变质的中药储存方法

一般中药储存于室温（10～30℃）即可。如指明“阴凉处”或“凉阴处”是指不超过20℃，冷处是指2～10℃。

一般情况下，对多数中药储藏温度在2℃以上时，温度愈低，对保管愈有利。

（1）怕热中药，可根据其不同性质要求，分别存放于“阴凉处”或“冷处”。常用的电冰箱可调节至2～10℃，如无冰箱，可根据具体条件，因地制宜，存放于水井、地窖（对防潮中药还需注意密封，或用一口大缸埋于温度较低处）。有条件者，也可采用加冰的土冰箱，盛冰容器应置放于顶部，中药放于底部，以便冷热空气对流，提高降温效果。对少量怕热中药短期储存，则可采用冰瓶。

（2）挥发性大的中药，在温度高时容器内压力加大，不应剧烈震动。开启前应充分降温，以免药液冲出造成伤害事故。

（3）易冻和怕冻的中药，必须保温储藏。保温措施：可就地取材，用严密木箱，内放瓦楞木箱，两层之间填充木屑或木箱内贴油毛毡，内放三合板箱。两层之间填充稻壳，盖双层盖。另外也可用棉花作为保温材料。可利用地窖、坑道、天然山洞等储藏中药，其特点为冬暖夏凉。有条件的地方可建立保暖库。

四、易燃、易爆危险品的储存方法

易燃、易爆危险品系指易受光、热、空气等外来因素影响而引起自燃、助燃、爆炸或具有强腐蚀性、刺激性、剧烈毒性的中药，如果处置不当、保管不当，都能引起爆炸、燃烧等严重事故，给人民生命财产带来极大损失。

（一）主要特征及性状

易爆炸品。为受到高热、摩擦、冲击后能发生剧烈反应而产生大量热量，能引起爆炸的中药，如硫黄、火硝等。

自燃及遇火燃烧的中药。自燃是指质地轻薄松散的植物药材，如红花、艾叶、甘松等，由于本身干燥不适度，或在包装码垛前吸潮，在紧实状态中细胞代谢产生的热量不能散发，当温度积聚到67℃以上时，热量便能从中心一下冲出垛外，轻者起烟，重者起火。药材质量也就不复存在了。

（二）保管原则和方法

此类中药应储存于危险品库内，一般不得与其他中药同库储存，并远离电源。同时应有专人负责保管。

危险品应分类堆放，特别是性质相抵触的物品。灭火方法不同的物品，应该隔离储存。危险品库应严禁烟火，不准进行明火操作，并应有消防安全设备（如灭火器、沙箱等）。

危险品的包装和封口必须坚实、牢固、密封，并应经常检查是否完整无损、有无渗漏，否则必须立即进行安全处理。

如少量危险品必须与其他中药同库短期储存时，亦应保持一定的安全距离，隔离存放。

氧化剂保管应防高热、日晒，与酸类、还原剂隔离，防止冲击摩擦。钾、钠、钙金属应存放于油中；易燃品、自燃品应与热隔绝，并远离火源，存放于避光阴凉处。

五、规定有效期的中药的储存方法

有些中药由于性质不稳定，易受外界影响，当储存一定时间后，会逐渐变质失效或降低效价。为了确保中药质量和人民用药安全有效，药典对上述中药制剂，根据它们性质不稳定的程度，规定了有效期。

对于规定有效期的中药，在保管过程中，应经常注意期限，随时检查，特别对有效期限短（仅半年或1年），而基层进货时又往往离失效期接近，则更应掌握先进先出、近期先用的原则，以防过期失效，造成损失。

凡过期的中药不得再用。因过期中药制剂多数外观性状不正常，如有的针剂久储产生混浊或析出沉淀，不仅药效降低，而且注射后增加局部刺激。

在保管有效期限中药的工作中应注意下列问题：

（1）有些中药规定了储藏期或使用期，是指在规定的时间内使用，才能确保临床使用安全有效，这一规定与有效期不同。如超过规定的使用期限应重新检查（复查），符合规定后才能继续使用。

（2）有效期并不等于保险期。因此，必须按中药性质按规定条件下予以储存。例如储存温度和有效期有密切关系，温度超过规定，或保管不善，即使在有效期限内，也可能已降效或变质。

(3) 包装容器不同,虽属同一中药,有效期会不同。

(4) 同一原料药的不同剂型,根据其稳定性的差异,有效期也会不同。

(5) 中药离开原包装时,例如将片剂离开包装瓶别放的,针剂离开包装盒别放的,应将有效期注明在变换后的容器上,以便查对。

第六节　中药材的储存和养护方法

中药材一般是经过产地加工取得药用部位的生药材,包括植物药、动物药和矿物药。我国医药商品企业常按药用部位,将中药材分为根与根茎类,叶、花、全草类,果实与种子类,茎、皮类,菌类,树脂类,动物类,矿物类及其他类等。中药材可以加工成中药饮片,近年来,中药材还用于开发保健品、调味品、食用天然色素、香料、化妆品等,为中药的综合利用开辟了新的领域。中药材在运输、储存保管过程中,如果管理不当,会出现霉变、虫蛀、变色、泛油、散气变味、风化、潮解、融化、升华、自燃等现象,这些现象称为中药材的质量变异现象。

一、中药材变异的主要类型

(一) 虫蛀

虫蛀是指中药被蛀蚀的现象。中药材中含淀粉、糖类、脂肪、蛋白质等成分,是害虫生长繁殖有利的营养来源,最易生虫的中药材如党参、桔梗、前胡、羊乳、金荞麦、南沙参、槐花、月季花、葶苈子、蕲蛇等。虫蛀是中药材的最主要的变异现象,其对中药材的危害表现为:

1. 破坏形态。

虫蛀的中药材有圆形孔洞,严重的被蛀空而成粉末,花类中药材被虫蛀后,可使整个花瓣散乱;有些比较细小的中药材还会被虫丝缠绕成串状或饼状;动物类药物的皮、肉、内脏被蛀空,严重破坏了中药材固有的形状。

2. 重量减轻。

中药材被害虫蛀蚀后,减少重量。

3. 污染药材。

被虫蛀的中药材,虽然还有部分残留,但已受虫体及其排泄物污染,且内部组织遭到破坏。

4. 害虫在生活过程中能分泌出水分和热量。

促使中药材发热、发霉、变色、变味,致使中药材失去部分或大部分有效成分,严重影响成品的质量。

(二) 霉变

霉变又称发霉,是指中药受潮后,在适宜温度条件下,其表面或内部有霉菌生长。霉变是中药材的最主要的变异现象之一,中药材一旦发生了霉变就不能供药用。中药材大多数属植物、动物类,含有丰富的养料,如脂肪、蛋白质、糖类、维生素、水分等。因此,极适合于霉菌生长和繁殖。霉变对中药材的危害表现为:

1. 变色、腐烂。

霉菌在中药材表面和内部生长,开始时先见到许多白色毛状、线状、网状物或斑点,使色泽变黯;继而萌发成黄色或绿色的菌丝,这些霉菌逐渐分泌一种酵素,溶蚀中药材组织,使很多有机物分解,不仅可使中药材腐烂变质,而且有效成分也遭到很大破坏,以致不能药用。

2. 产生毒素。

霉菌在中药材中生长,会产生霉菌毒素,如服用发霉的中药材,不但病治不好,还对人体造成危害。

3. 改变气味。

发霉的中药材,气味变淡,并带有霉味。

(三) 泛油

泛油又称“走油”。是指含挥发油、油脂、糖类等中药材,在一定的温度和湿度情况下,出现油脂外溢、质地变软、发黏、颜色变深,散发出败油气味等现象。中药材泛油是一种酸败变质现象,影响疗效,甚至可产生不良反应。中药材在高含水量、高湿、高温、光照条件下容易泛油。

含油脂多的中药材,内部油质易溢出表面而造成泛油现象,如苦杏仁、桃仁、柏子仁、郁李仁、天龙、刺猬皮、九香虫、蛤蚧、狗肾。含糖量多的中药材,易出现质地变软、表面发黏、内外色泽加深的泛油现象,如党参、天冬、麦冬、玉竹、黄精、牛膝、人参、枸杞子等。含有挥发油的中药材易出现质地变软、内外色泽加深的现象,如当归、独活、木香等。

(四) 变色

变色是指中药材的固有颜色发生了变化。各种中药材都有固有的色泽,也是主要的质量标志之一,如颜色发生改变,表明质量下降或失去疗效。除发热、霉变、泛油外,阳光直接照射最易引起变色。由于保管不善,常使某些色泽鲜艳的花类中药材退色,变为黄色至棕色,如玫瑰花、月季花、款冬花等;使白色或黄白色中药材的颜色由浅变深,如金银花、菊花、扁豆花、佛手等;使绿色中药材渐渐变黄,如紫花地丁、麻黄、半边莲、广金钱草、槐花等。

(五) 气味散失

气味散失是指药物固有的气味在外界因素影响下或储存日久,使气味散失或变淡薄。中药材固有的气味,是由各种成分综合作用引起的,这些成分大多数是治病的主要物质。气味散失主要是含挥发性成分的中药材,如薄荷、荆芥、细辛、香薷、白芷、冰片等,其有效成分也随着气味的散失而不同程度地减少。因此,气味散失也是中药材质量下降的标志。

(六) 风化

风化是指某些含结晶水的矿物类中药材,因与干燥空气接触,日久逐渐脱水而成为粉末状态。风化了的中药材是由于失去了结晶水,改变了成分结构而发生的,其质量和药性也随之改变。易风化的药物有芒硝、硼砂等。

(七) 潮解

潮解是指盐类中药材吸收潮湿空气中的水分,并在湿热气候影响下,其外部慢慢溶化成液体状态,如咸秋石、硇砂、青盐、芒硝等。这些中药材一旦潮解后造成流失,更加难以储存。

(八) 粘连

粘连是指某些熔点比较低的固体树脂类和胶类中药材,受潮后粘连成结块。如乳香、没药、阿魏、芦荟、儿茶、阿胶、鹿角胶、龟板胶等。

（九）腐烂

腐烂是指某些鲜活中药材，在一定的温度、湿度条件下，使微生物生长繁殖，引起发热，导致腐烂。如鲜生姜、鲜芦根、鲜石斛、鲜生地、鲜白茅根、鲜石菖蒲等。中药材一旦腐烂，即不能入药。

（十）自燃

自燃是指质地轻薄松散的植物药材，如红花、艾叶、甘松等，由于本身干燥不适度，或在包装码垛前吸潮，在紧实状态下细胞代谢产生的热量不能散发，当温度积聚到67℃以上时，热量便从中心一下冲出垛外，轻者起烟，重者起火，中药材质量也就不复存在了。柏子仁容易产生自燃现象。

二、中药材的储存和养护

中药材的储存养护是中药材流通的重要环节之一。由于中药材成分复杂，性质各异，储存要求也不同。因此，必须采用针对性强的保管措施，以达到保证药材质量的目的。根据上述原则，企业通常把入库药材根据性质和药用部位不同，进行分类储存保管。

（一）根及根茎类中药材

根及根茎类中药材个体肥大，干燥后多数质地坚实，耐压性强。由于其来源不同，所含成分复杂，多数易受外界因素影响而变异。因此，对根及根茎类药材的储存应根据储存性能，实行分类储存。

1. 库房选择。

均需选择阴凉干燥库房，具备通风吸湿、熏蒸等设施。高温梅雨季节前要进行熏仓防霉、杀虫，有些品种可移至气调、密封库房或低温库房。

2. 温度、湿度管理。

严格温度、湿度管理，对于易霉变、虫蛀、泛油中药材，库温应控制在25℃以下，相对湿度60%～70%。

3. 货垛管理。

货垛应经常检查，防倾斜倒塌。易泛油中药材的货垛，不宜过高过大，注意通风散潮；含淀粉、糖分和黏液质的中药材，受潮受热易粘连结块甚至发酵，宜堆通风垛，保持空气流通，如地黄、天冬、黄精、玉竹、山药、天花粉等。

（二）花类中药材

花类中药材多数呈不同颜色，且色泽鲜艳，有芳香气味。若储存不当，可吸湿返潮，变色，霉变，虫蛀，气味散失；质地疏松的花还易“散瓣”。鉴于上述情况，花类中药材宜采用阴干或晾晒法干燥，避免火烤、暴晒。

1. 库房选择。

宜选用干燥阴凉的库房，既保持色相，又要防止串味。可设花类专用库房，用木箱或纸箱包装，分类储存，注意洁净，防止污染，避免硫黄熏仓。

2. 温度、湿度管理。

注意防潮，相对湿度控制在70%以下，温度不超过25℃。

3. 货垛管理。

货垛不宜过高，应适当通风，避免重压，避免阳光直射，防止花朵受损，垛温升高，引起“冲烧”。一旦垛温高于库温4℃时，即应倒垛降温散湿，防止引起“冲烧”。

（三）果实种子类中药材

果实种子类中药材组织结构变化大，成分复杂，性能各异，尤其浆果、核果等因富含糖分，故易黏结、泛油、霉变和虫蛀；果皮含挥发油，易散失香气、变色；种子类中药材含淀粉、蛋白质和脂肪等营养物质，易酸败、泛油、生虫。

1. 库房选择。

本类中药材宜根据性质不同，存放于干燥通风的库房。

2. 温度、湿度管理。

库房温度不超过30℃，相对湿度控制在75%以下。对易泛油品种，温度、湿度管理应更加严格控制，库温不应超过25℃。

3. 货垛管理。

货垛不宜过高，不宜靠近门窗，避免日光直射。对枸杞子、桂圆肉、瓜蒌、大枣等质地软润、不耐重压的中药材，宜用硬质材料包装盛放。

（四）全草类中药材

全草类中药材常呈绿色，储存期间受温度、湿度和日光等影响，可发生变色。含挥发油的中药材如薄荷、紫苏等，久储挥发油挥发，香气变淡。

储存条件：本类中药材不宜暴晒和高温干燥，储存的库房应干燥通风，光照勿过强。堆垛注意垫底防潮，保持清洁，避免重压破碎，定期检查，倒垛，散潮，以减少变质和损耗。

（五）树脂、干膏类中药材

此类中药材具有受热融化、变软、黏结的特点，储存时不仅会使外观变形，而且黏结包装或发生流失污染、生虫、发酵、变色等。如阿魏、芦荟、安息香、琥珀、乳香、没药等。

储存条件：储存于干燥、阴凉、避光的库房。库温应控制在30℃以下，相对湿度在70%～75%。储存芦荟、安息香等，垛底应垫衬纸，防止流失污染。储存阿魏等有浓烈气味的品种，宜单独存放或选防潮容器密封，避免与其他中药材串味。定期检查包装，防止破损、受热外溢。

（六）动物类中药材

此类中药材来源复杂，主要为皮、肉、甲、鱼和虫体等，如蛤蚧、刺猬皮、鳖甲、金钱白花蛇等，富含脂肪、蛋白质等营养物质。若储存不当，极易滋生真菌，或出现虫蛀、泛油酸败、异臭、脱足断尾现象，导致中药材品质下降。该类中药材价值偏高，更应加强责任心和注重设施投入，宜少储勤进。

储存条件：可采用带空调的专库存放，库房应具防潮、通风和熏仓防虫的条件。库温一般不超过20℃，相对湿度控制在70%左右。储于专用容器中或拌花椒同储，存放于小型密闭库房或分层存放于货架上，避免与其他中药材串味。

（七）特殊中药材储存

1. 贵细中药材。

这类中药材如西洋参、西红花、冬虫夏草等价值较高，有的品种又易虫蛀、霉变，所以应存放于专用库房和容器内，严格执行贵细中药材储存保管制度，注意防止变质、防盗，以保证安全储存。

2. 易燃中药材。

易燃中药材多数为遇火燃烧的品种，如硫黄、樟脑、海金沙、干漆等，必须按照消防管理要求，储存在阴凉、安全的专用库房，并配有专职消防安全员和消防设施，以防止火灾和其他事故发生。

3. 毒性、麻醉类中药材。

根据国家《医疗用毒性药品管理办法》和《麻醉药品和精神药品管理条例》(国务院令第442号)储存。专库应当符合以下要求:安装专用防盗门,实行双人双锁管理;具有相应的防火设施;具有监控设施和报警装置,报警装置应当与公安机关报警系统联网。使用单位还应设立专柜,专柜使用保险柜,实行双人双锁管理。

第七节　中药饮片的储存和养护

中药饮片品种繁多、规格复杂、形状各异,除中药材本身的成分不同,还因采用了多种炮制方法而增加了其复杂性,给储存和养护增加了难度。因此,把好中药饮片入库验收关,进行科学保管与养护,防止中药饮片在储存中发生质量变异,对于保证中药饮片质量、提高企业经济效益和社会效益具有重要意义。

一、中药饮片变异的主要类型

如果保管不当,中药饮片也会和中药材一样,会出现霉变、虫蛀、变色、泛油、散气变味、风化、潮解、融化、升华、自燃等现象。另外,中药材经炮制加工制成饮片,改变了原药材的形状,增加了与空气和微生物的接触面积,因此更易发生霉变、虫蛀、泛油、变色等质量变异现象。

(一)切制类饮片

切制类饮片有薄片或厚片、丝、段、块等几类,由于饮片表面积增大,与空气和微生物接触面积增多,极易吸潮、霉变和虫蛀。

1. 含淀粉较多的饮片。

如山药、葛根、白芍等。切片后要及时干燥,防止污染。宜置通风阴凉干燥处,防虫蛀。

2. 含糖分及黏液质较多的饮片。

如熟地黄、天冬、麦冬等。切片后不易干燥,若储存温度高、湿度大,均易吸潮变软、霉变和虫蛀。故宜置通风干燥处,密封储存,防霉蛀。

3. 含挥发油较多的饮片。

如当归、川芎、木香、薄荷、荆芥等。切片后,一般在60℃以下干燥,储存温度不宜过高,防止香气散失或泛油。受潮极易霉变和虫蛀。故宜置阴凉干燥处,防蛀。

(二)炮制类饮片

1. 炒制类饮片。

炒黄、炒焦、麸炒、土炒等均可使饮片香气增加,如炒莱菔子、麸炒薏苡仁、土炒山药等。若包装不严,易被虫蛀或鼠咬。故宜储存于干燥容器内,置于通风干燥处,防蛀。

2. 酒、醋炙饮片。

如酒大黄、酒黄芩、酒当归等酒炙饮片;醋香附、醋元胡、醋芫花等醋炙饮片。不仅表面积增大,且营养增加,易污染霉变或遭虫害。应储存于密闭容器中,置于通风干燥处,防蛀。

3. 盐水炙饮片。

如盐知母、盐泽泻、盐黄柏、盐车前子等。空气相对湿度过高时,易吸湿受潮;库温过高或空气相对湿度过低时，则盐分从表面析出。故应储存于密闭容器内，置于通风干燥处，防潮。

4. 蜜炙饮片。

如蜜甘草、蜜黄芪、蜜冬花等。蜜炙后糖分大，较难干燥，易吸潮发黏；营养增加，易污染霉变或遭虫害。通常储存于缸、罐内，密闭，置于通风干燥处，防霉、防蛀、防潮。蜜炙品制备不宜过多，储存时间不宜过长。

5. 蒸煮类饮片。

常含有较多水分，如熟地、制黄精、制玉竹等。蒸煮后易受真菌侵染，饮片表面附着真菌菌丝体。宜储存于干燥容器内，密闭，置于通风干燥处，防霉、防蛀。

6. 矿物加工类饮片。

如芒硝、硼砂、明矾等。在干燥空气中易失去结晶水而风化，在湿热条件下又易潮解。故应储存于缸、罐内，密闭，置阴凉处，防风化、潮解。

二、中药饮片的养护方法

中药饮片养护技术是运用现代科学方法研究中药饮片的保管和影响中药储存质量的因素及其养护防患措施的一门综合性技术。仓储工作者应在继承祖国医药学遗产和前人长期积累的中药药品储存经验的基础上，运用现代的科学知识和方法对中药饮片加以养护，以提高中药饮片质量。常用养护方法现介绍如下：

（一）干燥

干燥是用各种不同的方法和措施，除去中药内过多水分的养护方法。中药的干燥是储存和养护的前提，在入库或在库检查时，如发现有受潮情况要及时干燥。干燥的方法主要有以下几种：

1. 晒干。

晒干是利用太阳光的热能，使中药散发水分而干燥，同时还可以利用其紫外线杀死霉菌、害虫。一般容易泛油的中药不宜在强烈的阳光下暴晒，如柏子仁、桃仁、苦杏仁、枸杞子等。中药饮片应在玻璃房内晒干，以免虫、蝇、灰尘等污染。

2. 阴干。

阴干是中药在室内或阴凉处，借空气的流动，吹去水分而干燥。阴干时可用电风扇吹，以加速空气的流动。

3. 烘干。

烘干是用蒸汽、电、远红外线、微波等加热的方法，将中药在烘房、烘箱、干燥机中干燥。烘干时还能有杀虫、灭菌的作用。

4. 吸潮。

利用能吸收水分的物质或设备，吸取空气和中药内的水分，使仓库和中药干燥。传统的吸湿方法是在库房的地上或中药的中间放入石灰、木炭、草木灰等吸潮，但已很少使用。现在小包装或少量中药常用硅胶、氯化钙吸潮，整个库房常用去湿机除湿。用吸湿剂吸潮时必须把中药密封起来，用去湿机吸潮时需把门窗关闭，阻止外界潮湿空气进入，增加吸潮效果。

（二）通风

首先要保证仓库周围的空气清洁，无污染源的情况下通风。库房在通风前，要对仓库内外的温度、湿度进行测定，根据库房内外的温度、湿度情况，通过通风来调节库内的温度、湿度，使仓库内的温度、湿度适宜中药饮片的储存。

（三）密封

密封养护是利用密封的库房及缸、坛、罐、瓶、箱、柜、铁桶、塑料袋等器材，将中药饮片密封，使之与外界隔离，以减少湿气、害虫、霉菌的侵入及日光照射，起到防霉、防虫、避光的作用。对于贵细中药饮片，如人参、鹿茸、熊胆、牛黄等，根据数量多少，用适宜的容器密封。一般中药饮片密封养护时添加生石灰、硅胶等吸湿剂，使密封和吸湿相结合，养护的效果会更好。密封前，中药饮片一定要干燥，在安全含水量以内，并检查确实无虫蛀、霉变等现象。如含水量过高，在密封的条件下水分无法散发，容易发霉、虫蛀。随着现代技术的发展，密封已出现了真空密封养护、密封除氧养护等技术。

真空密封是将干燥中药饮片放入复合塑料薄膜袋内，用真空包装封口机封口。在封口时，先将包装内的空气抽去，然后封口。密封除氧是将干燥的中药饮片放入复合塑料薄膜袋内，再放入除氧剂，密封。除氧剂是由经过特殊处理的活性铁粉制成的，它和密封袋内的氧气接触，起化学反应，把氧气除去。真空密封和密封除氧共同的作用是把密封袋内的氧气除去，不但有传统密封养护的作用，而且能把包装内的害虫和霉菌杀死。真空密封和密封除氧设备简单，成本较低，无残留，养护效果好，是适合中药饮片养护或包装的方法。

（四）对抗同储

对抗同储养护是将两种或两种以上中药存放在一起，以防止虫蛀或霉变的一种养护方法。对抗同储养护是利用一些中药的特殊气味来抑制另一种中药的虫蛀、霉变。如花椒与鹿茸、乌梢蛇、海马、海龙、蛤蚧等；丹皮与泽泻、山药同储；人参与细辛同储；冰片与灯心草同储；大蒜与土鳖虫、斑蝥同储；明矾与柏子仁同储；吴茱萸与荜澄茄同储；荜澄茄、丁香与人参、党参、三七同储；滑石粉、米糠与鹿角胶、阿胶等动物胶类同储。另外，白酒和药用乙醇是良好的杀菌剂，将易发霉、虫蛀的中药饮片与高浓度的白酒或乙醇一起密封储存，如动物类的鹿茸、乌梢蛇、海马、海龙、蛤蚧、蛤蟆油等。

对抗同储法是经过长期经验积累的传统养护方法，虽然简便易行，有防霉、防蛀的作用，但是两种中药储存在一起，其中一种有浓烈的气味，容易引起串味，对另一种中药产生的影响如何，无法预知。另外，两种中药在一起储存，容易产生混药。因此，对抗同储法在目前的条件下已不常用。

（五）气调养护

气调养护是20世纪80年代兴起的一种新养护技术。其原理是中药在密闭的储存空间内，充入氮气或二氧化碳等其他气体，降低氧气浓度，以杀死或抑制霉菌及害虫。

气调养护是将库房密封，少量药材可用复合塑料薄膜对其密封，在库房或塑料罩的两头保留空气交换口，以便抽气和充气。先打开两头空气交换口，将氮气或二氧化碳等气体充入库房后关闭空气交换口，待库房内空气充分交换后，再打开空气交换口，充入氮气或二氧化碳；用塑料薄膜密封出气口，抽出空气，重新充入氮气或二氧化碳。反复几次，把库房内的氧气降至足以使害虫、霉菌无法生存的程度。

气调养护不仅能有效杀灭害虫，防止害虫及霉菌生长，降低费用，便于管理，而且有保持中药色泽、品质，不污染环境和中药的作用，是一种较理想的储存方法。

（六）低温养护

低温养护是利用机械制冷设备产生冷气，使药物储存在低温状态下，以抑制害虫、霉菌的发生，达到安全养护的目的。特别是一些贵重的、受热易变质的中药，在0～10℃储藏则不易产生走油、变色、霉变、虫蛀、气味散失、变色等现象。低温养护是一种很好的养护方法，目前已被广泛使用。

低温养护的中药，在夏季温度较高时，如直接从低温库移出库外，表面容易凝结水珠，应引起注意。

（七）蒸汽加热

是利用蒸汽杀灭中药中所含的杂菌及害虫的方法。是一种简单、价廉和可靠的杀虫、灭菌方法。目前我国常用的是低高温长时灭菌、亚高温短时灭菌和超高温瞬间灭菌的方法。超高温瞬间灭菌，无论从节约能源，或者保证中药成分不受破坏方面都要优越得多。超高温瞬间灭菌是将灭菌物迅速加热到150℃，经2～4秒，瞬间完成灭菌。其灭菌的基础是采用气力输送技术与蒸汽灭菌技术相结合，药物在输送过程中，受到高温气体加热灭菌。蒸汽加热灭菌技术灭菌温度高，灭菌时间短，使有效成分损失少。

中药饮片生产中，蒸汽加热一般适用于直接口服的中药饮片生产，其他中药饮片因目前没有微生物检查的要求，在生产时无需灭菌。

（八）药剂熏蒸

是采用具有挥发性的化学杀虫剂将害虫杀死的养护方法。

1. 硫黄熏蒸。

硫黄为自然硫，或用含硫矿物经加工制得，主含硫(S)，黄色或略呈绿黄色，呈脂肪光泽。在熏蒸时，用明火把硫黄点燃，与空气中的氧气反应，生成SO_2。SO_2又称亚硫酸酐，为无色气体，具有强烈刺激性气味。SO_2在水中的溶解度很大，与水反应生成亚硫酸，有漂白作用，故在熏蒸时空气潮湿是不利的。在熏蒸时，一般1m^3堆垛药材用硫黄200～300g。硫黄熏蒸后，可以杀死害虫，防止霉变，但同时也可使中药的颜色变白，味道变酸。因此，硫黄熏蒸法不宜使用。

2. 氯化苦熏蒸。

氯化苦(CCl_3NO_2)为无色油状液体，有特殊的臭气，对眼睛黏膜有强烈的刺激作用。氯化苦蒸汽比空气重4.68倍，因此在使用时要放在高处。在熏蒸时，1m^2堆垛药材用氯化苦30g。氯化苦的优点是不燃烧、不爆炸。缺点是中药对其有较强的吸附力，特别是潮湿的物体，渗透速度慢，需时长。因此，在温度25℃以上，相对湿度50%以上，应停止熏杀。氯化苦熏蒸因对眼睛有强烈的刺激，熏蒸时对温度、湿度要求高，目前已很少使用。

3. 磷化铝熏蒸。

磷化铝(AlP)是一种较常用的仓库杀虫剂，国外商品名“磷毒净”(phostoxin)，是用磷化铝、氨基甲酸铵及其他赋型剂压成重3g左右的片剂，含磷化铝33%。磷化铝片剂在空气中吸湿分解，释放出磷化铝气体而杀虫。添加氨基甲酸铵，吸湿后可产生CO_2和氨，可防止磷化铝自燃。磷化铝是无色剧毒气体，有大蒜样臭气，沸点－87.5℃，比重1.14，燃点150℃，常温下稳定，当空气中的浓度达到26g/m^3时，会自燃或爆鸣，在熏杀时应注意。磷化铝熏蒸因其熏杀后易挥发，在中药上的残留少，对人体产生的毒害相对较小，现在还较多地被使用。

药剂熏蒸都使用化学药剂，在熏蒸时，对人体有一定的毒害，对环境造成污染，在中药内有少量残留。因此，应尽量减少使用。

（九）辐射灭菌

辐射灭菌是采用^{60}Co放射出具有很强的穿透力和杀菌能力的γ-射线，把霉菌等微生物杀死。辐射灭菌是一种目前比较理想的灭菌方法，但因辐射场所投资大、防护措施严、设备复杂、费用高、维护难等，此法不能在一般的仓库中进行，目前常借用科研单位的辐射场所。由于运输、辐射等费用较高，辐射灭菌一般在中成药、直接口服中药饮片包装以后，微生物检验超标的情况下采用，作为一种灭菌的补救方法。

（十）环氧乙烷防霉

环氧乙烷是一种气体灭菌杀虫剂。其作用机制主要是与细菌蛋白分子中氨基、羟基、酚羟基或巯基中的活泼氢原子起加成反应生成羟乙基衍生物，使细菌代谢受阻而产生不可逆的杀灭作用。其特点是：有较强的扩散性和穿透力。对各种细菌、霉菌及昆虫、虫卵均有十分理想的杀灭作用。缺点是残留量大，需较长时间的通风，且易燃。为可克服上述缺点，可以在环氧乙烷中加入一定比例的氟利昂，提高安全性。环氧乙烷作为气体灭菌剂已广泛用于医疗材料及某些药物的消毒灭菌，但在中药饮片生产中很少使用。

（十一）无菌包装

无菌包装是先将中药饮片灭菌，然后把无菌的中药饮片放进一个微生物无法生长的环境，避免再次污染的机会。在常温条件下，无菌包装的中药饮片不需任何防腐剂或冷藏，在规定时间内不会发生霉变。中药饮片经过灭菌后如不采用无菌包装，会产生二次污染，只有灭菌与无菌包装结合起来，才能防止二次污染。在无菌包装时，中药饮片、包装、容器、包装场所均需进行灭菌处理，以达到无菌要求。目前，无菌包装材料多数采用聚乙烯，聚乙烯在高温下易变形，不宜用蒸汽灭菌等高温灭菌方法，最适宜用环氧乙烷混合气体灭菌。

无菌包装是中药饮片比较适宜的养护方法，能有效防霉、防虫，是中药饮片养护和包装的发展趋势。但无菌包装费用较高，目前仅在直接口服的中药饮片中使用。

第八节　中成药的储存和养护

中成药是以中药饮片为原料，以中医药理论为指导，按照法定处方、工艺和标准，制成一定剂型的药物，是我国历代医药学家经过千百年医疗实践创造总结的有效方剂的精华；包括传统方法制作的蜜丸、水丸、冲剂、膏药等中成药，还有现代制药方法制作的片剂、注射剂、胶囊、口服液等中成药。随着我国中医药事业的不断发展，许多新制剂、新品种的中成药不断涌现，加之生产制备工艺技术的不断更新，产量大幅上升，中成药的流通量也不断增加，如何根据中成药剂型的特性和储存条件进行科学、合理地储存保管，保证其在流通中的质量成为首要问题。

一、中成药的分类储存

中成药的储存通常采用分类储存，即把储存地点划分为若干区，每个区又划分为若干货位，依次编号。按剂型和药物自身特性要求，根据内服、外用，尽可能将性质相同的药物储存在一起，然后根据具体储存条件，选择每一类中成药的最适宜货位。

（一）一般固体中成药

如丸剂、散剂、颗粒剂、片剂等易受潮、散气、泛油、结块、发霉、虫蛀等，其中丸剂久储易失润、干枯、开裂。宜储存于密封库房，防止吸潮霉变，并控制在库温25℃以下，相对湿度在75%以下。

（二）注射剂

如复方丹参注射液、鱼腥草注射液等注射剂，怕热、怕光，易产生沉淀、变色等澄明度不合格现象。宜储存于20℃以下的阴凉库，避光、避热、防冻保存。货件堆垛不宜过高，避免重压。

（三）其他液体及半固体制剂

如糖浆剂、合剂、酊剂、酒剂、露剂、煎膏剂、流浸膏及浸膏剂等，其性质怕热、怕光、易酸败、发酵。应储存于阴凉干燥库房，避热、避光、防冻。另外，这类成药包装体积大、分量重，宜储存于低层库房，以便于进出仓库。

（四）胶剂、膏药等中成药

如阿胶、鹿角胶、麝香壮骨膏等，前者受热易变软、黏结；后者易挥发散气，失去黏附力。储存时宜将内服、外用及不同性质的中成药分别储存于阴凉、密封较好的小库房或容器内，防热、防潮。

二、中成药的分类养护

中成药品种繁多，组方复杂，制备工艺繁琐，有效成分又多为混合物。因而出厂后，容易发生质量变化。为了减少或避免这些问题发生，现将中成药易变品种的养护技术介绍如下。

（一）丸剂

蜜丸是较易变异的一种剂型，如健脾丸、六味地黄丸等。在天气湿热时，易吸收空气中的水分而发生霉变、虫蛀；储存过久或库房干燥，蜜丸又易干枯、变硬、失润、开裂。水丸因颗粒比较疏松，与空气接触面积比较大，极易吸收空气中的水分，造成霉变、虫蛀或松碎等，如龙胆泻肝丸。糊丸、浓缩丸、蜡丸除易吸潮霉变外，又有变软、性脆、易碎等特点。

储存时应注意储存于阴凉干燥处，防潮、防霉、防蛀，密闭储存，还应防重压。定期检查库房温度、湿度，库温28℃以下，相对湿度70%以下；定期检查包装是否完好；保持库房清洁卫生。

（二）散剂

散剂因与空气接触面积较大，极易吸潮、结块。尤其是富含淀粉或挥发性成分的散剂，还易虫蛀、霉变或成分挥发。如参苓白术散。

储存时注意防潮、防结块、防霉蛀，避免重压、撞击。注意检查包装是否完整，有无破漏、湿润的痕迹；同时要检查是否有结块、生霉、虫蛀现象，检查库房温度、湿度。对于含挥发性的药物或吸湿性较强的散剂，要注意密封并置于阴凉干燥处。

（三）煎膏剂

煎膏剂制备时，如果药液浓缩，加糖、炼蜜得当，保管妥当，一般不易霉变。若浓度稀，蜂蜜炼得太嫩，或操作不慎，沾有生水，则极易生霉；药液浓度过稀或库温过高、储存时间过长，极易发霉、发酵、变酸或析晶。储存时宜密封于棕色玻璃瓶内，置于室内阴凉干燥处保存，防止日光直射和库房温度、湿度过高。

（四）膏药

多种膏药中含有挥发性药物，如冰片、樟脑、麝香、乳香、没药等。如储藏日久，有效成分散失；如储藏环境过热，膏药容易渗过纸或布外；储藏环境过冷或吸湿，黏性亦易降低，贴时容易脱落。故宜储存于密闭容器内，置于干燥阴凉处，防热、防潮、避风。

（五）丹剂

属重金属化合物的丹剂，如红升丹应装于棕色玻璃瓶内密封，置阴凉干燥处，防止潮湿和光照；植物性药料制成的丹剂（丸、散），如小儿金丹等应分别按各剂型要求保管。

（六）胶剂

胶剂在夏季温度过高时，会发软、发黏，甚者会粘连成坨；有时发霉败坏。如胶面已生霉斑，可用纱布蘸少许酒精拭去，吹干。若发现胶剂受潮发软，不能曝晒或火烘，可置于石灰缸内保存数天，使之除潮，防止发霉。如有霉变、异臭或严重焦臭味、粘连融化者，不宜药用。

胶剂应包装于盒内，置于室内阴凉干燥处。夏季或空气潮湿时，可储存于缸内或干燥稻糠内比较安全。因胶剂久储石灰缸内过分干燥易破裂，故储存1周后取出，仍储存于架上。夏季亦可将胶剂置于密封箱内，立放或平放，层层架起，但不宜堆积层数太多，以防久压软化，导致胶块变形，粘连成坨。冬季要防止风吹，以免碎裂成小块。

（七）冲剂

冲剂含有浸膏及大量蔗糖，极易受潮结块、发霉。通常装入塑料袋，袋口热熔封严，包装于铁听或塑料盒内，置于室内阴凉、干燥处、遮光、防潮、防热。不宜久储。

（八）片剂

片剂除含有主药外，还含有淀粉等赋形剂，如健胃消食片。湿度较大时，易吸潮而出现松片、裂片、变色、霉变等现象。

储存时宜置于密闭干燥处，遮光、避热、防潮。库温30℃以下，空气相对湿度60%～70%为宜。常用无色或棕色玻璃瓶，或塑料瓶加盖密封，亦有用塑料袋铅塑泡罩包装，密封。不宜久储，严格有效期管理，先产先出，避免过期失效。

（九）注射剂

中药注射液在储藏过程中，温度过高，会使某些高分子化合物的胶体状态受到破坏而出现凝聚现象；温度降低，则某些成分的溶解度和稳定性随之降低，两者都会发生沉淀、混浊等。如有下列现象之一者不可供药用：澄明度不合规定，显著变色，混浊，沉淀，容器封口不严或破裂。注射剂应储存于中性硬质玻璃安瓿中，遮光，防冻结，防高热，置于室内阴凉干燥处，以室温10～20℃为宜。

（十）酒剂

酒剂常用棕色或无色小口玻璃瓶盛装，要严密封口，防止酒精挥发而降低疗效或因溶剂浓度改变而产生沉淀或变色。储存时，夏季应避热，冬季应防冻，置于室内阴凉干燥处保存。

（十一）糖浆剂

糖浆剂主要含有中药浓缩提取液和浓蔗糖水溶液，易被真菌等污染，出现霉变、分解酸败、浑浊等现象，如急支糖浆等。

糖浆剂首先应符合《中华人民共和国药典》二部（2010年版）要求，蔗糖含量不低于45%（g/ml）。盛装容器宜用清洁、干燥的棕色瓶，灌装后密封。储存于室内阴凉干燥处，应避光、防潮、防热等。堆码时注意不要倒置,重压。经常检查封口是否严密。

(十二) 合剂

合剂成分复杂,久储容易变质,故在制剂中应讲究清洁卫生,必要时加防腐剂,灌装后密封。置于防潮、遮光、冷爽处保存。

(十三) 茶剂

茶剂应干燥,无霉变、虫蛀、结串等现象。茶剂为药材粗粉,包装又简易,极易吸潮霉蛀,挥发油成分又易散失。故茶剂必须储存于干燥、通风处,严防受潮,最好不要久储。

(十四) 锭剂

锭剂黏合性较大,不易干燥,容易发霉,若遇热即变形,吸潮即松散。如发霉、生虫及变形、变质、有异味,即不可药用。入库时应检查干燥程度。凡质地坚实,用指甲划不动者,表示干透。锭剂用防潮纸包好,装于盒内或玻璃瓶内。应置于阴凉干燥处保存。

(十五) 曲剂

曲剂粉性较大,易吸潮而霉蛀变质,应以防潮纸包好,装于箱内,密封,置干燥通风处保存。梅雨季节宜置于石灰缸内干燥后,密封保存于适宜的容器内。

(十六) 酊水剂

酊水剂中所含的乙醇有挥发性,有些酊剂还含有挥发油,应装入小口瓶中以蜡密封。储藏温度较高,可使所含乙醇或挥发油挥散;温度过低又可使某些药物成分发生沉淀。所以应置于温度适宜的地方储存,一般以10～20℃为宜。酊剂中所含成分,有些遇光可发生分解、变色,应装在棕色容器中,置于避光处保存。

(十七) 胶囊剂

胶囊剂容易吸收水分,轻者可膨胀,胶囊表面浑浊,严重时可长霉、粘连,甚至软化、破裂。遇热易软化、粘连;过于干燥,水分过少而易脆裂。应储存于密闭塑料袋或玻璃、塑料瓶中。置于阴凉干燥处,温度不超过30℃为宜。

(十八) 栓剂

栓剂是以可可豆油或甘油明胶等为基质而制成的,熔点较低,遇热容易软化、变形。甘油明胶有很强的吸湿性,易吸湿而霉变。空气中湿度过低时,它又可析出水分而干化。所以在储存中,应以蜡纸、锡纸包裹,放于纸盒内或装于塑料或玻璃瓶中,注意不要挤压,以免互相接触发生粘连或变形。宜置于室内阴凉干燥处,最好在30℃以下储存。

(十九) 软膏剂

软膏种类多,组成复杂,性质各异,其稳定性主要决定于所用基质(脂肪油和植物)和所含的药物的物理化学性质。由于中药含水量、中药包装及储存时间及温度的影响,如保管不善可引起酸败和霉变。软膏应储存在温度较低处,一般不超过30℃。应在阴凉、干燥处为宜。

中成药的储存与养护工作应贯彻“预防为主”的原则,在质量管理部门的技术指导下,依照分类储存的要求合理存放药品,实行色标管理。做好库内温度、湿度监测记录工作。每年对库房内中成药进行1～2次全面质量检查。平时应定期进行循环质量检查;一般品种每季度检查1次,有效期、易变品种酌情增加检查次数。认真填写库存药品养护记录,建立药品养护档案。

复习思考题

(1) 中药商品储存与养护的目的和意义是什么?
(2) 中药商品储存与养护的原则是什么?
(3) 影响中药商品质量的因素有哪些?
(4) 简述中药材变异的主要类型。
(5) 简述中药饮片的养护方法。

第七章　中药商品的包装

第一节　中药商品包装的概念与作用

一、商品包装的概念

商品包装是指"符合商品的需求,依最佳的成本,采用适当的材料和技术,便于货物的运输、配销、储存与销售,而实施之统筹整体系统的准备工作"。包装是待包装产品变成成品所需的操作步骤,包括分装、贴签等。但无菌生产工艺中产品的无菌灌装,以及最终灭菌产品的灌装等不视为包装。

中药商品包括中药材或将其经过适当加工后形成的中药饮片、中成药、中药化妆品及中医医疗器械。如今的中药制剂形式多样,已从过去传统的汤、膏、丸、丹、散等剂型,拓展为中药片剂、胶囊、针剂、口服液、浓缩丸等多种新剂型。中药商品包装是从保护中药商品、方便储运、维护价值、促进销售的目的出发的一项系统性的准备工作。为达此目的,中药商品包装关系到材料的选择,容器的结构造型,包装方法,防护措施和包装装潢设计等;也涉及物理学、化学、生物学、力学、机械学、美学、经济学等方面的知识。

另一方面,中药商品包装也是中药商品品质的重要组成部分。中药主要是指在中医药基础理论指导下选用的天然药物,包括动物药、植物药、矿物药及部分人工合成品,受外界环境影响较大,故对其包装尤为重要。在中药包装上同时标有商品的成分、性状、功能主治、用法用量、不良反应、禁忌、规格、储藏方法等,充分表现中药商品的有用性与特殊性,为实现商品使用价值提供了充足条件。

二、中药商品包装的作用

(一) 保护中药商品

中药商品从生产领域进入流通领域,再从流通领域进入消费领域,需要经过多次装卸、搬运、储存与销售等各种作业,在空间位移、时间延续的周转过程中,中药商品由于受各种自然因素的影响,如物理的、机械的、化学的、生物的因素影响,可能导致中药商品质量发生变化,甚至丧失中药商品使用价值。由于中药商品在流通过程中不可避免地受到温度、湿度、阳光、空气中的氧,以及有害气体等因素的影响,可能导致药物脱水干裂、潮解溶化、腐烂、氧化变色、老化、锈蚀等发生;也有因其包装不好,遭受细菌、微生物的侵入,致使中药商品发生虫蛀、霉变、腐败等现象。这就要求我们根据中药商品的特性和运输条件,选择适当的包装材料、包装容器和包装方法,采用一定的包装技术,对商品进行包装,以防止商品受损,达到保护商品的目的,并使它完好无损地到达消费者手中。保护中药商品是中药包装最基本的作用。

(二) 便于调配与流通

包装为中药商品流通提供了条件和方便。中药商品的形态多种多样,其大小、造型、形态、外观各异。中药商品在流通领域要进行交接、搬运、堆码和零售等,若无适当的包装,势必增加困难,因而将中药商品按一定的数量(或重量)、形状、尺寸规格、大小相互配套进行包装,包装上应标明中药商品内装的数量、规格、价格等,并根据药物的性质,恰当地使用包装材料和容器,使商品的外形规范化、集合化,以利于在流通过程中对商品的识别和销售统计。商品现代化包括储运现代化和零售方式现代化,其核心就是机械化、自动化。包装应与之相适应,以便商品能在进、销、存中由计算机自动分类、堆码、调运,自动统计、结账等。中医不传之秘在于用量,这要求配药时必须严格控制好剂量,以往的手抓调配难以准确把握剂量,而中药饮片小包装的兴起大大提高了调配的准确性,同时易于复核,提高调配速度,这是现代包装在中药商品流转中便于调配与流通的具体体现。包装还提高仓容利用率和储存效果,加速中药商品流转,提高中药商品在流通过程中的经济效益。

此外,有些中药商品本身没有一定的集合形态,如液体、气体、粉末状类的中药商品,离开了包装,就不能进入流通,更无法使用。又如口服液、酊剂、煎剂及某些气体中药商品,只有在有包装物的辅助作用下,才能实现其使用价值。此外,中药商品包装应易于开启与封闭,使用完了的包装废物应易于处理。尤其是在非处方药(OTC)销售中,由于包装有传递商品信息的功能,因此在自选商场或超市中,可任人选购,最终能借助于电脑扫描系统显示累计的货款,从而大大提高了商品管理效率。由此可见,包装称得上是中药商品在流通过程中的“好助手”。

(三) 美化装潢、促进销售

在市场经济中,中药商品间竞争主要包括三方面:质量竞争、价格竞争和包装竞争。优质中药商品包装体现了产品的高质量,体现了制造商对用户负责的精神,增强了商品的竞争力。新颖别致的中药商品包装设计与造型,以及具有独特风格的美术装潢,能给人以美的享受,能激发消费者的购买欲望。消费者对包装产生兴趣,进而购买中药商品(如保健食品和非处方药)。由此可见,包装和装潢在购买者与中药商品之间起着联结(媒介)作用,起着宣传、美化商品,推销商品的作用。

在信息时代,包装也是制造商广泛使用的广告手段之一,他们通过包装向消费者介绍新产品的特点、功能、与老产品或其他产品的区别,介绍新产品的使用原料、制造方法、使用价值等。商品生产的发展,特别是药店和超市的兴起,购买的形态和商品的陈列方式的改变,中药商品能够“自己替自己做广告,自己推销自己”,这时,包装就成了能否促进商品销售的决定性因素。由此可见,包装可称得上是“无声的推销员”。

(四) 方便消费

随着人们消费水平的提高,绝大多数销售包装都是随着中药商品一起交给消费者的。中药商品包装大小适宜,形式多样,对消费者来说,使用方便、携带方便、保管方便是极其重要的。中药商品中的药品包装还标示着药品名称、成分、规格、适应证、用法用量、储藏、不良反应、禁忌证、注意事项、生产日期、生产批号、有效期、批准文号,以及生产企业的名称、商标等,它既可保证药品不被假冒,又介绍了药品的成分、性质、用途和使用方法,对消费者能起指导作用。由此可见,包装可称得上是无声的“商品讲解员”。同时中医药具有随症加减的处方特色,而采取单独包装,患者熬药前据处方合理搭配,在出现不良反应时可根据情况进行加减。

第二节　中药商品包装的材料及管理办法

中药商品包装材料是指用来包装中药商品的包装材料。它是可服用的、接触中药品的，或用作功能性（如防潮、阻隔、运输、装潢、印刷）外包装的包装材料和包装辅助材料的总称。它既包括塑料、纸、玻璃、金属、陶瓷、食用淀粉、明胶、蜡、竹木与野生藤类、天然纤维与化学纤维、复合材料等，又包括缓冲材料、涂料、胶黏剂、装潢与印刷材料和其他辅助材料等。

选用中药商品包装的材料，应从如下几方面来考虑：①适用于内装物的形态和特性，不改变中药的性能；②保护内装物，防止其变质，保证其质量；③易于加工、包装、填充、封合，效率高，能适应自动包装机械操作；④材料的形、色、纹理美观，能产生陈列效果和提高商品身价，激发消费者的购买欲望；⑤便于封闭，便于开启包装和取出内装物；⑥经济合理地使用包装材料，能节省费用；⑦包装材料要有利于环保，有利于节省资源。

一、中药商品包装的材料

（一）纸质包装材料

纸是将植物、矿物、动物、化学等的纤维或由这些纤维的混合物经过沉积，干燥而制成的均匀薄片状的包装材料。纸质包装材料的优点是：成本低廉、重量较轻、加工性能好、便于成型，适合大规模机械化生产；易于印刷，图案、字迹清晰牢固；具有一定的弹性和强度，能满足各类包装需求，能有效保护商品；无毒、无味、对包装物品不产生污染，纸包装材料可以回收进行二次利用，没有废弃物，在自然界中它会很快分解，不会造成环境污染；可与塑料薄膜、铝箔等复合，成为性能更优良的包装材料；品种多样、可以满足不同中药商品的包装需要。如植物类中药材、中药饮片的包装。纸质包装材料既可以用于商品的外包装，也可以用于内包装和包装内衬，还可以与其他材料做复合包装。缺点：耐水性差，强度较低。常用的纸质包装有：

1. 包装纸（包括变性加工纸如植物羊皮纸、玻璃纸等）、袋（包括多层纸袋）和运输袋。

纸质品种繁多，可作个体包装，也可作内包装、衬垫或外包装。有光纸，适用于包装一般较稳定的散剂；羊皮纸，抗油脂性良好，抗水性强，甚至可以抵抗沸水的溃解，适用煎剂液、消毒材料的内包装，羊皮纸还可与铝箔从塑料复合成复合包装纸用于药品包装；半透明纸，具有较高的不透气性和防止油脂渗透能力，尤其适于包装油脂性药品；黑色不透光包装纸，是专供包装感光材料用的特殊包装纸，又称感光防护纸，适用于X线片基等感光材料的防光包装；蜡纸，适用于包装易引湿、风化以及二氧化碳作用下易变质的散剂。纸袋，用纸袋纸或牛皮纸制成，大型纸袋或称多层纸袋可用于包装中药材等。小型纸袋可装药片、胶囊等。

2. 纸盒和纸板盒。

折叠纸盒与硬纸板盒有各种形状，表面可彩印，有各种美术装潢，作为中药商品包装，用途很广。其中折叠纸盒用于药品销售包装，不但有保护功能，还因彩印精美，对产品的特性作充分的展示，有很好的美化商品、推销商品的作用。

3. 瓦楞纸箱、纸罐、纸筒、纸板桶。

瓦楞纸箱，是纸质包装中最大宗的，它是由瓦楞芯纸与箱板纸合成瓦楞纸板，再制作成瓦楞纸箱，有良好的保护和防震、防潮作用，并且价格低廉，适于现代商品的包装运输。小型瓦楞纸箱可用于盛载药品等。纸罐或纸桶一般均采用多层纸板卷制而成，外层常用白纸板或牛皮纸，以便进行印刷，展示产品性能，纸桶大部分用于装载干性物品，特别是干燥中药材。近年对纸罐体和盖子进行了改进，可用于包装液体药品。纸板桶又称纤维桶，具有重量轻，价格低，易于打开再封合，主要用于包装散装中药材，作为储存和运输之用。小型、异型纸板桶也用于销售包装，大多数纸板桶用来装放干性材料；但若桶内加塑料内衬袋，则可装放膏状材料及液体材料的药物。

中药商品常见剂型有片剂、丸剂、散剂、丹剂等，其中大多数均需使用纸袋、纸盒、纸箱包装。但是纸质的包装难以保证药品质量，尤其对中药材的含水量、微生物限度和活性成分含量均难以得到保证，常需配合其他包装材料共同使用。

（二）塑料包装材料

塑料包装材料是一种以合成树脂为主要原料，经人工合成的高分子有机化合物，在一定条件下添加适当的助剂而制成，具有一定形状，并在常温下保持形状不变的材料。塑料包装材料，在医用包装材料中占有越来越重要的位置，由于塑料作为包装材料具有强度高、阻隔性好、质轻携带方便、透明等许多优良特性，从而成为现代医用包装中主要的材料，无论是用于中药药品还是医用器械的包装。在中药商品的包装方面，除了各种塑料袋（包括输血袋等）、塑料瓶等之外，应着重指出的是中药汤剂作为主要给药方式，而汤药包的使用大大方便了中药的储存运输，省去消费者煎药的麻烦。另外用塑料制成的合成纸，可做到阻挡细菌透过，为实现无菌纸包装提供了条件。主要缺点：废塑料包装物难以降解、易污染环境，透气性差；同时，中药成分复杂，如挥发油、生物碱、脂肪等长时间与塑料接触，其药效是否稳定、安全性能是否有保障，目前尚无定论。

1. 塑料瓶。

医用塑料瓶由符合医药卫生要求的塑料制成。目前常用的塑料品种有：聚乙烯（PE）、聚丙烯（PP）、聚苯乙烯（PS）、聚酯（PET）等。聚乙烯除用来制瓶外，还用来制瓶盖。聚酯是近年医用塑料瓶的主要材料，其特点是透明度高，能看到药品有无变质，阻隔防潮性能特别优异，有利于药品的保存，易着色或添加一些助剂，以满足专门要求（如阻紫外线、提高对氧气的阻隔性）。

中药口服液有酊水、糖浆等，像10ml为一支、10支装为一盒的口服液包装，一般采用茶色玻璃配有合金铝或铝塑料组合盖。而大剂量口服液如500ml、200ml、120ml、100ml均采用广口塑料瓶，并在容器上标有计量刻度和配套的计量杯。容器由原来的低质的聚乙烯瓶改为PET瓶，此瓶具有重量轻而牢固的特点，与聚乙烯瓶相比，PET瓶的强度和弹性较高，可承受相当大的冲击力而不会破损，所以尤其适合制作壁薄结实的药品包装瓶。PET瓶的重量只相当于玻璃瓶的十分之一，而容量却是玻璃瓶的1.5倍，在运输上能大幅度提高效率，节省费用。另外PET瓶有良好的气体阻隔性能，在各种塑料瓶中，PET瓶阻隔水汽、氧气性能最优，有利于装药后达到有效期和延长存储时间。

中药固体剂型塑料瓶包装就瓶体原材料而言，有聚苯乙烯（PS）瓶包装，聚苯乙烯属非结晶树脂原料，虽有较好的透明度，但脆性大，强度较低，且原料分子中含有苯环，不适用于药品包装；有生产聚碳酸酯瓶（PC），此瓶具有较高的透明度、强度较好，但价格相对较高；聚酯瓶（PET），此种材料用于药品包装具有较高的透明度，强度高、阻湿阻气性能好，广泛用于药品包装；聚丙烯瓶（PP），此瓶原料为高结晶度塑料，分子排列整齐而紧密，分子的作用力强，反应在瓶体上是拉伸强度大刚性高，光泽性好，耐热性能好，但柔性及透明度差，在药品包装上的用量较大；高密度聚乙烯(HDPE)瓶，此原料属结晶性塑料，有良好的耐冲击强度，耐化学性能好、耐环境应力性能好，价格相对低廉，是当今药品包装应用量最大的瓶型之一。

2. 薄膜、复合薄膜、塑料袋。

薄膜通常制成小袋以供中药品包装应用。透气薄膜在贴膏类药品包装中应用有其重要位置。塑料编织袋主要用于中药材等的包装。

过去中药剂型包装均采用纸袋和塑料袋包装，现均采用SP复合袋(strip packaging)，是用条形包装膜把药品散剂颗粒剂夹在中间，单位药品之间隔开一定距离，在条形包装机上把药品周围的两层SP膜内侧热合密封，药品之间压上齿痕，形成的一种单位包装形式，各单位以成排形式组成小包装。这种包装在条形包装机上连续作业，特别适合大批量自动包装。取药品时沿着齿痕撕开SP膜即可，这样取用一次剂量的药品并不影响其他药品包装的再次使用。

所谓SP包装薄膜是一种复合膜，具有一定的抗拉强度及延伸率，适合于中药散剂、颗粒以及各种形状和尺寸的药品包装，并且包装后紧贴内装药品，不易产生破裂和皱纹。目前较普遍使用的是铝塑复合膜如PET、AL、PE，即铝箔与塑料薄膜以黏合剂层压复合或挤出复合而成，由基层，印刷层，高阻隔层组成，印刷层位于中间。基层材料机械性能优良、有光泽、印刷性好、透明性好、阻隔性好、安全无毒，且无热封性，典型材料有PET，玻璃纸PT及带PVDC涂层的玻璃纸。高阻隔层气体和水蒸气的阻隔性好，细菌及微生物不易侵入，机械性能良好，有一定的拉伸率，耐寒耐热，安全无毒，其典型材料是软铝箔，但这种软质铝箔不透明，本身不生锈，遮光性强。若需要透明的包装膜，则采用PVDC作高阻隔层材料。PVDC作高阻隔层材料其最大特点就是对气体、水蒸气优异的阻隔性，很好地保护了中药的原味原效。密封层是包装膜的内层，有优良的热封性，同时具有化学稳定性与安全卫生性，一般采用低密度聚乙烯材料。由于复合膜由内层、基层、外层、密封层多层复合，可以有效地阻隔任何气体，保护药效，是当今中药散剂、粉剂、颗粒剂的理想包装材料之一。

3. 片材与药片的泡泡包装(又称泡罩包装)。

片材与药片的泡泡包装是医药商品包装的新技术、新产品，其使用的主要材料有铝箔、黏合剂和塑料片材；而塑料片材主要分聚氯乙烯(PVC)片材和聚酯片材两种。聚氯乙烯片材要求无毒配方；聚酯片材是继聚氯乙烯片材之后，用于医药商品包装的片材，而在欧洲一些国家禁止聚氯乙烯用于一次性包装之后，它更成为医药商品的主要包装用材。聚酯片材是用聚酯或aPET树脂，经干燥→挤出→流延铸片而成。聚酯片材除此用之外，还用于医疗器具的包装。

中药泡罩包装一般用于中药蜜丸类包装。药品的泡罩包装又称水泡眼包装，这种包装形式是将药品放在经吸塑成形的塑料硬片的凹坑(称为泡罩或水泡眼)内，再用一张经过印刷并涂有保护剂和黏合剂的铝箔与该塑料硬片黏接封合，从而使药品得到保护和便于识别取用的包装工艺。药品泡罩包装用的材料有两种：一种是涂有保护层和黏合层并在其上印刷文字图案的铝箔，称为药品泡罩包装铝箔，另一种则是塑料硬片，通常用的是聚氯乙烯(PVC)硬片。中药用泡罩包装的装药过程是先把塑料硬片泡罩成形，把中药丸放入泡罩中，再将塑料硬片与铝箔热压封合后按尺寸裁切，整个过程在自动包装机上连续完成。泡罩包装与传统中药蜜丸包装相比,其最大优点是便于携带,而且可以减少药品的携带和服用过程中出现的污染。泡罩包装的底板上划痕,使每一丸中成药很容易分开便于服用。为此药厂还在药的背面印上日期,以提醒患者服用,真正做到人性化设计。

4. 合成纸。

用塑料制成的合成纸,如无纺布合成纸。无纺布(包括纺黏布)能够透气,但对于医用包装材料通常还制成细菌无法穿越的网孔,使其具有阻挡细菌的功能,用来制造手术器具包装袋、贴膏类药品包装、胶黏带、绷带等。

5. 塑料罐、塑料管、塑料泡沫、塑料球壳。

塑料罐存放医药商品如酒精等。塑料软管是一种较常见的密封包装容器,主要用于药膏等销售包装。泡沫塑料则可充当抗震保护作用。塑料球壳主要用于包装中药丸。中药丸球壳是中药丸剂的包装容器,是适应中药特点的特有包装材料。据不完全统计,仅北京地区同仁堂每年就生产各类丸剂约10亿丸,因此对球壳的需求量很大。

(三)玻璃包装材料

玻璃是由无机熔融体冷却后凝成固态而不结晶的物质。玻璃包装材料主要优点是:阻隔性优良,可加色料改善遮光性;化学稳定性优良,耐腐蚀,不污染内装物,可长期储存药品;光洁透明,造型美观;可回收复用、降低成本。主要缺点是:量重、质脆、易碎。

在医用包装材料中玻璃包装主要为瓶,包括盐水瓶、抗生素瓶、试剂瓶、滴眼剂瓶、棕色药用瓶等。医药用瓶应有容量刻度,按容量划分有10～120ml棕色罗口小口瓶,100～1000ml输液瓶;根据药物形态不同,又有水剂瓶、粉剂瓶、内服瓶与外用瓶,以及肩瓶与小型瓶、管状瓶等。安瓿也是一种医药用瓶,盛装针剂,容量为1～20ml。化学试剂用瓶,按容量可分为500～1200ml棕色或透明罗口大口瓶,250～1200ml磨口细口瓶以及200～1000ml磨口大瓶等。玻璃制品还用于盛装贵重而数量不多的中药材。

(四)金属包装材料

金属包装材料具有坚固性强、密封性好、强度大、耐压等优点,但耐腐蚀性差。金属包装主要是以薄钢板、马口铁、镀锌铁皮、铝及铝合金等金属材料加工制作而成的包装物。

1. 金属罐包装的容器。

喷雾罐是金属容器中一种新型包装容器,是世界上发展最快的包装形式,较多用于部分药粉、药汁的盛装。喷雾罐使用方便,只要按下按钮,即可喷出所需药品。药膏罐应是有精制螺纹的圆柱体状的,以便临床使用。装粉状药物的罐为带有精制螺纹的方形或圆柱形罐。

2. 金属桶。

金属桶分为盛装液体药品的桶和盛放固体、半固体药品的桶。所有桶的内部应涂有同一种材料。

3. 铝箔、铝盖、铝塑组合盖。

铝箔作为包装材料,无毒无味,量轻,遮光性好,防潮、防挥发,保香性能优异,形状稳定,因而对包装的内容物有很好的保护性能;机械性能良好易于加工,适宜于自动包装机械使用,便于印刷,易于与纸、纸板、塑料等复合成为多功能的复合材料。多用作复合软包装、硬包装及包装衬里等,在医用包装材料中现多采用铝塑组合盖。

(五)木制及竹制、藤制、麻类等天然包装材料

木制包装材料包括天然木材(俗称木材)和人造板材两类。天然木材主要有各种松木、杉木、杨木、榆木、杂木等;人造板材主要有胶木板、木丝板、刨花板、纤维板等。

木制包装材料主要用于制造各类包装容器,如木箱、木桶、木盒、纤维板箱、胶合板箱等,作为医药商品中包装和大包装用;也可制造托盘及较重医疗器材设备的底座等。

竹材可加工成竹篾,编织各种包装容器,如竹篓、竹箱、竹筐、竹盒等,用以包装中药材及原料,以及大型包装用的篾席等,还可加工成板材,制成竹胶合板、层压板等。竹包装大多用于低档中药材的运输包装。

藤材包括荆条、桑条、槐条、柳条等,其特点是韧性好、弹性较大、柔软、拉力强、耐冲击、耐摩擦、耐油、耐水、耐气候变化等。藤树的外皮和藤心都可作包装材料,可以编织成各种篮、箱、筐、篓等包装容器用以装中药材及原料,藤皮可制成绳索,用作捆扎材料。

麻类具有纤维强韧、拉力强、柔软性好、耐腐蚀、耐水性等特点,在包装上被大量用于制造麻袋、麻布包、麻绳等,作为中药商品包装用。

(六) 可服用医药包装材料

这类包装材料主要是胶囊、微胶囊和辅料,通常用的有食用淀粉、明胶、乙基纤维素、聚乙烯醇等。

二、中药商品包装用材料的管理

药品包装材料需按法定标准生产,不符合法定标准的药包材不得生产、销售和使用;标准或行业标准由国家食品药品监督管理总局组织制订,未制定国家标准、行业标准的,由申请产品注册企业制订,标准由药品监督管理部门监督实施。中药商品包装材料属于药品包装材料的一部分,其管理按药品包装材料执行。

(一) 国家食品药品监督管理局对药品包装用材料的要求

国家对药品包装材料实行产品注册制度。国家食品药品监督管理总局和省、自治区、直辖市药品监督管理部门按照统一管理、分级负责的原则,负责药品包装材料的注册管理工作。

药品包装材料产品分为Ⅰ、Ⅱ、Ⅲ三类,分类目录由国家食品药品监督管理总局制定、公布。Ⅰ类药品包装材料指直接接触药品且直接使用的药品包装材料、容器,主要包括药用丁基橡胶瓶塞、药品包装用PTP铝箔、药用PVC硬片、药用塑料复合硬片、复合膜(袋)、塑料输液瓶(袋)、固液体药用塑料瓶、软膏管、气雾剂喷雾阀门等。Ⅱ类药品包装材料指直接接触药品,但便于清洗,在实际使用过程中,经清洗后需要并可以消毒灭菌的药品包装用材料、容器,主要包括药用玻璃管、玻璃输液瓶、玻璃模制抗生素瓶、玻璃模制口服液瓶、玻璃管制口服液瓶、玻璃(黄料、白料)药瓶、安瓿、气雾剂罐、瓶盖橡胶垫片(垫圈)、陶瓷药瓶、中药丸塑料球壳等。Ⅲ类药品包装材料指Ⅰ、Ⅱ类以外其他可能直接影响药品质量的药品包装材料和容器,主要包括口服液瓶铝(合金铝)、输液瓶铝(合金铝)、口服液瓶铝(合金铝)、铝塑组合盖等。

药品包装材料须经药品监督管理部门注册并获得《药品包装材料注册证书》后方可生产。《药品包装材料注册证》统一编号格式,Ⅰ类产品编号为:国药包字××××××××,Ⅱ、Ⅲ类产品编号为:×(省、自治区和直辖市的简称)药包字××××××××;《进口药品包装材料注册证》编号为:J××××××××(J为进口的代号,前四位数字为公元年号,后四位数字年内顺序号)。未经注册的药品包装材料不得生产、销售、经营和使用。《药品包装材料注册证书》有效期为5年,期满前6个月按规定申请换发。《药品包装材料注册证书》不得伪造、变造、出租、出借。生产Ⅰ类药品包装材料，须经国家食品药品监督管理总局批准注册，并发给《药品包装材料注册证书》。生产Ⅱ、Ⅲ类药品包装材料，须经所在省、自治区、直辖市药品监督管理部门批准注册，并发给《药品包装材料注册证书》。

药品包装材料执行新标准后，药品包装材料生产企业需向原发证机关重新申请核发《药品包装材料注册证书》。

药品包装材料注册证书所列内容发生变化的，持证单位应自发生变化30日内向原发证机关申请办理。

首次进口的药品包装材料（国外企业、中外合资境外企业生产），必须取得国家食品药品监督管理总局核发的《进口药品包装材料注册证书》，并经国家食品药品监督管理总局授权的药品包装材料检测机构检验合格后，方可在中华人民共和国境内销售、使用。《进口药品包装材料注册证书》有效期为5年，期满前6个月按规定申请换发。

国家食品药品监督管理总局注册核发的Ⅰ类《药品包装材料注册证书》及《进口药品包装材料注册证书》，省、自治区、直辖市药品监督管理部门注册核发的Ⅱ、Ⅲ类《药品包装材料注册证书》在全国范围内有效。

《药品包装材料注册证书》及《进口药品包装材料注册证书》由国家食品药品监督管理总局统一印制。

使用进口药品包装材料，凭国家食品药品监督管理总局核发的《进口药品包装材料注册证书》复印件加盖药品包装材料生产厂商有效印章后，经所在省、自治区、直辖市药品监督管理部门备案后方可使用。

申请药品包装材料注册应具备下列基本条件：①申请单位须具有企业法人营业执照；②申请注册的药品包装材料应符合我国药品包装需要及发展方向，国家已明令淘汰或限期淘汰的产品不予注册；③具备生产该产品的合理工艺、设备、洁净度要求、检验仪器、人员、管理制度等质量保证必备条件；④生产Ⅰ类药品包装材料产品，必须同时具备与所包装药品生产相同的洁净度条件，并经国家食品药品监督管理总局或省、自治区、直辖市药品监督管理部门指定的检测机构检查合格。

药品包装材料注册按照以下程序进行：①申请注册的产品须按规定抽样三批，经药品包装材料质量检测机构检测符合法定标准；②Ⅰ类药品包装材料注册、申请企业按规定要求填写“药品包装材料容器注册申请书”，连同所需资料经省、自治区、直辖市药品监督管理部门初审合格后，报国家食品药品监督管理总局审批核发《药品包装材料注册证书》；③Ⅱ、Ⅲ类药品包装材料注册，申请企业按规定要求填写“药品包装用材料容器注册申请书”，连同所需资料报省、自治区、直辖市药品监督管理部门审批核发《药品包装材料注册证书》，同时，报国家食品药品监督管理总局备案。

国内首次开发的药品包装材料产品须通过国家食品药品监督管理总局组织评审认可后，按类别申请《药品包装材料注册证书》。

国家食品药品监督管理总局和省（自治区、直辖市）药品监督管理部门对药品包装材料质量及其质量保证体系进行监督检查，检查结果予以公布。指定药品包装材料质量检测机构，并委托其承担产品质量及质量保证体系检查工作，出具检查报告。对药品包装材料质量检测机构进行监督管理及业务指导。

包装材料应当由专人按照操作规程发放，并采取措施避免混淆和差错，确保用于药品生产的包装材料正确无误。应当建立印刷包装材料设计、审核、批准的操作规程，确保印刷包装材料印制的内容与药品监督管理部门核准的一致,并建立专门的文档,保存经签名批准的印刷包装材料原版实样。印刷包装材料的版本变更时,应当采取措施,确保产品所用印刷包装材料的版本正确无误。宜收回作废的旧版印刷模板并予以销毁。

印刷包装材料应当设置专门区域妥善存放,未经批准人员不得进入。切割式标签或其他散装印刷包装材料应当分别置于密闭容器内储运,以防混淆。印刷包装材料应当由专人保管,并按照操作规程和需求量发放。每批或每次发放的与药品直接接触的包装材料或印刷包装材料,均应当有识别标志,标明所用产品的名称和批号。过期或废弃的印刷包装材料应当予以销毁并记录。

(二)实施注册管理的药品包装材料产品分类

(1) 实施Ⅰ类管理的药品包装材料产品。①药用丁基橡胶瓶塞;②药品包装用PTP铝箔;③药用PVC硬片;④药用塑料复合硬片、复合膜(袋);⑤塑料输液瓶(袋);⑥固体、液体药用塑料瓶;⑦塑料滴眼剂瓶;⑧软膏管;⑨气雾剂喷雾阀门;⑩抗生素瓶铝塑组合盖;⑪其他接触药品直接使用药品包装材料产品。

(2) 实施Ⅱ类管理的药品包装材料产品。①药用玻璃管;②玻璃输液瓶;③玻璃模制抗生素瓶;④玻璃管制抗生素瓶;⑤玻璃模制口服液瓶;⑥玻璃管制口服液瓶;⑦玻璃(黄料、白料)药瓶;⑧安瓿;⑨玻璃滴眼剂瓶;⑩输液瓶天然胶塞;⑪抗生素瓶天然胶塞;⑫气雾剂罐;⑬瓶盖橡胶垫片(垫圈);⑭输液瓶涤纶膜;⑮陶瓷药瓶;⑯中药丸塑料球壳;⑰其他接触药品便于清洗、消毒灭菌的药品包装材料产品。

(3) 实施Ⅲ类管理的药品包装材料产品。①抗生素瓶铝(合金铝)盖;②输液瓶铝(合金铝)、铝塑组合盖;③口服液瓶铝(合金铝)、铝塑组合盖;④除实施Ⅰ、Ⅱ类管理以外其他可能直接影响药品质量的药品包装材料产品。

第三节 中药商品包装的分类

包装容器的分类很多,由于现代中药商品品种繁多,其性能和用途千差万别,对包装的目的、形态、方式和方法也多种多样,所以包装的种类就很多。常用的分类方法有以下几种:

一、按形态不同分类

可分为个包装、内包装、外包装三大类。

个包装是指将中药商品个别加以包装,也称为小包装(销售包装),随着商品经济的发展,中药商品越来越多,生产者为使消费者能在众多商品中区分出自己的产品,逐步以个包装来传达信息。随着竞争的激烈,个包装进而又起到美化和宣传的作用。现代中药商品尤其是非处方药的自我服务销售方式的出现,把商品包装推向更高的发展阶段,个包装已成为中药商品不可分割的一部分,已成为谋取附加利润的重要手段,它在生产销售和消费中的作用越来越大。

内包装是指货物内部的包装,一般多指直接接触药品的包装,其目的是为了防止中药商品受水分、湿气、光、热、撞击等外界因素的影响,而采用适当的材料、容器,并施之以技术,处于对商品起到美观、保护作用的一种状态。个包装如果直接和药品接触,往往也属于内包装范畴。

外包装是指货物的外部包装，是将内包装好了的中药商品装入箱、袋、盒、罐等容器中后，再加上一层的包装，并在外包装上施以记号，或使其具有一定形状。这是为了便于运输而采取的一种措施。

二、按运输方式分类

可分为铁路运输包装、公路运输包装、船舶运输包装、航空运输包装四大类。

铁路运输包装的特点是运费低廉，大、中、小货物均可，是中药商品常用运输包装之一，但在装运上下车时，易受到震动冲击，仅限于铁路直接通达之处。

公路运输包装也是中药商品常用运输包装之一，但运输时受到震动较为严重。

船舶运输包装较经济，大量物品可一次输送，如出口中药材商品，但包装件在上下船时易受到震动，多需经过转运才能到达目的地。

航空运输包装，在包装件的重量、体积、经济能力方面均受到限制，但速度要比其他几种运输方式快得多，如急救解毒药品等，能快速到达目的地。

根据到达目的地的远近及中药商品性质，尤其是国际贸易的情况需要，往往需要考虑适应两种以上运输工具的包装，也就是说，中药商品包装要能配合运输工具。

三、按销售地区分类

可分为内销包装和外销包装两大类。商品包装出现内销包装与外销包装的之别主要在于不同国家和地区法律法规对药品包装管理的不同而造成的。

内销包装是产品在国内流通的包装，又可分为中药产品包装和中药商业包装两种。中药产品包装是以产品的运输或储存为主要目的的包装，包装对象包括各种原料、半成品及成品等；包装方法也随商品的性质与流通环境而异，主要功能是对中药商品远销过程中起保护作用。中药商业包装通常是以零售为主，在中药商品交易上作为商品的一个组成部分或分批所做的包装，主要功能是着重促进销售，便于提高零售作业效率。

外销包装是指产品出口国外的包装。外销包装要根据进口国家和地区的情况进行设计，如时间、地点、气候、风俗习惯、风土人情等，以满足进口国家和地区的不同要求。

四、按包装材料分类

可分为纸类包装、塑料类包装、金属类包装、玻璃和陶瓷类包装、木材和复合材料类包装等五大类。

五、按包装方法分类

可分为缓冲包装、防潮包装、防锈包装、收缩包装、真空包装、充气包装、灭菌包装、贴体包装、组合包装等类。

六、其他的包装方法分类

按材料的物理性质柔软性分类，可把中药商品分为软包装、硬包装；按容器结构形态分类，常把包装分为箱、桶、筐、篓、缸、袋、瓶、笼、盒等包装。

第四节　中药商品包装的要求和标志

一、中药商品包装要求

为规范药品说明书和标签的管理,根据《中华人民共和国药品管理法》和《中华人民共和国药品管理法实施条例》,2006年3月10日经国家食品药品监督管理总局局务会审议通过《药品说明书和标签管理规定》并于2006年6月1日起施行。中药商品中属于法定流通药品的必须符合国家相关规定。其具体规定如下:

(一)总则

药品说明书和标签由国家食品药品监督管理总局予以核准。药品的标签应当以说明书为依据,其内容不得超出说明书的范围,不得印有暗示疗效、误导使用和不适当宣传产品的文字和标识。

药品包装必须按照规定印有或者贴有标签,不得夹带其他任何介绍或者宣传产品、企业的文字、音像及其他资料。药品生产企业生产供上市销售的最小包装必须附有说明书。

药品说明书和标签的文字表述应当科学、规范、准确。非处方药说明书还应当使用容易理解的文字表述,以便患者自行判断、选择和使用。药品说明书和标签中的文字应当清晰易辨,标识应当清楚醒目,不得有印字脱落或者粘贴不牢等现象,不得以粘贴、剪切、涂改等方式进行修改或者补充。药品说明书和标签应当使用国家语言文字工作委员会公布的规范化汉字,增加其他文字对照的,应当以汉字表述为准。

出于保护公众健康和指导正确合理用药的目的,药品生产企业可以主动提出在药品说明书或者标签上加注警示语,国家食品药品监督管理总局也可以要求药品生产企业在说明书或者标签上加注警示语。

(二)药品说明书

药品说明书应当包含药品安全性、有效性的重要科学数据、结论和信息,用以指导安全、合理使用药品。药品说明书的具体格式、内容和书写要求由国家食品药品监督管理总局制定并发布。

药品说明书对疾病名称、药学专业名词、药品名称、临床检验名称和结果的表述,应当采用国家统一颁布或规范的专用词汇,度量衡单位应当符合国家标准的规定。

药品说明书应当列出全部活性成分或者组方中的全部中药药味。注射剂和非处方药还应当列出所用的全部辅料名称。药品处方中含有可能引起严重不良反应的成分或者辅料的,应当予以说明。

药品生产企业应当主动跟踪药品上市后的安全性、有效性情况,需要对药品说明书进行修改的,应当及时提出申请。根据药品不良反应监测、药品再评价结果等信息,国家食品药品监督管理总局也可以要求药品生产企业修改药品说明书。

药品说明书获准修改后,药品生产企业应当将修改的内容立即通知相关药品经营企业、使用单位及其他部门,并按要求及时使用修改后的说明书和标签。

药品说明书应当充分包含药品不良反应信息,详细注明药品不良反应。药品生产企业未根据药品上市后的安全性、有效性情况及时修改说明书或者未将药品不良反应在说明书中充分说明的,由此引起的不良后果由该生产企业承担。

药品说明书核准日期和修改日期应当在说明书中醒目标示。

（三）药品的标签

药品的标签是指药品包装上印有或者贴有的内容，分为内标签和外标签。药品内标签指直接接触药品的包装的标签，外标签指内标签以外的其他包装的标签。

药品的内标签应当包含药品通用名称、适应证或者功能主治、规格、用法用量、生产日期、产品批号、有效期、生产企业等内容。包装尺寸过小无法全部标明上述内容的，至少应当标注药品通用名称、规格、产品批号、有效期等内容。

药品外标签应当注明药品通用名称、成分、性状、适应证或者功能主治、规格、用法用量、不良反应、禁忌、注意事项、储藏、生产日期、产品批号、有效期、批准文号、生产企业等内容。适应证或者功能主治、用法用量、不良反应、禁忌、注意事项不能全部注明的，应当标出主要内容并注明“详见说明书”字样。

用于运输、储藏的包装的标签，至少应当注明药品通用名称、规格、储藏、生产日期、产品批号、有效期、批准文号、生产企业，也可以根据需要注明包装数量、运输注意事项或者其他标记等必要内容。

原料药的标签应当注明药品名称、储藏、生产日期、产品批号、有效期、执行标准、批准文号、生产企业，同时还需注明包装数量以及运输注意事项等必要内容。

同一药品生产企业生产的同一药品，药品规格和包装规格均相同的，其标签的内容、格式及颜色必须一致；药品规格或者包装规格不同的，其标签应当明显区别或者规格项明显标注。同一药品生产企业生产的同一药品，分别按处方药与非处方药管理的，两者的包装颜色应当明显区别。

对储藏有特殊要求的药品，应当在标签的醒目位置注明。

药品标签中的有效期应当按照年、月、日的顺序标注，年份用四位数字表示，月、日用两位数表示。其具体标注格式为“有效期至××××年××月”或者“有效期至××××年××月××日”；也可以用数字和其他符号表示为“有效期至××××.××.”或者“有效期至××××/××/××”等。预防用生物制品有效期的标注按照国家食品药品监督管理总局批准的注册标准执行，治疗用生物制品有效期的标注自分装日期计算，其他药品有效期的标注自生产日期计算。有效期若标注到日，应当为起算日期对应年月日的前一天，若标注到月，应当为起算月份对应年月的前一月。

（四）药品名称和注册商标的使用

药品说明书和标签中标注的药品名称必须符合国家食品药品监督管理总局公布的药品通用名称和商品名称的命名原则，并与药品批准证明文件的相应内容一致。

药品通用名称应当显著、突出，其字体、字号和颜色必须一致，并符合以下要求：①对于横版标签，必须在上三分之一范围内显著位置标出；对于竖版标签，必须在右三分之一范围内显著位置标出；②不得选用草书、篆书等不易识别的字体，不得使用斜体、中空、阴影等形式对字体进行修饰；③字体颜色应当使用黑色或者白色，与相应的浅色或者深色背景形成强烈反差；④除因包装尺寸的限制而无法同行书写的，不得分行书写。

药品商品名称不得与通用名称同行书写，其字体和颜色不得比通用名称更突出和显著，其字体以单字面积计不得大于通用名称所用字体的二分之一。

药品说明书和标签中禁止使用未经注册的商标以及其他未经国家食品药品监督管理总局批准的药品名称。药品标签使用注册商标的，应当印刷在药品标签的边角，含文字的，其字体以单字面积计不得大于通用名称所用字体的四分之一。

根据《关于进一步规范药品名称管理的通知》(国食药监注〔2006〕99号)，自2006年6月1日起，属于下列情形的药品可以申请使用商品名称：①新化学结构、新活性成分且在保护期、过渡期或者监测期内的药品；②在我国具有化合物专利，且该专利在有效期内的药品。2006年6月1日前批准使用的商品名称可以继续使用。

（五）其他规定

麻醉药品、精神药品、医疗用毒性药品、放射性药品、外用药品和非处方药品等国家规定有专用标识的，其说明书和标签必须印有规定的标识。国家对药品说明书和标签有特殊规定的，从其规定。中药材、中药饮片的标签管理规定由国家食品药品监督管理总局另行制定。

药品说明书和标签不符合本规定的，按照《中华人民共和国药品管理法》的相关规定进行处罚。

二、中药材的运输包装要求

发运中药材必须有包装。在每件包装上，必须注明品名、产地、日期、调出单位并附有质量合格的标志。

中药材的运输包装一般分为袋装、压缩打包和箱装三种。国家对中药材的这三种包装形式有明文规定，其中对装运中药材的麻袋、塑料编织袋的技术条件、装袋时的缝合技术、净重、标志，中药材压缩打包的机箱规格、裹包材料、捆扎材料、防潮材料、缝合材料，中药材瓦楞纸箱箱型、规格、内衬材料、封口及捆扎技术都有明确要求。

（一）中药材袋运输包装件要求

1. 包装材料。

麻袋，以洋麻、黄麻为主要原料的机制麻袋。常见的麻袋规格如表7－1。

表7－1　常见的麻袋规格

麻袋编号	品名	规格(mm)
6635	2号袋	1070×740
6632	2号袋	1070×740
6632	3号袋	900×580
5728	4号袋	1050×740

塑料编织袋以聚丙烯树脂为主要原料，经挤出成膜、切割拉伸制成的扁丝缝制而成的袋，主要适用于包装矿石类、贝壳类药材。常见的塑料编织袋规格如表7－2。

表7－2　塑料编织袋规格

型号	规格 长×宽(mm)
TA型	450×500
A型	500×550

续表

型号	规格 长×宽(mm)
B型	550×650
C型	650×700

2. 缝合材料。

使用机制麻线、直径2～3mm。

3. 中药材装袋的含潮率。

中药材装袋时的含潮率应符合国家有关规定。

4. 缝合技术要求。

袋口缝合时应卷口两道，采用交叉法，针距不得大于40mm，两角要留150mm小辫，扎紧扣死，双袋包装的袋口缝合，应先里层后外层，分两次缝合，里层袋口缝合可不卷口、不留小辫。

5. 净重。

包装件内装净重分10kg、20kg、25kg、30kg、35kg、40kg、45kg、50kg八个重量数。

6. 标志。

收发货标志，运输货签项目包括运输号码、品名、发货件数、到达站、收货和发货单位、发站，采用刷写在货签上，拴挂在包装件两端。包装件刷写文字和图案项目，包括医药分类标志、品名、规格(等级)、毛重、净重、产地及包装单位、日期。包装储运图示标志，按GB/T 191-2008《包装储运图示标志》规定办理。

7. 其他。

每个包装件内应附有药材质量合格证，麻袋和塑料编织袋的内装品种、规格、重量的具体要求见表7-3。

表7-3　麻袋或塑料编织袋内装物品

麻袋、塑料袋标准编号	药材品名	内装量(kg)	包装要求		说明
			单或双袋	标准规格(mm)	
6635编号的2号袋或6632编号的3号袋	白术、山楂、防己、枳壳、莲子心、蒲黄、槐米、木瓜、天葵子、金果榄、茺蔚子、诃子、草乌、青果、五味子、瓜蒌子、黄荆子、天花粉、香附、附片、玄参、拳参、壳薏米、川芎、木鳖子、白芍、干姜、蚕沙、亚麻子	50	单袋	长1070 宽740	蒲黄内衬布袋
6635编号的2号袋或6632编号的3号袋	甜瓜子、狗脊、川楝子、地肤子、知母肉、小茴香、牡丹皮、蒺藜、覆盆子、高良姜、女贞子、白芷、僵蚕、归头、吴茱萸、何首乌	45	单袋	长1070 宽740	

续表

麻袋、塑料袋标准编号	药材品名	内装量(kg)	包装要求		说明
			单或双袋	标准规格(mm)	
6635编号的2号袋或6632编号的3号袋	毛山药、独活、青木香、黄药子、苍术、千金子、鸦胆子、栀子、玉竹、葛根、巴豆、地榆、天冬、黄精、太子参、藕节、薤白、桑葚、益智仁	40	单袋	长1070 宽740	
	桂枝片、冬瓜子、射干、猪苓、苦参、商陆、一枝蒿、巴戟天、赤芍、大(小)皂角、桔梗、乌药片、狼毒、远志、鸡血藤片、土茯苓、甘草节、金樱子、木香、蛇床子、毛知母、乌梢蛇、大黄	30	单袋	长1070 宽740	
6635编号的2号袋或6632编号的3号袋	鳖甲、蔓荆子、贯众、五加皮、连翘、龟板、胡黄连、海螵蛸、黄芩、使君子、辛夷、升麻、千年健	25	单袋	长1070 宽740	
	钩藤、羌活、路路通、川椒	20	单袋	长1070 宽740	
	蜂房、蛇蜕、桑螵蛸	10	单袋	长1070 宽740	
6632编号的3号袋	车前子、沙苑子、菟丝子、葶苈子、王不留行	45	双袋	长900 宽580	
	柏子仁、芡实、川贝母、酸枣仁、紫苏子、黑芝麻、琥珀、芸苔子、郁李仁、青葙子	40	双袋	长900 宽580	
	砂仁、松花粉	35	双袋	长900 宽580	松花粉内衬布袋
	莱菔子、薏苡仁、石莲子、葫芦巴、牵牛子、草决明、雷丸	45	单袋	长900 宽580	
	延胡索、山慈菇、肉苁蓉、生地、海金沙、浙贝母、火麻仁、补骨脂、姜黄、半夏、苦杏仁、槐角、枳实、麦冬、荔枝核、郁金、莪术、川乌、锁阳、香附、桃仁	40	单袋	长900 宽580	海金沙内衬布袋
	天麻、泽泻、五灵脂、穿山甲、牛蒡子	30	单袋	长900 宽580	
B型袋	牡蛎	50	单袋	长900 宽580	聚丙烯编织袋
B型袋	龙骨、珍珠母、瓦楞子	40	单袋	长900 宽580	

（二）中药材压缩打包运输包装要求

中药材压缩打包运输包装件主要内容如下：

1. 压缩打包机的机箱规格。

压缩打包机的机箱内径尺寸及压缩打包件的最大规格尺寸应符合以下规定，见表7－4。

表7－4　压缩打包机机箱内径尺寸和压缩打包件尺寸

名　称	机箱内径尺寸(mm)	压缩打包件规格尺寸(mm)
标准箱型尺寸	760×340	800×400
保留箱型尺寸*	950×340	1000×400
保留箱型尺寸*	760×440	800×500
保留箱型尺寸	820×500	860×540
保留箱型尺寸	850×400	900×450

注：本标准适用于轻泡中药材压缩打包，国内流通的运输包装。压缩打包件的规格尺寸，指成包后24小时所测的尺寸应优先采用标准箱型尺寸。在使用保留箱型尺寸时，应优先使用。

2. 包装材料。

裹包材料分为麻布、粗平布、塑料编织布三种，麻布的技术要求，要符合GB736-1987的技术要求。粗平布的技术要求要符合的GB 406-1978的技术要求。

捆扎材料分为棕丝绳、麻绳、铁元丝三种，棕丝绳的技术要求以三股拧成的绳直径6～7mm。麻绳技术要求以三股拧成的绳直径达6～7mm。铁元丝的技术要求要符合GB3084-1982规定的10＃、12＃棉花打包用低碳镀锌钢丝的技术要求。

防潮材料主要为防潮纸，要求能起到防潮作用，并且是清洁、不污染药材的。缝合材料主要为麻线，技术要求以三股拧成的机制线的直径2～3mm。

加固用的支撑材料，夹板以竹片、荆条、紫槐条或其他质量相当的材料编成。夹板的边长应小于相应的箱内径40mm。不使用夹板时，在包装件上下面各放置长度合适的竹片，竹片宽30mm，厚4～6mm。荆条、紫槐条中间直径8mm以上。包装材料应该干燥，无虫蛀，不影响药材质量。

3. 技术要求。

压缩打包件中药材的净重分20kg、30kg、40kg、50kg、60kg五个重量数。加固用的支撑材料应放在裹包材料与防潮材料的中间。中药材压缩成包时，要根据药材的性质并在保证质量的前提下使包装件压紧。包装件的捆扎用绳或铁圆丝横捆5～7圈，一圈结一死扣，不致滑扣松捆。裹包材料的缝接处用麻线缝合，针距不大于20mm。包装件外观应六面平整、八角饱满，商品不得外露。

4. 标志。

收发货标志的运输货签项目包括：运输号码、品名、发货件数、到达站、收货和发货单位、发货站。货签挂在包装件两端。包装件刷写文字和图案项目包括：医药分类标志、品名、规格（等级）、毛重、净重、产地及包装单位、日期。包装储运图示标志，按GB 191-2008《包装储运图示标志》规定办理。压缩打包时，中药材的含潮率应符合国家有关规定，每个包装件内应附有药材质量合格证。用标准箱型压缩打包时，各中药材具体品种的重量、压缩高度、内衬物、支撑材料、密度见表7－5。

用保留箱型压缩打包时，各中药材具体品种除重量、压缩高度可以适当变动外，其余同表7－5要求，重量变动时要符合压缩打包机的机箱规格的规定。重量、压缩高度变动后，压缩打包件的密度应与标准箱型的密度相同，误差不超过10%。

表7－5　压缩打包件品种、重量、内衬物的要求

药材名称	单位	净重（kg）	成包后高度（mm）	内衬材料		密度（$kg \cdot m^{-3}$）
				防潮物	支撑材料	
大血藤	件	50	500			313
金银花	件	50	500	加防潮纸	加支撑物	313
白头翁	件	50	520		加支撑物	300
百部	件	50	500		加支撑物	313
山豆根	件	50	500			313
枇杷叶	件	50	500			313
川牛膝	件	60	450			416
龙胆草	件	50	550		加支撑物	284
车前草	件	50	500			284
艾叶	件	50	500		加支撑物	313
甘草	件	50	450			317
石韦	件	50	500		加支撑物	313
白前	件	40	550		加支撑物	227
地丁草	件	50	500			313
刘寄奴	件	50	500			313
防风	件	50	500		加支撑物	313
红花	件	50	500	加防潮纸	加支撑物	313
杜仲	件	50	500			313
佛手片	件	50	500		加支撑物	313
青木香	件	50	450		加支撑物	347
细辛	件	50	500		加支撑物	313
桔梗	件	50	500		加支撑物	313
桑白皮	件	50	520		加支撑物	300
菊花	件	50	500	加防潮纸	加支撑物	313
黄柏	件	50	500			313

续表

药材名称	单位	净重(kg)	成包后高度(mm)	内衬材料		密度(kg·m^{-3})
				防潮物	支撑材料	
陈皮	件	50	550		加支撑物	284
羌活	件	50	520	加防潮纸	加支撑物	300
秦艽	件	50	520		加支撑物	300
蒲公英	件	50	520		加支撑物	300
麻黄	件	50	500		加支撑物	313
石菖蒲	件	50	450		加支撑物	347
丹参	件	50	500		加支撑物	313
海桐皮	件	50	500			313
前胡	件	50	500		加支撑物	313
黄芪	件	50	500		加支撑物	313
续断	件	50	500		加支撑物	313
茵陈	件	50	500			313
人参叶	件	40	500		加支撑物	313
大蓟	件	50	500		加支撑物	200
金钱草	件	40	500			313
小蓟	件	50	500			250
木蝴蝶	件	40	500		加支撑物	313
升麻	件	50	500		加支撑物	250
甘松	件	50	450		加支撑物	313
仙鹤草	件	40	500			347
紫苏叶	件	40	500		加支撑物	250
紫苏梗	件	40	520			250
白茅根	件	40	500			240
白花蛇舌草	件	40	500		加支撑物	250
半枝莲	件	40	520			250
半边莲	件	50	500		加支撑物	240
老鹳草	件	40	500			313
竹茹	件	40	500			250

续表

药材名称	单位	净重（kg）	成包后高度（mm）	内衬材料		密度（kg·m^{-3}）
				防潮物	支撑材料	
合欢皮	件	40	500			250
鸡冠花	件	40	500		加支撑物	250
青蒿	件	30	450			250
罗布麻叶	件	40	500		加支撑物	250
佩兰	件	40	500			208
夜交藤	件	40	500			250
卷柏	件	40	550			250
荆芥	件	40	500			227
茜草	件	40	500		加支撑物	250
厚朴	件	40	520			250
威灵仙	件	40	500			240
穿心莲	件	30	500			250
莲须	件	50	500	加防潮纸	加支撑物	188
柴胡	件	50	500			313
徐长卿	件	40	500			313
益母草	件	30	520			250
桑叶	件	40	500		加支撑物	180
蓖麻	件	40	500		加支撑物	250
淡竹叶	件	30	500			250
伸筋草	件	40	500			188
姜皮	件	30	450		加支撑物	250
冬瓜皮	件	40	500		加支撑物	208
海风藤	件	40	520		加支撑物	250
豨莶草	件	30	500			240
薄荷	件	40	500	加防潮纸		188
藿香	件	40	500			250
泽兰	件	40	500			250
排草	件	40	500			250

续表

药材名称	单位	净重(kg)	成包后高度(mm)	内衬材料		密度(kg·m⁻³)
				防潮物	支撑材料	
大青叶	件	40	500		加支撑物	250
桑寄生	件	40	500			250
黄草	件	40	500			250
石楠藤	件	40	500			250
瓜蒌皮	件	40	500		加支撑物	250
败酱草	件	30	500			188
扁蓄	件	40	500			250
一枝蒿	件	40	500		加支撑物	250
香薷	件	40	500			250
矮地茶	件	40	500		加支撑物	250
芦根片	件	50	500		加支撑物	313
木通	件	30	500			188
淫羊藿	件	30	500			188
夏枯草	件	30	450		加支撑物	208
寻骨风	件	30	450			208
灯心草	件	20	520			120
苍耳子	件	30	500			188
谷精草	件	30	500			188
大伸筋	件	30	500			188
木贼草	件	30	500		加支撑物	188
通草	件	20	520			120
丝瓜络	件	20	500			125
紫草	件	30	500		加支撑物	188
南沙参	件	50	500		加支撑物	313
地龙	件	50	520		加支撑物	300
钩藤	件	30	500		加支撑物	250

注:密度误差为10%。

（三）中药材瓦楞纸箱运输包装要求

1. 包装材料及技术要求。

瓦楞纸箱为双瓦楞结构，主要用料及技术要求，为箱板面、箱板里、夹芯的层数各为一层，使用的箱板纸要符合QB 324-1981规定的定量为365～475g/m²的二号纸相应的技术指标。瓦楞层数为二层，使用的瓦楞原纸要符合QB548～81规定的定量为180～200g/m²的二号纸相应的技术指标。瓦楞纸箱内衬材料：瓦楞纸板材质不限。聚丙烯塑料薄膜要符合食品卫生的有关规定，厚度0.08～0.12mm。防潮纸要清洁，能起防潮作用不污染药材。麻布或本色布：麻布应符合GB 736-1987《麻布的技术条件》规定；本色布应符合GB 406-1978《本色棉布技术要求》规定的粗平布（编号101～111号）。捆扎和箱外裹包材料：塑料捆扎带，应符合SG 234-1981《塑料打包带》规定，规格宽不得小于15mm。

瓦楞纸箱外需要另加裹包时选用下列材料：

麻布应符合GB 736-1987规定的1～6号麻布；麻袋应符合GB 731-1987《麻袋的技术条件》规定的1～5号麻袋；机制麻线直径2～3mm，用于缝合箱外裹包材料的接合处。

2. 成型瓦楞纸箱的物理性能。

外观，箱盖对齐，误差±2mm，箱表刀口不毛，不碎裂；箱体方正，八角折叠处无漏洞，误差不大于4mm；瓦楞高度2.5mm；裱长黏合牢固，表层不开胶，不起泡；钉箱口对齐，误差±14mm；双钉口钉距均匀，订针钉透，钉距不大于55mm，位置正确，偏差±10mm；瓦楞纸箱应清洁，箱面涂防潮油。空箱抗压力不低于450kg（在含潮率14%～16%之间测试）。黏合牢度（3×12cm），拉力不低于10kg。

3. 箱型、箱号、箱规格。

箱型，扁长方形大盖纸箱，箱号、箱规格见表7-6。

表7-6　扁长方形瓦楞纸箱规格

纸箱编号	外部规格（mm） 长×宽×高	内部规格（mm） 长×宽×高	外部体积（m³）
1	500×300×160	490×290×140	0.024
2	500×300×210	490×290×190	0.032
3	500×300×240	490×290×220	0.036
4	500×300×260	490×290×240	0.039
5	500×300×300	490×290×280	0.045
6	600×400×210	590×390×190	0.050
7	600×400×240	590×390×220	0.058
8	600×400×280	590×390×260	0.067
9	600×400×300	590×390×280	0.072
10	600×400×400	590×390×380	0.096

每个箱号高度可以根据药材规格，上下浮动不大于30mm，每个包装件净重规定5kg、10kg、15kg、20kg四个重量级。

4. 瓦楞纸箱内衬材料使用要求。

瓦楞纸箱下底上盖，衬垫瓦楞纸板各一块。规格与纸箱内径相适应，对不同药材，可选用下列衬垫方法：用塑料薄膜作衬垫，薄膜热合制成与箱内径相适应的袋，高度要适应折叠；用防潮纸作衬垫，要衬垫严密、不破不漏；用麻布或本色布作衬边，要缝合成与箱内径相适应的袋，袋口要缝合牢固。

5. 封口、捆扎技术要求。

瓦楞纸箱下底上盖，使用黏合剂黏合，黏合处要平整，牢固。瓦楞纸箱使用塑料捆扎带捆扎牢固，不得有倾斜松动。瓦楞纸箱包装件重量在15kg（包括15kg）以内的，捆扎双十字形。瓦楞纸箱包装件重量在15kg以上的，捆扎井字形。瓦楞纸箱黏合后，需要用麻布或麻袋裹包的包装件，麻布或麻袋的接合处，用麻线缝合牢固，针距不得大于20mm。瓦楞纸箱使用塑料捆扎带捆扎牢固，不得有倾斜松动。

6. 标志。

收发货标志的运输货签项目包括：运输号码、品名、发货件数、毛重、到达站、收货和发货单位、发货站，黏贴在瓦楞纸箱指定部位。用麻布或麻袋裹包的，采用刷写或拴挂在包装件上。

瓦楞纸箱印刷文字和图案项目包括医药分类标志、品名、规格（等级）、毛重、皮重、净重、产地、包装单位及日期。

包装储运指示标志应按GB 191-2008《包装储运图示标志》规定办理。危险品包装标示，应按GB 190-2009《危险货物包装标志》规定办理。

7. 其他。

每个包裹件内应附有药材质量合格证。中药材装箱时的含潮率应符合国家有关规定。中药材装箱的具体品种、重量、使用箱号，以及内衬材料具体要求见表7-7。

表7-7　中药材装箱登记项目

箱号	药材品名	单位	净重(kg)	箱内衬垫物	说明
1	红参	件	10	防潮纸或塑料薄膜折叠不封口	箱面涂防潮油，箱外裹包麻布或麻袋，捆扎双十字带
	红直须				
	白直须	件	5	防潮纸或塑料薄膜折叠不封口	箱面涂防潮油，箱外裹包麻布或麻袋，捆扎双十字带
	全蝎	件	5	防潮纸或塑料薄膜折叠不封口	箱外裹包麻布或麻袋，捆扎双十字带
2	全须生晒参	件	10	防潮纸或塑料薄膜折叠不封口	箱面涂防潮油，箱外裹包麻布或麻袋，捆扎双十字带
	白混参	件	5		
	白糖参 红混参	件	10		
	枸杞子	件	15	防潮纸或塑料薄膜折叠不封口	装宁夏、内蒙古产品，捆扎井字带
	三七	件	20		

续表

箱号	药材品名	单位	净重(kg)	箱内衬垫物	说明
3	三七	件	20	麻布袋	箱面涂防潮油，箱外裹包麻布或麻袋，捆扎井字带
	白混须	件	10	防潮纸或塑料薄膜折叠不封口	箱面涂防潮油，箱外裹包麻布或麻袋，捆扎双十字带
	枸杞子	件	15	防潮纸或塑料薄膜折叠不封口	捆扎井字带
	山萸肉	件	15	防潮纸	箱外裹包麻布或麻袋，捆扎井字带
	蕲蛇	件	5	防潮纸	箱外裹包麻布或麻袋，捆扎双十字带
	鸡内金	件	10	防潮纸	箱外裹包麻布或麻袋，捆扎双十字带
	玫瑰花	件	5	防潮纸	捆扎双十字带
	月季花	件	5	防潮纸	捆扎双十字带
4	土鳖虫	件	10	防潮纸	捆扎双十字带
	蜈蚣	件	大3000条 小6000条	防潮纸	捆扎双十字带
5	全蝎	件	10	防潮纸或塑料薄膜折叠不封口	箱面涂防潮油，箱外裹包麻布或麻袋，捆扎双十字带
	全须生晒参	件	10		
	茯苓片	件	20	防潮纸	捆扎井字带
6	蕲蛇	件	10	防潮纸	箱外裹包麻布或麻袋，捆扎双十字带
	银耳	件	5	防潮纸	箱外裹包麻布或麻袋，捆扎双十字带
7	怀牛膝	件	20	防潮纸	捆扎井字带
	牡丹皮	件	20		
	冬虫夏草	件	10	防潮纸	箱面涂防潮油，箱外裹包麻布或麻袋，捆扎双十字带
	款冬花	件	15		捆扎井字带
8	北沙参	件	20	防潮纸	捆扎井字带
	党参	件	20		
9	黄连	件	15	防潮纸	箱外裹包麻布或麻袋，捆扎井字带
10	银耳	件	10	防潮纸	箱外裹包麻布或麻袋，捆扎双十字带

三、中药商品包装的标志

中药商品的运输包装除应标明供国内外码头、仓库、轮船和理货单位据以收发货物的运输标志即“唛号”外，还应标明供收货人赖以识别内装商品品种、规格的识别标志，以及根据商品不同的性能，提醒有关人员在搬运储存时应予注意的操作标志和危险品标志。

为了简化内容和建立一套国际统一装运标志，联合国标准化组织，国际货运运送协调会以及美国、法国、德国、日本等国家决议采纳国际贸易流程简化工作小组于1979年9月提出的“简易装运标志”作为各国推行的规范。这个规范包括以下四种不同用途的标志：

（一）标准运输标志

我国国家标准包装通用术语中称为标准“收发货标志”，即“唛号”。标准运输标志（STANDARD SHIPPING MARK）由收货人名称、参考号、目的地、包装件号四个元素按下面示例中给出的顺序组成，每个元素占一行，每行不应超过17个字符，并且这些运输标志都应在包装物和相关单位证上标出。凡认为对于装运货物没有必要的四个元素中的任何一个都予以省略。下面是四个元素的说明：

1. 收货人名称的首字母缩写或简称。

根据《国际铁路货物运输公约（CIM）》对铁路运输的规定，全部包装物均需使用地址全称，另外该公约还适用于公路运输，因此除铁路和公路运输的习惯做法外，其他各种运输方式均不用给出名称、地址的全称。

出口商和进口商通常可以商定一套首字母缩写或简写，用于他们之间所有的货物装运。若选择缩写的名称为首字母，则可以在其回复的电传地址或电报地址上使用收货人名称的首字母缩写。

2. 参考号。

参考号应简单明了，避免转抄错误。应仅使用所有参考号中最重要的那一个，如在买方和卖方间商定的合同号或发票号。

3. 目的地。

标明货物最终目的地的港口或地点（卸货港、交货地点、续运承运人交货地点）的名称。在中转的情况下，还可在“VIA（经由）”之后标明进行货物中转的港口或地点名称，如“MUMBAI VIA COLOMBO（经科伦坡中转至孟买）”。在多式联运情况下，只需标明货物的最终目的地，便于运输经营人选择更合适的运输路线，从而避免在中转地中断运输。

4. 包装件号。

标明包装货物连续编号及已知的总件数，如“1/24”、“2/24”……“24/24”。在单证上表示为“1/24”，表示包装物编号从1到24，不要使用“P/NO（件号/总件数）”的字样进行标注。

（二）信息标志

信息标志对于货物在标识、安全和装卸方面常常是重要的。由于信息标志（INFORMATION MARKS）对于目的地交货不是必备的，因此不应将其作为运输标志的组成部分而转录到单证上，但是可以将其在包装物上予以标示，但应明显地与标准运输标志加以区分。信息标志举例如下：

1. 产品名称。

用于那些不容易通过视觉来鉴别的产品，以防止出错。

2. 毛重。

为便于安全装卸或正确堆装，应以千克标出包装物的毛重。毛重应直接标在标准运输标志的下方并与其明显分开。

3. 原产地国或进口许可证号。

像原产地国或进口许可证号码这类信息应视为官方规定。为方便清关,还可包含买方为便于分拣和重分配所要求的信息。这些信息尽可能简短。

4. 净重和尺寸。

一般情况下,国内和国际的有关规则都尽量不要强制标注净重和尺寸,需要时,应对它们进行缩略。

(三)操作标志

根据出口商品的不同特点,通常使用的操作标志(CARGO HANDLING MARK)有“易碎品,小心轻放”(FRAGILE HANDLE WITH CARE),玻璃器皿也可直接标明“玻璃器皿小心轻放”(GLASSWARE HANDLE WITH CARE);“请勿用钩”(USE NO HOOK);“此面向上”(THIS SIDE UP);“请勿受热”(KEEP AWAY FROM HEAT);“请勿受潮”(KEEP DRY);“从此处吊起”(SLING HERE);“重心在此”(CENTER OF GRAVITY);“禁止滚翻”(NOT TO BE TRIPPED);“由此开启”(OPEN FROM HERE)等九种。以上标志除用中英文字在箱面上表达外,应在醒目的地方贴上经联合国标准组织规定,并经国际公认的形象化图案。各标志图案见图7-1。

图案纸张分四种规格,即5cm×5cm、10cm×10cm,15cm×15cm,25cm×25cm,视包装大小而定。除了“从此处吊起”、“重心在此”和“由此开启”的标志应在箱面确切处标明外,其他操作标志应标在箱子的长面和宽面(至少两面)左上角,以便识别。使用纸箱的大宗出口商品,如已将操作标志印在箱面上则不需另贴纸标。除了以上九种操作标志外,大件商品(如CT机、X线机、心电图机等)的纸箱上还应根据箱件的抗压强度,标明堆高的限度。

我国关于“包装储运指示标志”的国家标准(GB 191-2008),把标志的类别分为17种,即:易碎物品、禁用手钩、向上、怕晒、怕辐射、怕雨、重心、禁止翻滚、此面禁用手推车、禁用叉车、由此夹起、此处不能卡夹、堆码质量极限、堆码层数极限、禁止堆码、由此吊起、湿度极限。与国际间常用的操作标志相比,增加了“怕晒”、“怕辐射”、“怕雨”、“此面禁用手推车”、“禁用叉车”、“由此夹起”、“此处不能卡夹”、“堆码质量极限”、“堆码层数极限”、“禁止堆码”,减少了“请勿受热”。使用的各种图案与国际常用标志也略有不同,但是图案形象所表示的含义则完全是一致的。一般说,出口医药商品包装上的操作标志图案应使用国际通用的标志。

易碎品，小心轻放
FRAGILE HANDLE WITH CARE

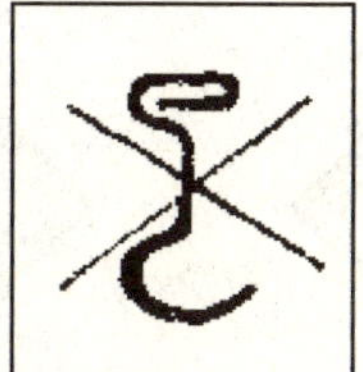
请勿用钩
USE NO HOOK

此面向上
THIS SIDE UP

请勿受热
KEEP AWAY FROM HEAT

请勿受潮
KEEP DRY

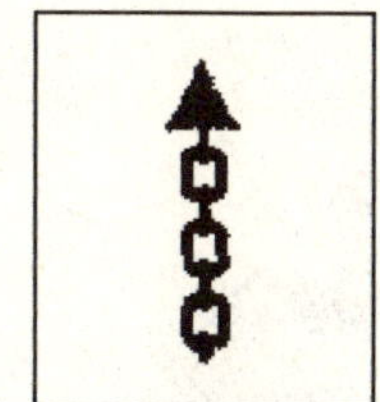
从此处吊起
SLING HERE

重心在此
CENTER OF GRAVITY

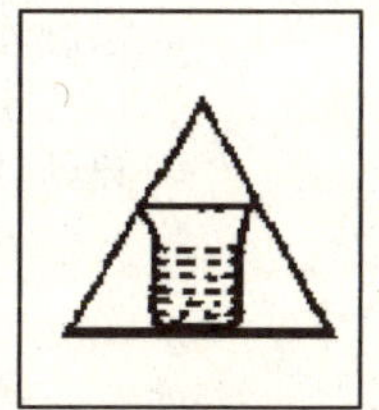
禁止滚翻
NOT TO BE TRIPPED

由此开启
OPEN FROM HERE

图7－1　出口商品包装上的操作标志

（四）危险品标志

对于不同类别的危险品，应使用不同的危险品标志(DANGEROUS CARGO MARK或HAZARDOUS CARGO MARK)。出口的危险品应同时标有我国“危险货物包装标志”和国际上通用的由联合国标准化组织所规定的危险货物标志。国内的标志，国家标准局已颁布了GB 190-2009“危险货物包装标志”。国际通用危险品标志则按不同的危险货物分为九个类别和若干等级共21个图案(图7－2)，这些危险品标志，不论用纸贴式(纸张规定10cm×10cm)还是印制在包装上面，均需使用规定的色调和图案。危险品的标志是警告性标志，必须严格遵照国内和国际的规定办理，以免造成意外事故和不必要的损失。

刷写运输标志时还应注意：收货人缩写和所在地的外文，应使用大写印刷体字母(block letter)和阿拉伯数字，标点符号应尽量避免，其他各种标志中的外文也应使用大写印刷体为宜。手写标志应用黑色或其他与底色不同的颜色，并具有防水和不褪色的性能。某些捆扎包装的金属品，应将金属标牌焊在上面，或用铁丝扎紧。柳条框、竹框应用标纸贴在相对两边或用标牌缚在框上。

包装标志 1
爆炸品标志
(符号:黑色;底色:橙红色)

包装标志 2
爆炸品标志
(符号:黑色;底色:橙红色)

包装标志 3
爆炸品标志
(符号:黑色;底色:橙红色)

包装标志 4
易燃气体标志
(符号:黑色或白色;底色:正红色)

包装标志 5
不燃气体标志
(符号:黑色或白色;底色:绿色)

包装标志 6
有毒气体标志
(符号:黑色;底色:白色)

包装标志 7
易燃液体标志
(符号:黑色或白色;底色:正红色)

包装标志 8
易燃固体标志
(符号:黑色;底色:白色红条)

包装标志 9
自燃物品标志
(符号:黑色;底色:上白下红)

包装标志 10
遇湿易燃物品标志
(符号:黑色或白色;底色:蓝色)

包装标志 11
氧化剂标志
(符号:黑色;底色:柠檬黄色)

包装标志 12
有机过氧化物标志
(符号:黑色;底色:柠檬黄色)

包装标志 13
剧毒品标志
(符号:黑色;底色:白色)

包装标志 14
有毒品标志
(符号:黑色;底色:白色)

包装标志 15
有害品标志
(符号:黑色;底色:白色)

包装标志 16
感染性物品标志
(符号:黑色;底色:白色)

包装标志 17
一级放射性物品标志
（符号:黑色;底色:白色,附一条红竖线）

包装标志 18
二级放射性物品标志
（符号:黑色;底色:上黄下白,附两条红竖线）

包装标志 19
三级放射性物品标志
符号:黑色;底色:上黄下白,附三条红竖线）

包装标志 20
腐蚀品标志
（符号:上黑下白;底色:上白下黑）

包装标志 21
杂类标志
（符号:黑色;底色:白色）

图7－2 国际公认的形象化图案

第五节 中药商品包装的生态设计

一、生态设计的概念

生态设计也称绿色设计,按生态学原理进行的人工生态系统的结构、功能、代谢过程和产品及其工艺流程的系统设计。包装生态设计遵从本地化、节约化、自然化、进化式、人人参与和天人合一等原则,强调减量化、再利用和再循环。中药商品包装需要生态化,一是从保护环境角度考虑,减少资源消耗、实现可持续发展战略;二是从商业角度考虑,降低成本、减少潜在的责任风险,以提高竞争能力。现从以下方面对中药商品包装的生态设计进行讨论。

二、生态设计的原则

（一）包装材料绿色化

对于中药商品的包装首先要保证安全性,因此包装材料要求绿色安全,材料以来源数量多、易得为佳,避免使用珍贵稀有或者不可再生的材料,且减少制作过程中对环境产生污染大的材料。同时,包装材料需具有较好的可塑性,在质量合格的情况下可重复利用。包装材料还要易分解,因为在使用过程中不免有对包装的遗弃,所以要保证材料使用对环境不会造成污染。目前,中药商品的包装材料已经从天然植物、陶瓷等演变成为以纸、塑料、玻璃、金属四大类材料为主的格局,中药作为中国传统商品,在包装上仍存在采用传统材料和传统包装方式的现象，因此中药包装不仅需要材料绿色化，还需要使包装适应中药商品，使中药包装现代化。

（二）避免过度包装

过度包装的表现形式多种多样，主要表现为包装过大、过量，其突出特征是包装用量过度。“量”的过度包装，指包装的质量和数量超过了对包装物品的保护范围。就质量而言，表现为包装质量过量、包装物使用量的单元过量、包装与包装物的比例失调。就数量而言，表现为包装层数和包装次数过量、过多，增加了不必要的包装件数、包装厚度和包装次数；“度”的过度包装，主要体现在包装的厚度、长度和宽度的过度包装，通过增加包装材料的厚度，以及在包装的结构空间上加入充填物，增加包装材料的用量，甚至设计者为追求视觉效果而导致了宽度过分的包装。“形”的过度包装，具体表现为在包装与包装物的形体上产生较大的空间，通常是包装远远大于产品的形体。因此，包装规格要符合中药商品的需要，不能只追求视觉上的效果。

如今名贵中药材常用来赠送，所以华丽的包装也是常有的，因此药材包装要求实用而非奢华。

（三）包装资源合理利用及循环利用

中药商品的包装往往有内包装、外包装及集装箱，因此包装材料消耗量大，且在包装过程中人力、物力也都需求大，所以在包装过程中合理的人员配置、精良的科学设计及高效的运作管理极为重要。外包装和集装箱可以循环利用，少数内包装材料也可以在允许的前提下再次使用。

（四）包装创新

科学创新是事物发展的新动力。对于中药商品的包装也急需各方面的创新，例如包装材料的创新、包装设计的创新及包装管理的创新等。对于包装材料创新除了探索新的适合原材料，也有学者探索对原有材料的改变创造新的材料，例如改变原材料的空间结构，增加其防震抗压作用；或者将原有材料进行复合，形成复合材料，这也是现今使用最广泛、经济而环保型的材料。市场上包装样式多种多样，对于包装设计的创新也日新月异，繁多的设计中不乏减少材料使用量和提高商品包装质量的佳作。中药作为传统商品，以往的包装操作难以符合现代高效快速的要求，因此需要企业对包装管理进行创新，如新机械操作和计算机运作，使得中药商品的包装在保证商品功效的前提下更加科学化、信息化和现代化。

三、生态设计的方法

设计者如何将生态设计包装基本理念贯穿到中药商品包装产品设计开发过程中，以形成一个从立意、构思、原材料与工艺制造等切实可行的整体格局，使生态包装得以普遍实现。

（一）注重设计的思路与方法

从系统循环周期整体角度来看，商品包装的立意设计、造型样式、图形、文字和色彩等要符合生态设计的审美需要；从功能上而言，要详细分析商品的功能，以确定什么是最基本的功能特性，使包装产品的使用目的更加合理，使这些功能的实现消耗更少的材料和能源，并对环境造成最小的负荷；从形态上分析包装材料与结构，在科学、实用、美观的基础上考虑产品对环境的影响，便于在整个产品循环周期内对资源消耗、环境负荷做总体描述与评价。

在地球自然资源紧缺的今天，人们越来越注重生态环保观念，生态包装已成为当今的世界潮流。中药商品本身就是一种纯天然绿色资源，充满自然气息。因此，其包装应结合其自然特性，讲究天然、朴素，给人清新、和谐、回归自然的感受。中药商品包装材料和结构是否合理，直接影响中草药的运输、销售、携带、使用与储存。考虑中药商品本身易挥发、受潮、霉变的特点，如细辛、川芎、白芷、玫瑰花等中药材，其气味浓郁芳香，色彩鲜艳，易挥发，不宜长期暴露在空气中；而杏仁、党参、何首乌、莲子肉等中药材多含淀粉、脂肪、糖类、蛋白质成分，应放于阴凉、干燥、避光处。所以应设计便于消费者使用、开启与再封闭、有良好保护性、透气性的包装。

（二）选择环保型材料

生态设计中包装材料的选择是至关重要的，它不仅决定了产品对环境危害的程度，也决定了产品的可回收性。这是一个综合考虑材料性能、环境因素和生态领域知识的过程。我们要最大限度地减少材料的污染，保持自然环境、社会环境的生态平衡，以推进包装产业对地球资源的使用由消耗型向循环再生型转化。生态设计包装材料应选用低能耗、低成本、能再生利用、降解性、重复使用的绿色材料。

材料的运用应有利于环境保护、经济合理、便于回收、复用、再生、生物降解或重新使用。如天然植物藤条、稻草、竹子、布袋、麻袋等棉、麻织品，都是天然环保、利于回收再利用的材料。在日本，非常重视生态包装的设计和运用，其中很大一部分就是选择经过特殊加工的纯天然可再生材料，直接用于药品的包装。这些经过特殊处理的天然材料，不仅保证了安全性，还能达到长期保鲜的作用，并且有一种原生态、天然的美感。最重要的是这些包装材料无论是在制作过程中，还是在消费者的使用过程中，甚至丢弃后，都不会对环境产生压力。中药商品的包装材料也可借鉴这种纯天然可再生材料，既可保证中药材的安全性，又可延长中药材的保存时间。

（三）符合审美文化需求

传统生态包装在中国人传统生活方式中，是物质生活与精神生活、艺术与生活的有机结合，极大程度上应和了现代人希望回归自然，崇尚生态健康生活方式的情感需求。

目前中药商品迫切需要包装来提升其品位，发扬其文化。一流的产品离不开一流的包装，依托有文化特色的包装能很好地体现产品的个性特征，给产品带来更高的附加值。中药商品作为一种特殊的商品有它独有的文化属性，是一种巨大的无形资产和财富。而这种特有的文化属性决定了中药商品包装的文化属性，所以中药商品的包装应尽力保持与中国传统文化元素和精神的一致性。包装上可运用传统的装饰图案、色彩，或是以中药商品的传奇故事来作为包装的设计元素。

四、生态设计的趋势

生态设计反映的不仅仅是人类在设计领域对生态的关注，更重要的是体现了人类对人与自然关系愈加丰富深刻的理解，是可持续发展战略在设计领域的回应。生态设计虽然关心的是如何在设计中通过技术融合来体现生态，但它最根本的是为设计提供一种新的价值理念和思维。因此，生态设计的进一步发展，必将依赖人类对自然、对自身，以及对人与自然关系认识的深化，在以下方面不断发展和深入。

(1) 进一步了解和掌握自然法则，把仿生学引入生态设计。

(2) 加强学科交叉,丰富生态设计的内容。

(3) 不断开发和应用先进的技术手段,实施生态设计。

(4) 从系统的观点出发,注重宏观与微观的结合。

(5) 生态设计的教育和培训将不断推动生态设计的普及和发展。

生态设计作为一种新的设计思潮,引起全人类的普遍认可和关注,为中药商品包装提供了一个新的视点和新的途径。我们深信大力提倡生态设计,创造可持续发展的绿色化、人性化、生态化中药商品包装空间,必将为我国的中药商品包装产业发展指明方向和提供强大动力,同时,也必将在一定程度上加快中药商品走向世界的步伐。

复习思考题

(1) 请回答中药商品包装的概念和内涵。

(2) 中药商品包装的作用有哪些?

(3) 请论述中药商品包装材料类型及其特点和包装的主要产品类型。

(4) 申请药包材注册应具备的基本条件有哪些?

(5) 常规药品标签内容有哪些?

(6) 中药商品包装的标志有哪些?

第八章　中药商品的广告

广告是为了某种特定的需要，通过一定形式的媒体，公开而广泛地向公众传递信息的宣传手段。在中药商品领域，广告的使用极为广泛，掌握广告的基本理论与运作原则，对中药商品在流通领域中实现使用价值具有重要的现实意义。

第一节　广告

一、广告的定义

广告是为了某种特定的需要，通过一定形式的媒体，公开而广泛地向公众传递信息的宣传手段。

广告有广义和狭义之分，广义广告包括非经济广告和经济广告。非经济广告指不以盈利为目的的广告，又称效应广告，如政府行政部门、社会事业单位甚至个人的各种公告、启事、声明等，主要目的是推广；狭义广告仅指经济广告，又称商业广告，是指以盈利为目的的广告，通常是商品生产者、经营者和消费者之间沟通信息的重要手段，或企业占领市场、推销产品、提供劳务的重要形式，主要目的是扩大经济效益。

广告的定义包含了广告以下几个方面的本质属性：

(1) 广告是一种有偿的信息传播活动，信息传播一般是付费的；要达到广告的目的，需要通过媒体的帮助将信息传达到接受者，但使用媒体的过程不是免费的，而是广告发起者购买媒体的时间与空间的过程。这是广告区别于公关、宣传、推销、叫卖、展览等传播活动的一个最显著标志，也是广告最本质的属性。

(2) 广告是一种非个体传播，其运用的传播媒介主要有广播、电视、报纸、杂志等大众传播媒介和广告牌、海报、灯箱、直邮等自筹式传播媒介，是将某一项商品的信息，由这项商品的生产或经营机构(广告主)传送给一群用户和消费者，这也是广告区别于其他传播活动的一个重要标志。

(3) 广告是一种劝服性的信息传播活动。广告的传播目的，就是要劝服接受者，使之愉快地接受发起者所传达的信息，或不知不觉，或若明若暗地产生预期的效果。所以，有人说，广告是一种说服的艺术。这就决定了广告必然要借助艺术的表现手法，使广告传播更具有说服力、感染力。劝服性是广告发挥作用的具体形式，通过这种劝说，来影响公众的态度、观念和行为。

(4) 广告是针对目标市场进行劝说公众的一种传播活动，具有目的性、计划性、连续性等特点，其劝说的对象往往是广大、分散的社会大众，而非个人。

(5) 广告不仅对广告主有利，而且对目标对象也有好处，它可使用户和消费者得到有用的信息。

二、广告的作用

（一）刺激需求，推动购买

广告对消费者购买活动的影响，首先是通过介绍医药商品的好处，引发消费者对该医药商品产生兴趣，从而刺激其产生有选择需求，推动购买，达到企业扩大销售的广告目的。企业广告也是通过介绍企业的良好业绩，为企业树立良好的声誉，从而使消费者对该企业的产品产生好感，乐意购买该企业的产品。如近几年，云南盘龙云海的排毒养颜胶囊，在排毒产品中一骑绝尘，能够在强手如林的保健品市场上独占鳌头，广告对消费者购买活动的影响是功不可没的。在广告中通过介绍排毒养颜胶囊产品的效果好、见效快，刺激消费者产生需求，推动购买，统计资料显示，近年排毒养颜胶囊销量一跃成为保健品的领头羊。

（二）利于竞争，促进生产与经营

竞争是商品经济的产物。是商品经济运动的普遍规律。市场竞争是一种压力。医药保健企业在市场竞争中为了处于不败之地，必然要处处维护商誉，保持与提高医药保健商品的质量，努力开发新产品，提高服务质量，加强企业与消费者的良好关系。医药保健企业通过广告将这一切公之于众，广告既起医药保健商品保证书的作用，也起挑战书的作用。企业本身所登的广告，是向社会大众提出的保证书；其他企业的广告，是向本企业的挑战书。

（三）促进和支援了企业的人员促销

广告可以弥补医药商品推销人员个人信誉与威信有限的弊端。广告的一个重要特点，就是它可以借助媒介的威信来提高医药企业的威信。我国的电视台、电台、报纸是党和政府的喉舌，具有权威性，在其上面做广告，医药商品的品位和可信性都得到相应的确认与提高，医药保健企业的促销可以充分借助这一特点。自1995年以来，中央电视台黄金段位广告竞标连连爆出惊人新闻，医药保健企业不惜代价购买中央电视台的黄金段位，除了中央电视台的传播功能外，重要的一点就是中央电视台无可比拟的权威性。广告还可以作为医药保健商品营销人员推销中的说明与说服的材料。并且广告传播的速度和范围远远超出了营销人员推销，成为医药保健商品营销人员推销的“先行官”。新康泰克是大家公认的强势品牌，广告作为其促销最成功的主要方式之一，从各个方面均得到了验证。新康泰克在品牌第一联想率、广告记忆率、品牌与生产厂家认知率等诸多指标中名列前茅，令其他品牌无法望其项背。这为新康泰克带来了巨大的效应：它成为经销者向消费者推荐药品、消费者指名要药的主要原因之一，也是公众推崇的最好的促销方式。由此，我们也许可以说：是广告造就了新康泰克在如今感冒药市场的垄断地位。

（四）有助于企业形象的树立

良好的企业形象一是依靠企业在生产经营上面的刻苦努力来达到，这是树立良好企业形象的基础。但另一方面，还要依靠医药保健企业通过广告以及其他工具，有意识地去树立特定的企业形象，来增强消费者和公众的信任和好感。过去那种“酒好不怕巷子深”，不重视广告宣传的企业在今天市场经济条件下必然处于下风，广告通过持续的传播，可以在消费者心目中提高知名度和美誉度，通过宣传医药保健企业独特的经营观念、经营宗旨、经营风格及企业的象征物，既告知公众，又教育职工，有利于企业形成独特的企业文化。这一切都有利于企业良好形象的树立。

（五）促进国际贸易交往

对外贸易是社会生产力发展到一定阶段的产物。由于世界各国的经济格局不同，任何一个国家都不可能不进行对外贸易。我们要促进国内产品进入国际市场，大力扩展对外贸易。广告在促进国际贸易中起着“引路人”的作用。它一方面可以向世界各国介绍我国的医药保健名优产品，促进医药保健商品出口贸易的发展；另一方面也可以使我们从外商的广告中掌握国际市场新动态，了解各国的新产品、新技术。这必然会使我们可以取长补短，不断赶超世界先进水平，推动我国经济的发展，使我国医药保健商品在国际市场竞争中立于不败之地。

（六）普及健康知识，培养人们正确的生活方式和美好情操

普及健康有关知识是购买医药保健商品的前提，只有加深对医药保健有关知识的认识，才有可能培养人们正确的生活方式，使消费者根据自身健康状况的不同而选择商品。特别在现代市场中，科学技术突飞猛进，新产品日新月异，医药保健商品种类繁多，各类医药保健商品又分散在各个商业网点，消费者迫切需要了解医药保健商品的产、供、销情况。广告通过商品信息的传播，向消费者介绍医药保健商品的商标、性能、用途、特点、价格，以及如何服用、如何使用、如何保养和各项商业服务措施，这实际上是帮助消费者提高对医药保健商品的认知程度，指导消费者如何购买医药保健商品。

传播广告所宣传的有助于社会发展的观念和生活方式，对社会产生了有益的影响。尤其是公益广告鞭挞社会的丑恶行为，弘扬高尚的人格、情操。可以说，融思想性、科学性和艺术性为一体的高质量广告，对推动精神文明建设，培养美化人们生活方式和道德观念起着独特的作用。如丽珠医药集团股份有限公司，以“其实，男人更需要关怀”为主题(同时也是广告口号)。从全社会理解和关怀男性工作者的角度，以半公益性广告的形式推出丽珠得乐(胃药)引起了巨大社会反响，广告引发的关于男性问题的持久讨论，使“男人更需要关怀”成为社会流行语，并对化解由男人或女人问题所导致的社会矛盾产生积极影响。提高和扩大丽珠得乐的知名度，扩大市场占有率。广告的巨大实际效果，如广告主所说“是我们始料未及的”。

第二节　广告媒介和广告效果

广告媒介又称为广告媒体，是广告的四大要素之一。任何广告都必须通过一定的媒体诉诸广告对象的视听感觉。由于现代社会的媒体众多，而不同的产品有不同的消费对象，即便是同一种商品，在不同的时期也往往有不同的销售区域。所以，广告媒体的选择和确定，在广告运作过程中有着十分重要的意义。

一、广告媒介的分类

（一）按表现形式分类

1. 印刷媒体。

通过在纸张上印制一些广告而进行广告宣传的媒体，我们平常所看到的报纸、杂志、说明书等都属这一类广告媒体。

2. 电子媒体。

电子媒体是以一定的电子手段，通过先进的电子信息技术来进行广告宣传的媒体。

平常见到的电视、广播、互联网及手机等属这一类。目前,这类媒体发展很快,特别是互联网即将成为主导的广告媒体。

（二）按功能分类

1. 视觉媒体。

包括海报、传单、月历、报纸、杂志等。其主要通过对人的视觉器官的刺激,来进行信息传播。

2. 听觉媒体。

包括无线电广播、有线广播、录音及电话等。其主要通过对人的听觉器官刺激来达到信息传播的目的。

3. 视听两用媒体。

主要包括电影、电视、网络、手机、电脑等。它们主要通过对视觉、听觉器官进行宣传,来达到宣传的目的。

（三）按以传播媒介分类

（1）报纸媒体。各种日报、周报、晚报、早报、中文报纸、外文报纸等。

（2）杂志媒体。各种周刊、月刊、综合杂志、专业杂志、学术杂志等。

（3）广播媒体。地方台、中央台、体育台等。

（4）电视媒体。中央台、地方台、商业台等。

（5）电影媒体。

（6）幻灯片媒体。

（7）包装媒体。

（8）海报媒体。

（9）招贴媒体。

（10）直邮媒体。

（11）户外媒体。路牌、海报、传单、招贴面等。

（12）书刊媒体。日历、台历、挂历等。

（13）交通媒体。公共汽车、火车、飞机等交通工具厢体内外及站台、各种票面等。

（14）店铺媒体。店堂门面、柜台、货架陈列、旗帜等。

广告媒介的分类除以上分类外还有诸多分类方法,如以广告传播范围为标准,又可以将广告分为国际性广告、全国性广告、地方性广告、区域性广告;按广告传播对象为标准,又可以将广告分为消费者广告和商业广告;以广告主为标准,又可以将广告分为一般广告和零售广告。

二、广告媒介简介

（一）报纸广告

报纸与杂志、广播和电视相比,虽然是最古老的广告媒介,但是它的影响力和普及性是其他广告媒介难以达到的,它替客户提供的服务,也超过其他广告媒介。这与报纸广告的许多优点、特性有着密切关系。

1. 报纸广告的优点。

（1）覆盖面宽、发行量大。一般公开发行的报纸其覆盖面不同程度地渗透到社会的各个领域,尤其是全国发行及地区发行的综合性商业报纸,覆盖面都会横跨各种行业和阶层界限，同时由于其售价低廉而拥有较大的发行量。对广告主而言，报纸的覆盖面和发行量常常是广告投资考虑的最重要方面。

(2) 时间性强、传播迅速。报纸的发行速度快，能在短期内发行传达一项信息，并使报纸广告很快发生作用，使商品迅速由销售部门到达消费者手中，使购买者、销售者、生产者以及潜在消费者联结在一起。有些紧急的广告，只有借助报纸才能立即发布，重要的报纸在大城市还设有传真版和航空版印刷点，在迅速传播新闻的同时也传播了广告信息。

(3) 印象深刻、便于存查。报纸广告不像电波广告那样转瞬即逝、不可追踪。它用较快的速度给人留了白纸黑字的书面语言，便于消费者收集有关资料，便于保存、查阅，尤其适合于那些附有销售地点的广告。中药商品往往销售位置以药店、参茸保健品店为主，报纸广告的这一特性与其非常适合，故报纸广告在中药商品广告中占有重要地位。

(4) 制作简易、传播灵活。报纸广告制作简便，印刷迅速，传播面广，不受地区、环境、气候条件的限制，具有很大的灵活性。

(5) 费用低廉。报纸本身的售价低，广大民众都买得起，这就有利于广告的传播；另一方面报纸广告费相对来说比较低。如报纸的发行量越大，广告的个人成本就越低。此外，报纸广告是以占用版面位置大小计费的，企业可以根据广告预算费用灵适运用，版面可大可小，时间也可长可短。

2. 报纸广告的缺点。

(1) 有效时间短。绝大多数读者都只读一遍当日报纸，很少有人重复阅读隔日报纸，因此，报纸广告的有效时间也就是当日出版后读者阅读的那一段时间。

(2) 阅读的注意度低。报纸大多以新闻报道为主，一般不会给广告以最优版位安排，而报纸的各种信息是整体同时提供给读者的，读者阅读时又首先倾向于新闻报道以及感兴趣的栏目，如果说不是急于想获知某种欲购商品的信息，或者广告本身表现形式不佳，读者常常会忽略广告。

(3) 广告印刷不够精致。报纸的印刷比较简易，纸张质地欠佳，色彩单调，不少报纸广告印刷常常显得较粗糙，特别是摄影图片。设计者应认真考虑到达一点，在设计中尽可能增强广告的艺术效果和情趣，以冲淡或抵消这种粗糙感。

3. 报纸广告的位置。

(1) 整版广告。我国报纸单版广告中最大的版面，给人以视野开阔、气势恢宏的感觉。一般可分为500mm×350mm和340mm×235mm两种类型。

(2) 半版广告。一般是约250mm×350mm和170mm×235mm两种类型。

(3) 跨版广告。即一个广告作品，刊登在两个或两个以上的报纸版面上。一般有整版跨版、半版跨版、四分之一版跨版等几种形式。

(4) 条目广告。广告版面很小，不具备创意空间，只能突出品牌或企业名称、地址、电话等必备信息，信息主要起告知的作用。

(5) 报眼广告。报眼，即横排版报纸报头一侧的版面，虽然空间不大，但是很明显，读者很容易看到，比其他版面的广告关注度高。

(6) 中缝广告。就是在报纸的中间折叠区域的广告，这类广告的关注度不高，空间也少，因此广告费用相对也低。

(7) 底栏广告。在报纸版面的最底下的广告，广告位置不起眼，不能引起读者的关注度，信息量传递的少。

（二）杂志广告

在四大媒介中，杂志属于小而细致的广告媒介。同报纸一样，作为印刷媒介，杂志广告也有许多优点。

1. 杂志广告的优点。

（1）宣传对象明确、选择性强、宣传效率高。读者对象明确，如果能够根据商品的特色和消费对象的阅读习惯，选择合适的杂志发布广告，如在医学杂志上刊登药品、医疗器械广告，就能取得较为理想的宣传效果。另一方面杂志读者阶层比电视和广播稳定。因此，通过杂志发布广告，容易选准目标市场，针对性极强。

（2）保存期长、传阅率高。杂志广告阅读或保存期限较长，任何时候只要人们有机会接触到杂志，刊登在杂志上的广告就能对读者产生作用。杂志的利用率很高，一份好的杂志，往往有很多人传阅，尤其是资料室、图书馆订购的杂志，阅读率更高。便于扩大、深化广告宣传效果。

（3）编辑精细、印刷精致。杂志用纸质量高，印刷设施条件优良，一般采用彩色胶印，印刷精美，能最大限度地发挥彩色传真效果，使杂志广告具有很高的欣赏价值。因此，利用彩色照片和插图实施强烈的诉求，具有报纸所不能达到的接近真实境界的视觉冲击力。

2. 杂志广告的缺点。

（1）时效性不强、出版周期长。由于杂志的出版周期比较长，少则7～8天，多则一个季度、4个月，不能刊载具有时间性要求的广告。于是广告的实际效能下降了，致使产品不能应对剧烈的竞争和灵活多变的市场。

（2）传播面窄。杂志的发行量有限，直接订户不多，尤其是许多专业性杂志，针对性强，但也导致其传播面窄。

3. 杂志广告的位置。杂志广告按位置有封面、封底、封二、封三、插页及内页。杂志广告按版面有多页、跨页、全页、半页、四分之一页之分。

（三）广播广告

广播媒体虽受到电视与报纸媒体的冲击，但凭着自身的独特功能而保持其竞争力，在广告市场中仍占有相当地位，发挥其较为重要的作用。

1. 广播广告的优点。

（1）传播速度快、传播范围广、时空性强。广播是以电磁波作为传播介质，而电磁波的传播速度是300000km/s，传播速度是诸种媒体中最快的。同时，无线电波是借助于大气层中的电离层来传播的，可以传播到世界的任何地方，传播面也是相当广泛的。广播可以由播音员直播或现场转播，广播可以在最短的时间内把广告传播到千家万户。

（2）设计容易、编排灵活。广播广告的制作较电视广告简单得多。最简单的广播广告就是口播，把广告稿直接诵读播放，这样就十分灵活，随时可根据听众的反应和广告客户的要求进行改动，形式也可多样，变化较大。广播广告的制作与播放很快，能够根据市场的变化及时进行调整，对新产品的介绍和推广十分及时和迅速，电台广告可以根据需要，安排在各个时间段播出，也可以与特定节目结合在一起播出，还可以随时插入、撤换、修改，编排方式特别灵活。

（3）气氛浓厚、具有互动性、感染力强。

广播广告能使听众直接从播音员优美的音调和语言艺术中，了解和理解广告内容；能借助音乐的节奏、旋律和音响的气氛，增强广告的真实感和感染力，现代广播大都以直播节目为主，还可以随时利用热线电话的插入使客户与广告者随时沟通，更易满足人们在社会生活中趋向的一种和谐的氛围的心理，给人一种亲切，温暖和诚实的感觉，使人感到容易交往，容易接近。

2. 广播广告的缺点。

(1) 有声无形、印象不深。广播广告运用声音诉求，没有视觉形象，对于听觉效果，没有视觉效果作为配合，则主要借助想象来填补，而广告效果就会受到一定影响，听众看不到商品外观色彩相内部结构，对商品印象比较浅薄。

(2) 时间短暂、听众分散。广播广告来得快，去得也快，随着电波转瞬即逝，停留短暂。广播广告听众分散，接收范围也十分分散，收听广告的随意性很大，听众数量难以估计。

3. 广播广告的构成要素及表现形式。

广播广告主要由人声、音乐(背景音乐、广告歌曲)、音响(环境音响、产品音响、人物音响)等要素构成。其表现形式有直叙式、对话式、小品式、歌唱式、现场直播式、现身说法式、综合式等之分。

(四) 电视广告

电视在四大媒介中属后起之秀，自它产生后，很快风靡世界，各国厂商纷纷选择它作为广告媒介，迅速超过广播、杂志、报纸广告跃为第一位。

1. 电视广告的优点。

(1) 受众广泛、覆盖面广、收视时间长。由于电视形式多样，表现手段活泼，男女老幼喜闻乐见，传播的信息不但数量多，而且内容广，新闻、戏剧、电影、体育、音乐等都可以借助于电视传播，使它成为人们生活中不可缺少的文化娱乐方式。在我国，人们接触电视的时间，远远超过看报纸、杂志的时间，平均达3小时以上；由于收视率高，播送频道多，播送时间长，影响力就大。

(2) 形象生动、印象深刻。电视是视觉、听觉效果俱佳的媒体，电视广告集语言音乐(声音)、文学图像(形象)、动作(表情)于一体，形象逼真，生动有趣，电视台播放的广告，以直观的方式介绍医药保健商品，具有较强的说服力和亲切感，电视广告可以利用现代的科学技术生动地再现医药保健商品的形象、功能、原理、工艺和材料等，使消费者对商品有更深入的了解。同时，电视广告还能够形象地介绍医药保健商品实际使用和操作过程，以及维护保养知识，使消费者增强安全感。就像一位上门的推销员把商品展示在每个家庭成员面前。易引起观众的兴趣，使观众注意力集中，留下较深的印象。

(3) 宣传的商品面广而深、广告效果好。电视几乎无人不看，所以电视广告宣传的商品范围、适用面就较宽，特别宣传与人民生活相关的医药保健商品和服务项目，采用电视媒介，容易引起消费者的关心和兴趣，广告效果较好。

2. 电视广告的缺点。

(1) 设计制作技术复杂、广告费用昂贵。电视广告制作较复杂，编排一部有一定情节的广告片需要美工、文字、音乐、音响、演员、导演、场记、照明、摄影等各个方面的同心协力，设计制作费用高，而且播放的费用也比较高，因此广告费用昂贵，一般中小企业是难以承担的。

(2) 时间短暂、干扰性强。电视广告是以时间长短作为计价单位的，而且受到费用和广告受众心理接受的限制，不能播放时间太长的广告，因为广告时间有限，无法作详细解释和说明。所以,屏幕印象容易消失,而且在同一时间里,播放多则广告,相互干扰大,容易混淆,对广告效果有影响。

3. 电视广告的播放形式。

根据播放形式电视广告有插播广告、节目广告、特约广告、赞助广告等。

(1) 根据广告传达的内容可分为:①商业广告。商品广告、形象广告、促销广告。②公益广告。是一种免费的广告,主要是由电视台根据各个时期的中心任务,制作播出一些具有宣扬社会公德、树立良好社会风尚的广告片。

(2) 根据电视广告的片型可分为:①新闻报道型。运用新闻报道的形式,以纪实的手法把有新闻价值的商品信息记录下来,通过电视进行广告宣传的一种方式。②名人代言型。主要通过名人、专家和产品使用者去说明和验证广告产品的功能和优点,产品能给消费者带来什么好处。③情感诉求型。通过亲情、友情和爱情来表达某产品的特征,用感情来打动消费者的内心,从而产生购买的行为。④比较型。通过要广告的产品和其他同类产品在功能、用途上的比较,凸显产品特色。

(五) 网络广告

随着互联网的普及,网络广告应运而生。通常网络广告是指在互联网的站点发布的以数字代码为载体的各种经营性广告的统称。其具有传统媒体无法比拟的优势。

1. 网络广告的优点。

(1) 全交互,客户与广告者随时沟通,广告查看无时限要求。厂商代号标识在其所有产品上,据此顾客随时通过网络与厂商以语音、文字等多种形式交流,可完成客户服务工作;同时,在网络广告查看无时限要求。

(2) 高针对性,低成本。几乎没有一种广告形式比电子邮件更具有目标性,这也就是电子邮件广告能够引发直销市场革命性变化的原因所在。网络广告具有可链接性,只要被链接的主页被网络使用者点击,就必然会看到广告,这是任何传统广告无法比拟的;最重要的是其经济性,网络广告的费用一般是报纸的五分之一,电视的八分之一。于是,网络广告理所当然会成为企业广告投放的选择之一。

(3) 具有视、音频效果和巨大的信息承载量。网站采用多媒体技术播放音频、视频、动画、文字等多种形式广告,当人们进入网络时,任点进一个页面,你都会看到代表某种产品或服务的花花绿绿的各色图片、动画。另外,网络具有巨大的信息承载量,这一点同传统媒介中的纸媒介相似。但量更大,只不过互联网的呈现方式不是翻阅,而是一层一层的点击。

2. 网络广告的缺点。

(1) 供选择的广告位置少。这一方面是因为可供选择的旗帜广告位置只有顶栏和底栏两处(底栏的效果比顶栏要差),而小尺寸的按钮广告通常又不为大多数广告主看好。由于许多有潜力的网站还没有广告意识,页面上至今不设广告位置,从而使广告越来越向几个先行的网站聚集,从而加剧了广告位置的紧张性。

(2) 效果评估困难。在中国至今尚未有一家公认的第三方机构可以提供量化的评估标准和方法。当一个媒体不具备可评估的时候,我们从媒介作业的角度就完全有理由去质疑它的可选用性。目前对网络广告效果的评估主要是基于网站提供的数据,而这些数据的准确性、公正性一直受到某些广告主和代理商的质疑。

3. 网络广告的主要形式。

最初的网络广告就是网页本身。当许多商业网站出现后,广告就成了商业主的赢利方法,从而形成了多种多样的网络广告形式。

(1) 网幅广告。网幅广告(包含Banner、Button、通栏、竖边、巨幅等)是以GIF、JPG、Flash等格式建立的图像文件,定位在网页中,大多用来表现广告内容,同时还可使用Java等语言使其产生交互性,用Shockwave等插件工具增强表现力。是最早的网络广告形式。网幅广告的分类:静态、动态和交互式。

1) 静态。是在网页上显示一幅固定的图片。它的优点就是制作简单,并且被所有的网站所接受。缺点:有些呆板和枯燥。点击率比动态的和交互式的网幅广告低。

2) 动态。拥有会运动的元素,或移动或闪烁。原理:把一连串图像连贯起来形成动画。

3) 交互式。形式多种多样,比如游戏、插播式、回答问题、下拉菜单、填写表格等,这类广告需要更加直接的交互,比单纯的点击包含更多的内容。交互式广告分为HTML和RICH MEDIA两种。

(2) 文本链接广告。是以一排文字作为一个广告,点击可以进入相应的广告页面。是一种对浏览者干扰最少,但却最有效果的网络广告形式。文本链接广告位的安排非常灵活,可以出现在页面的任何位置,可以竖排也可以横排,每一行就是一个广告,点击每一行都可以进入相应的广告页面。这种广告的好处就是能根据浏览者的喜好提供相应的广告信息,对于这一点,其他的广告形式是很难做到的。

(3) 电子邮件广告。电子邮件是网民最经常使用的因特网工具。只有不到30%的网民每天浏览信息,却有超过70%的网民每天使用电子邮件,对企业管理人员尤其如此。电子邮件广告具有针对性强、费用低廉的特点,且广告内容不受限制。特别是针对性强的特点,它可以针对具体某一个人发送特定的广告,为其他网上广告方式所不及。

(4) 企业网站的广告。对于大多数企业来说,进入网络广告领域的第一步就是建立自己的企业网站。这些网站的建立仅仅是因为这些企业认为有一个网站是一件很酷的事情,是公司看起来比较新潮,也怕因为没有网站而竞争中处于劣势。这种网站的雏形就是企业宣传用小册子的在线版。

(5) 赞助式广告。赞助式广告的形式多种多样,在传统的网幅广告之外,给予广告主更多的选择。赞助式广告的定义至今仍未有明确划分。这种概念下的赞助式广告其实可分为广告置放点的媒体企划创意,及广告内容与频道信息的结合形式。

(6) 插播式广告(弹出式广告)。访客在请求登录网页时强制插入一个广告页面或弹出广告窗口。它们有点类似电视广告,都是打断正常节目的播放,强迫观看。插播式广告有各种尺寸,有全屏的也有小窗口的,而且互动的程度也不同,从静态的到全部动态的都有。广告主很喜欢这种广告形式,因为它们肯定会被浏览者看到,浏览者也可以通过关闭窗口不看广告(电视广告是无法做到的)。缺点就是可能引起浏览者的反感。为避免这种情况的发生,许多网站都使用了弹出窗口式广告,而且只有八分之一屏幕的大小,这样可以不影响正常浏览。

(7) Rich Media。一般指使用浏览器插件或其他脚本语言、Java语言等编写的具有复杂视觉效果和交互功能的网络广告。这些效果的使用是否有效一方面取决于站点的服务器端设置,另一方面取决于访问者的浏览器是否能顺利查看。一般来说,Rich Media能表现更多、更精彩的广告内容。

(8) 其他类型广告。定向广告、视频广告、路演广告、巨幅连播广告、翻页广告、祝贺广告、论坛版块广告等。

(六) 手机广告

目前,随着我国手机用户普及率的逐渐提高,手机作为一种新型媒体的应用价值也日益凸现。手机媒体拥有其他媒体无法比拟的优势,例如覆盖人群最广、传播成本比较低廉、可以最方便地把人们的零碎时间利用起来,并且能够极为快捷地传播信息。随着3G时代的到来,各种多媒体形式也将充分体现在手机上,这将给广告主更大的发挥空间。

1. 手机广告的优点。

(1) 具有庞大受众群。通信世界网讯(CWW)全球技术研究和咨询公司Gartner最新调查报告,中国手机用户总数在2013年首次超过10亿。Gartner分析师预测,2014年,中国市场上将销售4.435亿部手机,而使用中的手机将超过10.75亿部。

(2) 定向、精准、定点、高效。唯一与受众24小时亲密接触的媒体平台。手机不离身,信息不共享;在合适的时间,将合适的有价值广告信息传输给合适的人。每个手机广告的受众,都可以被清晰准确的锁定。

2. 手机广告的形式。

随着3G手机的广泛应用,手机广告形式呈现出网络广告的众多的共同特点。另外,在其形式上又有短信营销广告模式、微信广告模式及手机视频广告模式等。

(七) 常用的广告媒介种类

目前,广告媒介常用的有下列几十种:

1. 电子媒介。①电视广告;②广播广告;③电影广告;④电子显示大屏幕;⑤电动广告牌;⑥扩音机广告;⑦幻灯广告;⑧有线电视广告;⑨闭路电视广告;⑩激光广告;⑪卫星广告;⑫投影广告;⑬录像广告;⑭电子报广告;⑮电话广告;⑯传真广告;⑰手机广告。

2. 印刷媒体。①报纸广告;②杂志广告;③电话簿;④画册、样本;⑤火车时刻表;⑥标证、标签;⑦商品目录;⑧商品说明书;⑨宣传小册子;⑩明信片;⑪广告扩页;⑫挂历广告。

3. 展示广告。①陈列广告;②橱窗广告;③门面广告;④立式广告;⑤人体广告。

4. 户外广告。①广告牌;②霓虹灯;③海报;④招贴;⑤车载广告;⑥旗帜广告;⑦气球广告;⑧广告车(专用);⑨灯箱广告;⑩飞艇、飞机、书法广告及烟雾广告等。

5. 其他媒体。①火柴盒;②手提袋;③包装纸;④购物袋;⑤香味广告;⑥实物馈赠广告;⑦礼品广告;⑧服饰广告。

第三节 中药商品广告相关申请、审查和发布标准

中药商品在生活中涉猎广泛,包括中药(中药材、中药饮片、中成药)、中药保健食品、中药保健用品、中药化妆品、中药医疗器械以及普通食品(含有食药同源)等,为了确保中药商品广告的合法有序,经过多年的发展,我国对中药商品广告上形成了相对完备的监管体系。

一、中药商品广告相关法律法规体系

对于中药商品相关广告的管理，我们国家现已形成了法律、法规、规章等比较完备的管理体系。主要法律有《中华人民共和国广告法》(2015年)、《中华人民共和国反不正当竞争法》(1993年)、《中华人民共和国药品管理法》(2001年)；主要法规有《广告管理条例》(1987年)、《中华人民共和国药品管理法实施条例》(2002年)；主要规章有《广告管理条例实施细则》(2004年)、《药品广告审查办法》(2007年)、《医疗器械广告审查办法》(2009年)及《药品广告审查发布标准》(2007年)、《医疗器械广告审查发布标准》(2009年)、《保健食品广告审查暂行规定》(2005年)、《化妆品广告管理办法》(1993年)等。这些中药商品广告的法规体系，从一定程度上规范了企业、媒体发布中药商品广告的行为，保障了广大患者、消费者的利益与健康，并且在一定程度上促进了健康知识的传播与普及。

二、中药商品广告申请

（一）按照药品管理的中药商品(中药材、中药饮片、中成药)广告申请

中药商品中其为法定药品管理的商品(中药饮片、中药材、中成药)广告申请必须遵循以下条款：

1. 凡利用各种媒介或者形式发布的广告含有药品名称、药品适应证(功能主治)或者与药品有关的其他内容的，为药品广告，应当按照以下进行审查。非处方药仅宣传药品名称(含药品通用名称和药品商品名称)的，或者处方药在指定的医学药学专业刊物上仅宣传药品名称(含药品通用名称和药品商品名称)的，无需审查。

2. 申请审查的药品广告，符合下列法律法规及有关规定的，方可予以通过审查：①《中华人民共和国广告法》；②《中华人民共和国药品管理法》；③《中华人民共和国药品管理法实施条例》；④《药品广告审查发布标准》；⑤国家有关广告管理的其他规定。

3. 药品广告批准文号的申请人必须是具有合法资格的药品生产企业或者药品经营企业。药品经营企业作为申请人的，必须征得药品生产企业的同意。申请人可以委托代办人代办药品广告批准文号的申办事宜。

4. 申请药品广告批准文号，应当向药品生产企业所在地的药品广告审查机关提出。申请进口药品广告批准文号，应当向进口药品代理机构所在地的药品广告审查机关提出。

5. 申请药品广告批准文号，应当提交《药品广告审查表》，并附与发布内容相一致的样稿(样片、样带)和药品广告申请的电子文件，同时提交以下真实、合法、有效的证明文件。

(1) 申请人的《营业执照》复印件。

(2) 申请人的《药品生产许可证》或者《药品经营许可证》复印件。

(3) 申请人是药品经营企业的，应当提交药品生产企业同意其作为申请人的证明文件原件。

(4) 代办人代为申办药品广告批准文号的，应当提交申请人的委托书原件和代办人的营业执照复印件等主体资格证明文件。

(5) 药品批准证明文件(含《进口药品注册证》、《医药产品注册证》)复印件、批准的说明书复印件和实际使用的标签及说明书。

(6) 非处方药品广告需提交非处方药品审核登记证书复印件或相关证明文件的复印件。

(7) 申请进口药品广告批准文号的，应当提供进口药品代理机构的相关资格证明文件的复印件。

(8) 广告中涉及药品商品名称、注册商标、专利等内容的，应当提交相关有效证明文件的复印件以及其他确认广告内容真实性的证明文件。

提供本条规定的证明文件的复印件，需加盖证件持有单位的印章。

6. 异地发布药品广告备案应当提交如下材料。

(1)《药品广告审查表》复印件。

(2) 批准的药品说明书复印件。

(3) 电视广告和广播广告需提交与通过审查的内容相一致的录音带、光盘或者其他介质载体。

提供本条规定的材料的复印件，需加盖证件持有单位印章。

(二) 按照医疗器械管理的中药商品广告申请

1. 凡利用各种媒介或者形式发布有关用于人体疾病诊断、治疗、预防、调节人体生理功能或者替代人体器官的仪器、设备、器械、装置、器具、植入物、材料及其他相关物品的广告，包括医疗器械的产品介绍、样本等，均应当按照本办法予以审查。

2. 医疗器械广告审查的依据。

(1)《中华人民共和国广告法》。

(2) 国家有关医疗器械的管理规定。

(3) 国家有关广告管理的行政法规及广告监督管理机关制定的广告审查标准。

3. 国家食品药品监督管理总局和省级食品药品监督管理局或者同级医疗器械行政监督管理部门，在同级广告监督管理机关指导下，对医疗器械广告进行审查。

4. 境外生产的医疗器械产品广告，及利用重点媒介发布的医疗器械广告，需经国家医药管理局审查批准，并向广告发布地的省级医疗器械行政监督管理部门备案后，方可发布。

其他医疗器械广告，需经生产者所在地的省级医疗器械行政监督管理部门审查批准，并向发布地的省级医疗器械行政监督管理部门备案后，方可发布。

5. 申请审查境内生产的医疗器械产品广告，应当填写《医疗器械广告审查表》，并提交下列证明文件。

(1) 申请人及生产者的营业执照副本，以及其他生产、经营资格的证明文件。

(2) 生产注册证书或者产品批准书，实施生产许可证管理的产品，还应当提供生产许可证。

(3) 产品使用说明书。

(4) 法律、法规规定的和其他确认广告内容真实性的证明文件。

6. 申请审查境外生产的医疗器械产品的广告，应当填写《医疗器械广告审查表》，并提交下列证明文件及相应的中文译本。

(1) 申请人及生产者的营业执照副本以及其他生产、经营资格的证明文件。

(2) 医疗器械生产企业所在国(地区)政府批准该产品进入市场的证明文件。

(3) 产品标准。

(4) 产品使用说明书。

(5) 中国法律、法规规定的和其他确认广告内容真实性的证明文件。

提供本条规定的证明文件的复印件，需由原出证机关签章或者出具所在国（或地区）公证机构的公证文件。

7. 申请广告审查可以委托医疗器械的经销者或者广告经营者代为办理。

（三）按照保健食品管理的中药商品广告申请

1. 发布保健食品广告的申请人必须是保健食品批准证明文件的持有者或者其委托的公民、法人和其他组织。申请人可以自行或者委托其他法人、经济组织或公民作为保健食品广告的代办人。

2. 国产保健食品广告的发布申请，应当向保健食品批准证明文件持有者所在地的省级（食品）药品监督管理部门提出。进口保健食品广告的发布申请，应当由该产品境外生产企业驻中国境内办事机构或者该企业委托的代理机构向其所在地省级（食品）药品监督管理部门提出。

3. 申请发布保健食品广告，应当提交以下文件和资料。

（1）《保健食品广告审查表》。

（2）与发布内容一致的样稿（样片、样带）和电子化文件。

（3）保健食品批准证明文件复印件。

（4）保健食品生产企业的《卫生许可证》复印件。

（5）申请人和广告代办人的《营业执照》或主体资格证明文件、身份证明文件复印件；如有委托关系，应提交相关的委托书原件。

（6）保健食品的质量标准、说明书、标签和实际使用的包装。

（7）保健食品广告出现商标、专利等内容的，必须提交相关证明文件的复印件。

（8）其他用以确认广告内容真实性的有关文件。

（9）宣称申请材料实质内容真实性的声明。

提交本条规定的复印件，需加盖申请人的签章。

（四）按照化妆品管理的中药商品广告申请

1. 申请化妆品广告内容必须真实、健康、科学、准确，不得以任何形式欺骗和误导消费者。

2. 化妆品广告的管理机关是国家工商行政管理局和地方各级工商行政管理机关。

3. 广告客户申请发布化妆品广告，必须持有下列证明材料。

（1）营业执照。

（2）《化妆品生产企业卫生许可证》。

（3）《化妆品生产许可证》。

（4）美容类化妆品，必须持有省级以上化妆品检测站（中心）或者卫生防疫站出具的检验合格的证明。

（5）特殊用途化妆品，必须持有国务院卫生行政部门核发的批准文号。

（6）化妆品如宣称为科技成果的，必须持有省级以上轻工行业主管部门颁发的科技成果鉴定书。

（7）广告管理法规、规章所要求的其他证明。

4. 广告客户申请发布进口化妆品广告，必须持有下列证明材料。

（1）国务院卫生行政部门批准化妆品进口的有关批件。

（2）国家商检部门检验化妆品合格的证明。

(3) 出口国(地区)批准生产该化妆品的证明文件(应附中文译本)。

三、中药商品广告审查

(一) 按照药品管理的中药商品(中药材、中药饮片、中成药)广告审查

为加强药品广告管理,保证药品广告的真实性和合法性,根据国家有关广告、药品监督管理的规定,中药商品中其为法定药品管理的商品(中药饮片、中药材、中成药)做广告,审查时必须遵循以下规定:

1. 省级食品药品监督管理部门是药品广告审查机关,负责本行政区域内药品广告的审查工作。县级以上工商行政管理部门是药品广告的监督管理机关。国家食品药品监督管理总局对药品广告审查机关的药品广告审查工作进行指导和监督,对药品广告审查机关违反本办法的行为,依法予以处理。

2. 药品广告审查机关收到药品广告批准文号申请后,对申请材料齐全并符合法定要求的,发给《药品广告受理通知书》;申请材料不齐全或者不符合法定要求的,应当当场或者在5个工作日内一次告知申请人需要补正的全部内容;逾期不告知的,自收到申请材料之日起即为受理。

3. 药品广告审查机关应当自受理之日起10个工作日内,对申请人提交的证明文件的真实性、合法性、有效性进行审查,并依法对广告内容进行审查。对审查合格的药品广告,发给药品广告批准文号;对审查不合格的药品广告,应当作出不予核发药品广告批准文号的决定,书面通知申请人并说明理由,同时告知申请人享有依法申请行政复议或者提起行政诉讼的权利。

对批准的药品广告,药品广告审查机关应当报国家食品药品监督管理总局备案,并将批准的《药品广告审查表》送同级广告监督管理机关备案。国家食品药品监督管理总局对备案中存在问题的药品广告,应当责成药品广告审查机关予以纠正。

对批准的药品广告,药品监督管理部门应当及时向社会予以公布。

4. 在药品生产企业所在地和进口药品代理机构所在地以外的省、自治区、直辖市发布药品广告的(以下简称异地发布药品广告),在发布前应当到发布地药品广告审查机关办理备案。

5. 异地发布药品广告备案申请,药品广告审查机关在受理备案申请后5个工作日内应当给予备案,在《药品广告审查表》上签注“已备案”,加盖药品广告审查专用章,并送同级广告监督管理机关备查。

备案地药品广告审查机关认为药品广告不符合有关规定的,应当填写《药品广告备案意见书》,交原审批的药品广告审查机关进行复核,并抄报国家食品药品监督管理总局。

原审批的药品广告审查机关应当在收到《药品广告备案意见书》后的5个工作日内,将意见告知备案地药品广告审查机关。原审批的药品广告审查机关与备案地药品广告审查机关意见无法达成一致的,可提请国家食品药品监督管理总局裁定。

6. 药品广告批准文号有效期为1年,到期作废。

7. 经批准的药品广告,在发布时不得更改广告内容。药品广告内容需要改动的,应当重新申请药品广告批准文号。

8. 广告申请人自行发布药品广告的,应当将《药品广告审查表》原件保存2年备查。

广告发布者、广告经营者受广告申请人委托代理、发布药品广告的,应当查验《药品

广告审查表》原件，按照审查批准的内容发布，并将该《药品广告审查表》复印件保存2年备查。

9. 已经批准的药品广告有下列情形之一的，原审批的药品广告审查机关应当向申请人发出《药品广告复审通知书》，进行复审。复审期间，该药品广告可以继续发布。

(1) 国家食品药品监督管理总局认为药品广告审查机关批准的药品广告内容不符合规定的。

(2) 省级以上广告监督管理机关提出复审建议的。

(3) 药品广告审查机关认为应当复审的其他情形。

经复审，认为与法定条件不符的，收回《药品广告审查表》，原药品广告批准文号作废。

10. 有下列情形之一的，药品广告审查机关应当注销药品广告批准文号：

(1)《药品生产许可证》、《药品经营许可证》被吊销的。

(2) 药品批准证明文件被撤销、注销的。

(3) 国家食品药品监督管理总局或者省、自治区、直辖市药品监督管理部门责令停止生产、销售和使用的药品。

11. 篡改经批准的药品广告内容进行虚假宣传的，由食品药品监督管理部门责令立即停止该药品广告的发布，撤销该品种药品广告批准文号，1年内不受理该品种的广告审批申请。

12. 对任意扩大产品适应证(功能主治)范围、绝对化夸大药品疗效、严重欺骗和误导消费者的违法广告，省以上食品药品监督管理部门一经发现，应当采取行政强制措施，暂停该药品在辖区内的销售，同时责令违法发布药品广告的企业在当地相应的媒体发布更正启事。违法发布药品广告的企业按要求发布更正启事后，省以上食品药品监督管理部门应当在15个工作日内做出解除行政强制措施的决定；需要进行药品检验的，药品监督管理部门应当自检验报告书发出之日起15天内，做出是否解除行政强制措施的决定。

13. 对提供虚假材料申请药品广告审批，被药品广告审查机关在受理审查中发现的，1年内不受理该企业该品种的广告审批申请。

14. 对提供虚假材料申请药品广告审批，取得药品广告批准文号的，药品广告审查机关在发现后应当撤销该药品广告批准文号，并3年内不受理该企业该品种的广告审批申请。

15. 被收回、注销或者撤销药品广告批准文号的药品广告，必须立即停止发布；异地药品广告审查机关停止受理该企业该药品广告批准文号的广告备案。

药品广告审查机关收回、注销或者撤销药品广告批准文号的，应当自做出行政处理决定之日起5个工作日内通知同级广告监督管理机关，由广告监督管理机关依法予以处理。

16. 异地发布药品广告未向发布地药品广告审查机关备案的，发布地药品广告审查机关发现后，应当责令限期办理备案手续，逾期不改正的，停止该药品品种在发布地的广告发布活动。

17. 县级以上食品药品监督管理部门应当对审查批准的药品广告发布情况进行监测检查。对违法发布的药品广告，各级食品药品监督管理部门应当填写《违法药品广告移送通知书》，连同违法药品广告样件等材料，移送同级广告监督管理机关查处；属于异地发布篡改经批准的药品广告内容的，发布地药品广告审查机关还应当向原审批的药品广告审查机关提出依照《中华人民共和国药品管理法》撤销药品广告批准文号的建议。

18. 对发布违法药品广告，情节严重的，省（自治区、直辖市）食品药品监督管理部门予以公告，并及时上报国家食品药品监督管理总局，国家食品药品监督管理总局定期汇总发布。

对发布虚假违法药品广告情节严重的，必要时，由国家工商行政管理总局会同国家食品药品监督管理总局联合予以公告。

19. 对未经审查批准发布的药品广告，或者发布的药品广告与审查批准的内容不一致的，广告监督管理机关应当依据《中华人民共和国广告法》规定予以处罚；构成虚假广告或者引人误解的虚假宣传的，广告监督管理机关依据《中华人民共和国广告法》、《中华人民共和国反不正当竞争法》规定予以处罚。

广告监督管理机关在查处违法药品广告案件中，涉及药品专业技术内容需要认定的，应当将需要认定的内容通知省级以上食品药品监督管理部门，省级以上食品药品监督管理部门应在收到通知书后的10个工作日内将认定结果反馈广告监督管理机关。

20. 药品广告审查工作人员和药品广告监督工作人员应当接受《中华人民共和国广告法》、《中华人民共和国药品管理法》等有关法律法规的培训。药品广告审查机关和药品广告监督管理机关的工作人员玩忽职守、滥用职权、徇私舞弊的，给予行政处分。构成犯罪的，依法追究刑事责任。

21. 药品广告批准文号为"×药广审（视）第0000000000号"、"×药广审（声）第0000000000号"、"×药广审（文）第0000000000号"。其中"×"为各省、自治区、直辖市的简称。"0"为由10位数字组成，前6位代表审查年月，后4位代表广告批准序号。"视"、"声"、"文"代表用于广告媒介形式的分类代号。

（二）按照医疗器械管理的中药商品广告审查

1. 医疗器械广告的审查。

（1）初审。医疗器械广告审查机关对广告申请人提供的证明文件的真实性、有效性、合法性、完整性和广告制作前文稿的真实性、合法性进行审查，并于受理申请之日起5天内做出初审决定，发给《初审决定通知书》。

（2）终审。广告申请人凭初审合格决定及广告作品，再次送交原广告审查机关，广告审查机关受理申请之日起5天内，作出终审决定，对终审合格者，签发《医疗器械广告审查表》及广告审查批准号；对终审不合格者，应当通知广告申请人并说明理由。

（3）广告申请人可以直接申请终审，广告审查机关在受理申请之日起10天内作出终审决定。

（4）广告发布地审查机关对生产者所在地的审查机关做出的复审决定仍持异议的，应当提请上级广告审查机关进行裁定。审查意见以裁定结论为准。

2. 医疗器械广告审查机关发出的《初审决定通知书》和带有广告审查批准号的《医疗器械广告审查表》，应当由广告审查机构负责人签字，并加盖医疗器械广告审查专用章。

医疗器械广告审查机关应当将带有广告审查批准号的《医疗器械广告审查表》，送同级广告监督管理机关备查。

3. 医疗器械广告审查批准号的有效期为1年，其中产品介绍和样本审查批准号的有效期可延至3年。

4. 经审查批准的医疗器械广告，有下列情况之一的，广告审查机关应当调回复审。

（1）广告审查依据发生变化的。

（2）国家食品药品监督管理总局认为省级广告审查机关的批准不妥的。

（3）广告监督管理机关或者发布地医疗器械广告审查机关提出复审建议的。

（4）广告审查机关认为应当调回复审的其他情况。

复审期间，广告停止发布。

5. 经审查批准的医疗器械广告，有下列情况之一的，应当重新申请审查。

（1）医疗器械广告审查批准号的有效期届满。

（2）广告内容需要改动。

（3）医疗器械产品标准发生变化。

6. 经审查批准的医疗器械广告，有下列情况之一的，原审查机关应当收回《医疗器械审查表》，撤销广告审查批准号。

（1）医疗器械在使用中发现问题而被撤销产品注册号或者批准号。

（2）被国家列为淘汰的医疗器械品种。

（3）广告复审不合格。

（4）应当重新申请审查而未申请或者重新审查不合格。

7. 广告审查机关做出撤销广告审查批准号的决定，应当同时送同级广告监督管理机关备查。

8. 医疗器械广告经审查批准后，应当将广告审查批准号列为广告内容，同时发布。未标明广告审查批准号或者批准号已过期、被撤销的医疗器械广告，广告发布者不得发布。

9. 广告发布者发布医疗器械广告，应当查验《医疗器械广告审查表》原件或者经原审查机关签章的复印件，并保存1年。

10. 对违反以上发布医疗器械广告的，按《中华人民共和国广告法》的规定予以处罚。广告审查机关对违反广告审查依据的广告作出批准决定，致使违法广告发布的，由国家广告监督管理机关向国家食品药品监督管理总局通报情况，按照《中华人民共和国广告法》的规定予以处理。

（三）按照保健食品管理的中药商品广告审查

为加强保健食品广告的审查，规范保健食品广告审查行为，依据《中华人民共和国行政许可法》、《国务院对确需保留的行政审批项目设定行政许可的决定》等法律法规，按保健食品管理的中药商品做广告，审查必须遵循以下规定：

1. 国家食品药品监督管理总局指导和监督保健食品广告审查工作。省（自治区、直辖市）食品药品监督管理部门负责本辖区内保健食品广告的审查。县级以上食品药品监督管理部门应当对辖区内审查批准的保健食品广告发布情况进行监测。

2. 保健食品广告发布申请材料不齐全或者不符合法定要求的，省（自治区、直辖市）食品药品监督管理部门应当当场或者在5个工作日内一次告知申请人需要补正的全部内容；逾期不告知的，自收到申请材料之日起即为受理。

3. 国务院有关部门明令禁止生产、销售的保健食品，其广告申请不予受理。国务院有关部门清理整顿已经取消的保健功能，该功能的产品广告申请不予受理。

4. 省级食品药品监督管理部门应当自受理之日起对申请人提交的申请材料以及广告内容进行审查，并在20个工作日内作出是否核发保健食品广告批准文号的决定。

对审查合格的保健食品广告申请，发给保健食品广告批准文号，同时将《保健食品广告审查表》抄送同级广告监督机关备案。对审查不合格的保健食品广告申请，应当将审查意见书面告知申请人，说明理由并告知其享有依法申请行政复议或者提起行政诉讼的权利。

5. 省级食品药品监督管理部门应当将审查批准的《保健食品广告审查表》报国家食品药品监督管理总局备案。国家食品药品监督管理总局认为审查批准的保健食品广告与法定要求不符的，应当责令原审批地省级食品药品监督管理部门予以纠正。

6. 健食品广告批准文号有效期为1年。保健食品广告批准文号有效期届满，申请人需要继续发布广告的，应当依照本规定向省级食品药品监督管理部门重新提出发布申请。

7. 经审查批准的保健食品广告需要改变其内容的，应向原审批地省级食品药品监督管理部门申请重新审查。保健食品的说明书、质量标准等广告审查依据发生变化的，广告主应当立即停止发布，并向原审批地省级食品药品监督管理部门申请重新审查。

8. 经审查批准的保健食品广告，有下列情形之一的，原审批地省级食品药品监督管理部门应当调回复审：①国家食品药品监督管理总局认为原审批地省级食品药品监督管理部门批准的保健食品广告内容不符合法定要求的；②广告监督管理机关建议进行复审的。

9. 经审查批准的保健食品广告，有下列情形之一的，原审批地省级食品药品监督管理部门应当收回保健食品广告批准文号：①保健食品批准证明文件被撤销的；②保健食品被国家有关部门责令停止生产、销售的；③广告复审不合格的。

10. 擅自变更或者篡改经审查批准的保健食品广告内容进行虚假宣传的，原审批地省级食品药品监督管理部门责令申请人改正，给予警告，情节严重的，收回该保健食品广告批准文号。

11. 申请人隐瞒有关情况或者提供虚假材料申请发布保健食品广告的，省级食品药品监督管理部门按照《中华人民共和国行政许可法》的规定进行处理。

12. 申请人通过欺骗、贿赂等不正当手段取得保健食品广告批准文号的，由审批地省级食品药品监督管理部门按照《中华人民共和国行政许可法》的规定处理。

13. 省级食品药品监督管理部门作出的撤销或者收回保健食品广告批准文号的决定，应当报送国家食品药品监督管理总局并抄送同级广告监督管理机关备查，同时向社会公告处理决定。

14. 食品药品监督管理部门发现有违法发布保健食品广告行为的，应当填写《违法保健食品广告移送通知书》，移送同级广告监督管理机关查处。在广告审批地以外发布擅自变更或者篡改审查批准的保健食品广告的，广告发布地省级食品药品监督管理部门应当填写《违法保健食品广告处理通知书》，原审批地省级食品药品监督管理部门应按照有关规定予以处理。

15. 省级食品药品监督管理部门应当建立违法保健食品广告公告制度，定期发布《违法保健食品广告公告》并上报国家食品药品监督管理总局，国家食品药品监督管理总局定期对《违法保健食品广告公告》进行汇总。《违法保健食品广告公告》应当同时抄送同级广告监督管理机关。

16. 省级食品药品监督管理部门及其工作人员不依法履行审查职责的，由国家食品药品监督管理总局或者监察机关责令改正，并按照有关规定对直接负责的主管人员和其他直接责任人员给予处理。

17. 在保健食品广告审查过程中，省级(食品)药品监督管理部门违反本办法规定给当事人的合法权益造成损害的，应当依照国家赔偿法的规定给予赔偿。

18. 保健食品广告批准文号为“×食健广审(×1)第×2号”。其中“×”为各省、自治区、直辖市的简称；“×1”代表视、声、文；“×2”由十位数字组成，前六位代表审查的年月，后4位代表广告批准的序号。

四、中药商品广告相关审查发布标准

对于中药商品广告审查发布的管理，我们国家按照药品、医疗器械、化妆品、食品等分类进行管理。

(一) 按照药品管理的中药商品(中药材、中药饮片、中成药)广告审查发布标准

为了保证药品广告真实、合法、科学，按照药品管理的中药商品(中药材、中药饮片、中成药)发布广告必须遵循以下要求。

1. 不得发布广告的药品。

(1) 麻醉药品、精神药品、医疗用毒性药品、放射性药品。

(2) 医疗机构配制的制剂。

(3) 军队特需药品。

(4) 国家食品药品监督管理总局依法明令停止或者禁止生产、销售和使用的药品。

(5) 批准试生产的药品。

2. 处方药可以在卫生部和国家食品药品监督管理总局共同指定的医学、药学专业刊物上发布广告，但不得在大众传播媒介发布广告或者以其他方式进行以公众为对象的广告宣传。不得以赠送医学、药学专业刊物等形式向公众发布处方药广告。

3. 处方药名称与该药品的商标、生产企业字号相同的，不得使用该商标、企业字号在医学、药学专业刊物以外的媒介变相发布广告。

不得以处方药名称或者以处方药名称注册的商标以及企业字号为各种活动冠名。

4. 药品广告内容涉及药品适应证或者功能主治、药理作用等内容的宣传，应当以国务院食品药品监督管理部门批准的说明书为准，不得进行扩大或者恶意隐瞒的宣传，不得含有说明书以外的理论、观点等内容。

5. 药品广告中必须标明药品的通用名称、忠告语、药品广告批准文号、药品生产批准文号；以非处方药商品名称为各种活动冠名的，可以只发布药品商品名称。

药品广告必须标明药品生产企业或者药品经营企业名称，不得单独出现“咨询热线”、“咨询电话”等内容。

非处方药广告必须同时标明非处方药专用标识(OTC)。

药品广告中不得以产品注册商标代替药品名称进行宣传，但经批准作为药品商品名称使用的文字型注册商标除外。

已经审查批准的药品广告在广播电台发布时，可不播出药品广告批准文号。

必须在药品广告中出现的内容，其字体和颜色必须清晰可见、易于辨认。上述内容在电视、电影、互联网、显示屏等媒体发布时，出现时间不得少于5秒。

6. 处方药广告的忠告语是“本广告仅供医学药学专业人士阅读”。非处方药广告的忠告语是“请按药品说明书或在药师指导下购买和使用”。

7. 药品广告中涉及改善和增强性功能内容的，必须与经批准的药品说明书中的适应证或者功能主治完全一致。电视台、广播电台不得在7～22时发布含有上款内容的广告。

8. 药品广告中有关药品功能疗效的宣传应当科学准确，不得出现下列情形：①含有不科学地表示功效的断言或者保证的；②说明治愈率或者有效率的；③与其他药品的功效和安全性进行比较的；④违反科学规律，明示或者暗示包治百病、适应所有症状的；⑤含有“安全无毒副作用”、“毒副作用小”等内容的；含有明示或者暗示中成药为“天然”药品，因而安全性有保证等内容的；⑥含有明示或者暗示该药品为正常生活和治疗病症所必需等内容的；⑦含有明示或暗示服用该药能应付现代紧张生活和升学、考试等需要，能够帮助提高成绩、使精力旺盛、增强竞争力、增高、益智等内容的；⑧其他不科学的用语或者表示，如“最新技术”、“最高科学”、“最先进制法”等。

9. 非处方药广告不得利用公众对于医药学知识的缺乏，使用公众难以理解和容易引起混淆的医学、药学术语，造成公众对药品功效与安全性的误解。

10. 药品广告应当宣传和引导合理用药，不得直接或者间接怂恿任意、过量地购买和使用药品，不得含有以下内容：①含有不科学的表述或者使用不恰当的表现形式，引起公众对所处健康状况和所患疾病产生不必要的担忧和恐惧，或者使公众误解不使用该药品会患某种疾病或加重病情的；②含有免费治疗、免费赠送、有奖销售、以药品作为礼品或者奖品等促销药品内容的；③含有“家庭必备”或者类似内容的；④含有“无效退款”、“保险公司保险”等保证内容的；⑤含有评比、排序、推荐、指定、选用、获奖等综合性评价内容的。

11. 药品广告不得含有利用医药科研单位、学术机构、医疗机构或者专家、医生、患者的名义和形象作证明的内容。药品广告不得使用国家机关和国家机关工作人员的名义。药品广告不得含有军队单位或者军队人员的名义、形象。不得利用军队装备、设施从事药品广告宣传。

12. 药品广告不得含有涉及公共信息、公共事件或其他与公共利益相关联的内容，如各类疾病信息、经济社会发展成果或医药科学以外的科技成果。

13. 药品广告不得在未成年人出版物和广播电视频道、节目、栏目上发布。药品广告不得以儿童为诉求对象，不得以儿童名义介绍药品。

14. 药品广告不得含有医疗机构的名称、地址、联系办法、诊疗项目、诊疗方法以及有关义诊、医疗(热线)咨询、开设特约门诊等医疗服务的内容。

15. 违反以上标准规定发布的中药商品广告，《中华人民共和国广告法》有规定的，依照《中华人民共和国广告法》、《中华人民共和国反不正当竞争法》相关条款处罚。违反以上标准《中华人民共和国广告法》没有具体规定的，对负有责任的广告主、广告经营者、广告发布者，处以1万元以下罚款；有违法所得的，处以违法所得3倍以下但不超过3万元的罚款。

（二）按照医疗器械管理的中药商品广告审查发布标准

中药商品中属于医疗器械的，发布广告必须遵循以下要求：

1. 下列医疗器械不得发布广告。

(1) 未经国家医药管理局或省、自治区、直辖市食品药品监督管理局(或同级食品药品监督管理部门)批准进入市场的医疗器械。

(2) 未经生产者所在国(地区)政府批准进入市场的境外生产的医疗器械。

(3) 应当取得生产许可证而未取得生产许可证的生产者生产的医疗器械。

(4) 扩大临床试用、试生产阶段的医疗器械。

(5) 治疗艾滋病,改善和治疗性功能障碍的医疗器械。

2. 医疗器械广告应当与审查批准的产品市场准入说明书相符,不得任意扩大范围。

3. 医疗器械广告中不得含有表示功效的断言或者保证,如"疗效最佳"、"保证治愈"等。医疗器械广告不得贬低同类产品,不得与其他医疗器械进行功效和安全性对比。

4. 医疗器械广告中不得含有"最高技术"、"最先进科学"等绝对化语言和表示。

5. 医疗器械广告中不得含有治愈率、有效率及获奖的内容。

6. 医疗器械广告中不得含有利用医疗科研单位、学术机构、医疗机构或者专家、医生、患者的名义、形象作证明的内容。

7. 医疗器械广告不得含有直接显示疾病症状和病理的画面,不得令人感到已患某种疾病,不得使人误解不使用该医疗器械会患某种疾病或者加重病情。

8. 医疗器械广告中不得含有"无效退款"、"保险公司保险"等承诺。

9. 医疗器械广告不得利用消费者缺乏医疗器械专业、技术知识和经验的弱点,以专业术语或者无法证实的演示误导消费者。

10. 推荐给个人使用的医疗器械,应当标明"请在医生指导下使用"。

11. 医疗器械广告的批准文号应当列为广告内容同时发布。

12. 违反本标准的医疗器械广告,广告经营者不得设计、制作,广告发布者不得发布。

(三) 按照保健食品管理的中药商品广告审查发布标准

中药商品中属于保健食品的,发布广告必须遵循以下要求:

1. 保健食品广告中有关保健功能、产品功效成分(标志性成分)及含量、适宜人群、食用量等的宣传,应当以国务院食品药品监督管理部门批准的说明书内容为准,不得任意改变。

2. 保健食品广告应当引导消费者合理使用保健食品,保健食品广告不得出现下列情形和内容:

(1) 含有表示产品功效的断言或者保证。

(2) 含有使用该产品能够获得健康的表述。

(3) 通过渲染、夸大某种健康状况或者疾病,或者通过描述某种疾病容易导致的身体危害,使公众对自身健康产生担忧、恐惧,误解不使用广告宣传的保健食品会患某种疾病或者导致身体健康状况恶化。

(4) 用公众难以理解的专业化术语、神秘化语言、表示科技含量的语言等描述该产品的作用特征和机理。

(5) 利用和出现国家机关及其事业单位、医疗机构、学术机构、行业组织的名义和形象,或者以专家、医务人员和消费者的名义和形象为产品功效作证明。

(6) 含有无法证实的所谓"科学或研究发现"、"实验或数据证明"等方面的内容。

(7) 夸大保健食品功效或扩大适宜人群范围,明示或者暗示适合所有症状及所有人群。

(8) 含有与药品相混淆的用语,直接或者间接地宣传治疗作用,或者借助宣传某些成分的作用明示或者暗示该保健食品具有疾病治疗的作用。

(9) 与其他保健食品或者药品、医疗器械等产品进行对比,贬低其他产品。

(10) 利用封建迷信进行保健食品宣传的。

(11) 宣称产品为祖传秘方。

(12) 含有无效退款、保险公司保险等内容的。

(13) 含有"安全"、"无毒副作用"、"无依赖"等承诺的。

(14) 含有最新技术、最高科学、最先进制法等绝对化的用语和表述的。

(15) 声称或者暗示保健食品为正常生活或者治疗病症所必需。

(16) 含有有效率、治愈率、评比、获奖等综合评价内容的。

(17) 直接或者间接怂恿任意、过量使用保健食品的。

4. 不得以新闻报道等形式发布保健食品广告。

5. 保健食品广告必须标明保健食品产品名称、保健食品批准文号、保健食品广告批准文号、保健食品标识、保健食品不适宜人群。

6. 保健食品广告中必须说明或者标明"本品不能代替药物"的忠告语;电视广告中保健食品标识和忠告语必须始终出现。

(四) 按照化妆品管理的中药商品广告审查发布标准

化妆品,是指以涂擦、喷洒或者其他类似的办法,散布于人体表面任何部位(皮肤、毛发、指甲、口唇等),以达到清洁、消除不良气味、护肤、美容和修饰目的的日用化学工业产品。特殊用途化妆品,是指用于育发、染发、烫发、脱毛、美乳、健美、除臭、祛斑、防晒的化妆品。中药商品中属于按照化妆品管理的,发布广告必须遵循以下要求:

1. 广告客户对可能引起不良反应的化妆品,应当在广告中注明使用方法,注意事项。

2. 化妆品广告禁止出现下列内容。

(1) 化妆品名称、制法、成分、效用或者性能有虚假夸大的。

(2) 使用他人名义保证或者以暗示方法使人误解其效用的。

(3) 宣传医疗作用或者使用医疗术语的。

(4) 有贬低同类产品内容的。

(5) 使用最新创造、最新发明、纯天然制品、无副作用等绝对化语言的。

(6) 有涉及化妆品性能或者功能、销量等方面的数据的。

(7) 违反其他法律、法规规定的。

3. 广告经营者承办或者代理化妆品广告,应当查验证明,审查广告内容。对不符合规定的,不得承办或者代理。

4. 有下列情况之一的,工商行政管理机关可以责令广告客户或者广告经营者停止发布广告:

(1) 化妆品引起严重的皮肤过敏反应或者给消费者造成严重人身伤害等事故的。

(2) 化妆品质量下降而未达到规定标准的。

(3) 营业执照、《化妆品生产企业卫生许可证》或者《化妆品生产许可证》被吊销的。

第四节 中药商品广告的管理

一、常见中药商品广告违法形式

由于中药商品商品形式多样,部分中药具有药品、保健食品、食品、化妆品等多种身份,在实际生活中,不法商贩为了自身利益,常常进行虚假宣传,其违法形式主要有:

1. 未经审查机关审批擅自发布的药品广告。

2. 任意篡改广告审批内容，夸大疗效宣传。如："疗效最佳"、"药到病除"、"根治"、"安全预防"、"安全无副作用"；含有"最新技术"、"最高科学"、"最先进制法"、"药之王"、"国家级新药"等绝对化语言和表示；含有治愈率、有效率及获奖的内容；使用儿童的名义和形象；以儿童为广告诉求对象；利用医药科研单位、学术机构、医疗机构或者专家、医生、患者的名义形象作证明的内容；含有"无效退款"、"保险公司保险"等承诺；含有直接显示疾病症状、病理和医疗诊断的画面，令人感到已患某种疾病，使人误解不使用该药品会患某种疾病或者加重病情，直接或者间接怂恿任意过量使用药品的广告。

3. 处方药在大众媒体(如电视、广播、杂志、报纸、互联网等)发布广告。

4. 使用过期失效的广告批准文号，甚至伪造冒用药品广告批准文号进行宣传。

5. 利用公共场所(如公园、影剧院、宾馆、广场等)进行以健康讲座、咨询、免费送药、附赠药品或礼品，以及上门赠送药品等名义进行药品宣传、推荐。

6. 非药品(食品、保健食品、化妆品、消毒用品)作药品宣传功能主治。

二、中药商品广告违法的监管

违法药品、医疗器械、保健食品广告严重危害人民健康，国家采取多项措施对其加强监管。对严重违法药品、医疗器械、保健食品广告涉及的产品国家食品药品监督管理总局对其采取暂停销售工作。具体如下：

1. 各省(自治区、直辖市)食品药品监督管理部门要高度重视药品、医疗器械、保健食品广告监管工作，切实履行监管责任，对监测发现的含有夸大产品适应证(功能主治、保健功能、适用范围)、表示功效的断言或者保证、标示有效率、获奖等综合性评价内容，以及利用国家机关、医药科研单位、学术机构、医疗机构、专家、医生、患者及其他工作人员名义和形象为产品功效作证明等严重违法广告，要依法移送同级广告监督管理机关进行查处，对涉及的产品，先进行公告，公告后仍继续发布的，应采取暂停销售，限期整改的监管措施。各级食品药品监督管理部门应结合GSP检查，加大对行政区域内违法广告涉及产品经营企业的监督检查，对已经采取暂停销售措施产品，在解除暂停销售措施之前，一律不得销售，确保暂停销售措施执行到位。对拒不执行的，应责令其停业整顿。

2. 发布违法广告的企业若要恢复产品销售，必须向有关省级食品药品监督管理部门提出恢复该产品在行政区域内销售的申请。申请必须满足以下条件：

(1) 发布违法广告的企业必须在原发布违法广告媒体的相同版面、相同时段发布更正启事。对在广播或电视的0时至清晨6时时段发布违法广告的，除在原媒体发布更正启事外，省级食品药品监督管理部门也可以根据其违法广告造成的影响程度，责成违法广告发布企业在指定的省级媒体上同时发布更正启事，更正启事在媒体连续刊播不得少于3天。

在行政区域内多次被省级食品药品监督管理部门采取暂停销售措施的，更正启事在媒体连续刊播不得少于5天。

(2) 更正启事至少应包括如下内容：违法广告涉及的产品名称、生产企业名称及发布违法广告企业名称；明示在发布违法广告中欺骗和误导消费者的内容，以及被食品药品监督管理部门责令暂停销售的原因；被暂停销售的范围；对发布违法广告行为向公众致歉并保证不再发布违法广告等。

(3)在平面媒体上发布更正启事,具体内容的字号不得小于(含)五号字;在电视媒体上发布的更正启事,字体必须清晰可辨,同时更正启事的全部内容必须通过旁白予以宣读。

3. 生产企业应在发布最后一次更正启事后,可向省级食品药品监督管理部门提出恢复该产品在行政区域内销售的申请材料。申请材料应包括:企业提交的整改报告、在平面媒体上发布《更正启事》的实物原件、在电视和广播发布《更正启事》的录音录像视听资料光盘和工商行政管理部门对违法发布广告进行处罚的证明。

4. 省级食品药品监督管理部门在收到企业提交的恢复该产品在行政区域内销售的申请后,应对企业提交的材料进行审核,对符合要求的,应在15个工作日内作出恢复该产品在行政区域内销售的决定;对提供的材料不全、发布的更正启事不符合要求的,一律不得恢复该产品在行政区域内的销售。

复习思考题

(1)简述广告的作用及分类。

(2)试述网络广告的优、缺点。

(3)试述中药商品(中药材、中药饮片、中成药)广告审查发布标准。

(4)常见中药商品广告违法形式有哪些?

第九章　中药专利和商标

第一节　中药专利

一、中药专利保护的内容和方式

（一）中药专利保护的内容

同其他技术领域的发明一样，中药领域的发明创造根据其所保护的内容可分为发明专利、实用新型专利和外观设计专利三种。

1. 发明专利。

《中华人民共和国专利法》（以下简称《专利法》）所称的发明，是指对产品、方法或者其改进所提出的新的技术方案，也就是说发明可分为产品发明和方法发明两大类型。产品发明包括所有由人创造出来的物品，如对机器、设备、部件、仪器、装置、用具、材料、组合物、化合物等作出的发明；方法发明可以是加工方法、制造方法、测试方法或产品使用方法。也可以是对现有产品或方法的改进。

具体到中药领域，绝大部分发明创造都可以申请发明专利，主要包括中药材中有药用价值的新化合物单体、中药材有效提取部位、中药制剂等产品发明和上述产品的制备方法、测定方法，以及中药材的加工炮制工艺、提取工艺、种植栽培工艺等方法发明。

另外，中药领域的发明专利还包括用途发明专利。用途发明专利是基于发现物质新的性能并利用此性能而作出的发明，无论是新物质还是已知物质，其性能是本身所固有的，用途发明的本质不在于物质本身，而在于物质性能的应用。因此，用途发明实质上是一种方法发明。中药领域的用途发明最常见的是药物的新适应证即第二适应证，也就是说，经过研究发现了已知药物的新的功用，对于这种新的适应证的保护就属于用途专利保护。例如何首乌的已知功效是补益精血、润肠通便，后来有人研究发现了它具有防治骨质疏松症的用途，那么他就可以对何首乌防治骨质疏松症这一适应证进行用途专利保护。

2. 实用新型专利。

实用新型是对产品的形状、构造或者其结合所提出的适于实用的新的技术方案，它也是一种技术方案，但与发明不同的是，实用新型只限于具有一定形状的产品，不能是一种方法，也不能是没有固定形状的产品，如药品、化学物质等。中药领域的实用新型主要涉及一些不以电、磁、光、声、放射直接作用于人体的医疗器械或保健用品，如一种中药熏蒸治疗仪。

3. 外观设计专利。

外观设计是指对产品的形状、图案、色彩或者其结合以及色彩与形状、图案相结合所作出的富有美感并适于工业上应用的新设计。外观设计涉及的形状注重的是产品的美感，因此，可以理解为外观设计是关于产品外表的装饰性或艺术性的设计，该设计可以是平面图案，也可以是立体造型或者二者的结合。中药领域的外观设计专利主要包括药品的外包装、药品的物理形状或外形图案等。

(二) 中药专利保护的方式

由于中药领域的绝大部分发明创造均可以申请发明专利,下面分别从产品专利、方法专利和用途专利三方面来阐述对中药发明专利进行保护的具体方式。

1. 产品专利。

产品专利实质上是对所申请的物质进行保护,所以也可称作物质专利。根据所包含的组分特征的不同,可以将中药的产品发明分为中药提取物、中药组合物和中药联用制剂。

其中,中药提取物是由多种结构或成分不完全明确的物质组成的混合体,而不是单一成分的物质即化合物单体,所以无法采用化学结构式的方式对其进行保护。由于中药提取物所含活性成分的复杂性和多样性,一般很难将其中的所有活性成分都分离出来,进而分析和检测出其化学结构,通常的情况是只能提取出其中的某些主要活性成分,而对于其他成分由于各种原因的限制则无法再进一步完全分离。因此,鉴于这种情况,就只能采用提取方法或制备方法来表征中药提取物,也即是通常所说的方法定义产品的表征形式。对于这类以方法界定产品的权利要求,虽然它们在形式上属于产品权利要求,但由于该产品仅限于由所述方法得到的产品,因而其保护效力并不完全等同于通常意义上的产品的绝对保护,有时只相当于方法权利要求的保护效力。

(1) 中药提取物。

1) 由单一中药材原料提取得到的中药提取物——有效部位:对于从单一中药材原料中提取得到的提取物,由于它是直接从某一中药材提取获得的,不存在原料药之间的配伍特征,此时可以采用提取方法(或制备方法)对提取物进行定义,提取方法应包括原料、工艺步骤、提取所用溶剂、工艺条件等。

2) 由多种中药材原料提取得到的中药提取物:对于是从多种原料中提取得到的中药提取物,各原料之间存在一定的配比关系,因此,应在权利要求的特征部分用“原料特征+制备方法”的方式进行限定。

(2) 中药组合物。中药组合物属于组合物的范畴,因而适用组合物的保护方式。组合物权利要求一般有非限定型、性能限定型和用途限定型三种类型。

1) 非限定型。当发明强调组合物本身,或者该组合物具有两种或多种使用性能和应用领域时,可以允许用非限定型权利要求。

2) 性能限定型性。性能限定型不对具体用途进行限制,而用功效对组合物进行限定。

3) 用途限定型。如果发明强调应用,则应写成用途限定型。一般来说,大多数药品的权利要求都应写成用途限定型。

组合物的权利要求一般包括前序部分的限定和特征部分的描述。前序部分所记载的是与最接近的现有技术共有的必要技术特征,而特征部分是描述区别于最接近的现有技术的必要技术特征。组合物权利要求的特征部分要求用组合物的组分或者组分和含量等组成特征来表征,通常有开放式、封闭式及半开放式三种表达方式。具体而言,开放式权利要求表示组合物中还可以含有权利要求中所未指出的某些组分;封闭式权利要求则表示要求保护的组合物只由所指出的组分组成,没有别的组分;半开放式权利要求的保护范围介于开放式与封闭式之间,它表示该组合物还可含有对所指出的组分的基本特性或者新的特性没有实质上影响的组分。

在中药组合物领域，那些对组合物权利要求所指出的组分的基本特性或者新的特性没有实质上影响的组分只能是一些辅料、载体、赋形剂等非活性成分，因为中药之间存在君、臣、佐、使的相互作用关系，加入任一中药组分都将对原中药组分产生一定影响，例如相须、相使、相畏、相恶等。显然会影响到原先指出的中药组分的特性。因此，中药领域的半开放式组合物权利要求只能向着那些不具有活性作用的组分开放，例如载体、赋形剂、辅料等。而对于开放式组合物权利要求，所允许添加的组分可以是活性组分也可以是非活性组分。综上所述，对于加入非活性组分的情况，开放和半开放式权利要求的形式都可适用，而对于加入活性组分时，由于对原有组分的特性或功效会产生一定的影响，此时只能适用开放式权利要求的形式。

应当注意的是：上述这些开放式或封闭式权利要求在使用时，都必须要得到说明书的支持。例如，独立权利要求的组合物的组分为A＋B＋C，如果说明书中实际上没有描述除此之外的组分，则不能使用开放式权利要求；另外，对于一项组合物独立权利要求A＋B＋C，假如其下面一项权利要求中还有另一组分D，则对于开放式的A＋B＋C权利要求而言，含D的这项为从属权利要求，对于封闭式的A＋B＋C权利要求而言，含D的这项为独立权利要求。

在中药领域中，组合物的组分及其含量都必须在独立权利要求中限定。组分含量或配比的表示方式通常包括百分比含量表示法、份数表示法和余量表示法，百分比含量表示法是用各组分占组合物的百分含量来表示组分之间的配比关系，能直观地反映各组分在组合物中所占的份额，但当组合物权利要求为封闭式时，则要求各组分的含量百分比之和为百分之百，如果各组分的含量为一定范围时，则应当符合以下条件，即“某一组分的上限值＋其他组分的下限值≤100”和“某一组分的下限值＋其他组分的上限值≥100”；份数表示法可以方便地反映组分之间的比例关系，不受百分之百总量的限制，因而可避免出现百分比描述方法中有些点不能实施的情况，但其缺点是不便于直观地反映各组分在组合物中所占的份额；余量表示法的突出优点是易于操作，不需要进行太繁杂的计算，但余量一般是指单一组分的用量，不能将多种组分的用量均以余量表示；否则，权利要求的保护范围就不清楚。在限定组分的含量时，不允许使用含糊不清的用词，如“大约”、“左右”、“近”等。组分含量可以用“0～X”、“＜X”或者“X以下”等表示，其中“0～X”用来表示选择组分的含量，但不允许以“＞X”表示组分的含量范围。

中药组合物的组成一般包括活性成分和药用辅料两部分。因此，相应地可将中药组合物的发明分为以活性成分为发明特征的组合物和以药用辅料为发明特征的组合物。具体而言，有以下几种情况：①以单一活性成分为特征的中药组合物；②以多种活性成分为特征的中药组合物；③以药用辅料为特征的中药组合物；④以剂型改进为特征的中药组合物。前两种情况都是以活性成分为发明的特征，因此，应将活性成分在权利要求的特征部分加以描述。

当活性成分为一种中药材的提取物时，可以将权利要求写成“一种中药组合物，它是由活性成分和(或)药学上可接受的载体组成，其特征在于：所述的活性成分为A的水提物或醇提物”。

当活性成分为多种中药材的提取物时，则可以将权利要求写成“一种中药组合物，它是由活性成分和(或)药学上可接受的载体组成，其特征在于：所述的活性成分为A 20%～50%和B 50%～80%的水提物或醇提物”。

当活性成分为多种中药材的粉末时，则可以将权利要求的特征部分写成"其特征在于：所述的活性成分由A粉末20%～50%和B粉末50%～80%组成"。但是，如果所包含的活性成分中部分为中药材粉末而部分为中药材提取物时，则应将权利要求的特征部分写成"其特征在于：所述的活性成分由A粉末20%～50%和B的提取物50%～80%组成"。应当注意的是，上面权利要求中的A和B均指中药材原料，其特征部分所述的水提物、醇提物或提取物的含义都是不清楚的，还应当在特征部分对这些提取物是如何获得的加以明确描述。

对于第3种情况，由于发明点是在辅料上，此时活性成分属于公知的现有技术，可以放在权利要求的前序部分描述。因此，一般将权利要求描写成"一种中药组合物，它是以A作活性成分，其特征在于以B作辅料"。

对于第4种以剂型改进为特征的情况，通常是将已知的中药制剂进行剂型改进，其发明点是在剂型上，对于这些中药组合物来说，所述的剂型改变针对的是特定的活性成分。因此，此时的活性成分不是公知的现有技术，而是必要的技术特征，应当写入独立权利要求的特征部分，例如将藿香正气水改进为藿香正气口服液，减少了乙醇对胃肠道的刺激且提高了药效。此时，虽然原料特征没有改变，但由于剂型的变化导致其活性成分发生了改变。因此，应在权利要求的特征部分通过对工艺方法的描述来说明活性成分是如何获得的，可将权利要求描写成"一种藿香正气口服液，它是以A作为原料，其特征在于按照下述制备工艺制成的"。

(3) 中药联用制剂。中药联用制剂是指该产品包含了两种或两种以上分别单独包装的中药制剂，类似于一种药盒，使用时将两种药剂依次(如先后)联合使用，此时的独立权利要求应撰写成如"一种治疗糖尿病的中药分装制剂，其特征在于它是由中药A和中药B组成，其中中药A是由……组成或制成，中药B是由……组成或制成"。

2. 方法专利。

方法专利所保护的对象是物质的各种制备方法和加工处理方法，中药领域的方法发明主要包括中药材的加工炮制方法、中药提取物的制备方法和中药制剂的生产方法等。值得一提的是，疾病的诊断和治疗方法不包括在方法发明的范畴中，因为《中华人民共和国专利法》第二十五条明确规定了疾病的诊断和治疗方法不能授予专利权。中药领域的方法发明具体可分为以下几种情况：①中药材的加工炮制方法；②中药材的种植、栽培方法；③中药材人工制品的生产方法；④中药提取物的制备方法；⑤新的中药产品的制备方法；⑥已知中药产品的改进的制备方法；⑦中药产品的测定、鉴定方法；⑧中药产品的储藏方法。

对于中药方法发明的保护，可通过方法权利要求的方式来实现，一般来说，方法独立权利要求中的技术特征应当描述原料及其用量、工艺步骤和工艺条件，这些特征应当清楚。

如果方法发明的特征在原料上，而制备方法属于常规工艺，则可以将权利要求描写为"一种治疗冠心病的中药组合物的制备方法，它是采用常规的制剂方法，其特征在于原料为A 15%～30%、B 20%～40%、C 10%～25%和D 20%～35%"。但是，由于这一类发明的发明点在原料上，其制备方法只是常规工艺，因此，在这种情况下，通常的做法并不是首选上述方法保护的方式，采用产品保护形式往往更能体现发明的特征，而且保护的效力更强。

如果方法发明的特征体现在方法或步骤，则可在特征部分对制备过程或步骤进行描述。例如写成"一种中药A提取物的制备方法,其特征在于它包括下列步骤"。

如果方法发明只是工艺改进,则可采用与现有技术方法划界的方法进行描述。例如"一种制备脑安胶囊的方法,其原料组成为川芎25%～50%,当归25%～45%,红花20%～35%,人参2%～6%;冰片0.1%～1.0%,其特征在于:采用二氧化碳超临界萃取法分别对原料进行萃取,萃取的条件为……然后制备成胶囊"。

3. 用途专利。

如前所述,用途发明是指将公知物质用于新的目的的发明。在中药领域,物质的用途发明是指基于发现物质新的性能、并利用此性能而作出的发明。无论是新物质还是已知物质,其性能是物质本身所固有的,用途发明的本质不在于物质本身,而在于物质性能的应用。因此,在此意义上,用途发明是一种方法发明,其权利要求属于方法类型。

中药领域常见的用途发明有以下几种类型:

(1) 新发现的中药材的制药用途。

(2) 中药材新的药用部位的制药用途。

(3) 新制剂的制药用途。

(4) 已知中药材的新的制药用途。

(5) 已知制剂的新的制药用途。

对于前三种情况,所涉及的是新物质的医药用途,此时首先要考虑是否可以申请产品专利,其原因是产品专利保护的效力通常较方法专利强,但前提是必须是新的产品。例如,对于新发现的中药材的制药用途,是指一种中药材在文献中从未记载过具备药学作用,有人经过研究发现用这种物质生产的药物具有某种医疗用途,此时就应先考虑申请由该中药材制成的药物的产品专利;而后面两种情况则只能申请用途专利。审查指南中明确规定了物质医药用途发明的保护形式应采用制药应用的方式,也就是说,这类发明仅限于制药行为方面进行保护。对于上述新中药材或新的药用部位的制药用途,可以将独立权利要求描写成"物质X在制备治疗冠心病的药物中的应用";如果是已知中药材或制剂的第二医疗用途,则可写成"物质X在制备治疗糖尿病的药物方面的应用"。在上面用途权利要求中,所要求保护的主题是"用途",技术特征是"物质X"和"制备治疗冠心病的药物"或"制备治疗糖尿病的药物",其中物质和治疗功能是基本的技术特征,应当清楚表述并且得到说明书的支持。需要注意的是,如果权利要求的表述为"物质X用于治疗冠心病"或"物质X用作治疗糖尿病的药物",这种权利要求则属于疾病的治疗方法,为《中华人民共和国专利法》第二十五条第(三)项所规定的内容,是不能授予专利权的。

综上所述,中药领域的发明有上述产品、方法和用途三种不同保护方式。一般而言,产品专利是最优先的选择,当然,申请人还应根据自己发明的内容以及有关的法律规定,结合自己的实际需要情况,选择一种最适合且有利的保护方式,以达到最佳的保护效力。

二、中药专利的申请

专利申请是获得专利权的必须程序。专利权的获得,要由申请人向国家专利机关提出申请,经国家专利机关批准并颁发证书。申请人在向国家专利机关提出专利申请时,还应提交一系列的申请文件,如请求书、说明书、摘要和权利要求书等。在专利的申请方面,世界各国专利法的规定基本一致。

专利申请:一项发明创造必须由申请人向中华人民共和国国家知识产权局提出专利

申请,经中华人民共和国国家知识产权局依照法定程序审查批准后,才能取得专利权。

在申请阶段,分别称之为发明专利申请、实用新型专利申请和外观设计专利申请。获得授权之后,分别称之为发明专利、实用新型专利和外观设计专利,此时,申请人就是相应专利的专利权人。

(一)中药专利申请的意义

1. 专利作为一种无形资产,具有巨大的商业价值,是提升企业竞争力的重要手段。

2. 企业将科研成果申请专利,是企业实施专利战略的基础。

3. 专利的质量与数量是企业创新能力和核心竞争能力的体现,是企业在该行业身份及地位的象征。

4. 企业通过应用专利制度可以获得长期的利益回报。

5. 企业拥有专利是申报高新技术企业、创新基金等各类科技计划、项目的必要前提条件。

(二)中药专利的授予条件和原则

1. 中药专利的授予条件。

各国专利法规定不同,中国和多数国家都要求发明应具备新颖性、先进性和工业实用性。新颖性指在提出专利申请之日或优先权日,该项发明是现有技术中所未有的,即未被公知公用的。凡以书面、磁带、唱片、照相、口头或使用等方式公开的,即丧失其新颖性。有些国家采用世界新颖性,有些国家采用国内新颖性,也有些国家公知以世界范围为标准,公用以本国范围为标准。先进性也称创造性,指发明在申请专利时比现有技术先进,其程度对所属技术领域的普通专业人员不是显而易见的。实用性指发明能够在产业上制造和使用。

2. 中药专利的授予原则。

按照《中华人民共和国专利法》的基本原则,对于同一个发明只能授予一个专利权。当出现两个以上的人就同一发明分别提出专利申请的情况时,有两种处理的原则:一个是先发明原则,一个是先申请原则。先发明原则是指,同一发明如有两个以上的人分别提出专利申请,应把专利权授予最先做出此项发明的人,而不问其提出专利申请时间的早晚。但由于在采取此项原则时,在确定谁是最先发明人的问题上往往会遇到很多实际困难,因此,目前在世界上只有美国、加拿大和菲律宾等少数国家采用这种原则。所谓先申请原则,是指当两个以上的人就同一发明分别提出申请时,不问其作出该项发明的时间的先后,而按提出专利申请时间的先后为准,即把专利权授予最先提出申请的人,中国和世界上大多数国家都采用这一原则。

(三)中药专利申请的程序

各国对专利申请的审查有不同的要求,基本上实行两种不同的制度。有的国家实行形式审查制,即只审查专利申请书的形式是否符合法律的要求,而不审查该项发明是否符合新颖性等实质性条件。有些国家则实行实质审查制,即不仅审查申请书的形式,而且对发明是否具备新颖性、先进性和实用性等条件进行实质性的审查,只有具备上述专利条件的发明,才授予专利权。中国和世界上大多数国家采用实质审查制。专利申请的程序如下:

1. 专利申请文件的填写和撰写。

专利申请文件的填写和撰写有特定的要求,申请人可以自行填写或撰写,也可以委托专利代理机构代为办理。尽管委托专利代理是非强制性的，但是考虑到精心撰写专利申请文件的重要性，以及审批程序的法律严谨性，对经验不多的申请人来说，委托专利代理是值得提倡的。

2. 专利申请的受理。

专利局受理处或各专利局代办处收到专利申请后，对符合受理条件的申请，将确定申请日，给予申请号，发出受理通知书。

3. 申请费的缴纳方式。

申请费以及其他费用都可以直接向专利局收费处或专利局代办处面交，或通过银行或邮局汇付。目前，银行采用电子划拨，邮局采用电子汇兑方式。缴费人通过邮局或银行缴付专利费用时，应当在汇单上写明正确的申请号或者专利号，缴纳费用的名称使用简称。汇款人应当要求银行或邮局工作人员在汇款附言栏中录入上述缴费信息，通过邮局汇款的，还应当要求邮局工作人员录入完整通讯地址，包括邮政编码，这些信息在以后的程序中是有重要作用的。费用不得寄到专利局受理处。

4. 申请费缴纳的时间。

面交专利申请文件的，可以在取得受理通知书及缴纳申请费通知书以后缴纳申请费。通过邮寄方式提交申请的，应当在收到受理通知书及缴纳申请费通知书以后再缴纳申请费，因为缴纳申请费需要写明相应的申请号，但是缴纳申请费的日期最迟不得超过自申请日起2个月。

5. 专利审批程序。

依据专利法，发明专利申请的审批程序包括受理、初审、公布、实审以及授权五个阶段。实用新型或者外观设计专利申请在审批中不进行公布和实质审查，只有受理、初审和授权三个阶段。

6. 对专利申请文件的主动修改和补正。

对专利申请文件的主动修改和补正也是申请人可以视需要选择的一项手续。实用新型和外观设计专利申请，只允许在申请日起2个月内提出主动修改；发明专利申请只允许在提出实审请求时和收到专利局发出的发明专利申请进入实质审查阶段通知书之日起3个月内对专利申请文件进行主动修改。

7. 答复专利局的各种通知书。

(1) 遵守答复期限，逾期答复和不答复后果是一样的。针对审查意见通知书指出的问题，分类逐条答复。答复可以表示同意审查员的意见，按照审查意见办理补正或者对申请进行修改；不同意审查员意见的，应陈述意见及理由。

(2) 属于格式或者手续方面的缺陷，一般可以通过补正消除缺陷；明显实质性缺陷一般难以通过补正或者修改消除，多数情况下只能就是否存在或属于明显实质性缺陷进行申辩和陈述意见。

(3) 对发明或者实用新型专利申请的补正或者修改均不得超出原说明书和权利要求书记载的范围，对外观设计专利申请的修改不得超出原图片或者照片表示的范围。修改文件应当按照规定格式提交替换页。

(4) 答复应当按照规定的格式提交文件。如提交补正书或意见陈述书。一般补正形式问题或手续方面的问题使用补正书，修改申请的实质内容使用意见陈述书，申请人不同意审查员意见，进行申辩时使用意见陈述书。

（四）专利申请撤回及其恢复

逾期未办理规定手续的，申请将被视为撤回，专利局将发出视为撤回通知书。申请人如有正当理由，可以在收到视为撤回通知书之日起2个月内，向专利局请求恢复权利，并说明理由。请求恢复权利的，应当提交"恢复权利请求书"，说明耽误期限的正当理由，缴纳恢复费，同时补办未完成的各种应当办理的手续。补办手续及补缴费用一般应当在上述2个月内完成。

（五）办理专利权登记手续

实用新型和外观设计专利申请经初步审查，发明专利申请经实质审查，未发现驳回理由的，专利局将发出授权通知书和办理登记手续通知书。申请人接到授权通知书和办理登记手续通知书以后，应当按照通知的要求在2个月之内办理登记手续并缴纳规定的费用。在期限内办理了登记手续并缴纳了规定费用的，专利局将授予专利权，颁发专利证书，在专利登记簿上记录，并在专利公报上公告，专利权自公告之日起生效。未在规定的期限内按规定办理登记手续的，视为放弃取得专利权的权利。

（六）办理登记手续应缴纳的费用

办理登记手续时，不必再提交任何文件，申请人只需按规定缴纳专利登记费（包括公告印刷费用）和授权当年的年费、印花税，发明专利申请授权时，间距申请日超过2年的，还应当缴纳申请维持费。授权当年按照办理登记手续通知书中指明的年度缴纳相应费用。

（七）专利权的维持

专利申请被授予专利权后，专利权人应于每一年度期满前1个月预缴下一年度的年费。期满未缴纳或未缴足，专利局将发出缴费通知书，通知专利权人自应当缴纳年费期满之日起6个月内补缴，同时缴纳滞纳金。滞纳金的金额按照每超过规定的缴费时间1个月，加收当年全额年费的5%计算；期满未缴纳的或者缴纳数额不足的，专利权自应缴纳年费期满之日起终止。

（八）专利权的终止

专利权的终止根据其终止的原因可分为：

1. 期限届满终止。

发明专利权自申请日起算维持20年，实用新型或外观设计专利权自申请日起算维持满10年，依法终止。

2. 未缴费终止。

专利局发出缴费通知书，通知申请人缴纳年费及滞纳金后，申请人仍未缴纳或缴足年费及滞纳金的，专利权自上一年度期满之日起终止。

（九）专利权的无效

专利申请自授权之日起，任何单位或个人认为该专利权的授予不符合专利法有关规定的，可以请求宣告该专利权无效。请求宣告专利权无效或者部分无效的，应当按规定缴纳费用，提交无效宣告请求书一式两份，写明请求宣告无效的专利名称、专利号并写明依据的事实和理由，附上必要的证据。对专利的无效请求所作出的决定任何一方如有不服的，可以在收到通知之日起3个月内向人民法院起诉。专利局在决定发生法律效力以后予以登记和公告。宣告无效的专利权视为自始即不存在。

第二节　我国中药领域专利保护的现状与对策

一、我国中药领域专利保护的现状分析

（一）现行专利法律法规有待完善

由于中药专利保护主要借助于现行的专利法，而现行专利法主要是借鉴为西药提供保护的西方国家专利制度，再加上中药自身特殊性的缘故，使其在一定程度上不能完全按照西药保护体制来保护，如中药产品包括多种物质的混合物、产品本身的复杂性和易被仿制性等。因此，现行《中华人民共和国专利法》还不能完全实用于中药特点，也就不能真正有效地对中药起到专利保护的作用。

（二）专利保护意识有待加强

很多业内人士对申请专利保护的意识淡薄，主要表现在盲目地依赖行政保护，殊不知目前的中药品种保护模式并不适合于我国中药知识产权的保护和整体发展。同时，中药自古以来多以秘方形式加以保护的，导致错误地认为，即使中药产品申请了专利也难以获得有效保护，从而宁愿选择技术秘密保护来代替专利保护，以导致许多企业缺乏自主创新研发的动力，因循守旧，一成不变。此外，因职称评定或课题申报的导向作用客观上也促使了重视发表论文，不重视申请专利现象的出现，从而削弱了科技人员的专利保护意识，论文发表也导致发明创造新颖性丧失，失去了申请专利的机会。

（三）侵权与否有待明确

中药产品大多以多种物质的混合物形式出现，产品成分本身复杂，有效成分未能完全明确，目前的分析手段还不能充分阐明其归属。因此，无论在技术上还是依《中华人民共和国专利法》规定都很难判断对方是否侵权。在申请专利时，如果公开全部信息，产品将很快被仿制，其结果是专利权人并不能成为真正的受益者，权益将得不到保护；但如果不公开，又不利于产品的研制和开发，不利于中药研究技术的进步。因此，目前的中药专利保护（特别是中药复方、有效部位）处在两难的境地。

（四）维权意识有待提高

很多权利人在获得专利之后，将专利束之高阁，没有维权意识。专利在法律上属于私权力，法院奉行“不告不理”的原则。权利人获得专利权以后要时刻监测侵权活动，防范侵权的发生，在确定侵权行为发生以后应积极维护自己的权利。如果只申请权利而不维护权利，将会导致有“保”无“护”的尴尬局面。

（五）国外专利申请有待拓展

在国内专利申请后有一年半的保密期，专利申请者可充分利用这段时间考虑是否申请外国专利。可实际中，国内许多中药专利都放弃了这一年半的保密期而提前公开，正因为这个提前公开就意味着放弃了国外市场的控制权。据《世界专利索引数据库》中的统计表明，我国向世界公布的中草药专利申请已占世界公布的中草药和植物药专利申请总量的44.4%，但这些专利申请中我们向国外提出专利申请保护的比例仅有0.3%，严重影响我国中药出口竞争力。

二、完善我国中药专利保护的建议与对策

（一）出台适合于中药专利保护的法规

制定适合于中药特点的中药专利保护法律法规，完善和补充现行的主要基于西方专利法规而制定的《中华人民共和国专利法》，健全我国的中药专利保护制度。由于现行专利法并没有考虑到中药本身的特殊性和中药产品的重要性，在中药专利保护上还存在缺陷，所以在适用《中华人民共和国专利法》时可做相应变通，可以适当降低专利申请“三性”的要求，而且对于中药配方和产品都应提供专利保护，这样就利于真正地保护申请者的知识产权。比如在具体操作上，针对中药成分复杂、难以全面测定的实际情况，有必要为中药专利申请制定特殊的保护政策。建议在申请中药专利时，只要求申请者公开基本的配方、工艺与适用范围，同时允许其将核心技术作为技术诀窍合法保留，只有专利审查部门享有知情权，对于有异议或类似的专利申请，采取秘密的方式进行审查等。

（二）完善中药专利保护内容

1. 产品专利保护。

（1）复方制剂的专利保护。中药复方制剂的专利保护在遵循《中华人民共和国专利法》和《中华人民共和国专利法实施细则》的基础上，基本要点是：申请中药复方的专利，其药味越少越好，不仅保护范围大且可以隐藏技术诀窍。常出现的情况有：

1）新复方制剂。该申请的发明点在于原料各组分之间的配伍关系以及它们之间的用量配比，而制备方法为一般的惯用制剂工艺，此时权利要求的特征部分可以用原料特征加方法特征进行限定。

2）已知产品的新剂型。该申请的原料和配伍都是已知的，其发明点在于生产工艺上有独创之处，从而得到效果更好的新剂型。在这种情况下，权利要求的特征部分可仅用方法，即制备工艺进行定义。

3）包衣或辅料改进所得到的制剂。该申请的发明点在于所使用的包衣和辅料。如将有毒性的朱砂包衣改为无毒性的三氧化二铁。此外，中药制剂的二次开发(如新适应证等)也可申请专利保护；但应注意的是单纯的处方是不能获得专利保护的，申请专利保护的应是可进行工业化生产的中成药产品。

（2）中药材及相关产品的专利保护。虽然在《中华人民共和国专利法》第二十五条第四款规定“动物和植物品种不予保护”，但可通过以下途径进行专利保护：

1）中药材(植物)新的药用价值。

2）中药材新的药用部位。

3）新的炮制品等。

同时，还可以通过利用《动植物品种保护条例》，保护从国外引种或引进养殖的习用进口药材和国内异地引种和野生变家养的动植物药材。

此外，中药的相关产品(功能食品、保健用品和化妆品)如药枕、元气带等都应是专利保护的对象，可以申请专利。

有效部位(群)和单体成分的专利保护：中药的有效部位(群)通常具有化学成分非单一、组成不明确且主成分含量不低于50%的特点，因此在专利中须借助于制备方法加以描述，将有效部位的提取方法作为技术诀窍加以保护，如水杉叶及其提取物在制备心血管病药物方面的用途。需要注意的是，从有效部位中分离出有效成分的专利保护在前，含有该

有效成分的有效部位专利将受到前者的制约;相反,如果有效部位的专利在前,有效成分的专利在后就不构成侵权。

如果一个物质客观(有效成分)存在于一种植物中,申请者发现了这个物质,研究了其结构,则只是发现,不能受到发明专利的保护。但是,如果申请者采用一定的方法从植物中分离得到了这个单体成分则就是发明,就可受到发明专利的保护。

2. 方法专利保护。

无论何种中药专利(复方制剂、中药材、有效部位和单体成分等),无不涉及到制备方法,因此对方法的发明必须加以重视,其专利的保护亦非常重要。如产品具有独特的生产工艺,或对已知产品的生产工艺加以改进,均可申请方法专利。常见有以下几种情况:

(1) 产品新的制备方法。如一种从珍珠母贝中提珍珠液的方法,其发明点在于将现有技术中的“砂轮、人工的磨、盐酸水解”工艺改进为“用醋酸作剥离剂、硫酸水解”,并提高了产率。

(2) 质量控制方法。如有效成分含量的测定方法,印度就向中国提出了“使用色谱指纹图谱测定和鉴别植物或动物、天然或合成来源的提取物成分的方法”的专利申请。

(3) 中药材的种植方法。

(4) 中药材的加工、储存和保鲜方法等。

3. 加强中药专利国际发展战略。

重视对已取得的国内专利和有开发潜质的中药技术和产品及时进行国外申请专利,为今后我国产品进入国际市场创造条件,并指导国内中药产业及专利技术的发展方向。此外,国内各申请者也应对属于国际领先水平的中药技术和产品,及时在国内和国外申请专利,最大限度地保护国内产业的利益。

加强专利保护是明确产权归属,促进市场有序竞争的需要,是保护发明者利益,鼓励开拓创新的需要,是保护民族利益,参与国际化竞争的需要。我国实施知识产权保护制度的时间尚短,目前还存在种种矛盾和冲突(如审批周期长、保护期限较中药品种保护短和侵权事实认定困难等),还需不断地解决矛盾,完善知识产权保护制度,提高知识产权的综合运用能力以及提高中医药企业的竞争力,促进中医药事业的发展。

第三节 商标的基本知识

商标是用文字、名称、符号、图形综合组成,附标在商品上,作为该商品与其他同类商品区别的一种标志。作为医药企业、产品的显著标记——医药商标,其使用除与其他行业商标有共同点之外,还有它的特殊性。本章主要介绍商标的基本知识及医药商标的特殊要求。

首先了解商标的基本知识。商标的概念不是生来就有的,而是伴随着商品经济的发展沿革而来的。随着社会的不断进步,商标涵义越来越宽泛,分类越来越丰富,其作用越来越显著。

一、商标的起源

商标的叫法很多,通常人们称它为牌子,其实是区别商品出处的一种标志。商标的概念不是生来就有的,而是伴随着商品经济的发展而发展的,是来自于商品的生产与交换。

让我们先来了解一下它的历史沿革：

1. 无牌号阶段。

原始社会时期，人们处在自然经济时期，生产目的是自给自足，没有多余的产品可用于交换，因此也用不着给产品做标记，当时产品以农牧产品为主。发展到原始社会末期，社会进入铜器、青铜器时代，出现了第一次社会分工即农业与牧业分开，商品交换由偶然变成经常。进入奴隶社会后，第二次社会分工即农业和手工业分开，使得产生交换的商品生产趋多，同时货币产生、商品流通扩大，为了便于交换，买与卖的商品开始有标记，如：铭文、年号等。

2. 牌号(标记)阶段。

这里的牌号有多重含义，如指品牌，即商品生产者给自己产品规定的商业名称，是产品整体的组成部分；或指厂牌或店牌，即卖者给自己定的商业名称，是企业形象的组成部分。随着交换的扩大，出现了特殊群体——商人。商人成为消费者与生产者的中介人，专门为卖而买，承担商品交换业务。这时的手工业者和商人对产品开始注重标记，以便区别他人的商品。根据考古证实，北周时期就出现了陶器工匠“郭彦”的署名产品。江浙一带农民采摘西瓜前，往往在成熟的西瓜上按上一个“印记”，或乡村名，或户主姓名，然后采摘上市，这就是原始的商标。

3. 近代牌号阶段。

进入资本主义工业化时代，社会产品量大增，竞争日益激烈，牌号进入商标化、法律化阶段。在现代社会中，任何商品都可能由或多或少的不同企业分别生产和销售，而由于不同的生产条件、管理条件等因素的影响，各企业生产和销售的同类商品在质量上存在着差别。为了使自己的商品区别于其他企业生产的商品，就要给自己的商品起名字，这就产生了现代商标的概念。随着市场经济的发展，人们已经认识到商标对企业商品生产的重要性，商标成为了企业击败对手、争夺市场的有力工具。

二、商标的定义

商标的定义很多，众说纷纭。通常的说法是“商标是商品的生产者或者经营者在其生产或经营的商品上使用的、具有显著特征的、能够区别商品来源(出处)的一种标志”。

世界知识产权组织在其出版物中谈到商标定义时是这样表述的：“商标是用来区别某一工业企业或商业企业或这种企业集团的商品的标志(如同“服务标记”是用来区别服务一样)。”

按照我国商标法有关条款，可以这样表述：“商标是企业、事业单位和个体工商业者在其生产、制造、加工、挑选或者经销的商品上所使用的，由文字、图形或者其组合构成的，具有显著特征的，便于识别商品来源的标志。”这里所说的加工、挑选等，包括如大米、花生、海产品等也可以使用标志，甚至树苗、花卉也可以使用商标后出售。

三、商标的特征

商标是随着商品生产、交换的发展而出现的商业性标记，具有从属商品经济的属性。商标的涵义和作用决定了商标具有以下主要特征，这是所有商标的共性：

1. 商标是商品上的标志。

商标是商品经济发展的产物，只有商品上才能使用商标，而非商品物品上的文字、图案、记号等不是商标。

商标是商品的标准,但并非所有商品都有使用商标的必要和可能,有必要和可能使用商标的商品必须同时具备以下三个条件:一,必须是以一定物质形态存在的实体性商品,非物质形态的服务性商品,不能注册商标;二,必须是动产物。房屋、土地等不动产作为商品,可以买卖,但由于其自身独具特征,没有使用商标的必要;三,必须是能进行批量生产和反复交易的流通物。

2. 商标是一种区别标志。

商标是将同一种商品或类似商品区别开来的标志,它可以在市场上向消费者提供商品信息,反映特定商品的质量、特色,便于消费者认牌选购。商标与商品装潢、企业标志有明显的区别。商标突出识别性,而装潢突出的是装饰性,起美化商品的作用,商标设计相对稳定,而商品装潢则可以根据市场环境的变化而推陈出新;商标与企业标志的不同点在于,商标是用于区别商品的,而企业标志则是区别企业的。

3. 商标是一种具有产权意义的标志。

商标信誉是一般人类劳动在商标上的凝结。企业为提高产品质量,降低成本,提供优质服务和进行广告宣传所做的一切努力,以及积极参与公益事业,建立良好的公共关系等方面付出的劳动都凝结在商标上,使商标具有强大的市场竞争能力,为其所有者带来经济利益,是一种具有产权意义的标志。

四、商标的分类

商标的分类,尚无统一划分标准。我们通常是以商标的外观结构、用途,商标的使用者和商标管理等作为标志来划分的。根据不同的划分依据,商标具有多种不同的分类,现简单介绍几种主要的商标分类:

(一) 按注册与否分类

可分为注册商标和未注册商标。

(二) 按商标标志的构成分类

可分为文字商标、图形商标、记号商标、组合商标(综合商标)。

在我国最常见的是组合商标,如"红梅"商标,图案是一朵梅花并配有"红梅"或"Hong Mei"(汉语拼音)字样。

(三) 按商标的用途分类

1. 营业商标。

即公司的标记、企业名称等作为商标,使用在商标上,这种标记实质上是厂标或司徽,它有区别商品来源的作用,如"同仁堂"中药等。营业商标有特殊的作用,在宣传商品的同时宣传了企业,有助于提高企业的知名度。

2. 等级商标。

即同一厂家生产的不同质量的同类产品使用不同的商标,顾客一看商标就知道该产品的质量、档次。如同样是茅台酒有:"五星"和"飞天"两种,后者是出口的,质量高;又如著名的龙井茶叶有特级、一级、二级等;再如中药枸杞有一级、特级等。

3. 证明商标。

也被称为保证商标,表示所指商品质量已经通过鉴定,保证或证明其质量等级、原产地、制造方法及其特定品质的商标。证明商标的注册人本身不使用该商标,而是根据所规定的条件,批准申请人使用。通过这种商标的使用,提供质量证明,使商品对消费者具有更大的吸引力,有利于打开销路、占领市场。如“绿色食品”标志、“纯羊毛”标志等。

(四)按商标使用者分类

1. 制造商标。

制造商标,是指表示商品制造者的商标,又称“生产商标”。这种商标往往与厂标一致。如日本“日立”电器公司的“日立牌”商标,雀巢公司的“雀巢牌”商标。使用这种商标是为了区别制造者与销售商。

2. 销售商标。

销售商标是指销售者(经营者)销售商品而使用的商标,也称“商业商标”或“推销商标”,是销售者为了使自己经营的商品与其他经营的商品相区别而使用的商标。这种商标常在生产者实力较弱,销售者享有盛誉的时候使用。

(五)按商标的管理需要分类

1. 防御商标。

即同一个商标所有人在相同的商品上注册的一些相近似的商标,或者在同一类型的不同商品上注册几个相近似的商标,这种商标叫做联合商标,注册联合商标的根本目的是防止他人冒牌影射或抢注,所以人们叫他“防御商标”,而且防御商标更能表现联合商标的作用和联合商标所有人的用意。在商品经济越来越发达的条件下,防御商标越来越重要,在这方面的纠纷也越来越多。

如用于万金油的正式牌子是一只“虎”,因此天津一带老人把万金油(清凉油)叫做“老虎油”,据介绍,万金油的经营者为防止他人影射、仿冒,他们把猫科动物中与虎豹外形相似的几十种动物都作为万金油商标注册了,防止他人仿冒,这可谓“滴水不漏”。

2. 备用商标。

备用商标也叫“储藏商标”,是属于企业的已注册商标,储存在企业的商标库内,实际上还没有使用,以备在市场变化的情况下使用,如药品、化妆品、电器商标。电器,特别是家用电器,市场多变,企业往往备用这类商标。

3. 驰名商标。

驰名商标也叫周知商标。指商标信誉卓著,极为著名,并为广大消费者所熟识。驰名商标不能由注册人自封,而要经过某种权威机构、组织调查,按一定程序进行评定,确定得票最多的那些商标为驰名商标,我国有关省市和国家工商行政管理总局曾进行过这种评选活动,结果往往在报上公布。根据我国国家工商行政管理总局的规定:评定我国驰名商标的机构是国家工商行政管理总局。

《保护工业产权巴黎公约》规定,缔约国均有保护驰名商标的义务,如发现与驰名商标相近似的商标,即使该驰名商标未在该国注册,也要将与驰名商标相近似的注册商标撤销。

五、商标的作用

商标是在商品生产和交换过程中产生和发展的,随着商品经济的发展,商标的作用也越来越被人们所重视。商标是促进商品生产,加速商品流通,维护生产者和消费者权益,扩大对外贸易的有力工具,对发展我国市场经济,培育和完善市场体系有着重要的作用。

1. 区别作用。

区别同种或类似商品的不同生产者或者经营者。对于不同种类的商品,人们通过商品的名称、原料、功能、用途以及外观等就可以区分开来,但对于不同企业生产或经营的同种或类似商品,其商品名称、外观形态、功能是相近甚至是相同的,要区分其生产者或经营者,就需要借助于一个媒介,即商品上的商标。

商标的区别作用并不意味着商标本身就能直接指明商品的生产者或经营者,而是表明使用同一商标的商品是由同一企业生产或经营的,从而把某一商品同它的生产者或经营者联系起来。这是商标最重要、最本质的功能。在现代商业社会中,商标是企业销售产品的根本所在,商标通过它显示的某种质量来帮助消费者挑选商品。企业也可以通过商标把自己的商品与其他企业的商品区别开来,并通过广告宣传及各种促销手段吸引消费者购买自己的商品,巩固和进一步提高商标信誉,树立良好的企业形象。

2. 保证作用。

商标表示和保证商品质量和特色的作用不同于商品说明书,也不同于关于企业的介绍和报道,而是指商标一旦固定于某种商品,经过长期反复使用,就成为商品质量和特色的象征,成为商品信誉和企业形象的代表。商标对商品质量的保证作用,主要通过企业内部对使用同一商标商品的原料、零部件、工艺、包装等方面统一标准,并坚持标准化生产而实现的。

商标的保证作用有利于保护企业利益以及消费者的利益。注册商标受法律保护,可以防止竞争对手的仿制侵犯。同时,保证消费者正确选择合格产品。

3. 增值作用。

商标是企业的宝贵财富。商标是商品的标准,商标信誉就是企业的生命。商标信誉凝结着企业员工为争创优质名牌所做的坚持不懈的努力,是他们智慧和心血的结晶。一个拥有名牌商标的企业就拥有众多的消费者,它的一切努力就得到了社会的承认,就拥有较强的吸引人才、资金的能力和较强的竞争力,企业就可以在名牌商标的旗帜下扩大生产规模,增加产量,可以逐步推出新产品,进行产品的更新换代,并顺利进入市场,从而保持产品结构的最佳组合。由于名牌商品更能满足消费者的物质需求和心理需求,因而可以按较高的价格出售,提高企业的盈利水平。

商标对企业来说是一种无形资产,它不受厂房、设备、商品和人员生命周期的限制,因此,比起有形财产更为珍贵。所以,世界各国的商标法律制度都以保护商标权为中心,即保护商标的独占专用权,使之不受他人侵害。

4. 宣传作用。

商标是广告宣传的有力工具。商标具有显著的特征,它简洁、明快、易呼、易记、独特醒目、易于识别,容易给人留下深刻的印象。而广告的目的也在于引起人们的注意,加深记忆,诱导人们的购买欲望和购买行为。商标本身既然具有广告宣传的功能,也就成为极有力的广告宣传工具。商标的广告宣传作用可以从两方面表现出来:一方面通过消费者使用带有商标的商品,使他们把对商品质量等方面的良好印象集中在商标上,并通过商标,把这种印象传递给其他消费者;另一方面,在各种广告宣传和推销活动中,商标属于核心地位。通过引人入胜的画面、独特的音响引起人们的注意,使潜在的顾客对商标产生好感,留下深刻印象,从而诱发其购买的兴趣。

5. 促进作用。

商标可以促进对内搞活，对外开放。我国市场经济的推进，对内搞活对外开放方针的贯彻实行，使社会经济生活发生了巨大变化。商标可以用它的特殊功能促进对内搞活，对外开放。在对内搞活方面，以名牌、驰名商标为主开展横向经济联合，形成了一批跨地区、跨行业、产销结合，生产与科研结合，军工与民用结合的企业集团。例如，广东"太阳神"集团，深圳"康佳"电子集团等，带动了一批企业在经营管理、产品开发、工艺水平和产品质量等方面的迅速提高，有效促进了生产力的发展，繁荣了国内市场；在对外开放方面，商标也起着重要作用。技术贸易往往是以商标为先导的，例如，我国引进的很多电子产品生产线，大都以国际名牌为先决条件，"借船出海"，通过引进—消化—吸收—国产化，缩短了与国际先进水平的差距。可以说名牌商标是进入国际市场的通行证，通过对名牌商标评定，可以提高我国出口创汇的能力和在国际市场上的竞争能力。

商标是厂家信誉的一种标志，往往成为消费者选择商品的重要依据。商标信誉的好坏决定了商品竞争力，优胜劣败的市场竞争规则，促使企业不断提高商品质量，保证了名优商品的市场占有率。国家通过"驰名商标"的评定，使市场更加健康繁荣发展。商标的实施使国家、企业和个人三者的利益得到合理的维护，促进了经济发展。

第四节　商标法规知识

既然商标是生产者、经销者在其产品上使用的，用来区别不同商品及其来源的专用标记，那么为了维护商品生产者或经销者的正当权益，就应当赋予商标某种权利，即如果某种商品已经使用了某种商标，在同类或者类似商品上，其他人就不应再使用与其相同或类似的商标。但在实际社会生活中，商标的推广使用产生了一系列复杂的社会关系，商标对商品的生产、流通、分配、消费等国民经济各个环节都产生了一定的影响，既涉及国家整体利益，又涉及生产、经营者的利益，也与消费者的利益息息相关。国家对这些复杂的社会关系必须给予法律调整，所以就产生了商标法规。

一、商标法规的含义

商标法就是调整商标关系，保护商品生产者、经营者的商标专用权，制止不法者侵权行为的法律规范。

我国的商标法是根据兼顾国家、集体和消费者利益的原则所确立的、对商标进行管理的一套完整的法律制度。

商标法由国家权力机关制定并认可，体现国家对商标进行管理、确认商标专用权、利用和转让商标专用权、保障消费者利益并促进社会主义商品经济发展而产生的各种社会关系的法律规范总和。

商标法的核心内容和直接目的就是保护商标专用权。通过对商标的依法管理，可以使商标得以正常使用，防止滥用、混同等现象发生。严厉打击利用商标进行扰乱市场等不法行为，维护社会主义经济秩序。

二、商标法规的历史和现状

商标法作为一门独立法规的历史是比较短的，世界各国都是如此。

我国商标的使用和管理起源比较早，有文字记载的是始于唐代。“注册商标”这个词起源于清末。我国历史上第一部商标法规性文件制定于1904年，即《商标注册试办章程》。1923年制定了我国历史上第一部商标法，但那时的商标立法权和管理权都带有显著的殖民地和半殖民地色彩。

世界上第一部商标法产生于1857年的法国。由此可见，我国的商标立法和保护的历史也不算短，比法国仅晚53年。但在过去，商标立法和整个商标工作比较落后。

中华人民共和国成立后，人民政府十分重视商标立法和商标管理工作：

1950年制定了《商标注册条例》。

1963年制定了《商标管理条例》。

1982年8月23日第五届全国人民代表大会常务委员会第二十四次会议正式通过了中华人民共和国成立后的第一部商标法——《中华人民共和国商标法》(以下简称《商标法》)，该法于1983年3月1日实行。

1993年2月22日，在第一部商标法实施10周年之际，第七届全国人民代表大会常务委员会第三十次会议通过对1982年商标法的修正案。

2000年11月22日，国务院决定将《中华人民共和国商标法修正案(草案)》提交第九届全国人大常委会审议。

2001年，为适应加入WTO后实施TRIPS协议和进一步强化市场经济条件下商标专用权保护力度的需要，中国立法机关再次对《中华人民共和国商标法》进行了修改。与第一次修改相比，这次修改的幅度较大，涉及47项内容，新增了23条，使《中华人民共和国商标法》由原来的43条增加为现在的64条。新的《中华人民共和国商标法》增加了对立体商标、颜色组合商标、驰名商标、集体商标、证明商标、地理标志的保护，完善了商标确权程序，强化了对商标专用权的保护力度。毫无疑问，修改后的《中华人民共和国商标法》为中国企业积极参与国际国内市场竞争奠定了更加坚实的法律基础，对于促进中国社会主义市场经济的健康发展必将发挥其应有的作用。

在不断完善国内立法的同时，中国自1990年加入《建立世界知识产权组织公约》以后，先后于1985年加入《保护工业产权巴黎公约》，1989年加入《商标国际注册马德里协定》，1994年加入《商标注册用商品和服务国际分类尼斯协定》，1995年加入《商标国际注册马德里协定有关议定书》，2001年加入TRIPS协议。经过20年的努力，中国已建立了以《中华人民共和国商标法》为基础内容的比较全面的现代商标法律保护体系。

三、商标专用权

企业在注册机关注册了商标，获得了注册证，就拥有了对这件商标的专用权，称之为所有权或注册权，然而最本质的权利是商标专用权，即受国家法律保护的合法权益。

商标权在知识产权中占有重要位置，可以用图9-1表示：

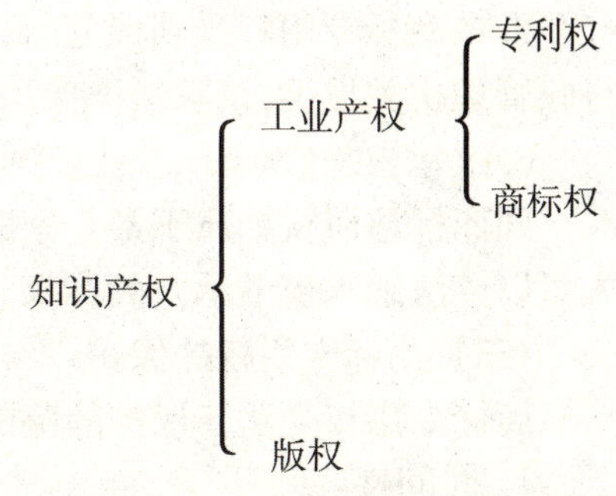

图9-1 商标权在知识产权中的位置

(一) 商标专用权的取得

我国商标法对商标专用权下的定义是：①经商标局核准注册的商标为注册商标……商标注册人享

有商标专用权，受法律保护(《中华人民共和国商标法》第三条)。②自然人、法人或者其他组织在生产经营活动中，对其商品或服务需要取得商标专用权的，应当向商标局申请商标注册(《中华人民共和国商标法》第四条)。

从以上两条来看，商标专用权是商标注册人对其依法注册的商标所享有的专用权。

商标专用权的产生除了注册之外，有的国家可以通过使用产生，因此有“注册原则”和“使用原则”之分。

在我国要获得商标专用权，必须经过注册，这在国际上称为“注册原则”，或者叫“注册在先原则”。《中华人民共和国商标法》第三十一条规定：“两个或者两个以上的商标注册申请人，在同一种商品或者类似商品上，以相同或者近似的商标申请注册的，初步审定并公告申请在先的商标；同一天申请的，初步审定并公告使用在先的商标，驳回其他人申请，不予公告。”在这里，只有在同一天申请的情况下采用“使用在先原则”，所以说我国是采用“注册在先原则”的国家。

有一些国家的商标制度与我国不同，称为“商标制度基于使用的国家”，即上文提到的“使用在先原则”。如美国、英国和效法英国的一些国家，可以仅根据对商标的使用，即使不注册，也能取得商标权。采用这种制度的国家，也有一个注册制度。如在美国，只要某个商标在美国境内连续不断地使用了5年，便可取得无可争辩的专用权，受法律保护。美国也有注册机关和注册制度，但他们在对注册申请进行审查时首先要看该商标是否已在美国实际使用。

据介绍，西方一些严格执行“使用在先原则”的国家，近来情况有所变化，他们正酝酿走“注册”与“使用”相结合的道路。

（二）商标专用权的内涵

商标权是知识产权的一种，商标所有人享有如下权利：

1. 独占权。

即商标权的排他性，只有商标注册人专用。

2. 转让权。

即商标所有人可以有偿或无偿地将商标权转让给他人。

3. 许可权。

即商标所有人可以许可他人有偿或无偿地使用其商标。

4. 禁止权。

即商标所有人有权禁止他人使用其商标。

5. 诉讼权。

即在商标专用权受到侵犯时，商标所有人有权向司法机关提起诉讼，或者可以向工商行政管理机关投诉，请求法律保护。

6. 继承权。

即商标注册权如属于某个家庭或个人，当商标所有人死亡或丧失民事能力时，其继承人可以依法继承被继承人商标权。

（三）商标专用权的保护

商标专用权受法律保护的范围也有一定的限度：

1. 时间性。

商标局核准一件商标注册之后，其有效期自发证之日起，按我国商标法规定10年内有效，受法律保护。注册到期前6个月，注册人还可以申请续展，如获准续展，继续受法律保护，依次类推。但如果注册人因某种原因不去申请续展，那么商标注册人就丧失其商标专用权，注册证失效。

2. 地域性。

商标专用权保护不可越出国界，1997年或1999年之前，中国内地注册的商标在我国香港特别行政区、澳门特别行政区也不受保护。作为外贸公司的商标，应当及时到商品销售国家或地区去申请注册，寻求法律保护。

3. 规定性。

即商标注册人必须严格按照商标注册证上核准的商品类别或品名来使用，擅自扩大使用范围不仅不能受法律保护，而且还可能造成侵犯他人商标专用权。

（四）商标专用权的丧失

商标注册人在取得注册证之后，并不意味着商标注册人可以一劳永逸，相反商标专用权也有可能因如下原因而丧失：

1. 商标未使用。

许多国家的商标法明文规定，一个商标若连续若干年不使用，商标就可能被注册当局撤销，其年限一般是3～5年。我国商标法规定是3年。

2. 滥用许可使用权。

商标注册人可以依法许可他人使用其注册商标，我国商标法规定，必须与被许可人签订许可使用合同，严格按注册的商品类别使用，并负责监督其商品质量，如果商标注册人不加约束地随意滥施许可，不关注被许可使用商品的质量，或超出注册核定的商品范围，注册商标就可能被撤销。

3. 商品粗制滥造。

使用注册商标，其商品粗制滥造，以次充好，欺骗消费者的，由各级工商行政管理部门分别不同情况，责令限期改正，并可以予以通报或处以罚款，或者由商标局撤销其注册商标。

4. 自行其是。

使用注册商标，有下列行为之一的，由商标局责令限期改正或者撤销其注册商标：自行改变注册商标的文字、图形或者其组合的；自行改变注册商标的注册人名义、地址或者其他注册事项；自行转让注册商标的。

5. 未办续展。

商标注册证有效期已过，而又未能在宽限期内办理续展手续，或者虽提出续展申请，而被注册当局驳回的，商标专用权也随之丧失。

6. 司法判定无效。

商标虽经注册，因事后发生争议或其他诉讼案等情况，经工商管理部门或司法部门调查核实，最后裁定或判决该商标注册或续展无效，那么意味着该商标被撤销，商标专用权即告丧失。

四、商标注册

（一）商标注册的概念

商标注册是指商标使用人将其使用的商标按照法律规定的条件和程序，向商标管理机关提出注册申请,从而获得在一定的期限内对其注册商标享有专用的权利。

经商标局核准注册的商标为注册商标,商标注册人享有商标专用权,受法律保护。使用注册商标应当标明“注册商标”字样或标明注册标记“注”或“®”。在商品上不便标明的,应当在商品包装或者说明书以及其他附着物上标明。

商标注册与不注册的区别在于:未注册商标不享有法律赋予的商标专用权,当未注册商标与注册商标相冲突时,未注册商标应当立即停止使用。

(二)必须注册的商标

我国实行自愿注册原则,未注册商标可以使用但不受法律保护。我国对与国计民生休戚相关的少数商品商标实行强制注册。我国商标法规定,国家规定必须使用注册商标的商品,必须申请商标注册,未经核准注册的,不得在市场上销售。根据《商标法实施细则》的规定,人用药品和烟草制品必须使用注册商标。

(三)商标权取得的程序

1. 商标注册的申请。

我国商标注册申请采用“一类商品、一个商标、一份申请”的原则。申请商标必须按照商标注册用商品和服务分类表规定的类别提出申请。如果同一申请人在不同类别的商品上使用同一商标的,应当按商品分类表提出注册申请。对于注册商标,如果需要扩大使用到同类其他商品上,应当另行提出注册申请。

申请商标注册,申请人应当提交申请书、商标图样、证明文件和申请费用。目前,我国已对商标注册申请全面实行代理制。

2. 商标注册的审查。

商标局接到商标注册申请后,按照形式审查和实质审查相结合的制度对其进行初步审查。形式审查的内容主要包括:申请人是否具备合法资格,申请文件是否齐全,内容是否合法,手续是否齐备,申请费用是否缴纳。实质审查的内容主要包括:商标是否具备法定构成要素,商标是否具备显著性,商标是否违反禁用条款,商标是否与他人已申请在先或已注册的商标相混同。

凡是符合商标法规定条件的,由商标局初步审定,予以公告。凡不符合法律规定的,由商标局驳回申请,不予公告。对驳回申请,当事人不服的,可以在收到通知15天内申请复审,由商标评审委员会做出终局决定,并书面通知申请人。

两个或两个以上的申请人,在同一种商品或者类似商品上,以相同或者近似的商标申请注册的,初步审定并公告申请在先的商标;同一天申请的,初步审定并公告使用在先的商标,驳回其他人的申请,不予公告。

3. 商标注册的核准。

对初步审定的商标,自公告之日起3个月内,任何人均可提出异议。无异议或者经裁定异议不成立的,授予核准注册,发给商标注册证,并予公告。经裁定异议成立的,不予核准注册。至此,申请人即取得注册商标专用权。

(四)注册商标的期限、续展、转让和使用许可

1. 注册商标的期限和续展。

注册商标的期限是指注册商标具有法律效力的持续期间。我国商标法规定,注册商标有效期为10年,从商标核准注册之日起计算。

注册商标的续展,是指注册商标有效期的延续。注册商标的续展申请,应在商标有效期满6个月内向商标局提出，如果因故不能提出，可以给予6个月的宽展期。如果超过6个月的宽展期仍未提出续展申请，注销其注册商标。每次续展注册的有效期为10年，续展的次数法律不作限制。续展注册经核准后，予以公告。

2. 注册商标的转让。

注册商标的转让是指商标专用权人将其注册商标的所有权转让给他人所有的行为。依据商标法规定，转让注册商标的，转让人与受让人应当共同向商标局提出申请，经商标局核准并予以公告后方为有效。

注册商标的转让有两种形式：一是通过合同行为转让，这是注册商标转让的主要形式；二是依继承事实转让。注册商标转让后，受让人应当保证使用该注册商标的商品质量。

3. 注册商标的使用许可。

注册商标的使用许可是指商标权人通过合同方式许可他人在一定范围内有偿使用其注册商标的行为。注册商标的使用许可与转让存在本质的区别。商标许可使用不发生商标权的转移，它仅仅是商标权人在一定范围内将其商标使用权让给被许可人行使。

根据商标法规定，许可人应当监督被许可人使用其注册商标的商品质量。被许可人应当保证使用该注册商标的商品质量。经许可使用他人注册商标的，必须在使用该注册商品的商品上标明许可人的名称和商品产地。商标使用许可合同应当报商标局备案。

第五节　商标的设计

商标是识别商品及其生产企业的标志，商标的设计就像给新生儿取个好名字一样重要，可以终生受用。为了充分发挥商标的作用，商标的设计应该遵循特定的原则。

一、基本的商标设计种类

首先了解一下基本的商标设计种类。按商标的构成要素（即组成部分）划分，可以分为文字商标、图形商标和组合商标三种。

1. 文字商标。

文字商标以文字构成，包括各种文字、数字、字母组合、签字等。除该商品的通用名称和法律规定禁止使用的文字外，商标使用人可以根据生产经营需要任意选择使用。人们通常选用暗示商品质量和特点的文字作商标。例如“克咳”牌（药品）、“北冰洋”牌（啤酒）；也有的将几个字母组合在一起使用，尽管字母组合不具有任何意义，但却因独创性而具有显著特征。例如，“SONY”、“NOKIA”等；此外，还有用数字组合在一起的商标，例如“555”、“999”、“101”等。

文字商标发音清晰，音节少，具有易呼、易记的特点，适用于多种传播方式。

2. 图形商标。

图形商标由平面图构成，除禁用的之外，各种各样的图画、图像、几何图形、图案、记号都可以作为商标。图形商标是由简单的符号演变而来的，比其他的商标形式历史悠久。国外近年来在商标设计中突出了形象设计，更注重图形的简洁、凝练，使图形商标越来越接近通讯信号。商标图形讯号化已成为商标设计的方向。

图形商标形象生动，色彩明快，具有显著特征，不受语言限制，易于识别。但是，由于图形商标没有商标名称,不便呼叫。因此,表意不如文字商标准确。

3. 组合商标。

组合商标是由文字和图形组合而成的商标。组合商标利用和发挥了文字商标和图形商标的优点,图文并茂,相得益彰。组合商标一般以图形为主,文字为辅,文字与图形融为一体,用文字表达形意,用图形加深人们对文字的理解和记忆,可以达到形象鲜明,表意清楚的效果,因而我国企业使用组合商标的很多。

二、商标设计的基本条件和要求

任何图形、文字、标记等视觉形象都可以作为商标,但法律规定和社会公德不允许作为商标的除外。一个商标称得上“好”,就要精心构思,巧妙设计,这是一个商标能否发挥作用,成为名牌商标的先天条件,这里介绍一些客观的条件。

1. 显著性。

商标的最重要的功能是区别商品或服务的不同来源,因此商标必须具有显著性,能明显地将自己的商品或服务与他人的商品或服务区别开来,给人以深刻的印象。一个好的商标设计应当像一部优秀文学作品或影视作品中的主人翁的独特个性那样让读者过目不忘,回味无穷。商标的“显著性”现在已成为商标学上的术语,不少商标的法律文书上都使用这个词,商标的注册机关可以某商标不具有显著性或已经丧失显著性为由不予注册,予以驳回。

商标设计要独出心裁,构思巧妙,独一无二;要独创,不要模仿,即新颖别致,这不仅是显著性的要求,而且也是顺利通过官方审查、不与已注册商标冲突、获准注册的重要条件。

2. 简洁性。

图形、图案或标记的构成要素要少,即简洁明了。现在有一种提法,叫做“刹车效应”,意思是说,一个人坐在汽车里,在路边看到一个广告牌上的商标,不踩刹车减速也可以把商标的主要构成要素看清楚并且记住。据心理学者说,一般的人,看一眼某个图案或图形,特别是在不刹车的情况下,最多只能记住三个要素。人们对商标的记忆往往是无意记忆条件下形成的,所以图形要素多的,或名称太长的都不能达到商标应有的作用。我国现有商标的构成要素往往很多,这就不符合人们的记忆规律。我国20世纪50～60年代形成的商标往往像一幅完整的“画”;其要素(包括商品名称)多到十几个。

现在有些企业已注意这个问题,把商标构成要素大大减少,如杭州的“娃哈哈”商标只有三个汉字,实际是两个汉字(哈字重复)。

3. 审美性。

商标要做到易读、易记、易听、易写、易说(易呼叫),含义要美好。作为商标名称使用的词要便于呼叫,读起来朗朗上口,留下美好的记忆,而且是多数人都感到美好。

对于文字商标或给商标取的名字,不要太多的描述性,但可以有隐喻性,使人们产生某种美好的联想,应当避免可能产生不美、不雅的联想,或者在流传、使用过程中形成变调和歪读成与设计者初衷完全相反的效果。如“奔驰”汽车进入中国市场之初是译为“苯茨”,容易读成“笨次”。再如有一种汽车叫“布切奇”,可是人们习惯上叫“不解气”,就不招人喜欢。还有一家药厂,以药厂简称作商标,结果是温药牌,这“温药”容易认为是“瘟药”,再说,药品商标中含有药字也不符合通用商品不得作商标的规定。外贸公司的商标还要到国外去注册,要得到国外消费者的认可,更应注意上述问题,即由于各国各民族历史、文化、宗教、风俗习惯以及语言上的差异，在中国人眼里很响亮的、很美好的文字和事物，在其他国家可能被认为是不美的甚至是下流的，如芳草的芳(FANG)，在英语中是“毒牙”的意思，芳草牌牙膏自然不会被英国人或用英语的民族欢迎。又如山羊(goat)、雄鸡(cock)等，在汉语里没有不雅之意，人们乐意接受，但在英语中“goat”和“cock”还有山羊、雄鸡以外的很不雅的含义，所以广州的五羊牌，图形是五头山羊，而英语已改成“five lamps”，“lamp”这个词在英语中就美得多，不仅是可爱的羔羊、小羚羊、小羊，甚至可以用来称呼小孩，相当于小宝贝、乖乖。

三、商标禁用条款

设计商标时除了遵循以上原则外，还必须严格遵守商标法所规定的禁用原则。《中华人民共和国商标法》第十条规定：商标不得使用下列文字、图形：

(1) 同中华人民共和国的国家名称、国旗、国徽、国歌、军旗、军徽、军歌、勋章等相同或者近似的，以及同中央国家机关的名称、标志、所在地特定地点的名称或者标志性建筑物的名称、图形相同的。

(2) 同外国的国家名称、国旗、国徽、军旗等相同或者近似的，但经该国政府同意的除外。

(3) 同政府间国际组织的名称、旗帜、徽记等相同或者近似的，但经该组织同意或者不易误导公众的除外。

(4) 与表明实施控制、予以保证的官方标志、检验印记相同或者近似的，但经授权的除外。

(5) 同“红十字”、“红新月”的名称、标志相同或者近似的。

(6) 带有民族歧视性的。

(7) 带有欺骗性，容易使公众对商品的质量等特点或者产地产生误认的。

(8) 有害于社会主义道德风尚或者有其他不良影响的。

县级以上行政区划的地名或者公众知晓的外国地名，不得作为商标，但是地名具有其他含义或者作为集体商标、证明商标组成部分的除外；已经注册的使用地名的商标继续有效。

现对以上几款略加说明。

第(5)款所说的“红十字”是大家都很熟悉的标志，红十字会是一个国际救护救济团体。我国也有这一组织，使用这个标志。这个标志是1864年《日内瓦公约》规定的。凡是与“红十字”或“红新月”标志相同或近似的文字、图形或其组合都不得用作商标。

商品通用名称和图形一般为同行业所共有，不能一家独占，如“美味”烤鱼片、“良药”消炎药、“越野”汽车，机械上表示光洁度的“△”符号等。

第(6)款是维护各民族尊严的条款。我国宪法规定各民族一律平等，禁止歧视任何民族。因此，商标不能带有民族歧视性，不能用少数民族的民族名称作为商标，如“黑人”等。

第(7)款是禁止夸大宣传的条款。商标的主要作用是便于消费者选购商品，夸大宣传，欺骗消费者的商标是不能注册的。如“永不落”气球、“最佳”钢琴、“益寿”补品等。如我国某企业用“水晶”(crystal)作玻璃器皿的商标在国外注册曾被驳回。

第(8)款规定了有害于社会主义道德风尚或其他不良影响的商标不能注册。商标的文字、图形或其组合上如果是反动的、淫秽的、封建的都不可以用作商标。

除了以上八条禁用条款外，还有一些，如不能用中国和世界地图作商标或将著名的古迹、古建筑用于低劣或亵渎性商品上等。像“天安门”、“天坛”不能作为痰盂、卫生纸或鞋类的商标。单纯简单数词或三个以内的字母不宜作商标。与此相似的是，在一些信奉佛教，甚至以佛教为国教的国家，佛像或象征神佛的形象不能用于内衣裤等商品的商标，当然也不能用在卫生纸上。我国有一种出口卫生纸是“白塔牌”(PAGODA)，若销往泰国就不适宜。

第六节 医药商品的商标

《中华人民共和国商标法》和1984年颁布实施的《中华人民共和国药品管理法》中规定“人用药品必须使用注册商标”，“除中药材、中药饮片外，药品必须使用注册商标；未经核准注册的，不得在市场销售”。将药品纳入到强制进行商标注册的轨道，使商标管理成为药品管理的一个有机组成部分。

一、药品商标法规

《中华人民共和国药品管理法》(1985年7月1日施行)第四十一条规定：“除中药材、中药饮片外，药品必须使用注册商标；未经核准注册的，不得在市场销售。药品商标必须在药品包装和标签上注明。”

《中华人民共和国商标法》第三十九条规定：“注册商标的有效期为十年，自核准注册之日起计算。”《中华人民共和国商标法》第四十条规定：“注册商标有效期满，需要继续使用的，商标注册人应当在期满前十二个月内按照规定办理续展手续；在此期间未能办理的，可以给予六个月的宽展期。每次续展注册的有效期为十年，自该商标上一届有效期满次日起计算。期满未办理续展手续的，注销其注册商标。”由于注册商标续展次数不限，因此，医药企业可以对药品的商品名申请注册，并且通过续展注册，享有该药品商品名的永久独占权，获取商标带来的经济效益。但是有一点要注意，根据有关规定，药品商品名(包括外文名和中文名)一律不得用做药品通用名。药品的通用名即法定药品名称是国家药品标准和地方药品标准中收载的药品名称，依据商标法规定，不得作为商标或商品名注册。

二、药品商标保护的意义

在市场经济社会中，商标的功能是多方面的。对商标所有权人而言，商标具有表彰商品来源、广告宣传的作用，同时也是企业无形财产的重要组成部分。对于消费者，商标具有区别商品、标示商品质量的功能。监督管理部门可以通过注册商标及其转让、许可的管理，监督商品质量，稳定和巩固经济发展。另外，通过商标在国外的注册，可加强我国商品在国际市场上的竞争能力，促进我国商品对外贸易的发展。对于药品来说，商标是区别不同药品生产企业产品质量的标记，是药品是否合法经营的依据，是药品质量的法律保证。药品作为特殊商品，消费者无法靠自己的能力辨别质量优势，只能通过对产品的信任度决定使用哪一种产品。同一产品最有效的区别方式就在于不同生产企业的商标，名牌产品因其质量好、疗效确切，受到消费者的喜爱。因此，药品的注册商标对于企业创名牌、争效益、保证药品质量、提高竞争力，都有着重要的意义。

三、我国药品商标保护现状

我国实施药品商标制度十多年,形成了许多在海内外享有一定声誉的名优商标,如深圳南方制药厂的“三九”商标,成都“地奥”商标,北京的“同仁堂”,广州的“潘高寿”,重庆的“桐君阁”,成为我国医药企业宝贵的无形资产。但也存在着一些突出的问题,如药品商品名与通用名称的关系处理不当,导致商标的争议,企业利益不易受到保护。另外,一些医药企业缺乏名牌意识,不重视产品质量的改善和商标的宣传;许多药品商标的显著性、识别性、独特性不强,不便于识别和推广,特别是我国传统的中药商品的保护力度亟待加强。

(一) 药品商标注册量不足

由于我国医药企业缺乏名牌意识,药品商标的注册量少,从一些统计数字上可以看到这一点:日本武田药品株式会社在国内外拥有注册商标共达7000多个,每年还有近300个商标申请注册,瑞士化学药品公司注册商标达3万多个,我国共有2000万家企业,到1995年约注册了50万件商标,这意味着平均40家企业才有一个企业注册商标。

(二) 药品名与商标名关系处理不当

一个药品应有通用名称(药品名)、化学名称、商品名称(商标名)。过去我国的西药多数为仿制药品,因而企业对新化合物及药品商品名重视不够,但随着市场经济与商标意识的增强,如果药品名与商标名的关系处理不当,将导致药品商标纠纷案增多。按照商标法的规定,商标不得使用本商品的通用名称,不得直接表示商品质量、主要原料途径、重量、数量及其他特点,原卫生部药政局也于1990年通电全国“凡将药品名称作为商标注册的厂必须在1990年12月31日前撤销商标注册或更换商标注册名称”。所以,将药品名作为商标注册,从而使药品名称也成为独占,不符合药品法与商标法的规定。

(三) 商标意识淡漠,名牌丧失

商标的一个显著特点就是可以依法连续无限制地延续下去,但我国不少药品企业商标意识淡漠,导致商标权自然丧失,突出表现为商标过期不续展,缺乏在国外注册商标的意识而被抢注。由于多数国家的商标注册采用申请在先的原则,因而商标抢注就成为合法的行为。我国有部分名牌药品商标在国外已被抢注,应提高名牌商标的保护意识。

(四) 中药商标的区别作用不强

我国民众对中药商品的识别主要是通过不同中药商品的名称进行识别的。中药商品的命名有着严格的规范,商品标准中的名称即通用名称在全国统一使用,无专有性。从药品名称难以区别产品的来源,难以区别产品质量的优劣。因此,区别商品来源的方式是认识商标和生产地标志。根据我国《商标法》的规定,商品的通用名称不能作为商标注册,云南白药、六神丸、安宫牛黄丸等名称属于通用名称,无法申请商标注册。有些厂家将商标放在商品包装极不显著的地方,难以引起注意,商标的显著性和识别性作用在中药商品上未能充分发挥。

(五) 中药商标的独特性不强

许多有中药商品的企业只注册一个或很少几个商标,往往是一个商标多个品种使用,而不是一个药品一个商标,有的企业甚至上百个产品使用一个商标,这样就削弱了商标与商品之间的作用关系,使商标在区别药品的治疗作用上无法发挥作用。药品商标应具有特指性,通过宣传使消费者了解到商标与某治疗作用相关,便于识别和推广,如果专治某种疾病的药品没有一个独特的商标,商标的作用就很难体现。

(六) 道地中药材的商标注册

道地中药材申请商标的不多。我国中药材极为丰富,有的中药材仅仅在中国这块土地存在。韩国将“高丽参”作为国家的一个特殊产品,列为国家专卖品。我国的著名药材如“天麻”、“冬虫夏草”、“长白山人参”等也应有相应的注册商标,而且某些中药材也可成为国家专卖品,以确保产品质量,提高产品声誉。

(七) 中药商标的设计缺乏竞争性

一件好的商标来自于好的设计,商标设计的基本要求是使商标具有显著性,能给人留下深刻印象和记忆的商标标识可能是好的商标。如果企业商标只是简单地将企业名称缩写或简称,当地有河则用河名,有山则用山名,就达不到商标注册应有的目的。以山西省为例,其制药行业中以“晋”字为商标的就有晋地、晋药、晋恒、晋光、晋临、晋春、晋新等。这种简单化的商标,就不具备商标自身所要求的显著性,不会给人以深刻的印象。总体来看,我国商标的设计质量亟待提高。

因此,我国有关管理部门、医药企事业单位,以及医药工作人员尚需加强药品商标保护意识,通过积极有效的措施,进一步完善我国的药品商标保护制度。

四、药品商标的设计

药品商标的设计原则上与其他商品商标设计一样,要求做到:

(1) 造型美观大方,构思新颖,给人以一种思想好、产品新、质量高的感受;

(2) 简练。简练是商标的特征,字要少,图形简明,把一个企业、一个药品高度地浓缩在商标上;

(3) 特征。商标设计应体现一个药品生产企业的企业性格,显示不断进取,敢创名优产品的风格,同时也要体现名优产品的可靠安全感。

药品商标的使用除与其他行业商标标志有共同点之外,还有它的特殊性。首先是它的设计必须吻合医药行业的属性,即健康性、安全性、生命性;其次医药商标必须经过国家工商行政管理部门的审批注册后方可使用。医药商标标志是企业和企业产品的信誉、质量、安全、有效的代名词。因此,医药商标标志的设计,既要掌握共性,又要突出个性,才能在商品经济市场中为企业树立良好的形象,为产品树立名牌形象。

目前,我国众多的医药企业都拥有自己的商标标志。但从设计来看,有相当部分仍不能脱离绘画性、写实性的表现手法,带有明显经济封闭的痕迹,从表现的对象来看,多数以美术字、书法、山水、塔桥、松鹤、花鸟、龙凤以及简单的几何形体作为表现对象;从表现的手法来看,多以软弱无力的线条来描绘,犹如一幅线绘风景画、装饰画或是拼凑的文字图案;从表现的情感来说,不少作品未能代表医药行业特性,缺乏表现企业产品的属性和企业的精神内涵,使企业减少了与消费者非语言性的交流机会;从审美的角度来说,不是过于简单就是走向繁琐,缺乏商标标志应具有“强的、美丽的视觉信号性的原则”。从使用的情况来看,未能为商标标志的使用制定一个统一的规则和做法,将本来应是企业形象和产品形象核心的商标标志,当成附属品,最明显的错误莫过于将其“淡化”在产品的包装装潢中,将商标朦胧地、孤单地放在某个角落,令消费者难以识别和选择。一个企业的商标标志如果没有独特的内涵和强烈的视觉冲击力,那么这个企业就很难获得消费者的认同和好感,以至于在激烈的市场竞争中失去表现自己产品和企业形象的良机。

复习思考题

(1) 中药领域常见的用途发明有哪几种类型?

(2) 请论述中药专利申请的意义。

(3) 请回答商标的作用。

(4) 请回答商标专用权的内涵。

(5) 商标禁用条款有哪些?

第十章　中药商品电子商务

电子商务作为一种新型商业运作模式，是当代信息社会中网络技术、电子技术和数据处理技术在商贸领域中综合应用的产物，是国民经济和社会信息化的一个重要组成部分。医药行业是我国四大重点技术创新产业之一，是一个技术密集程度高、投入多、效益好、风险大的国际性产业。同时，从规范性角度来看，医药行业也是世界公认的适合发展电子商务的行业，发展医药电子商务已是大势所趋。从发达国家的情况看，网上医药商品交易十分普遍，美国医药界已经完全进入网上交易时代。据统计，仅1998年就形成了1700亿美元的市场规模。据统计，目前与医疗保健相关的网站至少接近2万个，全美国上网人口中有50%表示曾在网上查询医疗保健相关信息或购买过医药保健品。

第一节　中药商品电子商务的基本概念

一、中药商品电子商务的概念

（一）电子商务的定义

电子商务的概念有广义与狭义之分。狭义上讲，电子商务（electronic commerce，EC）是指通过使用互联网等电子工具在全球范围内进行的商务贸易活动。是以计算机网络为基础所进行的各种商务活动，包括商品和服务的提供者、广告商、消费者、中介商等有关各方行为的总和。广义上讲，就是通过各种电子工具进行的商业事务活动。通过使用互联网等电子工具，使公司内部、供应商、客户和合作伙伴之间，利用电子业务共享信息，实现企业间业务流程的电子化，配合企业内部的电子化生产管理系统，提高企业的生产、库存、流通和资金等各个环节的效率。

联合国国际贸易程序简化工作组对电子商务的定义是：采用电子形式开展商务活动，它包括在供应商、客户、政府及其他参与方之间通过任何电子工具，如EDI、Web技术、电子邮件等共享非结构化商务信息，并管理和完成在商务活动、管理活动和消费活动中的各种交易。

（二）中药电子商务

国家食品药品监督管理总局颁布的《药品电子商务试点监督管理办法》中明确规定："药品电子商务是指药品生产者、经营者或使用者，通过信息网络系统以电子数据信息交换的方式进行并完成各种商务活动和相关的服务活动。"中药作为药品的一部分，其电子商务的含义与药品电子商务类似，只是电子商务的对象为中药而已。

二、中药商品电子商务的类型与模式

根据不同的分类标准，电子商务存在着不同的类型与模式。如按照商业活动的运行

方式,电子商务可以分为完全电子商务和非完全电子商务;按照商务活动的内容,电子商务主要包括间接电子商务和直接电子商务;按照开展电子交易的范围,电子商务可以分为区域化电子商务、远程国内电子商务、全球电子商务;按照使用网络的类型,电子商务可以分为基于专门增值网络(EDI)的电子商务、基于互联网的电子商务、基于Intranet的电子商务;按照交易对象,电子商务可以分为企业对企业的电子商务(B2B),企业对消费者的电子商务(B2C),企业对政府的电子商务(B2G),消费者对政府的电子商务(C2G),消费者对消费者的电子商务(C2C),企业、消费者、代理商三者相互转化的电子商务(ABC)等。

其中按照交易对象不同的分类模式,是主要电子商务的最常规分类方法,基于中药商品的特殊性,其电子商务主要有以下几种模式。

1. B2B模式。

即企业对企业(business to business)模式。即企业与企业之间通过互联网进行产品、服务及信息的交换。通俗的说法是指进行电子商务交易的供需双方都是商家(或企业、公司),她(他)们使用了Internet的技术或各种商务网络平台,完成商务交易的过程。

主要是药品生产企业、药品批发企业电子商务网站。药品生产企业、药品批发企业通过建立企业自己的电子商务交易平台与本企业成员之外的其他企业进行互联网药品交易,但是只能交易企业经销的产品,不能销售企业经营范围以外的药品。如以九州通医药网、华源医药网等所代表的是制药企业或药品流通企业为本企业提供服务所建立的企业网站。

2. B2C模式。

即企业对消费者(business to consumer)模式,向个人消费者提供互联网药品交易服务的药品零售企业电子商务网站为主导。此模式主要是针对药品零售连锁企业开展网上售药,但是只能局限在OTC药品领域,不允许在网上销售处方药,也是属于企业范畴的网站。截至2009年7月31日,经国家食品药品监督管理总局批准可以向个人消费者提供互联网药品交易服务的网站只有金象大药房网上商城、上海药房网、盘龙云海电子商务网、云南白药集团股份有限公司等12家网站。

3. C2C模式。

即个人对消费者(consumer to consumer)模式。C2C商务平台就是通过为买卖双方提供一个在线交易平台,使卖方可以主动提供商品上网拍卖,而买方可以自行选择商品进行竞价,其代表平台有淘宝网等。由于广义中药中有众多可以作为食品(非药品)管理的品种,如人参、大枣、山药、枸杞等管理的品种,可以通过此种模式经营。

4. 第三方电子商务交易服务及信息平台网站。

主要是针对为药品生产企业、药品经营企业和医疗机构之间的互联网药品交易提供交易平台服务的企业。这类企业不得参与药品生产、经营;不得与行政机关、医疗机构和药品生产经营企业存在隶属关系、产权关系和其他经济利益关系。此模式的本质属于B2B模式或G2B(government to business)模式。尤其是G2B模式是我国药品电子商务中占有重要地位,其形成是基于现阶段我国县级及县级以上人民政府、国有企业(含国有控股企业)等举办的非营利性医疗机构必须参加医疗机构药品集中采购工作。且实行以政府主导、以省(区、市)为单位的医疗机构网上药品集中采购工作。医疗机构和药品生产经营企业购销药品必须通过各省(区、市)政府建立的非营利性药品集中采购平台开展采购,实行统一组织、统一平台和统一监管。由于政府所主导的非营利性医疗机构是我国药品

(包括中药)终端消费和使用的主体,且借助网络平台完成,故G2B模式是我国现阶段药品(包括中药)商品电子商务重要模式。

三、医药(中药)商品电子商务的优缺点

与传统商业流通渠道相比,医药(中药)商品电子商务实现了信息流、物流和资金流的三流合一,是低费用、高效率的商业通道。从医药流通体制的角度出发,是解决老百姓看病难、看病贵的有效途径之一,截断医药之间内在的利益链条,实行医药分家。即在医院信息系统和制药企业信息系统之间搭建一个开放性的、信息共享的医药流通电子商务平台,通过市场化的导向,将药品流通的业务流程信息化,提高监管水平、降低交易成本、减少寻租机会、改善信息不对称状况,达到流程信息化、程序透明化、监管公开化。

作为一种商务活动过程,电子商务将带来一场史无前例的革命。其影响将远远超出商务的本身,它将对医药传统企业的科研、生产、营销和医药贸易商的发展带来巨大的影响,对医药消费者的生活和健康带来不可估量的社会价值。

医药(中药)商品电子商务除电子商务所具有的安全性、知识产权保护、网络营运提供商责任、域名注册与商标、电子合同效力、电子支付、消费者权益保护、电子签名效力、非法信息及病毒侵入、非法传播等一系列问题外,因为其行业本身的特殊性而具有以下的优势和弊端。

(一)优势

(1)对忙于工作或因地处偏僻、远离药店的人们来说,网上购物更方便,且购买药品或向药师(医生)咨询更隐蔽。符合现代人的生活节奏和人们的消费心理。

(2)网上药品销售公开透明,再加上完善的交易制度和管理环境,使得商家会严格自律,有利于减少假劣药品的销售。

(3)随着我国医疗体制的改革,药品分类管理制度、执业药师制度、医疗保险制度等的逐步实施,在客观上对推动医药电子商务有利。

(4)许多网站和药品经营商向顾客提供自诊自疗的医学、药学知识以及详尽的药品信息和检索工具。信息的集中不仅便于消费者的比较、选择,而且因流通环节的减少,使药品价格也相对便宜。

(5)网上售药可打破行政区域界限,将信息和实物传到世界各地。特别是通过网上来表现中医药的"神奇",将有利于增强世界对中药的认同,实现中医药在全球为人们服务的目的。

(二)弊端

(1)网上售药将药品销售各方完全隔离。这种既隐蔽又直接的方式容易被不法分子利用,进行无证经营、制售假劣药或实施其他欺诈行为。其结果不但使合法网站和药品经营商的利润与声誉受损,而且消费者的生命安全与健康也就无法得到保障。

(2)从目前的技术角度来看,网络技术缺乏监控,功能尚不完备。即使在技术发达的西方国家,网上售药也受到种种限制,一些国家甚至提醒患者不要相信网上出售的药品。

(3)我国药品分类管理制度刚刚启动,在网上无法实现对处方的有效管理,处方真伪难以识别,加之消费者在网上得不到医生、药师的直接用药指导,因此从不法网站或合法网站购买药品的消费者都有可能遭受不当药方之害,或者购买的药物之间可能存在交叉影响的危险。

(4) 当不同品种、不同品名的药品通过网络广告宣传时,其中的消费欺诈很可能无孔不入,有恃无恐,消费者的风险无限增大,即使有《中华人民共和国消费者权益保护法》,其权益也很难得到切实保障。

第二节　中药商品电子商务的运作

由于中药商品范围的广泛性,包括中药材、中药饮片、中成药以及中药保健食品、食品;中医药医疗器械、中药化妆品、中药(保健)消毒用品等,几乎涉及医药商品所有领域,中药商品电子商务的运作模式与医药商品电子商务模式实质等同而具有中医药特点。以下对医药商品电子商务的主体药品的电子商务运作做简单介绍。

一、医药商品电子商务网站分类

我国对医药商品电子商务的载体——网站,实行分类管理。主要分为药品信息服务类网站和药品交易服务类网站。

(一) 药品信息服务类网站

药品信息服务类网站主要提供互联网药品信息服务,即通过互联网向上网用户提供药品(含医疗器械)信息的服务活动,其又分为经营性和非经营性两类。经营性互联网药品信息服务是指通过互联网向上网用户有偿提供药品信息等服务的活动。非经营性互联网药品信息服务是指通过互联网向上网用户无偿提供公开的、共享性药品信息等服务的活动。

(二) 药品交易服务类网站

互联网药品交易服务类网站主要是指提供互联网药品交易服务的网站,即通过互联网提供药品(包括医疗器械、直接接触药品的包装材料和容器)交易服务的电子商务活动。互联网药品交易服务包括为药品生产企业、药品经营企业和医疗机构之间的互联网药品交易提供的服务(又称药品交易服务第三方交易平台),药品生产企业、药品批发企业通过自身网站与本企业成员之外的其他企业进行的互联网药品交易(即药品交易服务B2B网站),以及向个人消费者提供的互联网药品交易服务(即药品交易服务B2C网站)。

三、医药商品电子商务网站的申请

我国对医药商品电子商务网站的申请实行分类申请。具体而言,分互联网药品信息服务活动网站的申请和药品交易服务类网站的申请,后者又分为第三方药品交易服务类网站申请、企业自身药品交易服务类网站申请、面向个人消费者药品交易服务类网站申请。

国家对经营性互联网信息服务实行许可制度;对非经营性互联网信息服务实行备案制度,经营性网站备案登记实施全国统一备案登记。经营性网站备案,是指经营性网站向工商行政管理机关申请备案,工商行政管理机关在网站的首页上加贴经营性网站备案电子标识,并将备案信息向社会公开。药品经营性网站备案按照以下程序进行:

(1) 前期准备:①前置审批。申请者向药品监督部门申领《互联网药品信息服务资格证书》、《互联网药品交易服务机构资格证书》。②申请者向通信管理部门申领《ICP许可证》；③申请者取得《ICP许可证》后，向工商行政管理机关申请增加互联网信息服务或因特网信息服务的经营范围。

（2）在线提交申请。

（3）准备书面材料。

（4）送达。

（5）备案确认。

（6）安装备案电子标识。

（一）互联网药品信息服务活动网站的申请

1. 申请提供互联网药品信息服务，除应当符合《互联网信息服务管理办法》规定的要求外，还应当具备下列条件。

（1）互联网药品信息服务的提供者应当为依法设立的企事业单位或者其他组织。

（2）具有与开展互联网药品信息服务活动相适应的专业人员、设施及相关制度。

（3）有两名以上熟悉药品、医疗器械管理法律、法规和药品、医疗器械专业知识，或者依法经资格认定的药学、医疗器械技术人员。

2. 提供互联网药品信息服务的申请应当以一个网站为基本单元。

3. 申请提供互联网药品信息服务，应当填写国家食品药品监督管理总局统一制发的《互联网药品信息服务申请表》，向网站主办单位所在地省（自治区、直辖市）食品药品监督管理部门提出申请，同时提交以下材料。

（1）企业营业执照复印件（新办企业提供工商行政管理部门出具的名称预核准通知书及相关材料）。

（2）网站域名注册的相关证书或者证明文件。从事互联网药品信息服务网站的中文名称，除与主办单位名称相同的以外，不得以“中国”、“中华”、“全国”等冠名；除取得药品招标代理机构资格证书的单位开办的互联网站外，其他提供互联网药品信息服务的网站名称中不得出现“电子商务”、“药品招商”、“药品招标”等内容。

（3）网站栏目设置说明（申请经营性互联网药品信息服务的网站需提供收费栏目及收费方式的说明）。

（4）网站对历史发布信息进行备份和查阅的相关管理制度及执行情况说明。

（5）食品药品监督管理部门在线浏览网站上所有栏目、内容的方法及操作说明；

（6）药品及医疗器械相关专业技术人员学历证明或者其专业技术资格证书复印件、网站负责人身份证复印件及简历。

（7）健全的网络与信息安全保障措施，包括网站安全保障措施、信息安全保密管理制度、用户信息安全管理制度。

（8）保证药品信息来源合法、真实、安全的管理措施、情况说明及相关证明。

4. 省级食品药品监督管理部门在收到申请材料之日起5天内做出受理与否的决定，受理的，发给受理通知书；不受理的，书面通知申请人并说明理由，同时告知申请人享有依法申请行政复议或者提起行政诉讼的权利。对于申请材料不规范、不完整的，省级食品药品监督管理部门自申请之日起5天内一次告知申请人需要补正的全部内容；逾期不告知的，自收到材料之日起即为受理。省级食品药品监督管理部门自受理之日起20天内对申请提供互联网药品信息服务的材料进行审核，并作出同意或者不同意的决定。同意的，由省级食品药品监督管理部门核发《互联网药品信息服务资格证书》，同时报国家食品药品监督管理局备案并发布公告；不同意的，应当书面通知申请人并说明理由，同时告知申请人享有依法申请行政复议或者提起行政诉讼的权利。国家食品药品监督管理总局对各省级食品药品监督管理部门的审核工作进行监督。

5.《互联网药品信息服务资格证书》有效期为5年。有效期届满，需要继续提供互联网药品信息服务的，持证单位应当在有效期届满前6个月内，向原发证机关申请换发《互联网药品信息服务资格证书》。原发证机关进行审核后，认为符合条件的，予以换发新证；认为不符合条件的，发给不予换发新证的通知并说明理由，原《互联网药品信息服务资格证书》由原发证机关收回并公告注销。

6. 省级食品药品监督管理部门根据申请人的申请，应当在《互联网药品信息服务资格证书》有效期届满前作出是否准予其换证的决定。逾期未作出决定的，视为准予换证。

《互联网药品信息服务资格证书》可以根据互联网药品信息服务提供者的书面申请，由原发证机关收回，原发证机关应当报国家食品药品监督管理局备案并发布公告。被收回《互联网药品信息服务资格证书》的网站不得继续从事互联网药品信息服务。

7. 互联网药品信息服务提供者变更下列事项之一的，应当向原发证机关申请办理变更手续，填写《互联网药品信息服务项目变更申请表》，同时提供下列相关证明文件：

(1)《互联网药品信息服务资格证书》中审核批准的项目(互联网药品信息服务提供者单位名称、网站名称、IP地址等)。

(2) 互联网药品信息服务提供者的基本项目(地址、法定代表人、企业负责人等)。

(3) 网站提供互联网药品信息服务的基本情况(服务方式、服务项目等)。

8. 省级食品药品监督管理部门自受理变更申请之日起20个工作日内作出是否同意变更的审核决定。同意变更的，将变更结果予以公告并报国家食品药品监督管理局备案；不同意变更的，以书面形式通知申请人并说明理由。省级食品药品监督管理部门对申请人的申请进行审查时，应当公示审批过程和审批结果。申请人和利害关系人可以对直接关系其重大利益的事项提交书面意见进行陈述和申辩。依法应当听证的，按照法定程序举行听证。

(二) 药品交易服务类网站的申请

我国对药品交易服务类网站的申请，实行按类申请，具体有第三方药品交易服务类网站、企业自身药品交易服务类网站和面向个人消费者药品交易服务类网站。国家食品药品监督管理总局对为药品生产企业、药品经营企业和医疗机构之间的互联网药品交易提供服务的企业进行审批。省级食品药品监督管理部门对本行政区域内通过自身网站与本企业成员之外的其他企业进行互联网药品交易的药品生产企业、药品批发企业和向个人消费者提供互联网药品交易服务的企业进行审批。

申请从事互联网药品交易服务的网站，必须是取得《互联网药品信息服务资格证书》至少期满3个月，系统运行稳定并且连续3个月内没有任何违法提供互联网药品信息服务记录的网站。

1. 第三方药品交易服务类网站申请。

第三方药品交易服务类网站，指为药品生产企业、药品经营企业和医疗机构之间的互联网药品交易提供服务的企业开办的网站。其申请应当具备以下条件：

(1) 依法设立的企业法人。

(2) 提供互联网药品交易服务的网站已获得从事互联网药品信息服务的资格。

(3) 拥有与开展业务相适应的场所、设施、设备，并具备自我管理和维护的能力。

(4) 具有健全的网络与交易安全保障措施以及完整的管理制度。

(5) 具有完整保存交易记录的能力、设施和设备。

(6) 具备网上查询、生成订单、电子合同、网上支付等交易服务功能。

(7) 具有保证上网交易资料和信息的合法性、真实性的完善的管理制度、设备与技术措施。

(8) 具有保证网络正常运营和日常维护的计算机专业技术人员，具有健全的企业内部管理机构和技术保障机构。

(9) 具有药学或者相关专业本科学历，熟悉药品、医疗器械相关法规的专职专业人员组成的审核部门负责网上交易的审查工作。

为药品生产企业、药品经营企业和医疗机构之间的互联网药品交易提供服务的企业不得参与药品生产、经营；不得与行政机关、医疗机构和药品生产经营企业存在隶属关系、产权关系和其他经济利益关系。

2. 企业自身药品交易服务类网站申请。

企业自身药品交易服务类网站，指通过自身网站与本企业成员之外的其他企业进行互联网药品交易的药品生产企业和药品批发企业开办的网站。其申请应当具备以下条件：

(1) 提供互联网药品交易服务的网站已获得从事互联网药品信息服务的资格。

(2) 具有与开展业务相适应的场所、设施、设备，并具备自我管理和维护的能力。

(3) 具有健全的管理机构，具备网络与交易安全保障措施以及完整的管理制度。

(4) 具有完整保存交易记录的设施、设备。

(5) 具备网上查询、生成订单、电子合同等基本交易服务功能。

(6) 具有保证网上交易的资料和信息的合法性、真实性的完善管理制度、设施、设备与技术措施。

3. 面向个人消费者药品交易服务类网站申请。

面向个人消费者药品交易服务类网站，是指向个人消费者提供互联网药品交易服务的企业。其申请应当具备以下条件：

(1) 依法设立的药品连锁零售企业。

(2) 提供互联网药品交易服务的网站已获得从事互联网药品信息服务的资格。

(3) 具有健全的网络与交易安全保障措施以及完整的管理制度。

(4) 具有完整保存交易记录的能力、设施和设备。

(5) 具备网上咨询、网上查询、生成订单、电子合同等基本交易服务功能。

(6) 对上网交易的品种有完整的管理制度与措施。

(7) 具有与上网交易的品种相适应的药品配送系统。

(8) 具有执业药师负责网上实时咨询，并有保存完整咨询内容的设施、设备及相关管理制度。

(9) 从事医疗器械交易服务，应当配备拥有医疗器械相关专业学历、熟悉医疗器械相关法规的专职专业人员。

申请从事互联网药品交易服务的企业，应当填写国家食品药品监督管理总局统一制发的《从事互联网药品交易服务申请表》，向所在地省级食品药品监督管理部门提出申请，并提交以下材料:①拟提供互联网药品交易服务的网站获准从事互联网药品信息服务的许可证复印件;②业务发展计划及相关技术方案;③保证交易用户与交易药品合法、真实、安全的管理措施;④营业执照复印件;⑤保障网络和交易安全的管理制度及措施;⑥规定的专业技术人员的身份证明、学历证明复印件及简历;⑦仪器设备汇总表;⑧拟开展的基本业务流程说明及相关材料;⑨企业法定代表人证明文件和企业各部门组织机构职能表。

(三)《电信与信息服务业务经营许可证》(《ICP许可证》)的申请

拟从事医药互联网信息服务的,网站主办者获得前置审批部门批准后,按相关流程履行备案手续,同时需向住所(身份证住所、注册住所)所在地省通信管理局书面提交相关前置审批部门的审批文件。备案完成后,省通信管理局向相关省级前置审批部门通报网站备案信息。

1. 申请互联网信息服务(ICP)经营许可证应报送的材料。

(1) 单位介绍信。

(2) 公司企业法人营业执照、法人身份证复印件、公司章程、验资报告。从事医药等互联网信息服务的ICP服务商,除提供上述文件外,还必须提供有关主管部门(市局级单位以上)审核同意的文件。

(3) 申办互联网信息服务(ICP)业务经营许可证的申请书。

(4) 申办互联网信息服务业务(ICP)的可行性报告:申请经营的具体服务项目、服务功能;系统组成(含网络拓扑图)、主要设备情况;机房情况;网站服务内容设置;公司机构设置及其职能,主要技术人员及管理人员情况;计费方式、收费方式、收费标准;市场预测、发展规划。

(5) 服务保障措施、监督电话(独立成文落款加盖单位公章)。

(6) 信息安全保障措施。

(7) 请提供与ISP专线接入、主机托管、空间租赁的协议书复印件,及申办ICP许可证需提供接入ISP的经营许可证复印件或租用ICP空间的ICP经营许可证复印件。

(8) 除营业执照、公司章程、验资报告、工商预登记核准通知书和相关政府部门批件外,所有材料一律使用A4纸,以便于整理归档。

2. 接入提供者为互联网站提供接入互联网络服务流程。

(1) 网站主办者向接入提供者提出接入申请。

(2) 接入提供者向网站主办者预分配IP地址。

(3) 网站主办者获得接入提供者预分配的IP地址后履行备案手续(网站主办者可自行备案也可由接入提供者代为备案)。

3. 网站主办者委托接入提供者代为履行ICP备案、备案变更的处理流程。

(1) 网站主办者将相关ICP备案信息提交给其接入提供者。

(2) 接入提供者对网站主办者提交的信息进行核实,将ICP备案信息导入"备案管理系统"。

(3) "备案管理系统"对接入提供者导入的信息进行自动核查,经识别没有发现问题的转相关省通信管理局。

(4) 相关省通信管理局对备案信息进行审核,符合备案条件的予以备案。

(5) "备案管理系统"对予以备案的,核配备案编号,生成备案电子验证标识(简称电子证书),同时将审核意见反馈接入提供者。

(6) 对予以备案的,接入提供者将审核意见、用户名和密码及时反馈给网站主办者,并指导网站主办者下载、安装电子证书。

4. 网站主办者自行履行ICP备案、备案变更处理流程。

(1) 网站主办者向"备案管理系统"输入相关备案信息。

(2) "备案管理系统"收到网站主办者提交的信息后,对信息进行自动核查,没有发现问题的转相关省通信管理局。

(3) 相关省通信管理局对备案信息进行审核,符合备案条件的予以备案。

(4) "备案管理系统"对予以备案的,核配备案编号,生成电子证书,同时将审核意见反馈网站主办者。

(5) 网站主办者收到备案编号和电子证书后,及时完成证书下载、安装等工作。

按照电信业务分类目录,互联网信息服务属于增值电信业务,经营增值电信业务,业务覆盖范围在两个以上省(自治区、直辖市)的,必须经国务院信息产业主管部门审查批准,取得《跨地区增值电信业务经营许可证》;业务覆盖范围在一个省(自治区、直辖市)行政区域内的,必须经省(自治区、直辖市)电信管理机构审查批准,取得《增值电信业务经营许可证》。经营性药品信息服务还应当提交有关主管部门审核同意的文件。国务院信息产业主管部门或者省(自治区、直辖市)电信管理机构应当自收到申请之日起60天内审查完毕,作出批准或者不予批准的决定。予以批准的,颁发《跨地区增值电信业务经营许可证》或者《增值电信业务经营许可证》。

(四) 经营性网站备案

申请者取得《ICP许可证》后,向工商行政管理机关申请增加"互联网信息服务"或"因特网信息服务"的经营范围。根据《经营性网站备案管理办法》,经营性网站的备案登记由网站所有者提出申请。个人设立经营性网站的,应在申请办理网站备案登记前办理有关工商登记手续,领取营业执照。申请人应登录相应工商行政管理局的网上工作平台,进入"网站备案"系统在线提出申请。在《经营性网站备案申请书》的栏目中,填写网站的名称、域名、IP地址、管理负责人、ISP提供商、服务器所在地地址、联系办法等相关内容。在线提交《经营性网站备案申请书》并打印《经营性网站备案申请书》。

准备书面材料:

1. 加盖网站所有者公章的《经营性网站备案申请书》。

2. 加盖网站所有者公章的《企业法人营业执照》或《个体工商户营业执照》的复印件。

3. 加盖域名所有者或域名管理机构、域名代理机构公章的《域名注册证》复印件,或其他对所提供域名享有权利的证明材料。

4. 加盖网站所有者公章的《ICP许可证》复印件及相关批准文件的复印件。

5. 对网站所有权有合同约定的,应当提交相应的证明材料。

6. 所提交的复印件或下载的材料,均应加盖申请者的公章。

申请人应于在线申请程序完成后30天内,向备案登记主管机关提交书面证明材料。未能在规定期限内提交书面证明材料的,视同其撤销申请。经营性网站应在办理备案登记的同时申请网站名称注册。国家工商行政管理部门颁布《经营性网站备案登记证书》和《网站名称注册证书》。网站所有者应将备案电子标识安装在网站首页的右下方,并将其链接到相应级别工商行政管理局"经营性网站备案信息"数据库,以供公众查询。

四、互联网药品交易服务机构验收标准

按对互联网药品交易服务的分类，验收标准分为两部分。验收标准一，适用于为药品生产企业、药品经营企业和医疗机构之间的互联网药品交易提供的服务，由国家食品药品监督管理总局组织专家组进行现场验收。验收标准二，适用于药品生产企业、药品批发企业通过自身网站与本企业成员之外的其他企业进行的互联网药品交易以及向个人消费者提供的互联网药品交易服务。由省级食品药品监督管理局组织专家组进行现场验收。

（一）验收标准一

互联网药品交易服务业务发展规划要求：企业必须有关于互联网药品交易服务的业务发展规划。业务发展规划必须对提供互联网药品交易服务的商业模式、市场目标、盈利模式、组织体系、保障措施等进行详细说明。业务发展规划必须翔实可信。

1. 部门职能设置要求。

提供互联网药品交易服务的企业，必须设置承担数据管理、技术维护、客户服务、交易审查等专项职能的部门，部门名称不做要求，但企业内部必须统一明确，且各部门的建设必须能够满足业务发展规划的需要。

2. 客户服务质量要求。

互联网药品交易服务企业为药品生产、批发企业和医疗机构提供的服务，应当：

（1）与其服务的客户之间，必须签订明确的法律合同文书，文书中必须明确双方的权利义务及违约责任。

（2）制定并遵守相应的服务流程规范和操作规范，实现对服务内容的分级管理和标准化管理，具有应急响应措施和相应的交易保障措施；建立完善的客户资料管理体系，能够随时汇总和提供完整准确的客户资料和信息备查。

（3）客户在互联网药品交易服务企业经营范围和服务区域内，享受统一服务，其提交的所有资料，经确认无误，如无特殊情况，可重复使用。

（4）具备现场服务能力，配备现场服务人员、场所、设备。

3. 医疗机构、零售企业信息库建立。

信息库应具备科学、规范、实用的编码体系，每个医疗机构、零售企业在数据库中对应唯一的企业编码，数据内容应包括名称、地址、编码、等级、联系方式等基本信息，准确反映医疗机构的实际情况，企业信息的内容真实可靠，须经主管部门审批或者核准的，应以主管部门批准或者核准的内容为准。

4. 药品生产企业、经营企业资质文档库和基本信息库建立。

企业资质文档库包括营业执照信息、许可证信息和认证情况。参与互联网药品交易的各方企业均须有资质文档的备案信息，并提供与企业基本信息准确对应的纸质文档。企业资质文档应保存不少于3年，并且可供随时查证，数据错误率应低于千分之五。企业基本信息库应具备科学、规范、实用的编码体系，每个药品生产企业、经营企业在数据库中对应唯一的企业编码，数据内容应准确反映企业的实际情况；企业信息的内容应真实有效，与主管部门审批或者核准的内容一致，并依据企业实际情况及时更新。

5. 药品编码数据库建立。

药品数据应有科学、规范、实用的编码体系，每一药品在数据库中对应唯一编码，药品的通用名称、产品的规格、剂型应以国家药品标准为准，并按国家相关规定进行分类。数

据内容应至少包括药品名称、编码、分类、剂型、规格等基本信息。

6. 产品资质文档库和基本信息库建立。

产品的资质文档库应至少包括互联网交易药品的批准证明文件信息、药品说明书，以及其他可证明药品合法性的相关文件。所有供交易的药品均应有资质文档备案，并提供与药品基本信息库准确对应的纸质文档。产品资质文档库应保存不少于3年，并且能够随时调用查证。产品基本信息库的内容至少应包括药品的基本属性信息，生产企业的名称，批准证明文件信息，包装、标签、说明书信息，并且依据实际情况及时更新。

7. 国家和省级食品药品监督管理局公告数据使用要求。

各项基础数据库内容需以国家和省级食品药品监督管理局颁布的各类公告数据为准，根据公告及时进行更新，更新时间不能延迟超过5个工作日。目前国家和省级食品药品监督管理局公告数据主要包括国家（省）药品质量公告数据、GMP认证数据、GSP认证数据、中药保护品种数据和行政保护公告数据等。

8. 数据管理流程规范。

数据系统须有保障信息安全、保证参与互联网药品交易企业和药品合法、合规性的管理办法和具体措施；对数据的采集、存储、加工、提取、发布应建立完备的管理流程和相关技术标准。每一个基础数据库均应有专人负责维护和管理，对各级数据管理人员均应制定明确、切实、可行的数据管理操作规程，以保证数据的准确性和安全性；数据的操作需有详细记录，责任落实到人，以便随时查证。

9. 数据管理人员要求。

企业应成立专门部门负责数据管理工作，并配备与所从事服务的工作规模相适应的专职工作人员。数据管理人员必须熟悉有关药品管理法律法规，熟悉临床常用药品知识，并且具备对数据质量负责的能力和专业水平。数据管理部门配备的人员中，具有国家承认的药学专业本科以上学历的人员比例不得少于数据管理人员总数的50%；具有执业药师（含执业中药师）资格的人员比例不得少于数据管理人员的20%，且总数不得少于2名。

10. 系统技术方案。

系统技术方案，应包括如下文档。

（1）系统分析和设计报告。包含系统体系结构、网络结构、应用软件架构、关键技术描述等内容。

（2）系统安全解决方案。包含对系统资产，业务关键信息，可能攻击源等进行综合性分析，希望达到的清晰明确安全指标，以及采用的安全手段和方法等内容。

（3）系统安全管理机构及制度。包含与系统安全相关的机构设置，岗位职责，以及相应的管理制度（包括人事制度，机房管理制度，运行安全制度，核心信息和资产访问制度，备份恢复制度）等内容。

1）交易服务信息系统数据管理子系统。交易服务信息系统数据管理子系统应至少包含如下功能：药品编码管理、产品信息管理、机构信息管理、认证信息管理。

2）交易服务信息系统合同子系统。交易服务信息系统合同成交子系统应至少包含合同管理功能，对撮合成交之后，交易双方签订的合同进行管理。电子合同需内容完整，并依照电子签名法的相关规定进行电子签名。

3）交易服务信息系统订单管理子系统。交易服务信息系统订单管理子系统应至少包含如下功能：①制定采购计划。药品生产、经营企业和医疗机构实时制定电子采购计划、生成订单。②供应商确认定单。药品供应商查看并确认采购订单。③药品发货处理。药品供应商对确认采购订单进行发货记录，支持多次发货。④药品到货确认。对药品到货的情况进行记录。⑤退货处理。新建退货记录，对未完成的退货记录的维护和管理。⑥交易记录查询系统。⑦交易客户管理系统。⑧系统交易保障服务系统。

4）交易服务信息系统结算子系统。互联网药品交易服务企业应具备提供交易结算服务的能力，结算子系统应包含如下功能：①应付账款管理。药品经营企业和医疗机构对交易所形成的应付账款进行查询和管理。②收账款管理。药品生产、经营企业对交易所形成的应收账款进行查询和管理。③交易服务费管理。交易双方以及交易服务机构对交易服务费以及预收款的查询和管理。④交易结算。交易双方和交易服务机构按照预先设定的交易规则或自主通过交易平台与金融机构的支付网关进行交易相关款项的结算划拨，并形成相关的结算单据。

5）交易服务信息系统监管子系统。交易服务信息系统监管子系统应包含如下功能：①投诉处理。接受并处理药品生产、经营企业或者医疗机构的投诉。②信息发布。收集并发布有关药品、药品生产、经营企业和医疗机构的各种处罚、表扬和相关政策信息。③市场监管。政府主管部门实时监测对药品生产企业、药品批发企业、交易的药品、医疗机构临床用药目录等相关信息，并依据具体情况作出相应处理。④交易监管。政府主管部门对在系统中发生的交易行为进行数据查询、汇总。

（二）验收标准二

1. 互联网药品交易服务业务管理要求。

企业必须对互联网药品交易服务的模式、组织体系、保障措施等提供详尽说明。说明必须真实可靠。

2. 部门职能设置要求。

提供互联网药品交易服务的企业应当设置承担数据管理、技术维护、客户服务、交易审查等专项职能的部门，部门名称不做要求，但企业内部必须统一明确，且各部门的建设必须能够满足业务发展的需要。

3. 客户法律关系要求。

自身为本企业成员之外的其他企业提供互联网药品交易服务的企业，与其外部客户之间，应当签订明确合理的法律合同文书，对双方的权利义务和违约责任作出明确约定。连锁零售企业为个人提供互联网药品交易服务的，必须明确约定，购买行为一旦成立即不得撤销。

4. 产品信息和产品资质文件数据库。

每个产品在数据库中有唯一编码，产品的规格、剂型应以国家药品标准、药品批准证明文件为依据，并按国家相关规定进行分类。产品信息和产品资质文件数据库应根据实际情况及时更新，以备随时查证。产品信息和产品资质文件数据库的内容应包含药品批准证明文件信息、认证情况、检验合格情况等内容。所有供交易的药品均应有资质信息备案，并提供与产品基本信息准确对应的纸质文件。产品信息和产品资质文件数据库应即时更新，并能随时查证，数据错误率应低于千分之五。

5. 国家和省级食品药品监督管理局公告数据使用要求。

各项基础数据库内容应以国家和省级食品药品监督管理局颁布的各类公告数据为准，并根据公告及时进行更新，更新时间不能延迟超过5个工作日。目前国家和省级药监局公告数据主要包括国家(省)药品质量公告数据、GMP认证数据、GSP认证数据、中药保护品种数据、行政保护公告数据等。

6. 数据管理人员要求。

企业应成立专门部门负责数据管理工作,并配备与所从事服务的工作规模相适应的专职工作人员。数据管理人员必须熟悉有关药品质量法律法规,熟悉临床常用药品知识,并具备对数据质量负责的能力和专业水平。数据管理部门配备的人员中,具有国家承认的药学专业本科以上学历的人员比例不得少于数据管理人员总数的50%;零售连锁企业中具有执业药师(含执业中药师)资格的人员比例不得少于数据管理人员的20%,但提供在线购药咨询的执业药师总数不得少于两名。

7. 系统技术方案。

系统技术方案应包括以下内容:①系统安全解决方案。包含对系统资产,业务关键信息,可能攻击源等进行综合性分析,希望达到的清晰明确安全指标,以及采用的安全手段和方法等内容。②系统安全管理机构及制度:包含与系统安全相关的机构设置,岗位职责,以及相应的管理制度(包括人事制度、机房管理制度、运行安全制度、核心信息和资产访问制度、备份恢复制度)等。

(1) 互联网药品交易服务子系统。交易服务信息系统必须包含以下子系统:①数据管理子系统。主要包括两部分:交易产品数据管理和用户数据管理。②浏览查询子系统。提供多种方便灵活的方式,让用户通过系统对交易药品进行查看,并提供实时在线咨询服务。③交易管理子系统。对买方和卖方的药品交易进行撮合,达成交易价格以及相关成交条件,签订成交合同,并在成交合同的基础上提供订购和配送等相关服务。可交易进展情况应当可供实时查询。④结算管理子系统。记录与交易相关的资金结算信息,在需要的情况下通过支付网关,按照预先设定的交易规则,通过金融机构进行在线资金结算。

(2) 交易服务信息系统监管子系统。交易服务信息系统监管子系统应包含如下功能:①投诉处理。接受并处理药品生产、经营企业或者医疗机构的投诉。②信息发布。收集并发布有关药品、药品生产、经营企业和医疗机构的各种处罚、表扬和相关政策信息。③市场监管。政府主管部门实时监测对药品生产企业、药品批发企业、交易的药品、医疗机构临床用药目录等相关信息,并依据具体情况作出相应处理。④交易监管。政府主管部门对在系统中发生的交易行为进行数据查询、汇总。

五、药品(中药)电子商务的流转程式

不同类型的药品(中药)电子商务,一般都包括三个阶段:交易前、交易中和交易后。但具体流转程式有所不同,基本上可归纳为两种:药品网络直销和药品网络中介交易。

(一) 药品(中药)电子商务交易的三个阶段

1. 交易前。

这一阶段主要指买卖双方和参与交易各方在签约前的准备工作,包括在医药商务网络和INTERNET网上寻找交易机会,通过交换信息来比较价格和条件,了解各方的贸易政策,选择交易对象。

买方要买什么,就相应地去准备货款,制定购货计划,进行资源市场调查和市场分析,反复查询市场,了解卖方(国家)地贸易政策,修改购货计划和进货计划,确定和审批购货计划,落实购买商品的种类、数量、规格、价格、购货地和交易方式。尤其要利用互联网和

各种电子商务网络寻找满意的商品和商家。

2. 交易中。

在药品(中药)电子商务中,交易谈判和签订合同,交易前手续的办理是两个重要的环节。

交易谈判和签订合同是指买卖双方利用电子商务系统就所有交易细节在网上谈判,将磋商结果形成文件,以电子文件形式签订贸易合同。通过谈判,买卖双方明确权利、义务、标的商品的种类、数量、价格、交货定点、交货期、交易方式和运输方式、违约和索赔等合同条款。

交易前手续的办理是指买卖双方从签订合同到开始履行合同要办理的诸多手续,是双方交易前的准备过程。包括与中介方、银行金融机构、信用卡、保险、运输等公司,海关、商检、税务等系统。买卖双方可用EDI跟这些单位交换电子票据和电子单证,直到办理完手续,商品开始发货为止。

3. 交易后。

主要是指交易合同的履行、售后服务和索赔等活动。从买卖双方办理完所有手续开始,卖方备货、组货、发货,买卖双方可以通过电子商务服务器跟踪发出的货物,银行和金融机构按合同处理双方收付款和结算,出具单据,直到买方收到货,整个交易过程告终。交易中出现违约时,受损方要向违约方索赔。

(二) 药品(中药)网络直销的流转程式

网络商品直销是指消费者和生产者(或者是需求方和供应方)直接利用网络进行交易。这种交易的最大特点是直接见面、环节少、速度快、费用低。消费者和药厂,药品(中药)经营企业和药品(中药)生产企业通过互联网直接进行联系,订购药品或就药品采购合同进行网上招投标,通过电子邮件进行洽谈、签订合同、确定支付方式和采购药品的运输。具体过程为:①消费者进入互联网,查看企业和商家的网页。②消费者通过购物对话框填写购货信息:姓名、地址、选购商品名称、数量、规格、价格。③消费者选择支付方式,如信用卡、电子货币、电子支票、借记卡等。④企业或商家的客户服务器检查对方支付服务器,看汇款额是否被认可。⑤客户服务器确认消费者付款后,通知销售部门送货上门。⑥消费者的开户银行将支付款项传递到他的信用卡公司,信用卡公司开给收费单。

(三) 药品(中药)网络中介交易的流转程式

这种交易是通过网络商品交易中心即虚拟网络市场进行的。虚拟市场是应用电子商务技术形成的一个虚拟的买卖双方聚集并进行交易的场所,最大程度上体现了电子商务技术的先进性与有效性,是电子商务发展的高级形态,提供了一对多、多对多的在线交易模式,是目前国外最成功的电子商务应用模式,代表了未来电子商务发展的一个重要方向。如海虹控股的特色网络业务构架模式,其药品集中招标采购平台其实也是虚拟市场,在国家加快推进药品集中采购的代理服务领域中已快人一步,初步建立了自己的优势,并且已经露出营利的曙光。

药品(中药)网络中介交易的流转程式可分为四步:

(1) 买卖双方将供需信息从网上告诉网络商品交易中心,交易中心向参与者发布大量的、详细的交易数据和市场信息。

(2) 买卖双方根据这些信息选择自己的贸易伙伴。交易中心从中撮合,促使买卖双方签订合同。

(3) 买方在交易中心指定的银行办理转账付款手续。

(4) 交易中心设在各地的配送部门将卖方的货物送交买方。

采用药品(中药)网络中介交易的方式会增加一定的成本,但可以降低买方和卖方的风险。

六、药品(中药)电子商务的技术要求

(一) 构建企业的网络基础设施

网络基础设施是医药(中药)企业搭建电子商务系统的基础,要发展药品(中药)电子商务,就必须构建企业自己的网络基础设施,为构建企业电子商务平台做技术和产品上的准备。

企业的网络基础设施包括企业内部网、企业内部网与互联网的连接和电子商务应用系统。

(1) 企业内部网由Web服务器、电子邮件服务器、数据库服务器以及电子商务服务器和客户端的PC机组成。

(2) 企业内部网与互联网连接后,实现了企业与企业、企业与用户之间的连接,企业内部网必须与互联网连接,但要处理好安全性问题。

(3) 电子商务系统要靠应用软件来实现,软件在企业内部网上运行。电子商务应用系统分为两部分,一部分是完成企业内部的业务处理,并向企业外部用户提供服务,如用户可通过互联网查看产品目录、产品资料等;另一部分是极其安全的电子支付系统,使得用户可以通过互联网在网上购物、支付等,真正实现电子商务。

(二) 网络系统建设的技术要求

网络的建设问题是实现电子商务最基本的技术问题。电子商务强调要使参加交易的买方、卖方、银行或金融机构、厂商、企业和所有合作伙伴,都在Internet、Intranet、Extranet中密切结合起来,共同运作。

建设网络站点有两种模式:一种是自己建网站,另一种是外购整体网络服务。

完整的电子商务运作过程,是指通过网络来实现从原材料的查询、采购、产品的展示、定购到出货、储运以及电子支付等一系列贸易活动。利用先进的网络技术实现完整的电子商务过程,有利于提高企业的业务处理速度、降低运营成本、扩大应用领域、帮助企业解决一些棘手的问题(如保持市场优势,加快产品上市速度,解决企业国际化问题等)、提高企业内部的工作效率等。它还可以使商家与上游供应商更紧密地联系,更快地满足下游客户的需求,也可以让商家在全球范围内选择最佳供应商,在全球市场上销售产品。但要实现这样一个完整的过程,网络站点投资选择将面临资金问题、技术问题。其中,技术问题将退居次要地位。如果企业规模较大,资金充足,而且有大量的信息需要和外界交流,那么选择自己建立独立网站,实现电子商务的全过程是比较理想的;如果企业资金有限,也可以考虑选择建站,先实现电子商务的部分功能,然后逐步完善,或者整体外购网络服务。

(三) 建设企业核心的业务管理和应用系统

具有代表性的是ERP和外部网站,ERP将企业内部原材料采购、生产计划、制造、订单处理与交付等有机地联系起来,使企业对供货流程的管理更加科学、规范、高效,同时由于它能够对库存的数量、金额进行实时监控,对于决策支持以及财务核算都带来更高的效

率。外部网站负责企业对外进行品牌宣传、信息和产品发布的窗口。

（四）建立针对企业经营的增值环节，设计客户关系管理（CRM）和供销链管理（SCM）

通过CRM，构筑客户信息数据库，用户的访问都被记录下来，以便个性化地定制产品和网页，提高效率和客户满意度。而SCM则是在ERP基础上构筑与客户、供应商的互动系统，实现产品供应的合理、高效以及高弹性。客户可以通过网络了解产品的供货周期、订单的执行情况等，企业则可以即时了解客户的销售情况，提高决策执行的准确性、及时性，缩短供应链的运作周期，降低交易成本。

七、开展药品（中药）电子商务必须注意的几个问题

医药（中药）企业在开展电子商务过程中，应该注意以下几个问题：

（1）企业的经营管理、业务运作必须合法化、专业化、程序化、标准化。

（2）必须建立自己的企业网站，并在此基础上实现内部业务的电子化运作，内部信息流应与外部的行业著名ICP服务商紧密融合，形成共享互动，建立品牌推广效应。

（3）把上游的供应商与下游的买家客户通过Internet连接起来，形成以自身企业为核心的客户关系管理系统，实现一体化的直接电子商务运作。

因此，信息流程电子化是电子商务发展的基础。实施信息流程电子化，将极大地提高企业内部运作效率、管理效率，增强内部信息沟通，降低企业经营成本，从而全面提升企业的市场竞争力。

第三节　中药商品电子商务的管理

一、中药商品电子商务的监管制度

规范中药商品电子商务，主要有三个监管对象，即网络营运商、药商、中药商品。为了保证人民用药安全，需制定以下相应制度。

（一）上网药品界定归类制度

中药商品范围广泛，有中药饮片、中药材、中成药等法定药品形式，还有食药同源产品，从监管角度来讲又有处方药和非处方药之分，特殊药品（毒性药品、麻醉药品等）与普通药品之不同。因此，应建立上网药品界定归类制度，按类别区分，加强中药商品网络监管。如非处方药可以上网放开经营，但应有警示语：应遵循医嘱或按说明书服用；处方药则应按情况考虑：精神病药、麻醉药、放射性诊断用药、剧毒药品一律不可上网向消费者销售，消费者以欺骗手段取得的，责任自负，这类药品在企业间流通要严格按相应管理法规进行；一般处方药可以上网在企业间流通；B2B与B2C要分开经营、分开管理；B2C的处方药销售必须凭有效处方进行，由执业药师售出的处方药必须由其签名。

（二）处方审核制度

通过医院、诊所与网站联网，对处方加密。对所有执业医师进行资格备案、网上分开，并对其加强处方管理。网络营运商或药商要审查处方的有效性，若发生意外，政府可以追究网络营运商或药商审查处方有误的责任。

（三）建立网络审核制度

凡涉及药品、医疗器械流通（无论是直接流通还是间接流通）的企业或网站，必须到政府监管部门指定网站申请登记注册，经批准后该药商、网站才可进入医药网络市场。政府监管部门指定的网站在原则上主要是对企业的“两证一照”进行形式审查以及审核是否有执业药师主持、GSP是否达标、有无违法犯纪行为、有无不当购销行为；对网络营运商则需审核它的从业人员是否具备专业知识、人数的多少、信用、承担风险能力的大小。食品药品监督管理局则随时监督企业和网站的行为，具有处罚权、撤销权。在进行指向链接时，通过身份证或指纹、密码进行身份准入核定。合法药商、网络有统一的行业标识，并予以宣传，以便消费者识别、监督。

（四）上网药品审核、广告审查制度

所有上网药品一律需经过批准，药品批准文号、生产日期、生产批号、说明书、产地、生产企业名称等必须齐全。所有上网药品广告的内容必须经过药监部门的审核、备案，并向药监部门提供相关的翔实资料、真实数据及其来源。

（五）实行药品信息公开制度

药商和网站必须如实公开其可公开的信息内容，如药品的来源、产地、规格、价格、通用名、成分、含量、作用机理、禁忌、毒副反应及适应证、生产日期、批号等。此外，还包括企业的生产情况，GMP是否达标，药品的质量检验达标情况，用药相关知识的科学性介绍和启示。因为消费者拥有两项最重要的权利，即知悉真情权和获得知识的权利，药监部门也应及时通过特定网站向网民发布监管情况与信息，公布不合格和合格的网站、药商名单，对公众开展购药知识、识别合法网站与非法网站的宣传。

（六）网络售药监督制度

（1）建议政府斥资组建特别行政队伍专门对付以下行为：销售未经批准的药物，销售假冒伪劣药物，销售过期药物，没有有效处方而故意销售处方药等，并对以上情况加以严厉处罚。做到专职监督，随时检查。

（2）设立专门机构倾听群众呼声，及时发现问题、解决问题，及时监督药商、网站的行为。还可以采用逆流查源的方法对生产企业进行监管。

（3）设立网络监察机构（小组），严密监视网络动态。

二、实行行业自律和消费者监督制度

作为实现安全医药电子商务的应对措施，还应实行行业自律和消费者监督。

（1）行业自律的作用是自发清理门户以维护行业的声誉和发展。一般来说，行业都有自己的组织机构、章程、职责、权限。行业机构有一定的权限，鼓励、支持表现出色的会员，批评、制裁违法乱纪的会员，而更多的是从名誉上加以影响。设定的做法是行业机构向工商局申请注册荣、辱标识，该标设应流动性授予会员单位。这在一定程度上能起到监督作用。

（2）由网民自发组建全国反欺诈信息中心和网上反欺诈监视站，进行无偿服务。消费者一旦发现非法网上销售站点或者合法网站违法行为，可通过各种途径向有关监管部门举报，也可以将统一协会标识置于非法网站（行为）之处，作为警示标识引起公众注意，进行网上曝光。

三、对上网采购药品单位的监督

(1) 具有合法资格的医疗机构,经与药品电子商务试点网站签订协议,可在该网站进行药品采购。

(2) 上网进行集中招标采购的合法中介代理机构,必须经国家药品监督管理局认定后,方可与药品电子商务试点网站签约,在该网站进行药品采购。

四、医药商品电子商务网站的监督管理

我国对医药商品电子商务网站的不同类型,实行分类监督管理。具体而言分互联网药品信息服务活动网站的监督管理和药品交易服务类网站的监督管理。

(一) 药品信息服务活动网站的监督管理

国家食品药品监督管理总局对全国提供互联网药品信息服务活动的网站实施监督管理。

省级食品药品监督管理局对本行政区域内提供互联网药品信息服务活动的网站实施监督管理。

拟提供互联网药品信息服务的网站,应当在向国务院信息产业主管部门或者省级电信管理机构申请办理经营许可证或者办理备案手续之前,按照属地监督管理的原则,向该网站主办单位所在地省级食品药品监督管理部门提出申请,经审核同意后取得提供互联网药品信息服务的资格。各省级食品药品监督管理局对本辖区内申请提供互联网药品信息服务的互联网站进行审核,符合条件的核发《互联网药品信息服务资格证书》,证书的格式由国家食品药品监督管理总局统一制定。

提供互联网药品信息服务的网站,应当在其网站主页显著位置标注《互联网药品信息服务资格证书》的证书编号;网站所登载的药品信息必须科学、准确,必须符合国家的法律、法规和国家有关药品、医疗器械管理的相关规定;提供互联网药品信息服务的网站不得发布麻醉药品、精神药品、医疗用毒性药品、放射性药品、戒毒药品和医疗机构制剂的产品信息。

提供互联网药品信息服务的网站发布的药品(含医疗器械)广告,必须经过食品药品监督管理部门审查批准;网站发布的药品(含医疗器械)广告要注明广告审查批准文号。

(二) 药品交易服务类网站的监督管理

从事互联网药品交易服务的企业必须经过审查验收并取得互联网药品交易服务机构资格证书才能经营,其验收标准由国家食品药品监督管理总局统一制定。互联网药品交易服务机构资格证书由国家食品药品监督管理总局统一印制,有效期5年,有效期届满,需要继续提供互联网药品交易服务的,提供互联网药品交易服务的企业应当在有效期届满前6个月内,向原发证机关申请换发互联网药品交易服务机构资格证书。

在依法获得食品药品监督管理部门颁发的互联网药品交易服务机构资格证书后,申请人应当按照《互联网信息服务管理办法》的规定,依法取得相应的电信业务经营许可证,或者履行相应的备案手续。提供互联网药品交易服务的企业必须在其网站首页显著位置标明互联网药品交易服务机构资格证书号码,必须严格审核参与互联网药品交易的药品生产企业、药品经营企业、医疗机构从事药品交易的资格及其交易药品的合法性,对首次上网交易的药品生产企业、药品经营企业、医疗机构以及药品,提供互联网药品交易服务

的企业必须索取、审核交易各方的资格证明文件和药品批准证明文件,并进行备案。

通过自身网站与本企业成员之外的其他企业进行互联网药品交易的药品生产企业和药品批发企业只能交易本企业生产或者本企业经营的药品,不得利用自身网站提供其他互联网药品交易服务;向个人消费者提供互联网药品交易服务的企业只能在网上销售本企业经营的非处方药,不得向其他企业或者医疗机构销售药品;在互联网上进行药品交易的药品生产企业、药品经营企业和医疗机构必须通过经食品药品监督管理部门和电信业务主管部门审核同意的互联网药品交易服务企业进行交易。参与互联网药品交易的医疗机构只能购买药品,不得上网销售药品。

(三)药品电子商务类网站的其他监督管理

各级食品药品监督管理部门所管理的单位及医疗单位开办的网站不得从事任何形式的互联网药品交易服务活动。

为了做好对互联网药品交易服务网站的现场验收工作,食品药品监督管理部门应选择具有一定专业知识的人员来作为现场检查员。在做出现场验收的决定后,食品药品监督管理部门应在规定的时限内选派不少于两名检查员,按照《互联网药品交易服务现场验收评定标准》对申请单位进行现场验收。现场检查员必须严格遵守有关法律法规,在现场验收前,向被验收单位负责人宣读《互联网药品交易服务机构验收检查纪律》;在验收结束时,对现场验收工作中遵守纪律的情况进行签字确认。

从事互联网药品交易服务的网站,其申请的网站中文名称可以出现“电子商务”、“药品招标”的内容;申请的网站中文名称不得以“中国”、“中华”、“全国”等冠名,但申请的网站中文名称与申请单位名称相同的除外。

对通过现场验收的互联网药品交易服务申请单位应核发《互联网药品交易服务资格证书》(正本和副本)。

已取得《互联网药品交易服务资格证书》的网站,如果互联网药品交易服务提供单位的地址、单位名称、企业法定代表、网站中文名称、网站域名、IP地址及涉及互联网药品交易服务范围的栏目设置发生重大变化时,应当向原受理机关提交《互联网药品交易服务项目变更表》。食品药品监督管理部门对变更事项进行审核时,不需进行现场检查。审核通过后,应将变更事项记录在《互联网药品交易服务资格证书》副本上。

已取得《互联网药品交易服务资格证书》的企业,其所属的子公司或分公司在该企业已获批准的互联网药品交易服务网站上开展互联网药品交易服务活动的,无需向食品药品监督管理部门提出申请。已取得《互联网药品交易服务资格证书》的企业必须将允许使用其网站从事互联网药品交易服务的子公司或分公司的名单报原审批部门备案。

《互联网药品交易服务资格证书》有效期届满需要申请换发新证的,申请单位应在国家食品药品监督管理总局政府网站在线申请,同时提交与在线申请内容一致的纸质《换发互联网药品交易服务资格证书申请表》,其中一份由负责审批的食品药品监督管理部门保存,一份由食品药品监督管理部门报同级信息产业部门备案,一份由申请单位留存。

应加强对互联网药品交易服务活动的监管。对在监督检查中发现的违反法律法规规定的情况,应在《互联网药品交易服务资格证书》副本上予以记录。

五、医药商品电子商务网站活动的法律责任

（一）互联网药品信息服务活动网站的法律责任

未取得或者超出有效期使用《互联网药品信息服务资格证书》从事互联网药品信息服务的，由国家食品药品监督管理总局或者省级食品药品监督管理部门给予警告，并责令其停止从事互联网药品信息服务；情节严重的，移送相关部门，依照有关法律、法规给予处罚。

提供互联网药品信息服务的网站不在其网站主页的显著位置标注《互联网药品信息服务资格证书》的证书编号的，国家食品药品监督管理局或者省（自治区、直辖市）食品药品监督管理部门给予警告，责令限期改正；在限定期限内拒不改正的，对提供非经营性互联网药品信息服务的网站处以500元以下罚款，对提供经营性互联网药品信息服务的网站处以5000元以上1万元以下罚款。

互联网药品信息服务提供者违反本办法，有下列情形之一的，由国家食品药品监督管理总局或者省、自治区、直辖市（食品）药品监督管理部门给予警告，责令限期改正；情节严重的，对提供非经营性互联网药品信息服务的网站处以1000元以下罚款，对提供经营性互联网药品信息服务的网站处以1万元以上3万元以下罚款；构成犯罪的，移送司法部门追究刑事责任：

（1）已经获得《互联网药品信息服务资格证书》，但提供的药品信息直接撮合药品网上交易的。

（2）已经获得《互联网药品信息服务资格证书》，但超出审核同意的范围提供互联网药品信息服务的。

（3）提供不真实互联网药品信息服务并造成不良社会影响的。

（4）擅自变更互联网药品信息服务项目的。

互联网药品信息服务提供者在其业务活动中，违法使用《互联网药品信息服务资格证书》的，由国家食品药品监督管理总局或者省级药品监督管理部门依照有关法律、法规的规定处罚。省级食品药品监督管理部门违法对互联网药品信息服务申请作出审核批准的，原发证机关应当撤销原批准的《互联网药品信息服务资格证书》，由此给申请人的合法权益造成损害的，由原发证机关依照国家赔偿法的规定给予赔偿；对直接负责的主管人员和其他直接责任人员，由其所在单位或者上级机关依法给予行政处分。省级食品药品监督管理部门应当对提供互联网药品信息服务的网站进行监督检查，并将检查情况向社会公告。

（二）互联网药品交易服务活动网站的法律责任

提供虚假材料申请互联网药品交易服务的，食品药品监督管理部门不予受理，给予警告，1年内不受理该企业提出的从事互联网药品交易服务的申请；若提供虚假材料取得互联网药品交易服务机构资格证书的，食品药品监督管理部门应当撤销其互联网药品交易服务机构资格证书，3年内不受理其从事互联网药品交易服务的申请。未取得互联网药品交易服务机构资格证书，擅自从事互联网药品交易服务或者互联网药品交易服务机构资格证书超出有效期的，食品药品监督管理部门责令限期改正，给予警告；情节严重的，移交信息产业主管部门等有关部门依照有关法律、法规规定予以处罚。

提供互联网药品交易服务的企业有下列情形之一的，食品药品监督管理部门责令限

期改正，给予警告；情节严重的，撤销其互联网药品交易服务机构资格，并注销其互联网药品交易服务机构资格证书：

1. 未在其网站主页显著位置标明互联网药品交易服务机构资格证书号码的。

2. 超出审核同意范围提供互联网药品交易服务的。

3. 为药品生产企业、药品经营企业和医疗机构之间的互联网药品交易提供服务的企业与行政机关、医疗机构和药品生产经营企业存在隶属关系、产权关系或者其他经济利益关系的。

4. 有关变更事项未经审批的。

提供互联网药品交易服务的企业为未经许可的企业或者机构交易未经审批的药品提供服务的，(食品)药品监督管理部门依照有关法律法规给予处罚，撤销其互联网药品交易服务机构资格，并注销其互联网药品交易服务机构资格证书，同时移交信息产业主管部门等有关部门依照有关法律、法规规定予以处罚。

为药品生产企业、药品经营企业和医疗机构之间的互联网药品交易提供服务的企业直接参与药品经营的，食品药品监督管理部门依照《中华人民共和国药品管理法》第七十三条进行处罚，撤销其互联网药品交易服务机构资格，并注销其互联网药品交易服务机构资格证书，同时移交信息产业主管部门等有关部门依照有关法律、法规规定予以处罚。

向个人消费者提供互联网药品交易服务的药品连锁零售企业在网上销售处方药或者向其他企业或者医疗机构销售药品的，食品药品监督管理部门依照药品管理法律法规给予处罚，撤销其互联网药品交易服务机构资格，并注销其互联网药品交易服务机构资格证书，同时移交信息产业主管部门等有关部门依照有关法律、法规的规定予以处罚。

药品生产企业、药品经营企业和医疗机构通过未经审批同意或者超出审批同意范围的互联网药品交易服务企业进行互联网药品交易的，食品药品监督管理部门责令改正，给予警告。

第四节　我国的医药商品电子商务

目前，我国互联网络已进入快速发展时期，电子商务在药品流通中已经被广为使用。随着信息化进程的加快，必将成为医药贸易的趋势所在。医药电子商务发展既是医药流通体制改革的内在要求，也是医药企业应对国内外竞争的必然选择。截至2007年7月全国已获得互联网药品信息服务资格证书的企业总共约1200家，其中经营性约400家，非经营性800家；截至2007年7月，全国已获得互联网药品交易服务资格证书的企业有9家，其中第三方平台5家，B2C经营模式4家(只能经营OTC)，而B2B经营模式目前还没有企业获得证书。截至2009年7月31日，经国家食品药品监督管理总局批准可以向个人消费者提供互联网药品交易服务的网站有12家。

医药(中药)电子商务是改变我国目前医药行业“多、小、散、乱”的现状，扭转成本高、效益差的局面，迎接加入WTO后的严峻挑战，更好地配合城镇职工基本医疗保险制度改革的有效途径之一。为此，国家经贸委确定把积极推进医药电子商务作为2000年的重点试点工作之一。

一、发展药品(中药)电子商务的背景

(一) 我国医疗体制改革带来的机遇

我国医改通过建立职工医疗保险制度、颁布国家基本用药目录清单、实行处方用药(R_x)和非处方用药(OTC)分类销售等,将促进医药零售市场的兴旺。

2011年医药电商销售是4亿元,2012年是16亿元,2013年达到42.6亿元,2014年为77.9亿元,4年增加19倍。根据我国网络基础设施建设和网民数的发展态势,可以预见我国B2C医药电子商务将是一个潜力巨大,商机无限的领域。所以医药行业要充分运用先进的信息技术手段,促进医药体制的改革,降低成本,提高效率,发展药品电子商务。

(二) 加入WTO后,对我国医药(中药)企业既有机遇也有挑战

我国加入WTO后,根据世界贸易组织关于国际贸易的有关协议,其中涉及医药行业的承诺共有五个方面:

(1) 保护药品知识产权。

(2) 进口药品的平均关税逐步降至60%以下。

(3) 2001年取消进口大型医疗器械管制。

(4) 2003年1月1日开放药品分销服务。

(5) 加入WTO后开放医疗服务。

由此可见,全球经济合作,市场竞争全球化已然来临。电子商务是对传统营销模式和营销观念的一种巨大挑战,"传统经济时期是大鱼吃小鱼、网络经济时代是快鱼吃慢鱼",国外商家利用先进的电子商务手段,争时间抢速度,拼产品拼服务,抢占中国庞大医药市场的同时,也同样为我们打开了中药商品出口国际市场的大门。

(三) 电子商务是未来贸易的发展方向

传统企业尽早开展电子商务,就必然会抢占先机,与国际买家贸易模式接轨,在营销活动中与国际知名企业站在同一起跑线上,而抛弃了中小医药(中药)传统企业的许多竞争弱势,机遇和挑战并存,医药(中药)传统企业千万不可错过这一发展良机。

二、发展观念和外部运作技术条件已基本成熟

(一) 我国的网络基础建设发展迅速

为迎接WTO的到来,国家在电子商务的网络发展基础建设、发展环境和政策、发展资源、发展条件等方面进行了一系列探索、改革,医药(中药)电子商务试点工作稳步发展,已经形成了较为清晰的生产商、贸易商电子商务发展模式,特别是广大医(中药)药企业的网络商务意识普遍增强,企业网站建设需求日渐清晰、发展迅速。

(二) 国内医药(中药)行业ICP服务商专业信息资源整合质量、服务质量有极大提高

"中国医药市场"网站,集6万余家行业厂商信息、7万余条的动态供求信息,已经初步形成了涵盖医药原料、辅料、中间体;西药制剂、中药、保健品、生物药品、医疗器械设备、医药包装材料设备、医药成果转化交易等医药细分市场的国内著名电子商务服务平台,这些资源对于医药传统企业开展电子商务,进行资源共享利用,可以起到事半功倍的经营效果。

(三) 电子商务的外部运作条件日趋完善

外部运作条件如信息安全认证、身份安全认证;物流配送资源整合及配送信息电子化;资金流的银行技术支撑及商家控制等,在技术和政策规范方面已有了突破性进展。

（四）企业内部信息流程电子化是开展电子商务的前提和保障

企业发展电子商务应以树立新型营销观为出发点，建立和完善与开展电子商务相配套的营销体系作为主线，充分挖掘人力资源、培养复合型人才作为基本保障。电子商务是建立在完善的计算机应用、商务流程电子化、信息联网共享等基础之上的新型商务手段。对于国内医药传统企业，尤其是中小企业，其计算机应用水平还相对落后，实现以计算机应用、企业内部商务流程联网及外部互联网信息获取为基础的信息流程电子化，是目前国内大多数传统企业最紧迫的任务，这些都需要医药（中药）企业在逐步开展电子商务过程中，不断磨合，尽快解决。

三、存在的主要问题

既然医药（中药）电子商务好处多多，为何它发展的脚步不能走得更快一点呢？原因有以下几点：

（1）目前我国多数医药（中药）企业的信息处理基本上还停留在手工方式，医药（中药）企业员工的大量时间都消耗在事务性工作上，信息化程度亟待提高。

（2）医药（中药）企业的生产管理、费用管理和成本具有难以控制的特点。

（3）国家对药品（中药）的生产经营、定价和进出口采取统一管理，存在着不同程度的经济控制和行政干预。

（4）对资料的深入统计分析不能充分为医药（中药）企业的生产管理所利用。

（5）在经济管理上还存在漏、跑、错费现象。

（6）库存调用频繁，灵活性要求高，物资管理难度大。

不难看出，在影响我国医药（中药）电子商务发展的诸多因素中，管理仍是其中最大的障碍。一直以来，医药（中药）市场就有品种众多、品牌复杂、信息大的特点，严重的信息不对称是造成流通领域市场混乱的主要原因。而从药品（中药）购销过程来看，与物流、资金流相比，信息流是更为关键的一环，因为要实现医药（中药）体制改革所要求的公平、公正、公开以及诚实信用原则，其交易过程的参与者就必须掌握完善的信息并具备信息处理能力。所以，我们现阶段药品（中药）交易信息流的部分电子商务化，对医药（中药）电子商务来说是迈出了一小步，对建立新的药品（中药）流通格局、新的药品（中药）流通方式来说却是迈出了一大步。

此外，医药（中药）电子商务是医药流通体制改革的重要组成部分，而改革总是要涉及利益的重新分配。我国目前的医药（中药）市场一个显著的特征就是买方市场，而医院的采购行为占到了整个药品采购行为的85%以上，医院的采购方式极大地影响着医药市场的运转。而目前我国绝大部分医院是非赢利性医院，享受国家财政补贴，假如医药电子商务使医院“以药养医”的局面不复存在，国家财政补贴的压力就大大增加了。此外，医药是个特殊行业，隶属的管理部门太广，大家要步调一致也不容易。其次，医疗机构、城镇职工医疗保障制度、药品价格、药品流通体制等改革工作刚刚启动，这是一个十分庞大的系统工程，相应的政策法规尚不配套，即使出台了相关法规，政府在监督检查的力度上还不够。比如，《医疗机构集中招标采购工作规范（暂行）》和《医疗机构药品集中招标采购监督管理暂行办法》早已出台，但各地的“土政策”照行不误，违规现象仍很严重。

尽管目前医药电子商务的发展有难度，但它毕竟代表了今后医药（中药）行业的发展方向，对老百姓切身利益，对国家科技水平的提高，对社会资源的优化配置，都绝对有好处。发展医药(中药)电子商务的当务之急是建立一个独立的整体考虑的综合治理机构，对医药(中药)电子商务的发展进行统一规范的管理。

复习思考题

(1) 简述中药商品电子商务的类型与模式。
(2) 试述中药商品电子商务的监管制度。
(3) 申请面向个人消费者药品交易服务类网站应当具备哪些条件?

第十一章　中药市场信息与预测

第一节　中药市场信息和作用

21世纪被称为信息时代。信息已经成为社会发展、进步和人类赖以生存的重要资源和基本需求。在这样的历史环境下,中药现代化的发展在很大程度上取决于中医药信息利用、转化和传播的能力及速度,与世界发达国家比较,我国目前中医药信息资源及网络的研究与建设还处于落后状态;与国内其他行业相比,也还处于起步阶段。

市场信息是商品经济的产物,也是市场营销学的重要组成部分。中药市场信息是中药企业进行市场营销管理的重要依据。每一个现代中药企业都应该建立起自己的信息搜集和管理系统,尽力完善内外信息网络,大力开拓市场信息资源,以便为企业的市场营销活动服务,使企业顺利地完成营销目标、创造更好的经济效益。

一、中药市场信息

信息,简单地说就是消息,是具有新内容和新知识的消息。它是客观存在的,并与物质、能量共同组成客观世界的三大要素。所谓中药市场信息,就是反映中药市场活动特征及其发展变化情况的各种消息。它是对中药市场运行特征的客观描述,表现中药市场的供求、竞争、消费等情况,具有资源性、时间性、扩散性和共享性等特点。

中药市场信息是中药企业了解市场、掌握市场供求发展趋势,了解用户、为用户提供产品和服务的宝贵资源,只有在拥有大量可靠而及时的信息的基础上,才能准确地预测中药市场行情,才能制定出正确的营销决策,才能使企业在市场上的竞争能力得到加强,才能使企业掌握营销的主动性,从而使企业的经营活动顺利开展,并取得良好的经济效益。

中药市场信息由三个基本要素构成:

(一)信息发生源

信息发生源简称信息源。它是产生市场信息的客观事物本身。可以是人,也可以是机器。信息源通过各种途径发出信息的具体内容,供人们传递使用。

(二)信息载体

信息载体是指反映信息内容的数据、文字、声波、光波等。它与物质载体是不可分割的,只有通过载体,信息才能传递、加工和储存。

(三)信息归宿

信息归宿简称信宿。它是指接受、处理并利用所传递有关信息的主体。由于信息具有社会性,任何单位和个人都可以成为信息的接受体。

二、中药市场信息的作用

(一)中药市场信息是中药企业进行顺利经营的起点

中药企业的经营活动就是企业有效地利用现有资源,为实现企业目标,提高产品形象、企业声誉和经济效益而对企业生产、科技、经济等活动进行运筹、谋划、管理的综合功能。发挥经营职能、实现经营目标，都首先要利用市场信息，以便开拓市场、掌握用户、提高营销效率。可以说，中药市场信息是中药企业经营的前提和起点。

（二）中药市场信息是中药企业进行市场预测的基础

中药市场预测就是以过去有关的数据和资料作为依据，并结合现在有关的情况和数据、资料，对中药市场的未来进行预测，而这些过去和现在的数据及资料，都属于市场信息。因此，中药市场信息是进行中药市场预测的基础。

（三）中药市场信息是中药企业进行市场预测的前提

任何中药企业在经营过程中都要"谋后而战"，即要事先制定出一系列的经营决策，然后才能在商品经济的大潮中占据有利地位，取得经营主动，获得利润。而在制定经营决策时，首先应该做到知己、知彼、知用户、知市场，也就是要掌握中药市场信息，否则就很难实现决策的信息化、优质化，难以达到营销的目的。

（四）中药市场信息是中药市场营销管理系统的有机组成部分

中药企业市场营销管理系统包括中药市场环境分析、中药市场营销战略、中药市场营销管理等主要内容。其中，任何一个内容都离不开中药市场信息，任何一项市场活动又产生大量的市场信息。在一定意义上说，中药市场营销管理就是中药市场信息管理。

（五）中药市场信息是进行中药市场营销控制的手段

一方面，中药企业需要依靠中药市场信息确立营销计划、营销战略和策略，以及市场营销策略组合等营销手段；另一方面，中药企业可以通过市场营销机制的运行及其信息反馈，实现对中药产品的有效控制。

（六）中药市场信息是中药企业进行内外协调的依据

中药企业经营是使其内部条件、外部环境、经营目标三者之间相互协调，实现企业活动动态协调最优化的过程。中药市场信息则是中药企业进行内外协调的主要依据之一。当中药市场环境变化的信息出现时，企业必须及时作出相应的政策，采取相应的管理行动，使内部条件和经营目标、方针、战略适应这种变化，才能在与外部环境变化相协调中求得动态发展。

第二节　中药市场信息来源与分类

一、中药市场信息的来源

中药市场信息的来源很广，其主要渠道可以分为两大类，即国内信息源和国际信息源。

（一）国内信息源

1. 党政机关。

我国实行的是以公有制为主体、多种所有制经济共同发展的基本经济制度，建立建全中国特色社会主义市场经济体制。党政机关是政治、经济、法律等方面信息的主要发源地。中国共产党全国代表大会，中华人民共和国全国人民代表大会及其常务委员会，国务院及各部、委、办、省、自治区、直辖市的各类会议，从不同的角度、不同的范围，以文件、决议、报告、计划、公报、预决算等形式，发出关系到中药市场的一些信息。

2. 上级主管部门。

中药企业上级主管部门,是本行业市场信息的主要来源。他们根据国家的经济社会发展规划,规定本行业发展的方向、目标、措施等。这些信息对中药企业的投资方向、产品的发展方向等都具有重要的指导意义。

3. 药材交易市场。

药材交易市场不仅是药材、饮片、中成药等中药商品相对集中的场所,而且也是中药信息汇集的地方,几乎可以说药材交易市场的每一个角落、每一个人身上都蕴藏着丰富的信息。了解药材交易市场上的信息可以通过两个方面:一是亲临现场进行实地考察;二是参考有关药材交易市场的行情报道。

4. 药材交易会。

药材交易会是一种新型的中药市场。在这个市场上,各地药材公司、中药企业、个体经营者都在相对集中的时间内汇集,各类参加人员通过交谈、观察,讨价还价等方式,可以获得不少有价值的信息。对这些信息进行综合分析,可以预测某些中药的行情变化趋势。药材交易会,往往是一些中药价格变化的转折点,目前许多中药经营单位,都持有“上半年看百泉,下半年看樟树”的经营观点。

5. 舆论宣传工具。

主要是指报纸、杂志、广播、电视四大类型。他们通过自己专门的渠道,利用记者特殊的身份和特有的敏感性,搜集到许多其他部门不注意或了解不到的信息,特别是中药专业方面的报纸、杂志,更是中药专业获取市场信息的主要来源。

6. 中药产地。

在产地,可以了解到各种中药的产量是增加还是减少,是旺销还是滞销,价格是升高还是降低,有助于市场行情的预测,可用来指导企业的经营活动。因此,中药货源产地的信息对于经营者来说也是不可忽视。

7. 销售地区。

任何一个高明的经营者,在经营过程中,既不能放弃在中药产地了解信息,也不会忽视销售地的信息。在销售地通过与用户直接接触,可以及时了解市场上各种中药的需求情况,然后进行归纳分析、去伪存真,并以此为依据为企业做出正确的经营计划。

8. 竞争对手。

在中药市场上,各中药企业之间必然地会形成相互竞争的局面,商品经济越发展,竞争就越激烈,在参与市场竞争的过程中,各企业都会采取一些行之有效的策略,每一种策略都会从不同的角度反映市场的需求。在竞争较量中,注意吸收对手的新鲜东西,有助于把握市场竞争的主动权。

9. 各类学术、科研、教学机构。

各地的中药学会、中药研究所、中医药院校,都集中了大量的各方面的优秀中药人才,在其学术会议,研究成果和论文中,都包含有大量的中药市场信息,这些信息一般都具有实用性、超前性等特点,应该注意搜集和整理。

10. 银行系统。

银行系统通过自己的业务活动,掌握着社会、企业的资金流向和流量,为了提高其贷款的经济效益,要对企业的市场销售状态和发展方向进行了解和预测,中药企业可以将此作为信息来源,注意收集。

（二）国际信息源

国际社会对天然药物的重视日益加强，我国中药商品的出口量也逐年增加。为了使中医在世界范围内更加发扬光大，应在加强中药质量管理的前提下，想方设法扩大中药的国际市场范围。为了达到这一目的，首先就应该全面了解国际中药市场方面的信息。一般来说，了解国际中药市场信息的途径有以下几种：

1. 各国药品营销管理部门。

各个国家对中药经营，特别是对中药进口都有严格的规定，包括中药品种、农药残留量限制、重金属含量限制等。在进行中药的国际贸易时，必须对此有了解。

2. 外国客户和中间商。

通过对国外客户和中间商的实地调查，可以直接了解他们对中药产品的要求、购买习惯和使用习惯、销售渠道和市场供应等多方面的信息。但这种调查费用较高。

3. 出、入境人员。

从出、入境人员那里可以了解到中药在国外的实用情况，据此可以帮助中药企业决定产品的品种、质量、价格、销售渠道和促销方式等。

4. 外国的传播媒介。

从外国的报纸、书籍、专业期刊、动态公报、广播、电视等传播媒介中，可以了解到多方面的中药市场信息，从而为中药企业开展国际市场营销提供依据。

5. 国内的传播媒介。

国内的驻外机构在其工作中可以系统地收集外国的中药信息资料，为国内外中药企业开拓国际市场服务。

6. 外国的专业咨询机构。

这些咨询机构可按中药企业的要求提供有关信息，准确性比较高，但费用较高。

7. 国际性的商品交流活动。

世界各国为了扩大商品交流，要组织各种类型的交易会、博览会等，例如我国每年就在广州举办两次出口商品交易会。中药企业参加这些交易活动，可以获取多方面的国际中药市场信息。

二、中药市场信息的分类

信息在中药市场营销活动中不但每时每刻都不可缺少，而且种类繁多，因此必须对其进行合理地分类和管理，才能便于储存和应用，使其发挥出更大的作用。一般来说，常将中药市场信息按以下几种方法进行分类：

（一）按照中药市场信息的内容进行分类

根据所包含内容的不同，可以将中药市场信息分为以下几类：

1. 中药市场需求信息。

包括直接消费药品的医院、卫生室和专门经营药品的药材公司、药材站、个体经营者两个方面的需求信息。前者的需求受地区、季节、疾病发生情况及医院特点等方面的影响，后者还受组织者市场决策等方面的影响。

2. 中药市场供应信息。

即市场上对中药企业进行生产和营销活动需要的人才、资金、技术、物资等方面供应的信息，它是决定中药企业投资方向的重要条件。目前，中药材的供应信息尤其受到各企业特别是商业企业的重视。

3. 中药市场竞争信息。

主要包括竞争者的数量、规模和分布;竞争者的资金、技术状况;参与竞争的产品状况,如品种、规格、质量、商标、包装、装潢、新产品动向、服务等;竞争者的销售状况,如成本、价格、销售渠道、促销方式等;竞争者的整体形象,如销售额、利润额、市场占有率、营销战略与策略等。它是占有企业制定竞争战略和策略的重要依据。

4. 中药营销环境信息。

主要是指宏观环境信息,包括国家及本行业主管部门的有关方针、政策、法律、条例,以及自然资源等,它直接影响着资源市场商品的供应量和需求量。

5. 有关本企业的市场信息。

包括本企业在同行业中地位、知名度、市场占有率;用户对本企业产品、价格、销售渠道、促销方式的意见和建议。了解本企业的市场信息,有利于正确评价本企业的营销状况,为企业的下一步发展打下基础。

(二)按照中药市场信息的来源地区进行分类

根据来源地区的不同,可以将中药市场信息分为国内中药市场信息和国际中药市场信息。还可以将它们继续进行细分,如前者可以进一步分为省内中药市场信息和省外中药市场信息等;后者也可以进一步分为东南亚中药市场信息、欧美中药市场信息、日韩中药市场信息等。

(三)按照中药市场信息的存在形态进行分类

根据存在形态的不同,可将中药市场信息分为静态中药市场信息和动态中药市场信息。例如,国家颁布的关于中药市场的规定、条例,在一定时期之内是稳定不变的,属于静态中药市场信息;而中药商品的价格信息则是每时每刻都在发生着变化,就属于动态中药市场信息。

(四)按照中药市场信息资料的处理情况进行分类

根据信息资料处理情况的不同,可以将中药市场信息分为原始中药市场信息和加工后的中药市场信息。

(五)按照中药市场信息的性质进行分类

根据性质的不同,可以将中药市场信息分为常规性中药市场信息和偶然性中药市场信息。中药市场信息的不同分类,各有不同的目的和要求,为了提高其使用效能,必须分门别类地进行搜集和整理。

第三节　中药市场信息加工和运用

在对中药市场信息加工之前,要进行中药市场信息搜集,然后分析、处理,之后往往还要传递并保存中药市场信息,以便需要之时取用。

一、搜集中药市场信息的原则

收集中药市场信息是进行中药市场信息工作的第一个环节,它的质量如何直接关系到中药市场信息质量的高低。为了保证得到较高质量的中药市场信息,在进行中药市场信息搜集工作时,就必须注意遵循以下几个原则:

（一）掌握信息的全面性

中药企业所需要的市场信息是多方面的，因此在收集时一定要掌握信息的全面性，这不仅包括信息内容的全面性，也包括信息渠道的全面性。只有通过多种渠道收集信息，才能保证信息内容的全面，还可通过信息间的相互验证，来保证其正确性。但信息的全面性与其数量并不画等号，有时太多的信息反而会影响企业决策的效率，因此在搜集信息时就需要及时进行筛选。

（二）注意信息的及时性

中药市场信息具有很强的时效性，时间过长，信息的价值就会丧失。因此，在瞬息万变的中药市场活动面前，注意信息的及时性就特别重要。信息的及时性包括两个方面：一是内容要及时；二是传递要及时。

（三）保证信息的准确性

准确是信息的生命。不能真实反映客观情况的信息，不仅不能在企业的营销决策中发挥出应有的作用，反而会给中药企业带来严重的损失。因此在搜集中药市场信息时，一定要做到认真鉴别，确保信息的正确性。

（四）提高信息的适用性

中药企业的市场营销决策包括多方面的内容，不同的内容需要不同的中药市场信息。因此，在搜集中药市场信息时，必须根据不同的要求进行，以提高信息的适用性，使其更有效地发挥作用。

（五）力求信息的经济性

以不同的方式或渠道获得的中药市场信息的质量和花费都是各不相同的。力求信息的经济性，就是要尽量以最少的花费去取得同样或更大价值的中药市场信息，以保证中药企业能够取得较好的经济效益。

（六）讲究信息的科学性

就是要以科学的方法及手段进行搜集，以保持信息的科学性。

上述各项原则是互相联系的，并形成一个完整的系统。在实际应用过程中，只有把这些原则结合起来，使其相互补充，才能达到搜集中药市场信息的目的。

二、中药市场信息的分析

通过各种途径获得的大量中药市场信息，必须通过认真分析，才能达到适合实际需要的目的。中药市场信息的分析主要包括以下几个方面的内容：

（一）分析信息的准确性

得到中药市场信息以后，首先要分析其准确性到底如何，因为准确是信息的生命，市场信息的准确性，直接关系到中药企业营销决策的成败。信息的准确性包括两个方面：一是信息获得渠道的可靠性；二是信息具体内容的准确性。

（二）分析信息间的相互关系

从不同渠道获得的各种中药市场信息相互之间并不是孤立的，通过分析找出它们之间的内在联系，可使信息起到相互印证、举一反三的作用。

（三）分析信息的变化规律

中药市场信息每时每刻都在发生着变化，通过对在较长时间内积累起来的信息资料进行分析，可以总结出市场信息变化规律，据此可以分析找出引起其变化的原因，并通过变化规律的认识和掌握，来把握变化趋势的转折点，为正确作出市场营销决策打好基础，中药市场信息的变化规律可以分为三种类型：一是波动性变化，如有些药材的销售价格随季节的转换而发生高低变化；二是趋势性变化，如某些中成药的销售量因外界因素的变化，在一定时间之内呈现出上升或下降的趋势；三是不规则性变化，有些信息变化的方向、内容无规律可循，但在一定时间内出现这样的情况也是有规律的。

三、中药市场信息的加工处理意义与方法

（一）中药市场信息加工处理的必要性

1. 有利于提高中药市场信息的系统性和完整性。

中药企业通过各种途径搜集来的市场信息资料，由于来源复杂、量大、涉及面广，一般都是分散的、零星的、不系统的、不完整的，不具备实用价值，而企业的决策者所需要的是那些能说明中药市场形势发展变化规律的信息。这就需要将搜集来的零星分散的原始信息，按照一定的目的、程序和方法进行加工处理，使其成为系统的、完整的、有机联系的并能说明某一专门问题的市场信息，以便为企业进行决策时选用。

2. 有利于提高中药市场信息的真实性和应用性。

原始的中药市场信息真实性和准确性都较低，有的甚至夹杂着虚假、夸大或缩小的成分，只有经过加工处理，才能供分析研究和应用于实践。所谓中药市场信息的加工整理，就是对信息进行核对、挑选、分类、综合、判断、分析、研究、计算、校对和鉴别，剔除不真实、不准确、不切合实际的部分，以提高其真实性和应用性。同时，在加工整理的过程中，如果发现搜集到的信息不够完备，还可及时进行补充，以确保市场信息的完整性，并及时应用到营销实践当中去。

（二）中药市场信息加工处理的方法

进行中药市场信息加工处理的方法，可分为两类，即组织处理和技术处理。

1. 组织处理。

所谓组织处理就是将所获得的中药市场信息进行组织、归纳、分类等，使原来比较粗糙、松散的信息，变为能满足需要和使用方便的信息。其主要的工作就是筛选、分类、编校、列表、画图等。

（1）筛选。即把所搜集得到的信息，根据其重要性、准确性等加以选择，去除那些不重要、可信度低的信息，以免信息过多影响决策效率。

（2）分类。在获得信息的数量较多时，就要根据决策的需要，将它们按一定系统加以分门别类，以利于抓住问题的实质。在进行分类时，要力求详细，以便能充分反映被调查问题的情况。

（3）编校。即把所得到的中药市场信息进行编排和校正，做到顺序有致、便于查找，使其既能保证各方面的需要，又能准确无误。

（4）列表、画图。即将各种数字性的中药市场信息资料，用表格或图形的形式表现出来，使其明显直观、一目了然。

2. 技术处理。

在所获得的市场信息中，一些历史的数字资料有时不能令人满意，例如时间序列数据起伏过大，主要影响因素数据与预测对象数据的相关系数太小等。如果以这些不规则的数据为依据进行预测或决策，必然会影响结果的准确性，这时就需要对其进行技术处理。

技术处理的主要方法有：

（1）剔除法。就是将那些不能如实反映对象的正常发展趋势的数据剔除掉。此法只能在数据较多时才能使用，并且剔除的数据也只能是个别的。

（2）还原法。就是把偶然因素影响的数据处理成在正常情况下表现出来的数据，还原法在运用中又有许多具体的方法，其中最简单的是算术平均法，就是利用被还原数的前后两项的算术平均数作为还原数。

中药市场信息从搜集到使用过程的中间环节就是中药市场信息的传递。由于传递的质量高低直接影响到信息本身的价值，因此信息的传递在中药市场信息工作中占有相当重要的位置。目前中药市场信息的传递方式主要有书信式、电话、传真式、网络等。各种传递方式各有利弊，具体应用时，可以根据自身的条件适当地进行选择。

四、中药市场信息的应用

中药企业搜集、处理、传递、存储市场信息的目的就是为了应用。如何正确地应用市场信息是中药企业提高信息效益的关键。

中药企业进行市场预测、制定战略决策和战术决策是使用市场信息的主要方面。市场信息是企业进行市场预测的基础，没有市场信息，市场预测就变成了无本之木、无源之水。信息的数量和质量直接影响着市场预测的正确性。市场预测的准确与否，又影响着中药企业的投资、竞争、企业发展等战略决策和产品类型、价格、销售渠道、促销等战术决策的成败。由此看来，中药企业要存在并得到发展，就必须拥有市场信息。从另一个方面来讲，中药企业即使拥有了市场信息，如果利用效率不高，也不会达到应有的目的。因此，认真分析、研究市场信息，尽力提高市场信息的利用效率，乃是中药企业市场信息工作的一个重要方面。

中药市场信息应用的方式主要有以下三种：

（1）直接应用。经过加工整理后的中药市场信息，有些已清楚地显露出较高的应用价值。对于这样的信息，企业应抓住机遇，当机立断，制订计划，付诸实施，以夺取在一定时期内的高效营销成果。

（2）联想应用。联想是指人们运用自己已经掌握的知识和信息，研究不同客观事物的内在有机联系，以揭示它们之间的必然关系，从而扩大思路获得潜在的信息资料。同样，中药企业可以通过分析研究两条表面上看来关系不大的中药市场信息的内在必然联系，来发掘出新的具有更大价值的重要市场信息情报。

（3）推导应用。推导是指人们根据已知的信息情报，经过认真地分析研究，做出合乎规律的推理判断，从而获得新的信息情报。同样，中药企业也可以根据已经获得的市场信息，通过运用逻辑推理方法来判断推导出另外一些合乎市场发展规律的重要信息，经过审核确信无误后，就可以尽快应用到营销实践当中去。

三、中药市场信息反馈

在中药市场信息的使用过程中，还要注意中药市场信息的反馈问题，以提高中药市场信息的使用水平。所谓信息反馈，是指信息在使用过程中产生新的信息源，又回到原输入点的过程。进行市场信息反馈，有利于提高信息的使用质量，及时发现营销管理中存在的问题，随时调整营销决策，加强企业的市场竞争能力。

加工处理后的中药市场信息,有时不能立即使用,这时就需要将它们建成各种形式的档案加以储存,以便随时备查和有效地利用。存储中药市场信息的一般要求是:存储的市场信息必须具有一定的价值;存储后的市场信息必须能满足检索要求;信息的保存能持续一定的时间。

存储信息的编码就是把市场信息根据其名称、属性、状态,按中药企业生产经营的需要编制代码。代码是制定的有关文字、字母、数据、符号、图像等,用以代表市场信息的名称、属性、分类等。

进行中药市场信息编码时,应遵循以下几个原则:

(1) 标准化原则。即要符合国际或国家有关标准化的规定,尽量使用通用代码。

(2) 合理性或系统性原则。即不同的市场信息来自不同的系统,要充分体现其系统性,编码要力求合理、逻辑性强、直观、易掌握。

(3) 唯一性原则。即信息编码不能重复。

(二) 存储信息的排序

排序,又叫分类。就是将中药市场信息按一定的次序进行排列。常见的排列方法有以下两类:

(1) 按信息来源排序。就是把市场信息的来源部门分成若干大类、中类、小类,然后按分类顺序排列信息。

(2) 按信息的内容排序。就是把市场信息按各自反映的内容进行分类、排列。

为便于以后市场信息查找工作的进行,在信息存储时就应该做好检索的准备工作。即根据存储信息的类型,确定查找的检索办法。检索的主要工具是目录和索引。目录应根据一定的分类方式排列,索引则应采用笔画索引、汉语拼音索引等。

第四节　中药市场预测作用和意义

预测是指以正确的理论为指导,在深入调查研究,揭示市场供需矛盾的规律性,并分析影响商品购销的错综复杂因素的基础上,借助逻辑推理、统计分析、数学模型等科学方法,对未来市场商品变动趋势做出接近实际的分析和推测。

中药市场预测的概念:所谓中药市场预测,就是运用科学的方法,对影响中药市场供求变化的诸多因素进行调查研究,分析和预见其发展趋势,掌握中药市场供求变化的规律,为中药市场营销决策提供可靠的依据。只有这样,才能充分发挥市场机制的作用,实现国家计划指导下的市场调节,经常保持中药市场商品供应与商品需求的平衡,确定以消费者为中心的商品供应最佳方案,以最小的劳动占用和劳动消耗取得最大的经济效益。

一、中药市场预测的意义

(1) 通过中药市场预测,有利于提高国家有关中药行业计划的科学性,便于保证整个社会对中药需求的满足;有利于中药行业的管理部门掌握市场动态和中药产销变化趋势,以便制定和采取必要的政策和措施,防止市场出现大起大落,避免造成浪费或产生重大损失。

(2) 通过中药市场预测,可以预见中药市场未来的发展趋势,为中药企业制定战略目标和作出各种经营决策提供客观依据。

（3）通过中药市场预测，可以摸清消费者对中药具体的需求（如品种、规格、剂型、质量等）趋向以及竞争对手的供货情况。使中药企业及时调整战略计划与战术策略，保持企业与环境的动态平衡，增强竞争能力。

（4）通过中药市场预测，可以提高中药企业经营的预见性和市场适应力，便于加强中药企业经营管理，提高中药企业经济效益。

二、中药市场预测的作用

中药市场预测的作用主要表现在以下几个方面：

（一）宏观方面

进行中药市场预测，有利于提高国家有关中药行业计划的科学性，便于保证整个社会对中药需求的满足，从而达到保障和提高人民健康水平的目的；有利于中药行业的管理部门掌握市场动态和中药产销变化趋势，以便制定和采取必要的政策和措施，防止市场出现大起大落，避免造成浪费或者产生重大损失。

（二）微观方面

即从中药企业的经营角度来看，中药市场预测的作用主要表现有以下几点：

1. 中药市场预测是企业进行决策的前提。

通过预测可以预见中药市场未来的发展趋势，使中药企业的决策者了解和掌握本企业产品的未来市场显在需求与潜在需求状况，为企业正确地确定经营方向和制定生产、经营计划提供客观依据。只有在此基础上，中药企业才能作出比较可靠和切实可行的经营决策。

2. 中药市场预测是企业制定经营计划的依据。

通过市场预测，中药企业可以摸清消费者对中药品种、规格、质量等方面的具体要求及竞争对手的产品情况。只有全面了解这些情况后，才能在国家计划的指导下，按照市场需求来制定企业的经营计划，使企业的经营日标建立在切实可行的基础之上，做到产销协调平衡。

3. 中药市场预测是提高企业经营管理水平的重要手段。

中药，特别是中药材，品种繁多，性质复杂，产销调剂面广；生产有丰有歉。产量时高时低，质量有好有次，供应时多时少，此余彼短，或长期不足，或积压多年，产需情况复杂多变，市场供求起伏变化多，经营风险大。这就更加要求中药企业必须加强市场的预测工作，才能在经营过程中取得主动权，使自己的经营活动较好地适应市场的需要。加速中药商品和资金流转，降低成本和费用，达到提高经济效益目的。总而言之，中药企业可以通过市场预测，揭示和描述中药市场的变化趋势，从而为重要企业的市场营销提供可靠的依据，保证中药企业在市场经营中提高自觉性和克服盲目性，使中药企业的市场竞争能力和应变能力得到加强，达到提高经济效益和社会效益的最终目的。

第五节　中药市场预测原理和内容

一、中药市场预测应该遵循市场预测的基本原理

（一）因果性原理

因果关系是在事物的更替运动中，作为原因的某种现象一旦出现，其结果的另一种现象必然会随之出现，人们可以从已知的原因推测出未来的结果。在市场预测中，通过对预测目标各种影响因素的具体分析，找出预测目标和影响因素之间的关系，当影响因素为已知时，推测出预测目标。

（二）可控性原理

人们在客观规律面前并不是无能为力的，当认识了事物的发展规律，就可以努力创造条件，使预测对象在人们自觉控制下向希望方向发展。在市场预测中，要尽量利用经济运行中可以控制的因素，即确定性经济变量，来推测所要预测的经济变量，以提高预测的科学性和准确性。

（三）连续性原理

一切经济现象总有它的过去、现在和未来。事情未来的发展会有变化，但在一定的条件下，事物的本来面目和它的基本发展趋势仍将延续下去，事物发展的这种连续性表明事物的发展是按照它本身固有的规律进行的。我们从大量历史和现实的信息中，找出发展过程中的固有规律，并利用预测目标的历史时间数据，运用数学统计方法来预测未来发展趋势。

（四）类推性原理

客观事物之间存在着某种类似结构和发展模式，人们可以利用已知的事物的某种类似结构和发展模式，类推未来某个预测目标的结构和发展模式。运用类推原理，要弄清类比事物之间，是否存在着某些相似之处，越相似的事物类推预测的效果越好。

（五）可知性原理

全部预测活动都是建立在可知性原理的基础上。根据可知性原理，尽管市场千变万化，只要善于分析、探索，就可以逐步揭示市场变化的规律，从而提高预测的准确性。

二、中药市场预测应该遵循市场预测的内容

中药市场预测的内容是极其丰富与广泛的。它是对中药市场调查资料与信息资料作科学的分析测算，推断其变化和趋势。其主要内容有以下几个方面：

（一）中药市场需求预测

包括消费者需求与生产经营者需求两方面。具体内容有：

（1）中药需求总量预测。如对购买力增长速度与总量、购买力投入及消费构成变化等预测。

（2）中药需求影响因素变化预测。即对引起中药需求变化的各种影响因素的变化趋势、变化时间、变化程度进行预测，以便寻求变化的深层原因。

（3）中药需求变化特征预测。

（二）中药市场占有率预测

主要预测中药企业市场占有率的发展趋势及其影响因素，充分估计竞争对手的变化，并对各种影响本企业市场占有率的因素采取适当的策略加以控制。中药市场占有率预测可以从3个方面进行：

（1）本企业产品市场地位的预测。如预测中成药质量水平、市场占有率的变化等。

（2）竞争对手情况的预测。如预测竞争对手的数量，各自的实力变化，竞争对手可能采取的经营策略，以及竞争对手对本企业竞争策略的反应及影响程度等。

（3）对潜在竞争者的预测。如分析预测是否会有潜在竞争者进入，他们可能采取什么样的经营策略挤入市场等。

（三）产品发展预测

产品发展预测是中药企业制定产品、经营计划的重要依据，是中药企业市场预测的重点。它包括：

（1）现有产品生命周期的预测。主要是对与企业产品有关方面的科学技术的发展进行预测，如有关新材料、新设备、新工艺的发展，新的替代品的出现等，以此判断中药企业产品所处的生命周期阶段。

（2）新产品发展前景的预测。如预测新产品的开发方向，消费者对新产品的剂型、质量、售价方面有什么要求，新产品上市后的销售量和市场需求潜力有多大等。

（3）产品资源变动趋势预测。如预测资源包括野生资源、人工种植或饲养的供应量的大小；库存量的多少等因素的变化。

（四）产品价格变动趋势预测

主要是对产品价格涨落及其发展趋势进行预测。一般可以通过两种途径来进行。

（1）根据产品成本构成因素及其变化趋势，预测价格的变化趋势。

（2）根据供求关系对价格的影响，预测价格的变动趋势。

第六节　中药市场预测程序和方法

一、中药市场预测

中药市场预测是经济预测的一个重要组成部分，它和经济预测一样，也经过以下几个程序：

1. 确定预测目标。

拟定预测计划进行中药市场预测，首先要确定主题，规定要达到的目的。由于预测的目标、对象、期限不同，预测所采用的方法、资料数据收集的要求也就不同。所以，只有预测目标定的准确，才能提高预测的效果。由于中药商业企业每年都举行两次以上的订货会。因此，对于中药行业来讲，进行中短期预测特别重要。预测计划是预测目标的具体化，它具体地规定预测的精度要求、工作日程、参加人员及分工等。

2. 收集和分析资料。

任何预测都要从现有的资料出发，因此要首先分析现有的资料，进而再搜集必要的历史资料。预测资料的来源大致有：①国家政府部门的计划和统计资料：本系统的计划、统计和活动资料；②国外经济技术情报和国际市场活动资料；③中药商业部门和市场统计数据资料;④各研究单位、学术团体、学校的研究成果,刊物资料等。

3. 选择预测方法。

建立预测模型预测方法的选择要服从于预测目的、占有资料的数量和可靠程度、精度要求以及预测费用的预算。在定量预测方法的选择中,可通过对数据变化趋势的分析,建立起与历史资料吻合的预测模型。

4. 确定预测值。

提出预测报告在实际预测之后,对预测结果进行评价。预测误差是不可避免的。为了避免预测误差过大,要对预测值的可信度进行估计,即分析各种因素的变化对预测可能发生的影响,并对预测结果进行必要的修订和调整,最后确定出预测值,写出预测报告和策略性建议。

二、中药市场预测的方法

要搞好中药市场预测,就必须采取一定的预测方法。人们在中药市场经营活动的实践中,总结和采用了很多预测方法。而每种方法都有其不同的用途。中药市场预测方法按性质可以分成两大类:即定性预测和定量预测。

(一) 定性预测方法

定性预测方法是根据经验和分析判断对预测对象的发展变化趋势和状态进行预测的方法。由于在中药市场活动中存在着许多偶然的因素,很难用计量的方法直接进行计算,所以在信息资料较少或不准的条件下,中药企业多运用这种方法。下面对常用的几种定性方法进行介绍。

1. 集体判断法。

这种方法就是由中药企业经理集合有关人员进行分析讨论,对中药未来市场形势作出判断。具体方式有两种:一是集中企业高中层的经理人员进行讨论预测;二是集中企业有经验的销售人员进行预测。优点:①预测速度快,成本低,易于组织进行;②能够集思广益,相互启发,避免个人判断的局限性。缺点:①预测结果易受讨论气氛(悲观或乐观)、权威人士和当时市场形势的影响;②对问题的分析缺乏系统的数据。为了提高预测的准确性,通常采用加权平均的办法,即把乐观和悲观的预测各加权为1,把可能实现的预测值加权为4,然后进行平均。

2. 专家意见法。

这种方法就是根据专家的经验和判断,对所研究的中药市场的某一问题进行判断预测的一种方法。专家预测可分为个人判断、专家小组和德尔菲法。

(1) 个人判断。即选择个别的专家征求预测意见,然后根据这些专家的意见提出预测结果。优点:可以最大限度地利用个人能力,意见容易集中。缺点:容易受到专家认识的深度和广度,观察问题的角度,个人兴趣和偏见的限制,因此很难避免失误。

(2) 专家小组(专家会议式)。即邀请许多专家对所要预测的问题进行充分讨论和分析。最后提出预测的结果。优点:可以集思广益,发挥集体智慧,占有信息量大,且能运用更多的资料,专家之间可以互相启发,弥补个人的不足。缺点:容易屈从于大多数专家和权威人士的意见,从而忽视了少数人的正确意见。

(3) 德尔菲(Delphi)法。即通过发函询问的方式来进行预测。具体做法是向选择的预测专家分别发函或调查表,提出问题,并提供进行预测的各种有关资料,要求专家背靠背地按照自己的想法提出预测意见，由预测组织者把专家的意见汇集整理后，再将不同的意见及其理由反馈给每位专家，这样多次反复征询，逐步缩小各种不同意见的差距，得到基本上趋于一致的预测结果。优点：可以避免随大流的现象，专家都能各抒己见，并通过不断地修改自己的意见，最大限度地发挥出个人的能力。缺点：个人的判断能力要受到专家知识面的深度、广度、占有资料等因素的限制。

3. 用户意见法。

这种方法就是通过调查、搜集用户的意见来对中药市场进行预测，主要用于预测中药的市场需求状况和新产品的开发方向。具体做法是通过推销人员去向用户调查，直接访问用户，也可以通过电话询问的方法或函件询问。优点：可以节省人力、物力、财力，情况汇总快，有些品种的准确性高。缺点：适用范围有限，有些意见，用户不愿坦率地提供给调查者，致使预测结果容易产生误差。

4. 销售人员估计法。

这种方法就是由中药销售人员根据自己的实际经验，估计市场的需求量和本企业产品的销售量。由于销售人员直接接触用户，对用户和竞争厂家的动向了解得比较清楚，因此，他们的估计往往能反映多数人的意见，尤其是在中药市场上影响供求的各种因素变化激烈时，能考虑到各种非定量因素的作用，使预测的结果接近市场的实际情况。

（二）定量预测方法

定量预测方法是根据中药市场历史和现状的统计资料，应用数学方法对预测对象的发展变化趋势进行预测的方法。在占有若干统计资料、预测对象的未来受突发性因素影响较小的情况下，选用适当的数学模型进行定量预测，可以得到比较满意的预测结果。定量预测的方法很多，下面只介绍几种常用的方法。

1. 简单平均法。

简单平均法，就是根据简单算术平均数的原理，计算预测目标各个时期实际值的平均数，以此平均数作为预测值。这种方法主要适于中药的销售量。这种方法不考虑中药销售的季节性变化，因此它只适用于销售量变化不大的销售状态。

2. 加权平均法。

这种方法是在简单平均法的基础上，根据各期资料的重要性不同，分别给予不同的权数后再加以平均的方法。一般近期给的权数较大，远期给的权数较小。

3. 移动平均法。

这种方法是把过去若干时期的销售量相加，求其算术平均数作为下一期的预测值，以后随着时间变化逐期向后移动。

这一方法有两点不足，使其预测结果的精度受到影响：①它会产生滞后偏差，即如果近期市场变化较快，这一现象则要通过较长时间才能反映出来；②在预测时把各个月份的数据同等对待，没有考虑数据的时间性对预测的影响。实际上，各数据对预测值的影响程度是不同的，一般距预测期近影响大，反之则小。为了克服上述缺点，提高预测结果的准确性，可以用加权移动平均法。

4. 加权移动平均法。

这种方法是在计算移动平均值时，并不同等对待各数据，而把近期数据赋予更大的“权力”，使其对预测结果有较大的影响。

加权移动平均法的关键是权数的确定，如权数的确定不合理，那么就达不到理想的预测效果。因此,在确定每个数据的权数时,应在经验的基础上,运用定性、定量分析方法反复测试,使其尽量与实际相吻合。

5. 指数平滑法。

这种方法又称指数移动平均法,是移动平均法的改进与发展,它是以特殊的等比数列为权数的加权移动平均法。它具备了移动平均法的长处,又减少了计算中的数据储存,在预测中应用比较广泛。

(1) 一次指数平滑法。一次指数平滑法即对本期的实际值与估算值分别给以不同的权数,计算出指数平滑值,作为下期预测值。

(2) 二次指数平滑法。二次指数平滑法是在一次指数平滑的基础上,再做一次指数平滑,然后,利用两次指数平滑值求解平滑系数,通过预测模型进行预测的方法。

6. 回归预测法。

实际工作中变量与变量之间的关系大致有两种,函数关系和相关关系。函数关系是确定型关系,就是一个(或一个以上)变量确定以后,另一个变量就随之确定。相关关系是当一个(或一个以上)变量确定以后,另一个变量的值由于受其他因素的影响,并不能完全确定。这种不确定型关系就是回归分析所要研究的内容。回归分析预测法,就是从事物的因果关系出发,寻求事物随机变量之间某种规律性。根据自变量的变化,预测因变量变化程度的方法。回归分析应用于预测时建立的数学模型,叫回归方程。根据涉及自变量X的多少,可分为一元回归,二元回归,多元回归。

复习思考题

(1) 试述何谓中药市场信息?其作用有哪些?

(2) 中药市场信息的加工处理意义有哪些?

(3) 试述中药市场预测的作用和意义

(4) 中药市场预测的具体内容有哪些?

(5) 试述中药市场预测的方法有哪些?

第十二章　中药商品的可持续发展

第一节　中药商品与资源

一、资源

（一）资源的含义

所谓资源，特别是自然资源是指在一定时期、地点条件下能够产生经济价值，以提高人类当前和将来福利的自然因素和条件。

（二）资源的分类

1. 按照其根本属性分类。

气候资源、生物资源、水资源、土地资源、矿物资源。

2. 按照其利用性质分类。

可再生资源、不可再生资源。

可再生资源指在短时期内可以再生，或是可以循环使用的自然资源，又称可更新资源。主要包括生物资源（可再生）、土地资源、水资源、气候资源等。不可再生资源是人类开发利用后，在相当长的时间内，不可能再生的自然资源叫不可再生资源。主要指自然界的各种矿物、岩石和化石燃料，例如泥炭、煤、石油、天然气、金属矿产、非金属矿产等。

（三）资源的特征

1. 数量的有限性。

指资源的数量，与人类社会不断增长的需求相矛盾，故必须强调资源的合理开发利用与保护。

2. 分布的不平衡性。

指存在数量或质量上的显著地域差异；某些可再生资源的分布具有明显的地域分布规律；不可再生的矿产资源分布具有地质规律。

3. 资源间的联系性。

每个地区的自然资源要素彼此有生态上的联系，形成一个整体，故必须强调综合研究与综合开发利用。

4. 利用的发展性。

指人类对自然资源的利用范围和利用途径将进一步拓展或对自然资源的利用率不断提高。

（四）中药资源

中药资源是指在一定空间范围内可供作为传统中药、民族药及民间草药使用的植物、动物及矿物资源蕴藏量的总和。

我国历史悠久，土地辽阔，地跨寒、温、热三带，地形错综复杂，气候条件多种多样。从北部寒冷的黑龙江，到南部炎热的南海诸岛，从帕米尔高原到东海之滨；从高山到平原，从陆地到江河湖海，蕴藏着极为丰富的中药天然资源，其种类之多，藏量之大，为世界之冠。丰富的天然资源是中药材的主要来源之一。许多著名药材，都是采自野生药用植物、药用动物和天然矿石。许多药材由于天时、地利的生长条件和多年来劳动人民精心培植，优质而高产，有道地药材之称，如四川的黄连、附子，云南的三七，甘肃的当归，青海的大黄，宁夏的枸杞子，内蒙古的黄芪，吉林的人参，山西的党参，河南的地黄，山东的金银花，江苏的薄荷，安徽的牡丹皮，浙江的浙贝母，福建的泽泻，广西的蛤蚧等都是历史悠久、全国著名的常用道地中药材，有的在世界上也有盛名。据调查，全国用于饮片和中成药的药材1000～1200种，其中野生中药材种类占80%左右；栽培药材种类占20%左右。在全国应用的中药材中，植物类药材800～900种，占90%；动物类药材100多种；矿物类药材70～80种。

二、中药商品现状与可持续发展

（一）现状

长期以来，由于对合理开发利用中药资源的认识不足，致使有些药用种类过度采收，资源受到不同程度的破坏，一些种类出现衰退甚至濒临灭绝；有些种类的优良种质正面临消失和解体。药用动物如黑熊、马鹿、林麝、大（小）灵猫、中国林蛙、穿山甲、大鲵、玳瑁等40个种类的资源显著减少，已影响了近30种动物药材的市场供应；药用植物如甘草、光果甘草、羌活、单叶蔓荆、黄皮树、银柴胡、肉苁蓉、三叶半夏、新疆阿魏和紫草等100多种资源量普遍下降，影响60多个药材品种的医疗用药。黑长臂猿、原麝、海南坡鹿等近20种动物和长叶榧、见血封喉、峨眉野连、八角莲、凹叶厚朴、杜仲、小勾儿茶、野山参、黑节草等30多种植物，因野生资源稀少，以致只能提供少量商品甚至无法提供商品；高鼻羚羊（又称塞加羚羊）、印度犀、野马和厦门文昌鱼等4种野生动物资源几近绝迹。据甘肃省祁连山马麝资源调查，20世纪80年代祁连山马麝蕴藏量比20世纪70年代下降了68.4%。中国现有野麝资源200多万头，与20世纪50年代中期相比，下降了三分之一以上。据统计，目前中国野生华南虎已难以找寻，野生东北虎仅十几只，其他亚种几近绝迹。目前，以利用野生植物为主的300～400味常用中药中，有100多种资源量急剧下降，如冬虫夏草、川贝母、石斛、甘草、千金藤、银柴胡、肉苁蓉、羌活、重楼、新疆阿魏、八角莲、明党参、雪莲、鸡血藤等，这些野生资源的破坏十分严重，逐渐陷入“越贵越挖，越挖越少，越少越贵”的恶性循环。当归、川芎、三七、北沙参等的野生个体已很难找到。种植的道地产品中，川郁金和温郁金、宣木瓜和淳木瓜等种植面积逐年缩小；河南封丘红花、福建建瓯泽泻由于单产太低，经济效益明显低于产区其他农副产品，药农积极性不高，种植面积显著减少。药用矿物资源在一些地区也有不同程度的破坏，如龙骨、自然金、辰砂等都曾出现滥采乱挖的现象。

目前，中药工业化生产中，药材的浪费十分严重。不少生产企业为缩短周期，降低成本，在生产中减少中药提取次数或缩短提取时间，致使所丢掉的药渣中还留有很多有效成分。还有不少企业只提取药材中的一种或一类有效成分，缺乏应有的综合利用。如“金银花露”仅利用了其中的挥发成分，不具挥发成分的绿原酸等则被丢弃，而后者是制备双黄连、银翘等制剂的主要有效成分。据估计，全国生产这3种中成药的企业有近200家，一年造成的金银花浪费高达2万吨。另外，我国年出口麻黄素要消耗麻黄原料3万多吨，是中医所用麻黄的10多倍，而麻黄所含的其他有效物质则被白白扔弃。又如青蒿素是目前世界卫生组织唯一推荐的一线抗疟药品，但有些提取青蒿素后的“废渣”中，还留有很多抗生素等有效成分，以年产30吨青蒿素计，浪费药材高达5000吨以上！

（二）可持续发展

可持续发展定义：能满足当代人的需要，又不对后代人满足其需要的能力构成危害的发展。可持续发展（sustainable development）的明确提出，最早可以追溯到1980年由世界自然保护联盟（IUCN），联合国环境规划署（UNEP），野生动物基金会（WWF）共同发表的《世界自然保护大纲》。1987年以布伦兰特夫人为首的世界环境与发展委员会（WCED）发表了报告《我们共同的未来》。这份报告正式使用了可持续发展概念，并对之做出了比较系统的阐述，产生了广泛的影响。有关可持续发展的定义有100多种，但被广泛接受影响最大的仍是世界环境与发展委员会在《我们共同的未来》中的定义。该报告中，可持续发展被定义为："能满足当代人的需要，又不对后代人满足其需要的能力构成危害的发展。"

中药的资源是有限的，只有充分利用好、保护好现有资源，利用法律来惩治对药用资源掠夺性开发的行为，努力研究已有资料，开发寻找新药源，才能促进中药资源的可持续发展。中药可持续发展应该从以下几方面加强。

1. 进一步制定中药资源保护法规。

新中国成立后，为了保护自然资源和生态环境，中国相继制定了《中华人民共和国森林法》、《中华人民共和国环境保护法》和《野生动物保护管理条例》等重要法规，并付诸实施。设立了一批自然资源的保护和研究机构，建立了许多国家级或地方性自然保护区，有效保护了包括很多药用物种在内的自然资源。1987年10月30日，国务院发布了《野生药材资源保护管理条例》（以下简称《条例》），这是中国将中药资源保护以法律形式确定下来的第一部专业性法规，《条例》的正式实施，使中药资源保护与管理有法可依，丰富和完善了资源保护的内容，对维护生态平衡、保护和合理利用中药资源，有着极其重要的意义。《条例》制定的目的是有效保护和合理利用野生中药资源，适应人民医疗保健事业的需要。对中药资源实行保护、采猎相结合的原则，就是要对濒临灭绝的稀有珍贵药用物种；分布区域缩小、资源处于衰竭状态的药用物种；资源严重减少的药用物种实行保护。《条例》规定：一级保护野生药材物种禁止采猎；二、三级保护野生药材物种必须持采药证按照批准的计划进行采猎收购。建立国家或地方野生药材资源保护区，需经县以上人民政府批准。凡进入野生药材资源保护区从事科研、教学、旅游等活动的，必须经保护区管理部门批准。凡违反《条例》规定的任何单位和个人，按情节轻重进行处罚。

2. 扩大种植和野生家种（家养）的药用动、植物。

种植药材不仅在保障中药材生产和市场供应上发挥了重大作用，而且在保护中药资源方面也发挥了一定作用。目前，全国已经进行人工种植（养殖）的药材约200种，其中大部分为资源减少品种。如杜仲、黄柏、厚朴、栀子、桔梗、川贝母、山茱萸、金银花等都是在20世纪50～60年代或70年代野生资源严重减少的情况下，进行人工栽培，并成为商品的主要来源，云南省自20世纪50年代开始，先后对37种野生药材进行了人工栽培，大部分品种获得成功。近年来，黄连、贝母、天麻、半夏、秦艽、一枝蒿、蔓荆子、槟榔、儿茶、苏木、千年健、胡黄连等都有了一定的生产面积。尤其是儿茶的栽培成功，扭转了依赖进口的局面。这些药材的野生转家种、家养，有力地缓解了市场紧缺状况，相对减轻了野生药材资源的负担，在一定程度上保护了药材资源。在药用动物野生转家养过程中，一些珍贵药用动物的饲养技术取得成功并推广。在四川的马尔康、米亚罗，安徽的佛子岭，陕西的镇坪等地建立了养麝试验场。马尔康麝场首次成功地进行了活麝取香，并在野麝活捕、饲养繁殖、疾病防治等技术上有了新的突破。此外,人工养殖龟、鳖和白花蛇等技术研究成功,使当地群众由猎杀转为活捕,并进行饲养繁殖,不仅保护和发展了野生资源,还提高了资源利用率。

3. 建立更多自然保护区。

自然保护区对保护中药资源、防止药用物种灭绝起到了重大作用。就全国建立的333个不同类型的自然保护区来说,90%以上都有中药资源分布,许多珍贵的药用动、植物种得到了很好的保护。如吉林省长白山自然保护区受保护的植物达1500多种,其中包括许多名贵药用植物,如人参、党参、黄芪、贝母、天麻、木通、细辛、刺五加、草苁蓉等300余种。黑龙江省先后建立了五味子、防风、龙胆、桔梗、黄柏、芡实、黄芩、马兜铃等药材的36个保护区,广西先后建立了隆安县龙虎山自然保护区,以及龙胜县的花坪、兴安县的苗儿山、龙州的弄岗、宁明县的陇瑞四个自然保护区,受保护的有安息香、石斛、鸡血藤、砂仁、草豆蔻、千年健、林麝、穿山甲、蛤蚧等450多种药用资源。湖南壶瓶山自然保护区保护范围仅13万公顷,药用植物分布种类就多达1019种。除综合性保护区外,还有以单一或数种动、植物物种为主要保护对象的保护区。如辽宁蛇岛自然保护区、新疆布尔根河狸自然保护区、安徽扬子鳄自然保护区、广东内伶仃猕猴自然保护区和贵州的桫椤自然保护区等。这些自然保护区在保护蝮蛇、河狸和桫椤等药用动、植物资源上都起到了非常重要的作用。由于对资源的积极保护,使保护区内的一些药用动、植物资源濒危状况已有所缓解。

第二节 中药商品与环境

一、环境

环境是指围绕着人群的空间以及其中可以直接或间接影响人类生活和发展的各种因素的总体。通常所说的环境,大多数情况下指狭义的环境,即自然环境。自然环境按其主要组成要素可分为大气环境、水环境、土壤环境、生物环境、地质环境等。

环境问题是指在人类活动或自然因素的干扰下引起环境质量下降或环境系统的结构损毁,从而对人类及其他生物的生存与发展造成影响和破坏的问题。

(一) 药品与环境

1. 医药品与个人护理品。

医药品与个人护理品(pharmaceuticals and personal care products, PPCPs),作为一类大量使用和具有潜在生理效应的新型化学物质,近年来受到科学界和社会的普遍关注。环境中的PPCPs主要来源于污水处理厂不完全处理的排放和人类农业或畜牧业活动的直接排放。PPCPs连续性输入使得它们在环境中呈现出一种持久存在的状态,进而对生态系统和人类健康产生危害。

PPCPs的概念最早由Daughton于1999年提出,涵盖所有人用与兽用的医药品(包括处方类和非处方类、传统药物及生物制剂)、诊断剂、保健品、人工合成麝香、化妆品、遮光剂、消毒剂和其他在PPCPs生产制造中添加的组分如赋形剂、防腐剂等。目前大约有4500种医药品广泛用于人类或动物的疾病预防与治疗等领域,例如抗生素、止痛剂、抗癫痫药物、降血压、降脂剂、抗癌剂、抗抑郁药等。随着现代医学技术的发展,医药品的销售和使用量也在逐年增加。

美国从2000年到2006年，医药品的年销售增长率达到了15%，接近其人口年增长率(2.1%)的七倍。而全球个人护理品的年生产超过1×10^6吨，如德国仅在1993年的产量即大于553000吨。尽管PPCPs的用量巨大，但是目前人类对其认识十分有限。PPCPs初始设计为低生理剂量下在治疗终点产生生物化学活性进而起到治疗目的，然而许多PPCPs在低浓度下同时可能与非目标受体结合，进而产生各种不可预知的生理作用。这种细微的作用可能随着时间通过PPCPs持续不断的输入而逐渐放大，最终对野生生物甚至生态系统产生深远而不可恢复的影响。因此Daughton将它们归结为一类"微妙的、潜在的、有累积影响"的环境污染物质。

不同于传统持久性有机污染物(persistent organic pollutants，POPs)"难降解"、"生物积累"和"全球循环"的特性，大多数PPCPs的极性强、易溶于水、有较弱的挥发性，这阻止了它们像POPs一样"全球蒸发"，这意味着PPCPs在环境中的分布主要通过水相传递和食物链扩散。尽管PPCPs的半衰期短，浓度低，然而人类活动连续的输入使环境中PPCPs呈现一种"持续存在"的状态。因此，科学家们将该类物质称为"虚拟持久化学物质"，有必要对PPCPs的存在现状和对生态环境的影响进行更广泛深入的研究。

人体或动物用药是PPCPs最主要的来源。医药品经人体或动物摄入后，只有小部分发生代谢，大部分最终以原型通过尿液或粪便进入污水中；个人护理品则伴随沐浴、游泳等活动进入排污管后汇入生活污水；此外，一些不用和过期的药物则通过厕所丢弃等方式最终也会汇入城市生活污水中。因而市政生活污水是PPCPs最主要的汇集源。由于目前的污水处理工艺并非针对PPCPs设计，一些PPCPs类物质不能在污水处理厂中得到有效去除，从而越过种种屏障如生物降解等，最后排入天然水体，或者吸附于活性污泥，通过施肥等农业生产活动最终进入环境。部分PPCPs物质在整个排放过程中能够转化成仍有生物活性的降解产物出现于环境水体中。未经过任何处理的农业废水、养殖废水和生活污水的直接排放也是环境中PPCPs的一种。此外，进入城市的固体废物PPCPs(如药物的直接丢弃)、家畜养殖场所排放的粪便和吸附于污水处理厂活性污泥中的PPCPs还有可能通过填埋、施肥等方式进入土壤环境中，最后通过地表径流与渗滤，或者渔业直接使用等途径进入地表水与地下水。

PPCPs制造业产生的环境排放也不容忽视。因为缺乏先进快捷的监测手段和严格的排放标准，生产过程中的大量PPCPs伴随着废水、废渣等排入环境中。尤其是发展中国家，承担着世界上大多数PPCPs或其原料的生产，如2003年中国青霉素和土霉素的产量分别占世界总产量的60%和65%，而多西环素(强力霉素)和头孢菌素等的产量均排在世界第一位。包括我国在内的一些国家没有明确的制药废水排放标准，而传统的处理工艺又缺乏针对性，因此这些国家PPCPs制造业所产生的污染可能更为严重。大部分PPCPs极性强，难挥发，从而阻止了它们从水体环境的逃逸，因而水环境成为PPCPs类物质一个主要的"储存库"。随着PPCPs长期源源不断地输入，水生生物将会遭受PPCPs类物质的永久性危害，部分具有生物积累性的物质还可能通过食物链传递。与此同时，地表水体和土壤、沉积物中的PPCPs还有可能通过渗透作用与径流进入地下水，进而威胁人类的饮用水环境。目前对环境影响大的有：

(1) 抗生素类药品。抗生素是人类的一个重大发现，在没有发现抗生素之前，人类饱受着各种病菌感染的痛苦，伤口的溃烂发炎威胁着人的生命安全。一个偶然使得青霉素出现在了人类的面前，随后各种抗生素也相继问世。抗生素大部分是由放线菌和霉菌产生,放线菌产生的抗生素有链霉素、土霉素、抗真菌的制霉菌素、抗结核的卡那霉素、抗肿瘤的博莱霉素、能有效防治水稻纹枯病的井冈霉素等。目前已经分离得到的放线菌产生的抗生素种类达40000种以上,还有一种蓝细菌可以用于治疗肝硬化、贫血、白内障、青光眼、胰腺炎等疾病,对于糖尿病、肝炎也有一定的疗效。还有霉菌可以产生青霉素和灰黄霉素,这些都是微生物为我们人类提供的药品。青霉素是第一个被发现的抗生素,并且经久不衰。随着我们生产抗生素技术的不断成熟,抗生素的产量也是大大增加,但是抗生素生产繁荣景象的背后是什么呢?是人们滥用抗生素,病原体对抗生素的耐药性不断增加,使抗生素丧失效用。如今由于人类任意滥用抗生素,加快产生抗药性的过程,当抗生素因使用不当而无法完全消灭细菌时,存活的细菌会以遗传物质突变的方式产生较强的变种,终使抗生素丧失药效。如果我们被已产生抗药性的细菌感染,将使治疗过程变得非常棘手,甚至让医师束手无策。超级细菌的出现,就是环境给予人类最好的警告。目前,我国内地已经发现3例超级细菌感染者,日本医院多人感染并且已经有27例死亡,巴西新型超级细菌感染病例激增,已有15例死亡,滥用抗生素催生的超级细菌,最终开始疯狂地报复人类。但是人类并没有认识到自己的错误,仍然在滥用抗生素,并且危害其他生物的生存,随意丢弃各种抗生素的行为已经严重破坏了环境中的菌类生态平衡,使生态循环受到了很大影响。

(2) 过期药物。大家常常把平时家中遗忘的一些过期的药品,当成垃圾随处乱丢。并且不知这些废旧药品有很强污染性,可以污染环境。其毒性能让土壤几年不长植物。现在几乎所有药物特别是西药,都含有化学成分,随意丢弃会对土壤和水体造成污染。一粒毒性比较大的过期药片,把它丢在土壤里,可以让这一块土地几年都长不出任何植物。还有一些特殊药品,若随意丢弃很可能诱发疾病,比如青霉素如果散发到空气中,可能诱发青霉素过敏。过期药还会污染环境,许多过期药中含有毒物质,一旦污染了空气和饮用水源,我们人类本身不能幸免。如果有毒性的药品被动物误食,可能会导致动物死亡或引发食物链中毒。最后受害的还是我们自己。目前我国还没有出台相应的法律文件可以来解决过期药物的处理问题,虽然食品药品监督管理局每年都会集中处理一次,将药店回收的过期药统一拉到厂里,集中销毁。但是在处理过程中需要添加一些相应的化学成分,处理成本较高也使得药品回收受到阻碍。药厂、药店的职工也应该提高环保意识。对于片剂、丸剂、胶囊剂型的药品,应先用纸包好,再投入密闭的纸筒内丢弃。滴眼液、外用药水、口服液等液体制剂的药品应在彼此不混杂的情况下,分别倒入下水道冲走。软膏制剂药品,应将药膏从容器中挤出,收集在信封内,封好后丢弃。喷雾剂类药品应在户外空气流通较好的地方,在避免接触明火的条件下,彻底排空。针剂、水剂类注射药品切勿擅自开启,应连同其完整外包装一起,投入密闭的纸筒内丢弃。

(3) 过度生产。过度生产导致物种濒临灭绝,我们知道很多药物是从植物中提取出来的,例如治疗肿瘤的药物紫杉醇。1971年,美国两位化学家从红豆杉的树干中成功分离出这种物质。由于高利润的驱使,一些不法分子开始通过各种非法途径进入林区,偷采盗剥,非法运输,收购加工红豆杉树皮和枝叶,甚至大型树根。有资料显示,云南的红豆杉资源几乎消耗了80%。

2. 中药品与环境。

中医药产业现代化可能带来的环境问题主要有:

(1) 众多的现代化中医药企业的工业锅炉使用石化燃料和煤炭,向大气排放的工业废气增加了空气中二氧化硫与粉尘的浓度，造成空气的污染。制药工业的废水不经处理直接排入江河及地下水体，污染物主要是从药材中煎出的各种成分，主要成分为：糖类、蒽醌、木质素、生物碱、蛋白质、色素及其水解产物，会导致水体比较严重的污染。中药废水的特点是：有机污染物浓度高；悬浮物，尤其是木质素等比重较轻、难于沉淀的有机物质含量高；色度较高；废水的可生化性较好；多为间歇排放，污水成分复杂，水质水量变化较大。中药废水的上述特点决定了其处理难度较大。

(2) 为扩大中草药种植面积而滥伐森林、开垦草原、围湖造田等有可能破坏自然生态平衡，造成农田土壤有机质含量下降，水土流失加剧和土地沙漠化、盐碱化区域扩展。中草药种植过程中使用的化肥、农药、污水灌溉，将有可能给土壤造成比较严重的污染，导致湖泊和海域的富营养化加重和渔业资源种群的生态恶化。大量采摘野生植物和狩猎野生动物作为入药原料，将会破坏生态环境和打破物种的平衡。中药原料田间采收后剩下的含纤维素下脚料在田间燃烧既是对生物资源的浪费，还会产生烟雾，造成社会公害。

(3) 中成药加工过程中产生的废渣以及消费中医药现代化成果的过程中丢弃的产品包装材料等固体废弃物，对大气、水体、土壤、生物等构成二次污染，致使生态环境遭到破坏。即使经水泥固化处理的有害废弃物，也会在水流冲蚀下造成二次污染。被堆存填埋、排放到江河湖泊的固体废弃物，经风化淋蚀，会侵染土壤、水体和大气。若将具有化学毒性、反应性、腐蚀性和放射性的有害废弃物随意排放，将会对土壤和地下水造成长期的、难于恢复的恶性后果。大气、水体、土壤的污染，使生长在这个环境里的野生动物、植物受到污染，它们又将通过食物链进一步使其他动物和人类受到不良影响。

(二) 可持续发展

1. 推进中药产业清洁生产的应对措施。

(1) 推进清洁生产必须提高环境意识。与其他工业企业不同，中药产业的清洁生产不仅需要解决药品生产工厂化中存在的问题，而且需要解决中药材栽培、收购、初加工等方面的问题。合格的中药材GAP产品生产离不开良好的环境生态效应，亦需要良好的清洁生产意识。认清在当前的国际贸易中，与环境相关的绿色贸易壁垒已成为一个重要的非关税贸易壁垒。要使广大药农和生产企业认识到为了维护我国中药材在国际贸易中的地位，避免因绿色壁垒对我国出口中药材产品造成的影响，必须努力通过国际ISO 14000环境管理体系认证。坚持走高新技术产业之路，我们需要通过实施清洁生产，提供符合环境标准的“清洁产品”，才能在国际市场竞争中抓住商机，处于不败之地。

(2) 污染物的控制。中药材清洁生产主要应注意出现问题的生产环节，分析原因，找到解决的途径和方法。对于污染物的控制应注重从源头抓起的原则，选择适宜的环境，设立药材GAP生产供应基地，加强对土壤、气候、生物等环境生态因子的控制，全过程控制污染物的产生。对发生病害的药材，在着重诊断病因的基础上，选择用药(生物农药还是化学农药，以及强度)。同时规范药材加工过程，于药材采收季节及时购买，经规范炮制后投产，减少重金属污染；并制定合理的工艺方法，减少制备过程中污染物的引入等。

(3) 强化检测手段，加强技术革新。加强对生产基地环境因素及原药材的质量控制的监测。对出现污染症状的环节，及时分析，通过技改解决症结。例如，对于在炭药生产过程中，容易造成苯并芘污染的情况，可通过改进炭药制炭工艺，调节制炭的温度、时间及翻炒通风状况，在综合考虑药物有效成分和有毒成分变化的基础上，规定合理的制炭工艺。

(4) 全面体现了清洁生产的理念。中药生产污染物主要来源于各个生产工序,只有实行各生产工序的减污,控制末端污染物的排放,从而达到污染物排放最小化的目的,再作进一步的综合治理后达标排放,才能有效地控制污染,更好地发展经济保护环境。在药品生产过程中,企业全面体现了清洁生产的理念。如在滴丸制剂设备中,尽量减少废弃液状石蜡的排放,全自动的生产过程使液状石蜡在设备内全封闭循环,实现了生产中无泄漏,机器停止运行后,废弃的液状石蜡经系统排出后,装入到封闭的容器中再进行处理,对环境实现了零污染;喷雾干燥设备中加装工艺废气自净装置,减少废气排放,降低对环境的污染。

(5) 在药品的包装设计和材料方面使用环保材料。包装设计和材料充分考虑降低资源消耗,尽量使用环保材料,减少对环境的污染。如使用POF环保包装膜来替代传统PVC包装膜,这样,虽然增加了很大包装成本,但减少了对环境的污染,体现对环境认真负责的态度。在药品的包装改进方面,通过药品包装规格的变化,大幅减少了包装材料的使用,节约了自然资源。

(6) 加强污染治理力度,完善污染防治设施。采取切实措施减低降尘等大气污染物的排放,改善大气环境质量;严格控制废水、废气、废渣的排放,力争中医药企业废水处理率达到100%;严格控制污染项目的设置,关闭或迁移现有污染影响大、不利于可持续发展的项目。实现建设项目污染防治设施与主体工程同时设计、同时建设、同时投入使用。

(7) 建立循环经济,构建节约型资源利用模式。循环经济是借鉴自然生态系统进化原理,按照生态和自然规律利用自然资源和环境,依据物质循环和能量守恒规律构建经济系统。循环经济也可视为资源封闭循环利用的经济,通过“3R”——资源消耗的减量化(reduce)、资源再利用(reuse)和资源再循环(recyde),在物质不断循环的基础上发展经济,即发展建立在物质、能量以及排放和资源(废弃物)循环流动基础上的生态经济。循环经济倡导的是最佳化的生产、最适度的消费、最少量的废弃。

复习思考题

(1) 中药可持续发展应该从哪几方面加强?

(2) 推进中药产业清洁生产的应对措施有哪些?

(3) 环境中PPCPs的来源有哪些?

第十三章　中药新产品开发

第一节　新产品概述

对于企业来说,什么样的产品选择什么样的产品策略,这取决于企业所设定的目标市场。而对于中药企业来说,更是如此。什么样的药品应该选择什么样的产品策略对企业产品的销售起着至关重要的作用。

一、产品与产品的分类

(一) 产品的概念

从营销学的意义上讲,产品的本质是一种满足消费者需求的载体,或是一种能使消费者需求得以满足的手段。由于消费者需求满足方式的多样性所决定,产品由实体和服务构成,即产品=实体+服务。

(二) 产品的整体概念

1. 产品整体概念的三个部分。

(1) 核心产品。即向消费者提供产品的基本效用和性能,是指消费者需求的核心部分,是产品整体概念中最主要的内容。消费者购买产品,并不是为了获得产品本身,而是为了获得满足自身某种需要的效用和利益。例如,消费者购买皂角洗发液的目的不是为了得到某种洗头液体形状的实体,而是为了通过使用皂角洗发液拥有乌黑的头发,提高自身的形象和气质。

(2) 形式产品。是指产品的本体,是核心产品借以实现的各种具体产品形式,即向市场提供的产品实体的外观。而外观是指产品出现于市场时,可以为消费者识别的面貌,它一般由产品的质量、特色、品牌、商标、包装等有形因素构成。

(3) 附加产品。是指消费者购买产品时随同产品所获得的全部附加服务与利益,它包括提供信贷、免费送货、安装调试、保养、包换、售后服务等。附加产品是产品整体概念中的一部分,是因为消费者购买产品就是为了需要得到满足,即希望得到满足其需求的一切东西。

2. 产品整体概念的五个层次。

(1) 核心利益层。指向顾客提供的产品的基本效用或利益。

(2) 一般产品层。指核心产品借以实现的形式或目标市场对某一需求的特定满足形式。

(3) 期望产品层。指购买者在购买该产品时期望得到的与产品密切相关的一整套属性和条件。

(4) 附加产品层。指顾客购买形式产品和期望产品时,附带获得的各种利益的总和。

(5) 潜在产品层。指现有产品包括所有附加产品在内的,可能发展成为未来最终产品的潜在状态。

二、新产品

市场营销意义上的新产品含义很广，除包含因科学技术在某一领域的重大发现所产生的科技新产品外，还有在生产销售方面，只要在功能或形态上比老产品有明显改进，或者是采用新技术原理、新设计构思，从而显著提高产品性能或扩大使用功能的产品，甚至只是产品从原有市场进入新的市场，都可视为新产品。现代市场营销观念下的新产品概念是指凡是在产品整体概念中的任何一个部分有所创新、改革和改变，是能够给消费者带来新的利益和满足的产品，都是新产品。

对于中药企业而言，产品开发主要指新药开发，值得注意的是，随着科学技术的日新月异，中成药寿命周期大大缩短了。以往中成药从成长到衰退，需数十年到百年以上，现在缩短到3～5年。在这种形势下，坚持"以新制胜"方针已成为企业总体经营战略的首位。重视新药的研究与开发，是发展我国医药工业和充分满足人民医疗保健的需要，也是企业自身生存发展的需要。

新药是指我国未生产过的药品，已生产的药品，凡增加新的适应证、改变给药途径和改变剂型的亦属新药范围。

三、新产品的类型

新药按创新程度可分为以下几种。

1. 全新产品。

这是指采用科学技术和新发明所研制的，与老产品在原理、结构、技术、材料等方面不同的产品。全新产品与老产品相比，具有明显技术经济优势，但研制需要具备一定条件，需要花费较多的人力、财力、物力，并要经过较长时间才能奏效。

2. 换代新产品。

这是指采用的基本原理不变，只是部分地应用了新技术、新材料、新结构，从而使性能有很大提高的产品。换代新产品比全新产品开发难度小，见效也较快。

3. 改进新产品。

这是指在原有产品的基础上采用了某些改进技术，使性能有一定程度改善的产品。改进新产品的开发难度不大，是企业经常采用的一种开发方式。

4. 新产品开发原则。

新产品的研制开发对企业的生存与发展至关重要，然而成功地开发新产品并非易事。为了提高新产品开发的成功率，企业在研制和开发新产品时，应该遵循以下原则：

(1) 根据市场需求选择产品开发的重点。企业产品开发的目的是为了满足消费者尚未得到充分满足的需求，企业开发的新产品能否适应市场需求是产品开发成功与否的关键。因此，必须通过深入的市场调研和科学的预测，分析消费者需求变化的趋势，以及对产品的品质、性能、款式、包装等方面的要求，研制开发满足市场需求的新产品。不能满足市场需求，或者虽然能够满足某一需求，但市场需求量太小的产品，均不宜研制开发。中药开发的重点有：①开发常见病、多发病用药。常见病、多发病，其发病率高，全国中成药的品种虽多，但疗效快、体积小、服用携带方便的品种不多，应注重产品的疗效高、质量好、适应范围明确、工艺先进、剂型新颖，在未来的市场竞争中才能立于不败之地。②开发急症用药。中医药学对急危病人治疗有其独特的理论和丰富的临床经验。以中医药理论为指导，应用现代科学技术开发中医治疗高热神昏、休克、胆结石、急性胰腺炎等急重症的特效药，为危重病人解除痛苦。③开发“现代病”用药。随着时代发展，生活方式变化，地球生态环境污染，自然产生许多新型疾病，如肥胖、空调综合征、色素过敏、化纤性过敏性皮炎、糖尿病、动脉粥样硬化等，需要我们开发新药防治。

（2）根据企业资源和实力确定产品开发的方向。企业要根据自身的资源、设备条件和技术实力来确定产品的开发方向。有的产品，尽管市场需求量相当大，但如果企业缺乏研制开发和市场开发能力，也不能盲目跟风，必须量力而行。

（3）要有企业的特色。产品开发贵在与众不同，新颖别致，才能形成自己的特色优势。这种特色可以表现在功能、造型上，也可以表现在其他方面，以满足不同消费者的特殊爱好，激发其购买欲望。如开发抗衰老保健用药。生活水平的不断提高，此类药日益引起重视。因此，研究开发抗衰老和保健用药，如妇女驻颜、增加机体免疫功能用药，也是新的研究课题。

（4）要有经济效益。开发新产品必须以经济效益为中心，这是企业的经济性所决定的。企业对拟开发的产品项目，必须进行技术经济分析和可行性研究，以保证产品开发的投资回收，能获得预期的利润。不能为企业创造任何利润的产品，其研制开发对企业来说没有任何经济意义。开发疑难病症用药，如艾滋病、恶性肿瘤、心脑血管病、血液病等，发病率逐年增加，尽快研究开发危害人类健康的治疗新药，是重点课题。这类药一旦开发成功，企业就能获得巨大的预期利润。

第二节　新产品开发的程序

新产品开发的程序，由于开发和决策方式不同而有所区别。开发方式以独立研究开发最复杂。决策方式以企业自主开发最有代表性，它能反映新产品开发的全过程。以下介绍的即为这类新产品的开发程序。

1. 调查。

开发新产品的目的是为了满足社会和用户的需要。因此，社会和用户的需求就成为新产品开发选择决策的主要依据。在产品开发时，必须认真做好调查研究工作。要加强市场调研，搞好市场预测。重点对医院和药店等医药经销单位进行调查，了解病情、疗效、价格、药品需求等情况，为新产品开发决策提供科学依据。及时发现、提供中医药信息。还要注意销售人员的信息反馈，以便了解产品销售、流向、用户反映和同行业厂家销售动向，掌握市场脉搏。

2. 创意与筛选。

创意即提出新产品的设想方案，产生一个好的新产品构思或创意是新产品成功的关键。企业通常可以从企业内部和企业外寻找新产品创意的来源。建立研制品咨询评审制度。科研选题时，请专家咨询、采用适当的评价系统及科学的评价方法对各种创意进行分析比较，选出最佳创意的过程，评审后再立项。在这过程中，力求做到除去亏损最大和必定亏损的新产品构思，选出潜在盈利大的新产品创意。

3. 概念发展和试制。

新产品概念是企业从消费者的角度对产品创意进行的详细描述，即创意具体化，描述出产品的性能、具体用途、形状、优点、价格、提供给消费者的利益等。同时将筛选出的创意发展成更具体,明确的产品概念,试制转变成真正的产品,而试制一般包括样品试制和小批量试制。

4. 营销战略制定。

5. 商业分析。

即对新产品估计的销售量,成本和利润等财务情况,以及消费者满足程度,市场占有率等情况进行综合分析,判断该产品是否满足企业开发的目标。

6. 商品开发。

主要解决产品构思能否转化为在技术上和商业上可行的产品。它通过对新产品的设计、研制、测试和鉴定来完成。

7. 市场测试。

新产品试制后,必须进行全面鉴定,对新产品从技术和经济上做出评价。鉴定的内容主要包括:设计文件的完整性和样品是否符合已批准的技术文件;样品精度与外观质量是否符合设计要求,并进行有关试验;对质量、工艺、经济性评价、改进意见、编写鉴定书。新产品只有通过鉴定合格,才可进行定型,正式生产产品。

8. 商品化。

新产品试销成功后,就可以正式批量生产,全面推向市场。这时,企业要做好以下工作:将新产品列入本厂产品目录;编制产品说明书;选择适当的广告媒介,向有关部门登记注册;制定合理价格;搞好售后服务等。

第三节　新产品开发的战略与方法

产品开发战略是对企业现有市场投放新产品或利用新技术增加产品的种类,以扩大市场占有率和增加销售额的企业发展战略。

产品开发战略是企业对市场机遇与挑战、内部资源能力的优势和劣势所进行的全面的、前瞻性的思考和认识,也是做出的深思熟虑的选择和决定。产品开发战略能避免企业临时地、随意地、盲目地开发和进入一些没有市场价值的产品,而忽视了那些真正能够提升市场竞争力的产品机会。产品开发战略是企业产品开发的路线图,指引产品开发的方向。

一、新产品开发战略

(一)领先型开发战略

采取这种战略,企业努力追求产品技术水平和最终用途的新颖性,保持技术上的持续优势和市场竞争中的领先地位。当然它要求企业有很强的研究与开发能力和雄厚的资源。

(二)追随型开发战略

采取这种战略,企业并不抢先研究新产品,而是当市场上出现较好的新产品时,进行仿制并加以改进,迅速占领市场。这种战略要求企业具有较强的跟踪竞争对手情况与动态的技术信息机构与人员,具有很强的消化、吸收与创新能力,容易受到专利的威胁。

(三)替代型开发战略

采取这种战略,企业有偿运用其他单位的研究与开发成果,替代自己研究与开发新产品。研究与开发力量不强、资源有限的企业宜于采用这种战略。

（四）混合型开发战略

以提高产品市场占有率和企业经济效益为准则，依据企业实际情况，混合使用上述几种产品开发战略。

二、新产品开发的方式

（一）独立研制

这是企业在基础理论和应用技术研究成果的基础上，根据国内外市场情况和用户的要求，或者针对现有产品存在的问题，从根本上探讨问题的原理和结构，自行研制具有本企业特色的新产品，采用这种方式开发的一般是换代或全新的产品。中药企业自行独立的研制新产品，便于结合我国国情，发挥企业特长，但要求企业有较强的科研能力，雄厚的技术力量和财力资源。因此，一般在大、中型企业采用。

（二）技术引进

这是企业在自力更生的原则下，利用国外或国内或省、市、自治区已有的成熟技术从事新产品开发的一种方式。采用这种方式，企业投资小，可以较快地掌握产品制造技术，争取时间生产产品，因此适用于产品研究开发能力弱，而制造能力强的企业。但是，引进的技术多数属于他人已用过的技术，他们的产品已占领了一定的市场，尤其是从国外引进的技术，不仅要付出较高的代价，而且还常常伴随有限制条件，这就给广泛应用带来了困难。因此，企业新产品的开发不应长期建立在技术引进的基础上，必须建立自己的产品研究开发机构，做好技术引进的消化、吸收工作，逐步形成自己的产品开发能力，发展有自己特色的技术。

（三）自行研制与引进相结合方式

这是企业通过自行研制或引进进行新产品开发相结合的一种方式，是一种较好的产品开发方式。首先，它是建立在发挥本企业开发能力基础上的，引进某些技术是补己之不足；其次，它花钱少、见效快，与全部引进相比，产品有自己的特点；再次，它能促进企业自己的开发技术得到提高，又能更好地发挥技术引进的作用，为自己创新打下良好的基础。所以，在许多企业中得到广泛应用。

复习思考题

（1）何谓新产品？有哪些常见新产品的类型？
（2）新产品开发应该遵循哪些原则？
（3）新产品开发的程序是什么？
（4）新产品开发的战略与方法有哪些？

下篇

第十四章　中药材、饮片及成方制剂

第一节　中药材的规格等级及道地药材

一、中药材的规格等级

中药材规格等级是按传统中药材贸易习惯结合中药材商品现状和现行标准,以外观质量及性状特征为主,分别制定的品质外观标志;是中药材质量优劣的重要标志。

二、药材商品规格、等级的划分

药材商品质量优劣的客观标准,应是有效成分含量的多少和疗效的好坏,但目前绝大多数药材商品所含有效成分及微量元素不是很清楚,或缺乏定量检测方法。因此,现在制定的药材商品规格、等级标准,仍以外观质量及性状特征为主,只能依据三级药材标准来划分药材的商品规格和等级。但中药材商品规格与等级,不是每种药材可以划分的。有的既有规格,又有等级,有的没有规格,但有等级,有的既无规格,又无等级。既无规格,又无等级的则为统货。药材商品规格与等级按初加工不同之处分级为:统货、选货、大选、小选、特选、一级、二级、三级、四五混级、级外投料。

(一)规格

人为改变原生药形态的,则为规格。一般规格是按品种、生长环境(产地)、产地加工方法、采收时间,生长期(老嫩程度)及药用部位形态不同来划分。按品种划分,如大黄按基源分掌叶大黄、唐古特大黄和药用大黄,前两种形成商品北大黄(西大黄),后者形成商品南大黄;按生长环境划分,大致分为家种和野生、国产和进口、不同产地,如野生黄芩与家种黄芩、进口西洋参和国产西洋参、白芍分为"杭白芍"、"亳白芍"和"川白芍"三种规格;按产地加工方法划分,如全蝎有清水、盐水之分,地黄有生地、熟地之别(其实生地和熟地为两种药,但出自同一种药材原料),人参有红参、生晒参、糖参之分,山药带有表皮者称"毛山药",除去表皮并搓圆加工成商品的称"光山药";按采收时间划分,如三七因采收季节不同常分为"春七"和"冬七"两种规格。前者选生3年以下,在开花前采挖的,质地饱满、品质优;后者为秋冬季结籽后采收,体大、质松、品质次;按生长期划分,如连翘根据采摘时间不同,将色黄老者称"老翘",青嫩者称"青翘";按药用部位形态划分,如当归根据其根的不同部位常分为"归头"、"归身"、"归尾"和"全当归"四种规格。

每一种药材均有规格,规格在一定程度上体现了药材的质量特征。从规格划分上首先确定品种，不同基源有可能形成质量上的巨大差异，如厚朴。其次，确定生长环境，野生与家种确实存在较大差异，尽管家种黄芩的黄芩苷含量远高于野生品，但临床应用证明还是野生品效果好。从发展的角度，应该推广使用家种药材，但应对家种品种与野生品的效价进行研究；不同产地，应推崇道地药材。

（二）等级

同一规格药材区分大小、好次的则为等级。等级标准较规格标准更加具体。按干鲜、加工部位、皮色、形态、断面色泽、气味、大小、轻重、货身长短等性质要求规定分级为统货、选货（大选、小选、特选）或一等、二等、三等、四五混等、等外投料等若干标准，每一个标准为一个等级。等级名称以最佳者为一等，较佳者为二等品，然后依次为三等、四等……最次者为末等。如一等白芷，规定每1kg在36支以内；二等每1kg在60支以内；三等每1kg在60支以外。再如三七，分一等每500g在20头以内；二等货每500g在30头以内，以及三等至十等、无数头、筋条、剪口十三个等级。由于中药材是自然形态，如货身长短粗细，大小轻重，同一等级亦有明显差异。因此，在一个等级之内，要有一定的幅度，用“以内、以外”和“以上、以下”来划定起线和底线。例如，药材一等每1kg在46个以内，这是最多个数的底数，超过此数就不够一等级了。二等68个以内，即47～68个之间的个数，均属二等，但在同一等级内，大小个头平均在57个为宜，只能是略有大小，基本均匀，不能以最大和最小者，混在一起来充二等个数。不分等级的则为统货。统货就是大小货混在一起的一种规格。有些全草、果实和种实类药材，品质基本一致，或好次差异不大，常不划分规格等级，如枇杷、木瓜等。统货按颜色规格有黄统、青统、黑统、白统、红统等，如连翘有青黄，丹皮分黑丹（没去外皮）和白丹（也称刮丹，就是刮去外皮）。

二、行情升降词语

（1）价格升降常用语。上扬、节节攀升、再创新高、暴涨、价坚、飙升、一路高歌、再攀高枝、攀登顶峰、反弹、上浮、天价等。降价用语：滑落低谷、跌入谷底、暴跌、一路下滑、一路滑坡、回落等。另外，还有价稳、持平、坚高不落，价坚难下、稳中有落、稳中见涨、时落时升、忽高忽低，市价不稳等这些词语都是描述行情变化的。

（2）走势类用语。走畅、走快、走缓、走迟、走平等，其中走平就是某种药材走动平稳的意思。

（3）购销类词语。购销两旺、热销、清热、抢购、滞销。

（4）关注类词语。多持观望态度、热点、亮点、焦点、炒作、囤积、药市黑马等。如药商对生地多持观望态度，很少入手。近期生地成为药市一热点，水蛭成为亳州药市中的一亮点，天麻成为今年药市的一焦点，关注者多，等待价格入谷底，入手囤积、蓄意炒作。近期广佛手冲出低谷，一跃成为近期药市中的一匹黑马，市价突飞猛进等。

（5）表达药材量的多少之用语。供不应求、产不及需、库存薄弱、库存丰厚、库存耗竭、严重过剩、供求平衡、产大于销等。

（6）对药市景象的描述用语。药市疲软、药市繁忙、药市风暴，如去年亳州药市不景气，生意萧条、药市疲软。如“非典”肆虐期间，亳州药市生意火爆，各种药材市价巨涨，药界人士称之为“药市风暴”。

（7）经营分类用语。用量大且常见的常用品种称之为大宗品种。价格比较昂贵、用量较大宗药材小的药材称为名贵药材。如人参、西洋参、海马、蛤蚧、鹿茸、穿山甲、冬虫夏草、天麻等。地产药材多指本地所产药材，如亳州地产药材有白芍、白芷、桑白皮、白术、丹皮、花粉、桔梗、板蓝根、丹参、知母等。冷品种是指药市上很少有卖、货源很少的品种，如苎麻根、墓头回、手掌参、金荞麦等。此外，药市还一种叫小三类品种药材，就是这种药材在药市上也较为常见，但社会需求量不大，平常货源走动较少的药材，如徐长卿、甘遂等。

三、全国各省道地药材品种分布

道地药材是指来自一定产区、历史悠久、质量优良、久负盛名的优质中药材。如东北的人参，内蒙古的甘草，宁夏的枸杞，河南的“四大怀药”，江苏的薄荷，四川的贝母，甘肃的当归，浙江的“浙八味”，广东的藿香等，充分反应产地与药材质量的关系。选用道地药材是控制中药饮片质量，保障中医疗效的重要措施。

河北：知母、黄芩、防风、菘蓝、柴胡、远志、薏苡、菊、北苍术、白芷、桔梗、藁本、紫菀、金莲花、肉苁蓉、酸枣等。

山西：黄芪、党参、远志、杏、小茴香、连翘、麻黄、秦艽、防风、猪苓、知母、苍术、甘遂等。

辽宁：人参、细辛、五味子、藁本、黄檗、党参、升麻、柴胡、苍术、薏苡、远志、酸枣等。

吉林：人参、五味子、桔梗、党参、黄芩、地榆、紫花地丁、知母、黄精、玉竹、白薇、穿山龙等。

江苏：桔梗、薄荷、菊、太子参、芦苇、荆芥、紫苏、栝楼、百合、菘蓝、芡实、半夏、丹参、夏枯草、牛蒡等。

浙江：浙贝母、延胡索、芍药、白术、玄参、麦冬、菊、白芷、厚朴、百合、山茱萸、夏枯草、乌药、益母草等。

安徽：芍药、牡丹、菊、菘蓝、太子参、女贞、白前、独活、侧柏、木瓜、前胡、茯苓、苍术、半夏等。

福建：穿心莲、泽泻、乌梅、太子参、酸橙、龙眼、栝楼、金毛狗脊、虎杖、贯众、金樱子、厚朴、巴戟天等。

江西：酸橙、栀子、荆芥、香薷、薄荷、钩藤、防己、蔓荆子、青葙、车前、泽泻、夏天无、蓬藥等。

山东：忍冬（金银花）、北沙参、栝楼、酸枣、远志、黄芩、山楂、茵陈、香附、牡丹、徐长卿、灵芝、天南星。

河南：地黄、牛膝、菊、薯蓣、山茱萸、辛夷、忍冬、望春花、柴胡、白芷、桔梗、款冬花、连翘、半夏、猪苓、独角莲、栝楼、天南星、酸枣等。

湖北：茯苓、黄连、独活、厚朴、续断、射干、杜仲、白术、苍术、半夏、湖北贝母等。

湖南：厚朴、木瓜、黄精、玉竹、牡丹、乌药、前胡、芍药、望春花、白及、吴茱萸、湘莲子、夏枯草、百合等。

广东：阳春砂、益智、巴戟天、草豆蔻、肉桂、诃子、化州柚、仙茅、何首乌、佛手、橘、乌药、广防己、红豆蔻、广藿香、穿心莲等。

广西：罗汉果、广金钱草、鸡骨草、石斛、吴茱萸、大戟、肉桂、千年健、莪术、天冬、郁金、土茯苓、何首乌、八角茴香、栝楼、茯苓等。

海南：槟榔、阳春砂、益智、肉豆蔻、丁香、巴戟天、广藿香、芦荟、高良姜、胡椒、金线莲等。

四川：川芎、乌头、川贝母、川木香、麦冬、白芷、川牛膝、泽泻、半夏、鱼腥草、川木通、芍药、红花、大黄、使君子、川楝、黄皮树、羌活、黄连、天麻、杜仲、桔梗、花椒、佛手、枇杷叶、金钱草、党参、龙胆、辛夷、乌梅、银耳、川明参、柴胡、川续断、冬虫夏草、干姜、金银花、丹参、补骨脂、郁金、姜黄、莪术、天门冬、白芍、川黄柏、厚朴等。

重庆：黄连、杜仲、厚朴、半夏、天冬、金荞麦、仙茅等。

贵州：天麻、杜仲、天冬、黄精、茯苓、半夏、吴茱萸、川牛膝、何首乌、白及、淫羊藿、黄檗、厚朴、白术、麦冬、百合、钩藤、续断、菊花、山药、瓜蒌、黄柏、桔梗、龙胆、前胡、通草、射干、乌梅、木瓜、三七、石斛、姜黄、桃仁、百部、仙茅、黄芩、草乌、玉竹、赤芍、秦艽、防风、泽泻、独活、茯苓、白芍、白芷、黄连、玄参、大黄、栀子、葛根、雷丸、天花粉、夏枯草、西洋参、鱼腥草、石菖蒲、苍耳子、金银花、南沙参、木蝴蝶、天南星、云木香、薏苡、火麻仁、黔党参、五倍子等。

云南：三七、云木香、黄连、天麻、当归、贝母、千年健、猪苓、儿茶、草果、石斛、诃子、肉桂、防风、苏木、龙胆、木蝴蝶、阳春砂、半夏等。

西藏：羌活、胡黄连、大黄、莨菪、川木香、贝母、秦艽、麻黄等。

陕西：天麻、杜仲、山茱萸、乌头、丹参、地黄、黄芩、麻黄、柴胡、防己、连翘、远志、绞股蓝、薯蓣、秦艽等。

甘肃：当归、大黄、甘草、羌活、秦艽、党参、黄芪、锁阳、麻黄、远志、猪苓、知母、九节菖蒲、枸杞、黄芩等。

青海：大黄、贝母、甘草、羌活、猪苓、锁阳、秦艽、肉苁蓉等。

宁夏：宁夏枸杞、甘草、麻黄、银柴胡、锁阳、秦艽、党参、柴胡、白鲜、大黄、升麻、远志等。

新疆：甘草、伊贝母、红花、肉苁蓉、牛蒡、紫草、款冬花、枸杞、秦艽、麻黄、赤芍、阿魏、锁阳、雪莲等。

黑龙江：人参、龙胆、防风、苍术、赤芍、黄檗、牛蒡、刺五加、槲寄生、黄芪、知母、五味子等。

内蒙古：甘草、麻黄、赤芍、黄芩、银柴胡、防风、锁阳、苦参、肉苁蓉、地榆、升麻、木贼、郁李等。

第二节　中药材与饮片品种

大　黄　Dahuang

《神农本草经》

本品为蓼科植物掌叶大黄 *Rheum palmatum* L.、唐古特大黄 *Rheum tanguticum* Maxim. ex Balf.或药用大黄 *Rheum officinale* Baill.的干燥根和根茎。主产于甘肃、青海、四川、西藏。陕西、湖北、新疆、河南等省亦产。销往全国，也有出口。

【采集加工】　9～10月选择生长3年以上的植株，挖取根茎，切除茎叶、支根，刮去粗皮及顶芽，风干、烘干或切片晒干。

【商品规格】　根据产地不同分为西大黄、南大黄，一般以蛋片吉、苏吉、水根、原大黄（雅黄、南大黄）为规格，以上各种大黄均分为几等，并以外表黄棕色，锦纹及星点明显，体重,质坚实,有油性,气清香,味苦而不涩,嚼之发黏者为佳。

规格等级标准:

1. 西大黄。

蛋片吉

一等:去净粗皮,纵切成瓣。体重质坚,表面黄棕色,断面淡红棕色或黄棕色,具放射状纹理及明显环纹,红肉白筋。髓部有星点环列或散在颗粒,气清香,味苦、微涩。每1kg在8个以内,糠心不超过15%。无杂质、虫蛀、霉变。

二等:每1kg在12个以内。余同一等。

三等:每1kg在18个以内。余同一等。

苏吉

一等:去净粗皮,横切成段,呈不规则圆柱形。表而黄棕色,体重质坚,断面淡红棕色或黄棕色,具放射状纹理及明显环纹,红内白筋,髓部有星点环列或散在颗粒。气清香,味苦、微涩。每1kg在20个以内,糠心不超过15%。无杂质、虫蛀、霉变。

二等:每1kg在30个以内。余同一等。

三等:每1kg在40个以内。余同二等。

水根统货

为掌叶大黄或唐古特大黄的主根尾部及支根的加工品,呈长条状,表面棕色或黄褐色,间有未去净的栓皮。体重质坚,断面淡红色或黄褐色,具有放射状纹理。气清香,味苦、微涩。长短不一,间有闷茬,小头直径不小于1.3cm。无杂质、虫蛀、霉变。

原大黄统货

去粗皮,纵切或横切成瓣、段,块片大小不分。表面黄褐色,断面具有放射状纹理及明显环纹。髓部有星点或散在颗粒。气清香,味苦、微涩,中部直径在2cm以上,糠心不超过15%。无杂质、虫蛀、霉变。

2. 雅黄。

一等:不规则块状,似马蹄,去净粗皮,表面黄色或黄褐色,体重质坚,断面黄色或棕褐色。气微香,味苦。每只150~250g。无枯糖、焦煳、水根、杂质、虫蛀、霉变。

二等:体较轻泡,表面与断面均是黄褐色。每只100~200g。余同一等。

三等:未去粗皮。体轻,大小不分,间有直径3.5cm以上的根黄。余同二等。

3. 南大黄。

一等:去净粗皮,表面黄褐色,横切成段,体结实,断面黄色或黄绿色。气微香,味涩而苦,长度大于7cm,直径5cm以上。无枯糖、焦煳、水根、杂质、虫蛀、霉变。

二等:横切成段,体轻。大小不分,间有水根,最小头直径不小于1.2cm。余同一等。

大黄出口品质以内茬红度所占比例多少而定,有九成、八成、七成、六成4种,出口有片子、吉子、糠心、粗渣等,其中以片子最佳,中吉次之,均分红度,而小吉、糠心、粗渣则无红度之分。

【储藏】 置于干燥通风处保存。入夏前,大宗商品,可用硫黄、氯化苦或磷化铝熏,以防虫蛀。大黄片可置石灰缸内,密闭存放。

三　七　Sanqi

《本草纲目》

本品为五加科植物三七*Panax notoginseng*(Burk.) F. H. Chen的干燥根和根茎。主产于云南、广西。四川、贵州、江西等省亦有生产。销往全国,也有出口。

【采集加工】　夏末、秋初开花前或冬季种子成熟后采收。选生3～7年以上者,挖取根部,去净泥土,剪除细根及茎基,晒至半干,反复搓揉,然后晒干。再置容器内,加入蜡块,反复振荡,使表面光亮呈棕黑色。本品以夏、秋采者,充实饱满,品质较佳,称为"春七";冬采者,形瘦皱缩,质量较差,称为"冬七"。其剪下的粗枝根,称为"筋条";较细者为"剪口三七";最细者为"绒根"。

【商品规格】　三七分两个品别,各十三个等级。

规格等级标准:

春七

一等:呈圆锥形或圆柱形。表面灰黄色或黄褐色。质坚实而重,断面灰褐色或灰绿色。味苦、微甜。每1kg在40头以内。长度不超过6cm。无杂质、虫蛀、霉变。

二等:每1kg在60头以内。余同一等。

三等:每1kg在80头以内。长度不超过5cm。余同一等。

四等:每1kg在120头以内。长不超过4cm。余同一等。

五等:每1kg在160头以内。长不超过3cm。余同一等。

六等:每1kg在240头以内。长度不超过3cm。余同一等。

七等:每1kg在320头以内。长不超过2cm。余同一等。

八等:每1kg在400头以内。余同七等。

九等(大二外):每1kg在500头以内。长不超过1.5cm。余同八等。

十等(小二外):每1kg在600头以内。余同九等。

十一等(无数头):每1kg在900头以内。余同十等。

十二等(筋条):呈圆锥形或类圆形,间有从主根上剪下的细的支根(筋条)。不分春、冬,每1kg在900～1200头以内。支根上端直径不低于0.8cm,下端直径不低于0.5cm。余同十一等。

十三等(剪口):不分春、冬七,主要是三七的芦头(羊肠头)及糊七(未烤焦的)均为剪口。

冬三七

各等头数与春七相同。但表面为灰黄色,有皱纹或抽沟(拉槽),不饱满,体稍轻,断面黄绿色。无杂质、虫蛀、霉变。

出口商品规格与上面基本一致。

【储藏】　硬纸盒或木箱包装,内衬防潮纸;或者用布袋装后放于木箱内。置于阴凉干燥处密闭保存。为防蛀,少量药材可与冰片同储;大宗商品可用硫黄、氯化苦或磷化铝熏。

天　麻　Tianma

《神农本草经》

本品为兰科植物天麻*Gastrodia elata* Bl.的干燥块茎。全国大部分地区有生产，主产于四川、云南、贵州、河南。销往全国，并有出口。

【采集加工】　冬、春采挖其地下块茎。前者称“冬麻”，体重饱满质佳；后者称“春麻”，皮多皱缩，体松质次。挖出后，洗净泥土，除去地上茎，及时擦去粗皮，浸入明矾水中，30分钟后，捞起蒸至无白心为度，取出晾至半干，再晒干或烘干。

【商品规格】　春天麻和冬天麻均按个头大小及肥瘦分为四等。商品以体大、肉肥厚、质坚实、色黄白无空心、断面角质状明亮者为佳，且以冬麻质优。

规格等级标准：

一等：长椭圆形，扁缩弯曲，去净粗皮。表面黄白色并有横环纹，顶端有残留茎基或红黄色的枯芽，末端有圆盘状的脐形瘢痕。质坚实、半透明，断面角质样，牙白色，味甘、微辛。每1kg在26支以内。

二等：每1kg在46支以内。余同一等。

三等：每1kg在90支以内，断面角质样，牙白色或棕黄色，稍有空心。余同一等。

四等：每1kg在90支以外，凡不符合一、二、三等的碎块，空心及未去皮者均属于此等。

出口商品只分一、二、三等。木箱包装，每箱净重50kg。

【储藏】　篾包或木箱包装。置于干燥通风处保存。

丹　参　Danshen

《神农本草经》

本品为唇形科植物丹参*Salvia miltiorrhiza* Bge.的干燥根和根茎。全国大部分地区均产，主产于四川、河北、江苏、安徽。销往全国，并有出口。

【采集加工】　11月上旬至翌年3月上旬均可采收，以11月上旬采挖最宜。将根挖出，除去泥土、根须，晒干。

【商品规格】　商品因产地不同分为丹参、南丹参、甘肃丹参等。

规格等级标准：

野生统货

呈圆柱形，条短粗，有分支，多扭曲。表面红棕或深浅不一的红黄色，皮粗糙，多鳞片状，易剥落。体轻而脆。断面红黄色或棕色，疏松有裂隙，显筋脉白点。气微，味甘、微苦。无芦头、毛须、杂质、霉变。

家种

一等：呈圆柱形或长条状，偶有分支。表面紫红色或黄红色，有纵皱纹。质坚实，皮细而肥壮。断面灰白色或黄棕色。无纤维。气弱、味甘、微苦。多为整枝，头尾齐全，主根上中部直径在1cm以上。无芦头、碎节、须根、杂质、虫蛀、霉变。

二等：主根上中部直径1cm以下，但不得低于0.4cm。有单枝及撞断的碎节。余同一等。

出口商品按粗细大小分5个等级，每件50kg。

【储藏】 席装，置于干燥通风处保存。

石　斛　Shihu

《神农本草经》

鼓槌石斛*Dendrobium chrysotoxum* Lindl.或流苏石斛*Dendrobium fimbriatum* Hook.的栽培品及其同属植物近似种的新鲜或干燥茎。

【采集加工】 全年均可采挖，但以秋后采挖者质量好。采回后如若保鲜，则春、秋季应及时栽培于细砂石中，放置于阴湿处，经常浇水使根部保持湿润；冬天应平放于竹筐内，上盖蒲包，但应注意空气流通。干石斛一般是指将鲜石斛剪去须根，洗净，晒干或烘干；在广西地区先用开水烫过，趁热边搓边晒（或烘）至全部干燥为止。

耳环石斛：加工时，拣长约4cm的鲜石斛，修去部分须根，洗净，晾干，然后放入铁锅内，均匀炒至柔软，趁热搓去薄膜状叶鞘，放置略通风处，两天后置于有细眼的铅皮盘内，下面用适当的微火，在离盘约0.33m处微微加温，用手使之弯成螺旋形或弹簧状，再晾干，如此反复进行2～3次，至干燥为止。

【商品规格】 一般按来源品种分为：环草石斛、黄草石斛、马鞭石斛、金钗石斛、耳环石斛、鲜石斛、圆钗石斛、圆石斛、金黄泽、有瓜石斛等多种。鲜石斛以青绿色，肥满多叶，嚼之发黏者为佳。石斛干品以色金黄、有光泽、质地柔润者为佳；其中耳环石斛以色黄绿、饱满、结实者为佳。

各地具有不同的标准。一般金钗石斛以主产于广西靖西者疗效最著；黄草石斛产于安徽霍山者效佳；耳环石斛产于湖北老河口者为最优。

【储藏】 干货用纸包好，用木盒或铁盒包装，置于干燥阴凉处保存；鲜品可栽于湿沙内。

玄　参　Xuanshen

《神农本草经》

本品为玄参科植物玄参*Scrophularia ningpoensis* Hemsl.的干燥根。主产于浙江。四川、陕西、贵州、湖南、湖北、江西、河北等省亦产。销往全国并有出口。

【采集加工】 10～11月挖取根部、除去茎叶及泥土，剥脱子芽供留种栽培用，根部晒至半干且内部变黑色时，剪去芦头及须根，堆放3～4天（发汗）后，再晒干或烘干。

【商品规格】 以个肥大，皮细、体糯质实、断面发乌而油润者质佳。

规格等级标准：

一等：类纺锤形或长条形。表面灰褐色，有纵纹及抽沟。质地坚韧，断面黑褐色或黄褐色。味甘、微苦、咸。每1kg在36支以内，支头均匀。无芦头、空泡、杂质、虫蛀、霉变。

二等：每1kg在72支以内。余同一等。

三等：每1kg在72支以外，个头最小在5g以上，间有破块。余同一等。

【储藏】 篾包或麻袋包装。放置于干燥通风处保存。

甘　草　Gancao

《神农本草经》

本品为豆科植物甘草 *Glycyrrhiza uralensis* Fisch的干燥根及根状茎。同时有光果甘草 *Glycyrrhiza glabra* L.和胀果甘草 *Glycyrrhiza inflata* Bat.等也作甘草入药。主产于我国华北、西北、东北等地。销往国内外。

【采集加工】 秋季采挖，除去茎基、枝杈、须根等，截成适当长短的段，晒至半干，打成小捆，再晒至全干。也有将外面栓皮削去者，称为“粉草”。

【商品规格】 甘草分为西草、东草两个品别。西草有五个规格、八个等级；东草分两个规格、四个等级。

规格等级标准：

1. 西草。

大草统货：圆柱形。表面红棕色、棕黄色或灰棕色，皮细紧，有纵纹，斩去头尾，切口整齐。质坚实，体重，断面黄白色，粉性足。味甜。长25～50cm，顶端直径2.5～4cm，黑心草不超过总重量的5%。无须根、杂质、虫蛀、霉变。

条草

一等：圆柱形、单枝顺直。顶端直径1.5cm以上。间有黑心。余同大草统货。

二等：顶端直径1cm以上。余同一等。

三等：顶端直径0.7cm以上。余同一等。

毛草统货：呈圆柱形弯曲的小草，去净残茎，表面红棕色、棕黄色或灰棕色。断面黄白色。味甜。顶端直径0.5cm以上。无杂质、虫蛀、霉变。

草节

一等：圆柱形，单枝条。表面红棕色、棕黄色或灰棕色，皮细、有纵纹。质坚实、体重。断面黄白色，粉性足。味甜。长6cm以上，顶端直径1.5cm以上。无须根、疙瘩头、杂质、虫蛀、霉变。

二等：顶端直径0.7cm以上。余同一等。

疙瘩头统货：系加工条草砍下之根头，呈疙瘩头状。去净残茎及须根。表面棕黄色或灰黄色，断面黄白色。味甜。大小长短不分，间有黑心。无杂质、虫蛀、霉变。

2. 东草。

条草

一等：圆柱形，上粗下细。表面紫红色或灰褐色，皮粗糙。不斩头尾。质松、体轻。断面黄白色，有粉性。味甜。长60cm以上。间有5% 20cm以上的草头。无杂质、虫蛀、霉变。

二等：质松、长50cm以上，芦下3cm处直径1cm以上，间有5% 20cm以上的草头。余同一等。

三等：间有弯曲分叉的细根。长40cm以上，芦下3cm处直径1cm以上。间有5% 20cm以上的草头。无细小须子、杂质、虫蛀、霉变。余同一等。

毛草统货：圆柱形弯曲的小革，去净残茎，间有疙瘩头。表面紫红色或灰褐色，质松体轻。断面黄白色。味甜。不分长短，芦下直径0.5cm以上。无杂质、虫蛀、霉变。

甘草出口分东北甘草和西北甘草两类:东北甘草以外皮紫红,有光泽,条顺直,内茬黄土色、头尾粗细相等、筋少者为好货;西北货皮红有光泽、质坚实,粉足,条顺,口面亮,无霉变,内茬不朽者为好货。

【储藏】 扎成长方形,外加席装。本品含有大量淀粉和甘草甜素,若保管不当,极易虫蛀、发霉,且霉变蔓延十分迅速,应置于干燥通风处保存。忌用硫磺,以免变色影响品质。

白 术 Baizhu

《神农本草经集注》

本品为菊科植物白术*Atractylodes macrocephala* Koidz.的根茎。主产于浙江、安徽、湖南等省。销往全国也有出口。

【采集加工】 霜降至立冬采挖,除去茎叶和泥土,烘干或晒干,再除去须根即可。烘干者称“烘术”;晒干者称“生晒术”,亦称“冬术”。

【商品规格】

规格等级标准:

一等:不规则团块状、完整。表面灰棕色或黄褐色。断面黄白色或灰白色。味甘、微辛、苦。每1kg在40只以内。最小个体不低于25g。无焦枯、炕泡及其他杂质等。

二等:每1kg在100只以内,最小个体不低于10g。余同一等。

三等:每1kg在200只以内,最小个体不低于5g。余同一等。

四等:体形不计,但需全体是肉。每1kg在200只以外,最小个体不低于2g。间有程度不严重的破碎、焦枯、炕泡。余同一等。

【储藏】 竹篓,外套单丝麻袋包装,置于阴凉干燥处保存。可烘干或以硫黄、磷化铝等熏存。饮片可入坛或石灰缸内储存。

白 芍 Baishao

《神农本草经》

本品为毛茛科植物芍药*Paeonia lactiflora* Pall.(栽培种)的根。主产于浙江、四川、安徽。贵州、山东、云南、湖南、河南、山西、甘肃等省亦产。销往全国并有出口。

【采集加工】 夏、秋季节,茎叶枯萎时采挖已栽植3～4年的芍药根,除去根茎及须根,洗净,刮去粗皮,分别大小,放入开水中烫煮,随时翻动,使芍根发软,至内部无白心呈黄色时,捞出晒干。

【商品规格】 商品分杭白芍、川白芍、亳白芍、宝鸡白芍。一般杭白芍分七个等级,川白芍、亳白芍分四个等级。通常认为杭白芍质量最佳,宝鸡白芍质量最差。以上均以根粗长、均直、质坚实、粉性足,皮色整洁、无白心或裂痕者为佳。

规格等级标准:

白芍(川白芍、亳白芍)

一等:圆柱形,直或略弯,去净栓皮、两端整齐。表面类白色或淡红棕色,质坚实,体重。断面类白色或白色。味微苦、酸。长度大于8cm,中段直径1.7cm以上。无芦头、花麻点、破皮、裂口、夹生、杂质、虫蛀、霉变。

二等:长度大于6cm,中段直径大于1.3cm,间有花麻点。余同一等。

三等:长度大于4cm,中段直径大于0.8cm。余同二等。

四等:圆柱形,表面类白色或淡红棕色,断面类白色或白色。味微苦、酸。长短粗细不分,兼有夹生、破条、花麻点、头尾、碎节或末去净栓皮。无枯芍、芦头、杂质、虫蛀、霉变。

杭白芍

一等:圆柱形,条直,两端切平,表面棕红色或微黄色,质坚体重,断面米黄色,味微苦、酸,长度大于8cm,中段直径大于2.2cm,无枯芍、芦头、栓皮、空心、杂质、虫蛀、霉变。

二等:长度大于8cm,中部直径大于1.8cm。余同一等。

三等:长度大于8cm,中部直径大于1.5cm。余同一等。

四等:长度大于7cm,中部直径大于1.2cm。余同一等。

五等:长度大于7cm,中部直径大于0.9cm。余同一等。

六等:长短不分,中部直径大于0.8cm。余同一等。

七等:长短不分,直径大于0.5cm,间有夹生、伤疤,无梢尾。余同一等。

白芍出口按安徽省亳州的规格分为:

一等:口径5.3~5.8cm,长5.5~13cm。

二等:口径4.6~5.2cm,长5.5~13cm。

三等:口径4.3~4.5cm,长5.5~13cm。

四等:口径3.7~4.1cm,长5.5~13cm。

五等:口径3.1~3.6cm,长5.5~13cm。

六等:口径2.6~2.9cm,长5.5~13cm。

上述等级均以身干、体实、条直、内外色泽洁白、光亮,两头切平整齐,粗细均匀,无空心断裂痕为准。

【储藏】 放置于阴凉干燥处保存。为防虫蛀,可用硫黄或氯化苦熏。

当归 Danggui

《神农本草经》

本品为伞形科植物当归 *Angelica sinensis*(Oliv.)Diels的根。主产于甘肃、云南、陕西、四川、湖北。销往全国,也有出口。

【采集加工】 一般培育3年才可采收。秋末挖取根部,除净茎叶、泥土,放在通风处阴干几天,按大小分别扎成小把,用微火熏干令透即得。

【商品规格】 商品分两个品别、九个等级。以主根粗长,外皮黄棕色,断面黄白色,具油性,气味浓厚者为佳;主根短小,支根反多,断面红棕色,气味较淡者质次;柴性大、干枯油少或断面呈绿褐色者不可供药用。

规格等级标准:

全当归一等:主根圆柱形,有多条支根,根梢不细于0.2cm。表面棕黄色或黄褐色。断面黄白色或淡黄色,具油性。气芳香,味甘、微苦。每1kg在40支以内。无抽薹根、杂质、虫蛀、霉变。

全当归二等:每1kg在70支以内。余同一等。

全当归三等:每1kg在110支以内。余同一等。

全当归四等:每1kg在110支以外。全当归占30%,褪渣占70%,具有油性。余同一等。

全当归五等:凡不符合以上分等者。

归头一等:纯主根,呈长圆形或拳状。表面棕黄色或黄褐色,断面黄白色或淡黄色,具油性。气芳香,味甘、微苦。每1kg在80支以内。

归头二等:每1kg在80支以外。余同一等。

归头三等:每1kg在120支以内。余同一等。

归头四等:每1kg在160支以内。余同一等。

当归出口按甘肃岷县的规格分为:

篓归:身长,腿壮,内花粉白,货足干,每篓净重25kg,每1kg在不超过76支,底面一致。

箱归:身长,腿壮,纹细,身干,花白,每箱货粗腿5~6个,剪去尾须。分等如下:

一等:每箱净重25kg,箱面1.5kg(每1kg在32支)中、底共23.5kg(每1kg在平均52支)。

二等:每箱净重25kg,箱面1.5kg(每1kg在52支)中、底共23.5kg(每1kg在平均76支)。

三等:每箱净重25kg,箱面1.5kg(每1kg在76支)中、底共23.5kg(每1kg在平均114支)。

四等:每箱净重25kg,箱面2kg(每1kg在76支)中、底共23.5kg(每1kg在平均250支)。

箱归:身肥大,皮细,去腿,除锈皮、枯枝,去粗皮露白。按个头大小分等:

80支:每盒净重5kg,十盒装一箱,净重50kg,每1kg在平均80个。

120支:每盒净重5kg,十盒装一箱,净重50kg,每1kg在平均120个。

160支:每盒净重5kg,十盒装一箱,净重50kg,每1kg在平均160个。

200支:每盒净重5kg,十盒装一箱,净重50kg,每1kg在平均200个。

【储藏】　竹篓加衬防潮纸包装,每件为50~75kg。

当归含糖质和油分,易虫蛀、发霉和泛油。一旦受潮即变黑泛油,进而虫蛀变质。应置于阴凉干燥处密封保存。为防霉蛀,可用硫黄等熏后保存。

陈　皮　Chenpi

《神农本草经》

本品为芸香科植物橘 *Citrus reticulata Blanco* 及其栽培变种的干燥成熟果皮。药材分为陈皮和广陈皮。广陈皮主产于广东,品质最佳,但产量小。陈皮主产于四川、重庆,产量大。此外,福建、浙江、江西、湖南等地所产都较著名,其他各地所产称土陈皮。销往全国各地,也有出口。

【采集加工】　10月以后采摘成熟果实,剥取果皮,阴干或晒干。

【商品规格】　商品主要有橘皮、广陈皮两种。前者分为一、二等,后者分为一、二、三等。均以瓣大、整齐、外皮色泽深红、内面白色、肉厚、油性大、香气浓郁者为佳。以广东新会等地所产最著名。

规格等级标准:

橘皮

一等：不规则片状且较大，表面橙红色或红黄色，具有无数凹入的油点，对光照视清晰。内表面黄白色。质稍硬而脆，易折断。气香，味辛、苦。无杂质、虫蛀、霉变、病斑。

二等：片张较小，间有破碎。表面黄色或红黄色、暗绿色。内表面类白色或灰黄色，较松泡。余同一等。

广陈皮

一等：剖成3～4辨，裂瓣多数向外反卷。表面橙红或棕紫色，有皱缩，并有无数大而凹入的油室。内面白色，略呈海绵状。质地柔润，片张较厚，断面不齐，气清香浓郁，味微辛，不甚苦。无杂质、虫蛀、霉变、病斑。

二等：剖成3～4瓣和不规则片张且较薄。余同一等。

三等：皮薄而片小，表面红色或带有青色。余同二等。

【储藏】 麻袋或竹篓装。应防潮、防热，置于阴凉干燥处保存。宜摊晾，忌暴晒，以免损伤香味。

麦 冬 Maidong

《神农本草经》

本品为百合科植物麦冬*Ophiopogon japonicus*（L. f）Ker-Gawl.的块根。主产于浙江、四川，此外贵州、云南、广西、安徽、湖北、福建等省区也产。行销全国，并有出口。

【采集加工】 浙江于栽培后第三年立夏时采挖，称“杭麦冬”；四川于栽培第二年清明后采挖，称“川麦冬”。野麦冬多数在清明后挖取，习称“土麦冬”。挖起后，剪下块根，洗净泥土，暴晒3～4天，堆通风处，使其返潮，蒸发水气，约3天，摊开再晒，如此反复2～3次，晒干后，除净须根杂质即可。

【商品规格】 商品有杭麦冬、川麦冬。按大小分为两等。以表面淡黄白色、身干、个肥大、质软、半透明、有香气、嚼之发黏者为佳。

规格等级标准：

浙麦冬

一等：纺锤形，半透明，表面黄白色。质柔韧，断面牙白色，有木质心。味微甜，嚼之有黏性。每100g 300只以内。无须根、油子、枯子、烂头、杂质、霉变。

二等：每100g 560只以内。余同一等。

三等：每100g 560只以外，最小不小于麦粒。油粒、烂头不超过10%。余同二等。

川麦冬

一等：纺锤形，半透明。表面淡白色，断面牙白色，木质心细软。味微甜，嚼之少黏性。每100g 380只以内。无须根、油粒、乌花、杂质、霉变。

二等：每100g 600粒以内。余同一等。

三等：每100g 600粒以外。最小不小于麦粒。间有乌花、油粒，但不超过10%。余同二等。

麦冬出口按浙江省标准分为：

一等：色黄亮，颗粒均匀，肥壮，长度在2.54cm以上。

二等：色黄亮，颗粒较小，肥壮，长约2.54cm。

三等：色较差，颗粒大小不匀而瘦，长度在2.54cm以下。

四等：色差粒瘦，长短不一，大多数在2.54cm以下。

【储藏】 放置阴凉通风处保存，并防止受热受潮，否则会变色和生霉。有在加工时拌入少量滑石粉，不但可使外表光滑，而且能起到防霉蛀和泛油的作用。

附　子　Fuzi

《神农本草经》

本品为毛茛科植物乌头 *Aconitum carmichaelii* Debx.（栽培品）的旁生块根（子根）。主产于四川、陕西。销往全国并有出口。

【采集加工】 夏至至小暑期间挖取附子于母根旁的子根，洗净泥土，称为泥附子，按大小分别加工：

（1）盐附子。选取较大的泥附子洗净泥土，浸入盐卤和食盐的混合液中，每天取出晒晾，并逐渐延长晒晾的时间，直至附子表面出现大量结晶盐粒，并体质变硬为止。

（2）黑顺片。选取中等大小的泥附子，洗净后浸入盐卤水液中数天，并于盐卤水同煮沸，捞出，水漂，切成厚片，再浸入稀盐卤水液中，并加入黄糖及菜油制成的调色剂，使附片染成浓茶色，用水漂洗至口尝无麻辣感时，取出蒸熟，烘至半干，再晒干。

（3）白附片。选取较小的泥附子，洗净后浸入盐卤水液中数天，并与盐卤水同煮至透心为度，捞出，剥去外皮，纵切成薄片，用水漂洗至口尝无辣感时，取出蒸熟，晒至半干，以硫黄熏后，晒干。

【商品规格】 现有盐附子、黑顺片、附白片、挂片、熟片、黄片六种规格。其中，前两种规格均分为一、二、三等。

规格等级标准：

盐附子

一等：圆锥形，上部肥满并有芽痕，下部有支根痕，表面呈黄褐色或黑褐色，附有结晶盐粒。体质沉重。断面黄褐色。味咸而麻、刺舌。每1kg在16个以内。无空心，腐烂。

二等：每1kg在24个以内。余同一等。

三等：每1kg在80个以内。余同一等。

附白片

一等：为一等附子去净外皮，纵切成厚2～3mm的薄片。片面白色，半透明，片张大而均匀。味淡，无盐软片和霉变。

二等：为二等附子去净外皮，纵切成厚2～3mm的薄片。片面白色，半透明，片张较小、均匀。余同一等。

三等：为三等附子去净外皮，纵切成厚2～3mm的薄片。片面白色，半透明，片张小、均匀。余同一等。

熟片统货

一等附子去皮去尾后横切成厚3～5mm的圆形厚片。片面冰糖色，油润光泽，半透明。无盐软片和霉变。

挂片统货

为二、三等附子各50%，去皮后纵切两瓣，片面冰糖色或褐色，油润光泽、半透明，块瓣均匀。味淡或微带麻辣。每1kg在160瓣左右。无白心、盐软瓣及霉变。

黄片统货

为一、二等附子各50%，去皮去尾，横切成3～5mm的厚片。片面黄色，厚薄均匀。味淡，无白心、尾片，盐软片及霉变。

黑顺片统货

二、三等附子，不去外皮，顺切成2～3mm的薄片。边片黑褐色，片面暗黄色，油润光泽。片张大小不一，厚薄均匀。味淡，无盐软片和霉变。

【储藏】 麻袋或木箱装，放置于干燥处储藏。可用硫黄熏蒸。附片为保持完好，应防压碎。盐附子易吸潮变软，应置于阴凉干燥处保存。

延胡索 Yanhusuo

《雷公炮炙论》

本品为罂粟科植物延胡索*Corydalis yanhusuo* W. T. Wang的块茎。主产于浙江，此外湖北、湖南、江苏等省亦产。销往全国，并有出口。

【采集加工】 5～6月当茎叶枯萎时采挖。挖取后，搓掉外面浮皮，洗净，分别大小，放入开水中烫煮，随时翻动，至内部无白心呈黄色时，捞出晒干。

【商品规格】 分为两等，以个大饱满、质坚硬而脆、断面黄色发亮、角质、有蜡样光泽为佳。

规格等级标准：

一等：不规则扁球形，表面黄棕色或灰黄色，多皱缩。质硬而脆，断面黄褐色并有蜡样光泽。味苦、微辛。每100g在90粒以内。无杂质、虫蛀、霉变。

二等：每100g在90粒以外。余同一等。

出口商品：甲级每100g在130～170粒；乙级每100g在290～380粒。

【储藏】 麻袋装，置于干燥通风处保存。为防霉蛀，可用硫黄、氯化苦或磷化铝熏。

郁　金 Yujin

《药性论》

本品为姜科植物姜黄*Curcuma longa* L.、温郁金*Curcuma wenyujin* Y. H. chen et C. Ling、广西莪术*Curcuma kwangsiensis* S. G. Lee et C. F. Liang或蓬莪术*Curcuma phaeocaulis* val. 的干燥块根。主产于四川、广西、广东。销往全国，并有出口。

【采集加工】 冬、春采挖，摘取块根，除去须根，洗净泥土，入沸水中煮或蒸至透心，取出，晒干。

【商品规格】 商品有川郁金、黑郁金、温郁金、桂郁金。

规格等级标准：

川郁金

黄丝一等：类卵圆形。表面灰黄色或灰棕色，皮细、略现细皱纹。质坚实，断面角质状，有光泽，外层黄色，内部金黄色。有姜气，味辛香。每1kg在600粒以内，剪净残蒂。无刀口、破瓣、杂质、虫蛀、霉变。

黄丝二等:每1kg在600粒以外,直径不小于0.5cm。间有刀口、破瓣。余同一等。

绿白丝一等:呈纺锤形、卵圆形或长椭圆形。表面灰黄色或灰白色,有较细皱纹。质地坚实而稍松脆,断面角质状,淡黄白色,微有姜气,味辛、苦。每1kg在600粒以内,剪净残蒂。无刀口、破瓣、杂质、虫蛀、霉变。

绿白丝二等:每1kg在600粒以外,直径不小于0.5cm。间有刀口,碎瓣。余同一等。

温郁金

绿丝一等:纺锤形而稍扁,多弯曲,不肥满。表面灰褐绿色,具纵直或紊乱的皱纹。质地坚实,断面角质状,多数为灰黑色。略有姜气,味辛、苦。每1kg在280粒以内。

绿丝二等:每1kg在280粒以外,但直径不小于0.5cm。间有刀口、破碎。余同一等。

桂郁金

呈纺锤形或是不规则弯曲。表面灰白色,断面淡白或黄白色,角质样而发亮。微有姜气,味辛、苦。大小不分,但直径不得小于0.6cm。无杂质、虫蛀、霉变。

黑郁金:纺锤形而稍扁,表面灰棕色或灰褐色,有不规则的细皱纹。质地坚实,断面角质状,灰褐色,有光泽,中部有扁环形内皮层,白色,味淡。

【储藏】 麻袋或竹篓装。置于干燥处保存。

金钱白花蛇 Jinqianbaihuashe

《开宝本草》

本品为眼镜蛇科动物银环蛇*Bungarus multicinctus* Blyth干燥体。主产于广西、广东,此外河南等地有家养。销往全国,也有出口。

【采集加工】 夏、秋季节,吊起拔去毒牙,剖腹去内脏、洗净,放入酒精中浸3天,以头为中心盘成圆形、尾巴含于口中,用竹签横穿固定,晒干或炭火焙干。

【商品规格】 商品各地有相应标准,常分大条、中条、小条三种规格。以头尾齐全、有花斑纹、有光泽者为佳。一般认为越小越好,以广东、广西所产最佳。

【储藏】 置于石灰缸内,宜在30℃以下保存,放少量花椒共存,防虫蛀。

枸杞子 Gouqizi

《神农本草经》

【来源】 本品为茄科植物宁夏枸杞*Lycium barbarum* L.的成熟果实。

【产销】 主产于宁夏回族自治区。此外,甘肃、天津、河北、河南等地亦产。销往全国,也有出口。

【采集加工】 夏、秋果实成熟时采摘,除去果柄,置阴凉处晾至果皮起皱纹后,再暴晒至外皮干硬、果肉柔软即得。遇阴雨可用微火烘干。

【商品规格】 商品有西枸杞、津枸杞(血枸杞)、土枸杞等,西枸杞分五等、津枸杞分三等。以粒大、色红、肉厚、籽少、质柔润、味甜者为佳。一般认为宁夏、青海等地栽培者质最佳;河北、天津地区产品次之;河南野生之土枸杞质量最次。

规格等级标准:

西杞果

一等:呈椭圆形或长卵形。果皮鲜红,紫红或红色,糖质多。质柔软滋润,味甜。每10g 74粒以内。无油果、杂质、虫蛀、霉变。

二等:果皮鲜红或紫红色。每10g 116粒以内。其他同一等。

三等:果皮红褐或淡红色,糖质较少。每10g 180粒以内。其他同一等。

四等:每10g 220粒以内。油果不超过15%。其他同三等。

五等:色泽不一,每10g 220粒以外,破碎,油果不超过30%。其他同四等。

血杞果

一等:类纺锤形,略扁。果皮鲜红或深红色,果肉柔软,味甜、微酸。每10g 120粒以内。无油果、黑果,无杂质、虫蛀、霉变。

二等:每10g 160粒以内,油果不超过10%。余同一等。

三等:果皮紫红色或淡红色,深浅不一,每10g 160粒以上。余同二等。

出口枸杞分为特级、甲级、乙级、丙级四个规格。

【储藏】 木箱或硬纸箱内衬防潮油纸装,因为本品极易虫蛀、发霉、泛油、变色、所以应密闭,置于阴凉干燥处保存,并且要防潮、防闷热、防蛀,少量商品,可在晒干后以小包装储于石灰缸内,或置于缸内再喷以白酒,以此防霉和虫蛀,大宗商品可用氯化苦或磷化铝熏,也可冷藏。

珍 珠 Zhenzhu

《开宝本草》

本品为珍珠贝科动物马氏珍珠贝 *Pteria martensii*(Dunker)或蚌科动物三角帆蚌 *Hyriopsis cumingii* (Lea)、褶纹冠蚌 *Cristaria plicata* (Leach)等贝类动物珍珠囊中形成的珍珠。主产于广东、海南、广西、浙江、上海等沿海地区,安徽多为人工培养。销往全国,时有出口。

【采集加工】 天然珍珠,全年可采,以12月为多。从海中捞起珠蚌,剖取珍珠,洗净即可。人工养殖的无核珍珠,在接种后养殖1年以上,即可采收,但以养殖2年采收的珍珠质量较佳。采收的适宜时间为秋末,因河蚌分泌珍珠质主要在4～11月。

【商品规格】 商品有进口与国产之别,规格繁多。均以纯净、质坚、有彩光、破面有层纹者为佳。通常认为广西所产为最著名。

规格等级标准:

一等:圆球形或近圆球形,重0.05g以上,表面自然玉白色或彩色。全身细腻光滑,显闪耀珠光。

二等:圆球形、近圆球形或半圆形,大小不分,色泽次于一等,表面自然玉白色或彩色(浅)。全身细腻光滑,显闪耀珠光。

三等:圆球形、近圆球形、半圆形、馒头形、长圆形或腰鼓形,大小不分,表面玉白色、浅橙色或浅紫色。全身光滑,有皱纹,显珠光。

四等:半圆形、长形、腰箍形或馒头形,大小不分,表面色不分,有细皱纹或浅沟纹,全身基本光滑,显珠光。

五等:不规则,大小不分,有明显皱纹或沟纹,全身有珠光。

【储藏】 软纸包好后置于玻璃瓶或瓷瓶内，或以绸布包好置于木盒或铁盒内。

柴　胡 Chaihu

《神农本草经》

本品为伞形科多年生草本植物柴胡（北柴胡）*Bupleurum chinense* DC.和狭叶柴胡（南柴胡）*Bupleurum scorzonerifolium* Willd.等的根或全草。北柴胡主产于辽宁、甘肃、河北、河南；南柴胡主产于湖北、江苏、四川。销往全国，并有出口。

【采集加工】 春、秋采挖，去净茎苗、泥土，晒干。

【商品规格】 商品分为：

北柴胡统货

呈圆锥形，上粗下细，顺直或弯曲，多分支。头部膨大，呈疙瘩状，残茎不超过1cm。表面灰褐色或土棕色，有纵皱纹。质硬而韧，断面黄白色。显纤维性。微有香气，味微苦、辛。无须毛、杂质、虫蛀、霉变。

南柴胡统货

类圆锥形，少有分支，略弯曲。头部膨大，有残留苗茎。表面土棕色或红褐色，有纵皱纹及须根痕。质较软。断面淡棕色。微有香气。味微苦、辛。大小不分。残留苗茎不超过1.5cm。无须毛、杂质、虫蛀、霉变。

出口商品分大、中、小三等：

大胡：主干直径0.6～0.9cm，每1kg在360只以内。

中胡：主干直径0.3～0.6cm，不分只数。

小胡：主干直径0.3cm以内，包括大、中胡加工剪去之尾，但不能掺入毛须茎苗及土杂之物。

【储藏】 麻袋或席包装，置于干燥阴凉处保存。

党　参 Dangshen

《本草从新》

本品为桔梗科植物党参 *Codonopsis pilosula*（Franch.）Nannf.素花党参 *Codonopsis pilosula* Nannf. var. *modesta*（Nannf.）L. T. shen或川党参 *Codonopsis tangshen* Oliv. 的根。药材常有西党、东党、潞党、条党、白党之分。产地分别为：①西党主产于甘肃文县、岷县、舟曲、武都、临潭，四川南坪、平武、松潘、若尔盖，陕西汉中、安康，山西五台等地；②东党主产于黑龙江五常、尚志、宾县，吉林延边朝鲜族自治州、通化，辽宁风城、宽甸等地；③条党主产于四川南坪，湖北恩施、利川及与陕西接壤地区；④潞党主产于山西平顺、长治、壶关、晋城、黎城及河南新乡地区、栾川、嵩县；⑤白党主产于贵州毕节、安顺，云南昭通、丽江、大理及四川南部、西昌、凉山等地。行销全国，并销往国外。

【采集加工】 秋季采挖，除去地上部分，洗净泥土，晒至半干，用手或木板搓揉，使皮部与木质部贴紧，饱满柔软，然后再晒再搓，反复3～4次，最后晒干即成。

【商品规格】 西党、条党、潞党分三等，东党、白党分两等。西党、东党为野生品，潞党、条党、白党为栽培品，一般认为潞党品质最好。皆以条粗壮，质柔润，外皮细，断面有菊花心，味甜，嚼之无渣者为优。

规格等级标准：

西党

一等：圆锥形，头大尾小，上部多横纹。外皮粗松，表面米黄色或灰褐色。断面黄白色并有放射状纹理。糖质多，味甜。芦下直径大于1.5cm。无油条、杂质、虫蛀、霉变。

二等：芦下直径大于1cm。余同一等。

三等：芦下直径大于0.6cm，油条不超过15%。余同二等。

条党

一等：圆锥形，头上茎痕较少且小，条较长，下端有纵皱纹。表面糙米色，断面白色或黄白色并有放射状纹理，有糖质，味甜。芦下直径大于1.2cm。无油条、杂质、虫蛀、霉变。

二等：芦下直径大于0.8cm。余同一等。

三等：芦下直径大于0.5cm，油条不超过10%。无参秧、杂质、虫蛀、霉变。余同一等。

潞党

一等：圆锥形，芦头较小。表面黄褐色或灰黄色。体结实而柔，断面棕黄色或黄白色，糖质多，味甜。芦下直径大于1cm。无油条、杂质、虫蛀、霉变。

二等：芦下直径大于0.8cm。余同一等。

三等：芦下直径大于0.4cm，油条不超过10%。余同二等。

东党

一等：圆锥形，芦头较大，芦下有横纹，体松质硬，外表面土黄色或灰黄色且粗糙，断面黄白色，中心淡黄色，显裂隙，味甜。长度大于20cm，芦下直径大于1cm。无毛须、杂质、虫蛀、霉变。

二等：长度小于20cm，芦下直径大于0.5cm。余同一等。

白党

一等：圆锥形，具有芦头。表面黄褐色或灰褐色。体较硬，断面黄白色，糖质少，味微甜，芦下直径大于1cm。无毛须、杂质、虫蛀、霉变。

二等：芦下直径大于0.5cm，间有油条、短节。余同一等。

【储藏】 席、竹篓或木箱内衬防潮纸包装，置于干燥通风处保存。本品含有糖分，易虫蛀，易发霉、泛油，在储藏过程中应反复日晒干燥，亦可硫黄熏后保存。

浙贝母　Zhebeimu

《神农本草经》

本品为百合科植物浙贝母*Fritillaria thunbergii* Miq.的鳞茎。主产于浙江。此外，江苏、安徽、湖南、江西等省亦产。行销全国，并有出口。

【采集加工】 5～6月采挖，洗净泥土，大小分开，大者摘去心芽，分作两片，呈元宝状，称“元宝贝”，小者称“珠贝”。分别置擦笼内，擦去外皮，加石灰拌匀，经过一夜，使石灰渗入，晒干或烘干。

【商品规格】 商品主要分宝贝、珠贝两种。皆以身干、色白、粉足、质坚、不松泡、无僵子者为佳。

规格等级标准：

宝贝

统货：鳞茎外层的单瓣鳞茎呈半圆形。表面白色或黄白色。质坚实。断面粉白色。味甘、微苦。无僵个、杂质、虫蛀、霉变。

出口商品应身干，内外色白，无破碎，并按每1kg的粒数分为四等：①一等。120～140粒。②二等。160～180粒。③三等。200～230粒。④四等。250～280粒。

珠贝

完整的鳞茎呈扁圆形。大小不分，间有松块、僵个、次贝。余同宝贝。

穿山甲 Chuanshanjia

《别录》

本品为鲮鲤科动物穿山甲*Manis pentadactyla* Linnaeus.的鳞甲。主产于广东、广西、贵州、云南、福建等地山区。行销全国。

【采集加工】 去净骨肉，晒干，即为“甲壳”（亦称“甲张”）。将甲壳置沸水中，甲片自行脱落，晒干；或直接用沸水烫死，取下甲片，洗净晒干。

【商品规格】 商品分甲片、甲张。

规格等级标准：

甲片：统货。足干，片张完整，无爪甲，色鲜明，无残肉黏附，无泥杂。

甲张：统货。足干，原张甲全，无泥沙，无残肉黏附，尾巴去净骨肉，无臭油味。

进口商品多数来自越南，一般分铜甲片、铁甲片两种。

【储藏】 竹篓或木箱装。本品易虫蛀，应置于干燥处保存。

黄 芪 Huangqi

《神农本草经》

本品为豆科植物蒙古黄芪*Astragalus membranaceus*（Fisch.）Bge. var. mongholicus（Bge.）Hsiao或膜荚黄芪*Astragalus membranaceus*（Fisch）Bge.等的根。主产于山西、黑龙江、内蒙古、甘肃，此外河北、陕西、吉林、辽宁等省亦产。销往国内，也有出口。

【采集加工】 秋季采挖。除净泥土，切去根头及须根，晒干。

【商品规格】 商品按不同标准有不同的规格等级：

特等：圆柱形的单条，斩疙瘩头或喇叭头，顶端间有空心。表面灰白色或淡褐色。质硬而韧。断面外层白色，中间淡黄色或黄色有粉性。味甘、有生豆气味，长度大于70cm，上中部直径在2cm以上，末端直径不小于0.6cm。无须根、老皮、虫蛀、霉变。

一等：长度50cm以上，上中部直径约1.5cm以上，末端直径不小于0.5cm。余同特等。

二等：长度40cm以上，上中部直径在1cm以上，末端直径不小于0.4cm，间有老皮。余同一等。

三等：长短不一，上中部直径0.7cm以上，末端直径不小于0.3cm，间有破短节子。余同二等。

红芪

一等：圆柱形的单条，斩去疙瘩头。表面红褐色，断面外层白色，中部黄白色。质坚，粉足，味甘。中上部直径在1.3cm以上，长度在23cm以上。无须根、虫蛀、霉变。

二等：中上部直径在1cm以上，余同一等。

三等：中上部直径在0.7cm以上，长短不分。间有破短节子。余同一等。

黄芪出口规格也因标准不同而十分繁杂，主要要求无毛须，去大头，粉足，皮淡黄，茬口金黄，条顺直，无断碎条，无芪须和节子等。并且水分不得超过10%。列举原生芪规格如下：

大条：口径2cm以上。

中条：口径1.5～2cm。

小条：口径1～1.5cm。

以上均扎小把成捆，外套麻布，四道绳腰，每件50kg。

【储藏】 箱或席装，或者打捆，外以麻布包装，置于干燥通风处保存。为防虫蛀，可用硫黄、氯化苦或磷化铝熏。少量可以用干沙埋藏，密封保存。饮片可储存于坛内或石灰缸内，密封保存。

黄　连　Huanglian

《神农本草经》

本品为毛茛科植物黄连 *Coptis chinensis* Franch.、三角叶黄连 *Coptis deltoidea* C. Y. Cheng et Hsiao、或云连 *Coptis teeta* wall. 的根茎。主产于四川、湖北、云南。此外，陕西、湖南、贵州、甘肃、广西、广东、福建、浙江、安徽、江西等省区亦产。销往全国，也有出口。

【采集加工】 以立冬后(11月)采收为宜。掘出后除去茎叶、须根及泥土，晒干或烘干，撞去粗皮。

【商品规格】 商品分三个品别、六个等级。

规格等级标准：

1. 味连。

一等：多聚集成簇，分枝多弯曲，形如鸡爪，或者单枝，肥壮而坚实，间有过桥(长度小于2cm)簇面无须毛，外表黄褐色，断面金黄或黄色。味极苦。无不足1.5cm的碎节、残茎、焦枯、杂质、霉变。

二等：较一等瘦小，有过桥。间有碎节、碎渣、焦枯等。余同一等。

2. 雅连。

一等：独枝呈圆柱形，稍弯曲、条肥壮、过桥少(长度不超过2.5cm)质坚硬，表面黄褐色，断面金黄色。味极苦。无碎节、毛须、焦枯、杂质、霉变。

二等：较一等瘦小，过桥较多，间有碎节、毛须、焦枯。余同一等。

3. 云连。

一等：独枝呈圆柱形，稍弯曲，顶端微有褐绿色鳞片及叶残迹。条粗壮，质坚实，直径在0.3cm以上。表面黄棕色，断面金黄色，味极苦。无过桥、毛须、杂质、霉变。

二等：较瘦小，直径在0.3cm以下，间有过桥，表面深棕色。余同一等。

【储藏】 麻袋或篾篓包装，置于干燥通风处保存。

菊　花　Juhua

《神农本草经》

本品为菊科植物菊 *Chrysanthemum morifolium* Ramat.的头状花序。白菊花主产于安徽亳州、涡阳及河南商丘者称为“亳菊”；产于河南武陟、博爱者称为“怀菊”；产于四川中江者称为“川菊”；产于山东济南者称为“济菊”；产于河北安国者称为“祁菊”；产于湖南平江者称为“平江菊”。滁菊花主产于安徽滁州，品质最佳。贡菊花主产于安徽歙县、浙江德清。杭菊花主产于浙江嘉兴，产于海宁者多数系黄菊。

【采集加工】　霜降前花正盛开时采收，加工法因各产地的药材种类而不同。白菊：割下花枝，捆成小把，倒挂阴干，然后摘取花序。滁菊：摘取花序，经硫黄熏过，晒至六成干时，用筛子筛成球状，晒干。贡菊：摘取花序，烘干。杭菊：有杭白菊、杭黄菊两种，杭白菊摘取花序，蒸后晒干；杭黄菊则用炭火烘干。

【商品规格】　商品按性状不同分亳菊花、滁菊花、贡菊花、杭菊花、汤菊花、药菊花等。按加工方法又分为烘菊、蒸菊、晒菊等。以身干、色白（黄）、花朵完整不散瓣、香气浓郁、无杂质者为佳。

规格等级标准：

1. 亳菊花。

一等：圆盘或扁扇形。花朵大、不露心、花瓣密且肥厚、花瓣长而宽、色白、近基部微带红色。体轻，质柔软。气清香，味甘、微苦。无散朵、枝叶，无杂质、虫蛀、霉变。

二等：花朵中等、色微黄。余同一等。

三等：花朵小、色黄或暗。间有散朵。叶棒不超过5%。余同二等。

2. 滁菊花。

一等：绒球状或圆形（多为头花）朵大、色粉白、花心较大、黄色，质柔，气芳香，味甘、微苦，不散瓣，无枝叶，无杂质、虫蛀、霉变。

二等：绒球状圆形（二水花），色粉白、朵均匀，不散瓣。无枝叶，无杂质、虫蛀、霉变。

三等：绒球状、朵小、色次（即尾花），间有散瓣、并条。无杂质、虫蛀、霉变。

3. 贡菊花。

一等：花头较小，圆形，花瓣密，白色。花蒂绿色，花心小，淡黄色，均匀不散朵，体轻，质柔软。气芳香，味甘、微苦。无枝叶，无杂质、虫蛀、霉变。

二等：花头较小，圆形，白色，花心淡黄色，朵欠均匀。气芳香，味甘、微苦。无枝叶，无杂质、虫蛀、霉变。

三等：花头较小，圆形，白色，花心淡黄色，朵欠均匀。气芳香，味甘、微苦。间有散瓣。无枝叶，无杂质、虫蛀、霉变。

4. 杭白菊。

一等：蒸花呈压缩状，朵大肥厚，玉白色。花心较大、黄色、气清香，味甘、微苦。无霜打花、浦汤花、生花、枝叶、杂质、虫蛀、霉变。

二等：蒸花呈压缩状，朵厚，较小，玉白色。花心黄色，气清香，味甘、微苦。无霜打花、浦汤花、枝叶、杂质、虫蛀、霉变。

三等：蒸花呈压缩状，朵小，玉白色。花心黄色，气清香，味甘、微苦。间有不严重的霜打花、浦汤花,无枝叶、杂质、虫蛀、霉变。

5. 汤菊花。

一等:蒸花呈压缩状,朵大肥厚,色黄亮。气清香,味甘、微苦。无严重的霜打花和浦汤花、生花、枝叶、杂质、虫蛀、霉变。

二等:蒸花呈压缩状,朵小,较瘦薄,黄色。气清香,味甘、微苦。间有霜打花、浦汤花。无黑花、枝叶、杂质、虫蛀、霉变。

6. 药菊(怀菊、川菊、资菊)。

一等:圆盘或扁扇形,朵大、瓣长、肥厚。花黄白色,间有浅红或棕红色。质松而柔。气芳香,味微苦。无散朵、枝叶、杂质、虫蛀、霉变。

二等:圆盘或扁扇形,朵较瘦小,色泽较暗。味微苦。间有散朵。无杂质、虫蛀、霉变。

出口菊花以杭菊为主,分为甲、乙两级。可散装:机制成包,外套防潮纸和麻袋,每件净重100kg;可封装:每封0.5kg,200封为1件。

【储藏】 纸箱或布扎捆装。本品易虫蛀、发霉、变色、散气,应置于阴凉处密封保存。

羚羊角 Lingyangjiao

《神农本草经》

本品为牛科动物塞加羚羊*Saiga tatarica* Linnaeus.等的角。主产于新疆、青海、西藏、内蒙古等省区。销往全国。

【采集加工】 全年均可,将角从基部锯下,一般以8~10月者最好。用时镑成薄片,锉末或磨汁。

【商品规格】 商品规格有:

一等:支条短小均匀,质嫩,通体红润,光洁如玉,无裂纹,基部无青茬,通视有“血丝”,“通天眼”清晰可见。

二等:质嫩,通体红润,有光泽,表面稍有暗裂纹,基部无青茬,通视有“血斑”、“血丝”,“通天眼”一般可见。

三等:质稍老,表面较粗糙,有裂纹,无光泽,基部有青茬。

四等:质老,表面裂纹较多,无光泽,基部有青茬,同时包括轻微秃尖、破皮,弹份等降级的羚羊角。

等外:老角,表面裂纹较多,无光泽或有灰白色斑痕。基部有青茬、秃尖、瓣裂,弹份严重等。

【储藏】 以纸包好,置于木箱或纸箱内,放在干燥处密闭保存。

硫　黄 Liuhuang

《神农本草经》

本品为硫黄自然元素类矿物硫族自然硫矿或由含硫矿物冶炼而成。主产于山西、河南、山东等省。销往全国。

【采集加工】 将泥块状的硫黄及矿石,在坑内用素烧罐加热融化,取其上层之硫黄溶液,倒入模型内,冷却后,取出。

【商品规格】 商品按加工程度不同分为倭硫黄、石硫黄、天生黄三种。倭硫黄为加工后的大小不规则的块状，具有光泽，半透明，嫩黄色。石硫黄为未加工的块状。天生黄为石硫黄提炼以后生成的黄色粉末。以色黄、光亮、质松脆的倭硫黄为佳品。

【储藏】 麻袋装。本品味特异，且遇火易燃，应单独存放并防火。

蟾 酥 Chansu

《本草衍义》

本品为蟾蜍科动物中华大蟾蜍 *Bufo bufo gargarizans* Cantor 或黑眶蟾蜍 *Bufo melanostictus* Schneider 等的耳后及皮肤分泌的白色浆液，经加工干燥而成。全国大部分地区有产，主产于江苏、山东、河北、浙江。此外，四川、湖南、湖北及东北三省亦产。销往全国，也有出口。

【采集加工】 夏、秋季，将体表洗净，晾干，然后刺激其耳后及皮肤腺，使之分泌浆液。浆液必须盛于瓷器内，忌与铁器接触，否则易变黑色；立即加工，以免时间过久而变质。加工方法：将浆液用铜筛滤净泥土及杂质，然后根据情况将其放入圆形的模型或涂在玻璃板、瓷盆、竹箬上晒干即成。

【商品规格】 商品过去常分为团酥、片酥、棋子酥（又称杜酥），而棋子酥目前基本无商品上市。

团酥：圆饼状，直径6～10cm，中央厚2～3cm，每块60～100g。

片酥：分两种：一种是圆形浅盘状，边缘凸起，中央平坦，半透明，坚而脆；另一种是长方形片状，四边和中央厚度基本一致，厚度为2～3cm，不透明，每块重约15g。

棋子酥：呈扁圆形，围棋子状，每块约为15g。

【储藏】 瓶装后置于阴凉干燥处保存。

第三节 中药成方制剂

一扫光药膏 Yisaoguang Yaogao

【处方】 红丹、轻粉、铅粉、松香、石膏（煅）、枯矾。

【性状】 本品为橙黄色软膏，具特异香气。

【用法用量】 外用，涂敷患处，一天1次。

【规格】 每支装：①10g；②15g。

【储藏】 遮光，密闭。

【生产厂家】 鞍山制药有限公司、吉林吉春制药股份有限公司、长春新安药业有限公司、福建省永安药业有限责任公司、吉林嘉美得科技制药有限公司。

二至丸 Erzhi Wan

【处方】 女贞子（蒸）、墨旱莲。

【性状】 本品为黑褐色水蜜丸；气微，味甘而苦。

【用法与用量】 口服，每次9g，一天2次。

【储藏】 密封。

【生产厂家】 浙江天一堂药业公司、江西仁丰药业有限公司、成都金鼎药业有限公司、福州金象中药制药有限公司、江西国药有限责任公司等。

七厘散 Qili San

【处方】 血竭、乳香(制)、没药(制)、红花、儿茶、冰片、人工麝香、朱砂。

【性状】 本品为朱红色至紫红色粉末或易松散块状;气香,味辛、苦,有清凉感。

【用法与用量】 口服,每次1～1.5g,一天1～3次;外用,调敷患处。

【注意】 孕妇禁用。

【规格】 每瓶装:①5g;②3g。

【储藏】 密封,置阴凉处。

【生产厂家】 北京宝树堂科技药业有限公司、营口市中药厂、辽宁省阜新蒙药厂、吉林市圣源药业有限责任公司、哈药集团世一堂制药厂等。

牛黄上清片 Niuhuang Shangqing Pian

【处方】 人工牛黄、薄荷、菊花、荆芥穗、白芷、川芎、栀子、黄连、黄柏、黄芩、大黄、连翘、赤芍、当归、地黄、桔梗、甘草、石膏、冰片。

【性状】 本品为糖衣片,除去糖衣后显棕褐色;味凉、苦。

【用法与用量】 口服:每次4片,一天2次。

【规格】 每片重0.3g。

【储藏】 密封。

【生产厂家】 唐山心合制药有限公司、河北安国药业集团有限公司、保定中药制药有限公司、天津中天制药有限公司。

大黄䗪虫丸 Dahuang Zhechong Wan

【处方】 熟大黄、土鳖虫(炒)、水蛭(制)、虻虫(去翅足,炒)、蛴螬(炒)、干漆(煅)、桃仁、苦杏仁(炒)、黄芩、地黄、白芍、甘草。

【性状】 本品为黑色的大蜜丸;气浓,味甘、微苦。

【用法与用量】 口服。每次1～2丸,一天1～2次。

【规格】 每丸重3g。

【储藏】 密封。

【生产厂家】 北京同仁堂股份有限公司同仁堂制药厂。

小活络丸 Xiaohuoluo Wan

【处方】 胆南星、制川乌、制草乌、地龙、乳香(制)、没药(制)。

【性状】 本品为黑褐色至黑色大蜜丸;气腥,味苦。

【用法与用量】 黄酒或温开水送服:每次1丸,一天2次。

【注意】 孕妇禁用。

【规格】 每丸重3g。

【储藏】 密封。

【生产厂家】 邯郸制药有限公司、河北药都制药集团有限责任公司、承德中药集团有限责任公司、唐山市第三制药厂、保定中药制药有限公司。

云南白药 Yunnan Baiyao

【处方】 蒲黄、白及等。

【性状】 本品为灰黄色至浅棕色黄色粉末；具特异性香气，味略感清凉，并有麻舌感。保险子为红色球形或类球形水丸，剖面显棕褐色；气微，味微苦。

【用法用量】 口服：每次0.25～0.5g，一天4次（2～5岁按成人量四分之一服用，5～12岁按成人量二分之一服用）。

【规格】 每粒装0.25g，每盒含胶囊16粒及保险子1粒（胶囊）；4g/瓶×6瓶/盒×100盒/箱。

【储藏】 密封，置于阴凉干燥处。

【生产厂家】 云南白药集团股份有限公司。

乌贝散 Wubei San

【处方】 海螵蛸（去壳）、浙贝母、陈皮油。

【性状】 本品为黄白色粉末；气微香，味咸、微苦。

【用法与用量】 饭前服用，每次3g，一天3次；十二指肠溃疡者可加倍服用。

【规格】 每瓶装45g。

【储藏】 密闭，防潮。

【生产厂家】 天津市第五中药厂、齐齐哈尔参鸽药业有限公司、湖北七叶花药业股份有限公司、辽阳药业有限公司。

乌鸡白凤丸 Wuji Baifeng Wan

【处方】 乌鸡（去毛爪肠）、鹿角胶、鳖甲（制）、牡蛎（煅）、桑螵蛸、人参、黄芪、当归、白芍、香附（醋制）、天冬、甘草、地黄、熟地黄、川芎、银柴胡、丹参、山药、芡实（炒）、鹿角霜。

【性状】 本品为黑褐色至黑色水蜜丸、小蜜丸、大蜜丸；味甜、微苦。

【用法与用量】 口服：水蜜丸每次6g，小蜜丸每次9g，大蜜丸每次1丸，一天2次。

【规格】 大蜜丸每丸重9g。

【储藏】 密封。

【生产厂家】 北京同仁堂科技发展股份有限公司制药厂、天津中新药业集团股份有限公司达仁堂制药厂、河北药都制药集团有限责任公司。

仙灵骨葆胶囊 Xianling Gubao Jiaonang

【处方】 淫羊藿、续断、补骨脂、地黄、丹参、知母。

【性状】 本品为胶囊剂，内容物为棕黄色至棕褐色颗粒及粉末；味微苦。

【用法与用量】 口服：每次3粒，一天2次；4～6周为一个疗程；或遵医嘱。

【规格】 每粒装0.5g。

【注意】 孕妇禁用，重症感冒期间不宜服用。

【储藏】 密封。

【生产厂家】 贵州同济堂制药股份有限公司。

生脉注射液 Shengmai Zhusheye

【处方】 红参、麦冬、五味子。

【性状】 本品为淡黄色或淡黄棕色澄明液体。

【用法用量】 肌内注射:每次2~4ml,一天1~2次。静脉滴注:一次20~60ml,用5%葡萄糖注射液250~500ml稀释后使用,或遵医嘱。

【规格】 每瓶(支)装:①2ml;②10ml;③20ml;④50ml。

【储藏】 密封,避光,置于阴凉处。

【生产厂家】 四川省宜宾五粮液集团宜宾制药有限责任公司、山西太行药业股份有限公司、常熟雷允上制药有限公司、江苏苏中药业集团股份有限公司。

血府逐瘀胶囊 Xuefu Zhuyu Jiaonang

【处方】 桃仁(炒)、红花、赤芍、川芎、枳壳(麸炒)、柴胡、桔梗、当归、地黄、牛膝、甘草。

【性状】 本品为胶囊剂,内容物为棕褐色粉末;气辛,味微苦。

【用法与用量】 口服:每次6粒,一天2次,1个月为一个疗程。

【规格】 每粒重0.4g。

【储藏】 密封,置于阴凉干燥处。

【生产厂家】 天津宏仁堂药业有限公司。

冰硼散 Bingbeng San

【处方】 冰片、硼砂(煅)、朱砂、玄明粉。

【性状】 为粉红色粉末;气芳香,味辛凉。

【用法用量】 吹敷患处:每次少量,一天数次。

【规格】 每袋装1.5g。

【储藏】 密封。

【生产厂家】 河南天地药业股份有限公司、山西康威制药有限责任公司、承德新爱民制药有限公司河南时珍制药有限公司、广西梧州三鹤药业有限公司。

补中益气丸 Buzhong Yiqi Wan

【处方】 白术、柴胡、陈皮、当归、党参、升麻、炙甘草、炙黄芪。

【性状】 本品为棕色水丸,或为棕褐色至黑褐色小蜜丸或大蜜丸;味微甜、微苦、辛。

【用法与用量】 口服:大蜜丸每次1丸,一天2~3次。

【规格】 大蜜丸,每丸重9g。

【储藏】 密封,防潮。

【生产厂家】 山东沃华医药科技股份有限公司、甘肃省西峰制药有限责任公司、哈尔滨中药四厂有限公司、广东太安堂药业股份有限公司。

金匮肾气丸 Jingui Shenqi Wan

【处方】 干地黄、山药、山茱萸(酒炙)、茯苓、牡丹皮、泽泻、桂枝、附子(炙)、牛膝(去头)、车前子(盐炙)。辅料为蜂蜜。

【性状】 本品为黑褐色大蜜丸;味酸、微甘、苦。

【用法与用量】 口服:每次1丸,一天2次。

【规格】 每丸重6g。

【储藏】 密封,防潮。

【生产厂家】 哈尔滨中药四厂、哈药集团世一堂制药厂、齐齐哈尔滔林药业有限公司、辽宁可济药业有限公司、昆明中药厂有限公司。

知柏地黄丸 Zhibai Dihuang Wan

【处方】 知母、黄柏、熟地黄、山茱萸(制)、牡丹皮、茯苓、泽泻、山药。

【性状】 本品为棕黑色水蜜丸、黑褐色小蜜丸或大蜜丸;味甜而带酸苦。

【用法与用量】 口服:每次8丸,一天3次。

【规格】 蜜丸:每丸重9g。

【储藏】 密封,防潮。

【生产厂家】 北京御生堂集团石家庄制药有限公司、山西康威制药有限责任公司、昆明中药厂有限公司、广西梧州制药(集团)股份有限公司。

明目地黄丸 Mingmu Dihuang Wan

【处方】 熟地黄、酒萸肉、牡丹皮、山药、茯苓、泽泻、枸杞子、菊花、当归、白芍、蒺藜、石决明(煅)。

【性状】 本品为黑褐色至黑色水蜜丸,气微香,味先甜而后苦、涩。

【用法与用量】 口服:大蜜丸每次1丸,一天2次;浓缩丸每次8~10丸,一天3次。

【规格】 大蜜丸,每丸重9g。

【储藏】 密封,防潮。

【生产厂家】 北京同仁堂股份有限公司同仁堂制药厂、河南时珍制药有限公司、亚宝药业大同制药有限公司、山西振东开元制药有限公司、上海宝龙安庆药业有限公司。

枇杷止咳颗粒 Pipa Zhike Keli

【处方】 白前、百部、薄荷脑、桔梗、枇杷叶、桑白皮、罂粟壳。

【性状】 本品为黄棕色颗粒;味甜。

【用法与用量】 开水冲服:每次3g,一天3次。

【规格】 每袋装3g。

【储藏】 密封,防潮。

【生产厂家】 北京利龄恒泰药业有限公司、上海庆安药业集团宿州制药有限公司、杭州华东医药集团康润制药有限公司、广西恒科药业有限公司。

银翘解毒片 Yinqiao Jiedu Pian

【处方】 金银花、连翘、荆芥、淡豆豉、淡竹叶、桔梗、甘草、薄荷、牛蒡子(炒)。

【性状】 为浅棕色至棕褐色片;气芳香,味苦、辛。

【用法与用量】 口服:每次4片,一天2～3次。

【规格】 每片重0.52g。

【储藏】 密封,置于阴凉干燥处(不超过20℃)。

【生产厂家】 广东在田药业有限公司、陕西盘龙制药集团有限公司、天津金世制药有限公司、杭州胡庆余堂药业有限公司。

麻仁润肠丸 Maren Runchang Wan

【处方】 火麻仁、苦杏仁(炒)、大黄、木香、陈皮、白芍。

【性状】 本品为黄褐色大蜜丸;气微香,味苦、微甘。

【用法与用量】 口服:每次1～2丸,一天2次。

【规格】 每丸重6g。

【储藏】 密封。

【生产厂家】 北京同仁堂股份有限公司同仁堂制药厂、山西天生制药有限责任公司、山西华康药业股份有限公司、河南华峰制药有限公司、江西青春康源制药有限公司。

缩泉胶囊 Suoquan Jiaonang

【处方】 山药、益智仁(盐炒)、乌药。

【性状】 本品为胶囊剂,内容物为棕黄色粉末;气香,味微苦。

【用法与用量】 口服:成人每次6粒,5岁以上儿童每次3粒,一天3次。

【规格】 每粒装0.3g。

【储藏】 密封,置阴凉处。

【生产厂家】 湖南汉森制药有限公司。

橘红片 Juhong Pian

【处方】 化橘红、陈皮、半夏(制)、茯苓、甘草、桔梗、苦杏仁、紫苏子(炒)、紫菀、款冬花、瓜蒌皮、浙贝母、地黄、麦冬、石膏。辅料为淀粉、硬脂酸镁、滑石粉、蔗糖、甘油。

【性状】 本品为黄褐色片;气香,味微甘、苦。

【用法与用量】 口服:每次6片,一天2次。

【规格】 每片重0.6g。

【储藏】 密封。

【生产厂家】 吉林道君药业股份有限公司、重庆贝诺制药有限公司、福建建东药业有限公司。

麝香追风膏 Shexiang Zhuifeng Gao

【处方】 麝香、独活、香加皮、海风藤、苏木、海桐皮、延胡索、生川乌、生草乌、威灵仙、血竭、木香、乳香、没药、乌药、红花、当归、熟地黄、地黄、麻黄、牛膝、冰片、樟脑、桉油、肉桂油、丁香罗勒油、水杨酸甲酯。

【性状】 本品为淡黄棕色至棕色片状橡胶膏;气芳香。

【用法用量】 外用:贴于患处。

【规格】 7cm×10cm。

【储藏】 密封,置于阴凉处。

【注意】 孕妇禁用。

【生产厂家】 湖南唯康药业有限公司、武汉健民集团随州药业有限公司、重庆希尔安药业有限公司、广东湛江吉民药业股份有限公司、锦州奥鸿药业有限责任公司。

复习思考题

(1) 何谓规格、等级、统货。

(2) 请回答三七的商品规格。

(3) 请回答牛黄上清片的处方、性状、用法与用量、规格、储藏。

第十五章　保健食品和中药化妆品

第一节　国产保健食品

青春宝牌永真片

【批准文号】 卫食健字〔2003〕第0019号。
【保健功能】 免疫调节、延缓衰老。
【功效成分(标志性成分)含量】 每100g含总皂苷(以人参皂苷Re计)410mg。
【主要原料】 人参、生地黄、茯苓、黄芪、天门冬。
【适宜人群】 免疫力低下者、中老年人。
【不适宜人群】 少年儿童。
【产品规格】 0.3g/片。
【储藏方法】 密封、置于干燥处。
【申请人中文名称】 正大青春宝药业有限公司。

康恩贝牌天保宁胶囊

【批准文号】 国食健字G 20050280。
【保健功能】 改善记忆、调节血脂。
【功效成分(标志性成分)含量】 每100g含总黄酮4.8g、萜类内酯1.2g。
【主要原料】 银杏叶提取物、微晶纤维素。
【适宜人群】 需改善记忆者、血脂偏高者。
【不适宜人群】 少年儿童。
【产品规格】 0.2g/粒。
【储藏方法】 密封、置于阴凉干燥处。
【申请人中文名称】 浙江康恩贝集团医疗保健品有限公司。

纽崔莱牌蛋白质粉

【批准文号】 国食健字G 20060545。
【保健功能】 增强免疫力、缓解体力疲劳。
【功效成分(标志性成分)含量】 每100g含蛋白质80g。
【主要原料】 大豆分离蛋白、浓缩乳蛋白、卵磷脂、二氧化硅。
【适宜人群】 免疫力低下者，易疲劳者。
【不适宜人群】 少年儿童。
【产品规格】 400g/罐。
【储藏方法】 保持瓶盖封闭，置于24℃以下阴凉干燥处。

【申请人中文名称】　安利(中国)日用品有限公司。

红桃K牌养血活力片

【批准文号】　卫食健字〔2000〕第0579号。
【保健功能】　改善营养性贫血、免疫调节。
【功效成分(标志性成分)含量】　每1kg中含卟啉铁(以Fe计)≥2.3g;锌(以Zn计)2.0～3.5g。
【主要原料】　卟啉铁(蚕砂等提取物)、枸杞、大枣、山楂、硫酸锌。
【适宜人群】　营养性贫血者、免疫力低下者。
【不适宜人群】　无。
【产品规格】　1.1g/片。
【储藏方法】　置于阴凉干燥处。
【申请人中文名称】　红桃K集团股份有限公司。

碧生源牌减肥茶

【批准文号】　国食健字G 20040371。
【保健功能】　减肥。
【功效成分(标志性成分)含量】　每100g含茶多酚1.33g、总黄酮0.42g。
【主要原料】　绿茶、金银花、决明子、荷叶、绞股蓝、山楂、番泻叶、蜂蜜。
【适宜人群】　单纯性肥胖者。
【不适宜人群】　孕期及哺乳期妇女。
【产品规格】　2.5g/袋。
【储藏方法】　置于阴凉干燥处。
【申请人中文名称】　北京澳特舒尔保健品开发有限公司。

森山牌铁皮枫斗葆真片

【批准文号】　国食健字G 20041492。
【保健功能】　延缓衰老。
【功效成分(标志性成分)含量】　每100g含粗多糖1.5g。
【主要原料】　铁皮石斛、麦门冬、玉竹、北沙参、淀粉、羟丙甲纤维素。
【适宜人群】　中老年人。
【不适宜人群】　少年儿童。
【产品规格】　0.3g/片。
【储藏方法】　常温。
【申请人中文名称】　深圳市今之康保健食品有限公司。

康富来牌西洋参含片

【批准文号】　国食健字G 20050337。
【保健功能】　缓解体力疲劳、增强免疫力。
【功效成分(标志性成分)含量】　每100g含总皂苷1.6g。

【主要原料】 西洋参、木糖醇、阿斯巴甜(含苯丙氨酸)。

【适宜人群】 易疲劳者、免疫力低下者。

【不适宜人群】 少年儿童、孕妇。

【产品规格】 600mg/片、1200mg/片。

【储藏方法】 置于阴凉干燥处。

【申请人中文名称】 广东康富来药业有限公司。

昂立1号牌益生菌颗粒

【批准文号】 国食健字G 20060027。

【保健功能】 调节肠道菌群、增强免疫力。

【功效成分(标志性成分)含量】 每100g含低聚木糖4.40g、长双歧杆菌1.0×10^9CFU、嗜酸乳杆菌5.3×10^9CFU。

【主要原料】 低聚木糖、维生素C钠、长双歧杆菌、嗜酸乳杆菌、麦芽糊精、山梨醇、乳糖、苹果果汁粉。

【适宜人群】 肠道菌群紊乱者、免疫力低下者。

【不适宜人群】 无。

【产品规格】 2.0g/条。

【储藏方法】 密封、避光、置于阴凉干燥处,忌受热及在强烈阳光下暴晒。

【申请人中文名称】 上海交大昂立股份有限公司、上海交大昂立生命科技发展有限公司。

美媛春牌美媛春口服液

【批准文号】 卫食健字〔2003〕第0330号。

【保健功能】 改善营养性贫血、美容(祛黄褐斑)。

【功效成分(标志性成分)含量】 每100ml含黄芪甲苷2.0mg、总黄酮(以芦丁计)91mg、铁(以Fe计)36.4mg。

【主要原料】 黄芪、乌鸡、女贞子、川芎、香附、枸杞子、阿胶、大枣、油菜花粉、乳酸亚铁、蔗糖。

【适宜人群】 营养性贫血者、有黄褐斑者。

【不适宜人群】 儿童。

【产品规格】 10ml/支。

【储藏方法】 置于阴凉干燥处。

【申请人中文名称】 江西美媛春药业股份有限公司。

第二节　进口保健食品

希夫牌越橘葡萄籽软胶囊

【批准文号】 国食健字J 20100018。

【保健功能】 提高缺氧耐受力。

【功效成分(标志性成分)含量】 每100g含原花青素8.4g。

【主要原料】 越橘提取物、葡萄籽提取物、大豆油、卵磷脂、抗坏血酸、二氧化硅、明胶、甘油、水、焦糖色素。

【适宜人群】 处于缺氧环境者。

【不适宜人群】 少年儿童。

【产品规格】 1.25g/粒。

【储藏方法】 密闭,置于阴凉干燥处。

【申请人中文名称】 美国希夫保健品公司。

康维他牌蜂胶片

【批准文号】 国食健字J 20120012。

【保健功能】 增强免疫力。

【功效成分(标志性成分)含量】 每100g含总黄酮1500mg。

【主要原料】 蜂胶、异麦芽酮糖醇、微晶纤维素、单硬脂酸甘油酯、二氧化硅。

【适宜人群】 免疫力低下者。

【不适宜人群】 少年儿童、孕妇、乳母、蜂产品过敏者。

【产品规格】 0.5g/片。

【储藏方法】 干燥,低于30℃处保存。

【申请人中文名称】 康维他新西兰有限公司。

一和牌高丽原参液

【批准文号】 卫食健进字〔2003〕第0010。

【保健功能】 抗疲劳。

【功效成分(标志性成分)含量】 每100ml含总皂苷(以人参皂苷Re计)88mg、淫羊藿苷1.7mg、烟酰胺12mg、维生素B_2 2.8mg、维生素B_6 2.4mg。

【主要原料】 人参、当归、枸杞子、淫羊藿、烟酰胺、维生素B_2、维生素B_6、蔗糖、葡萄糖、枸橼酸、苯甲酸钠、对羟基苯甲酸丙酯。

【适宜人群】 易疲劳者。

【不适宜人群】 少年儿童。

【产品规格】 100ml/瓶。

【储藏方法】 常温、避光。

【申请人中文名称】 天津中一制药有限公司。

拉摩力拉牌玛卡片

【批准文号】 国食健字J 20050014。

【保健功能】 缓解体力疲劳。

【功效成分(标志性成分)含量】 每100g含氨基酸6.0g、锌1.6mg、铁4.6mg。

【主要原料】 玛卡根粉末、微晶纤维素、乳糖、二氧化硅、滑石粉。

【适宜人群】 易疲劳者。

【不适宜人群】 少年儿童。

【产品规格】 840mg/片。
【储藏方法】 置于阴凉干燥处。
【申请人中文名称】 美国毅力实业有限公司。

民生普瑞宝牌益生菌颗粒

【批准文号】 国食健字J 20060014。
【保健功能】 调节肠道菌群,增强免疫力。
【功效成分(标志性成分)含量】 每100g含嗜酸乳杆菌6.8×10^{10}CFU、长双歧杆菌3.3×10^{10}CFU。
【主要原料】 嗜酸乳杆菌、长双歧杆菌、木糖醇、麦芽糊精、李子香精、苹果酸、植物脂肪酸。
【适宜人群】 肠道功能紊乱者、免疫力低下者。
【不适宜人群】 无。
【产品规格】 1.5g/袋。
【储藏方法】 避光、密封、置于干燥处。
【申请人中文名称】 拉曼公司。

第三节 国产中药化妆品

丁家宜人参美白霜

【产品类别】 祛斑类。
【生产企业】 珈侬生化科技(中国)有限公司。
【批准文号】 卫妆特字〔2004〕第0736号。
【批准状态】 当前批件。
【批准日期】 2008年08月27日。
【批准有效期】 4。
【卫生许可证号】 〔2008〕卫妆准字07-XK-0023号。

妙正芦荟祛斑美白霜

【产品类别】 祛斑类。
【生产企业】 河南妙正医药有限公司。
【批准文号】 国妆特字G 20091417。
【批准状态】 当前批件。
【批准日期】 2009年11月20日。
【批准有效期】 4。
【卫生许可证号】 豫卫妆准字〔2008〕第25-XK-0009号。

永春堂银杏祛斑霜

【产品类别】 祛斑类。

【生产企业】 山东永春堂生物科技有限公司。
【批准文号】 国妆特字G 20100738。
【批准状态】 当前批件。
【批准日期】 2010年05月05日。
【批准有效期】 4。
【卫生许可证号】 〔2004〕卫妆准字12-XK-024。

第四节 进口中药化妆品

利佳薄荷水

【产品名称(英文)】 LIJIA PEPPERMINT CURE。
【产品类别】 普通类。
【生产国(地区)】 法国。
【生产企业(中文)】 利佳制药厂。
【生产企业(英文)】 Haribo Ricqles Zan。
【在华申报责任单位】 广州赖特斯商务咨询有限公司。
【批准文号】 国妆备进字J 20133957。
【批准日期】 2013年05月02日。
【批准有效期】 4。
【批准状态】 当前批件。

欧舒丹马鞭草果漾沐浴啫喱

【产品名称(英文)】 L'OCCITANE CITRUS VERBENA SHOWER GEL。
【产品类别】 普通类。
【生产国(地区)】 法国。
【生产企业(中文)】 欧舒丹公司。
【生产企业(英文)】 L' OCCITANE S. A.。
【在华申报责任单位】 普罗旺斯欧舒丹贸易(上海)有限公司。
【批准文号】 国妆备进字J 20098201。
【批准日期】 2009年11月27日。
【批准有效期】 4。
【批准状态】 当前批件。

保加利亚玫瑰精油

【产品名称(英文)】 BULGARIAN ROSE OIL。
【产品类别】 普通类。
【生产国(地区)】 保加利亚。
【生产企业(中文)】 保加利亚玫瑰有限公司。
【生产企业(英文)】 BULGARIAN ROSE PLC。

【在华申报责任单位】 北京芳草滋颜化妆品贸易有限公司。

【批准文号】 国妆备进字J 20123809。

【批准日期】 2012年06月07日。

【批准有效期】 4。

【批准状态】 当前批件。

波漫可爱蜂蜡滋养沐浴膏(固体蛋糕状)

【产品名称(英文)】 BOMB HONEY BEE GOOD BATH MALLOW。

【产品类别】 普通类。

【生产国(地区)】 英国。

【生产企业(中文)】 新鲜感受化妆品有限公司。

【生产企业(英文)】 Get Fresh Cosmetics Ltd。

【在华申报责任单位】 北京丽晶佳业商贸有限公司。

【批准文号】 国妆备进字J 20103973。

【批准日期】 2010年05月18日。

【批准有效期】 4。

【批准状态】 当前批件。

梨奥美黑芝麻生姜洗发露

【产品名称(英文)】 O'NAOMI BLACK SESAME & GINGER REJUVENATING SHAMPOO。

【产品类别】 普通类。

【生产国(地区)】 香港。

【生产企业(中文)】 耀阳研化。

【生产企业(英文)】 SUN LAB。

【在华申报责任单位】 中山市小榄镇明宇贸易商行。

【批准文号】 国妆备进字J 20095008。

【批准日期】 2009年07月20日。

【批准有效期】 4。

【批准状态】 当前批件。

丽姿灵芝珍珠晶莹皂

【产品名称(英文)】 ReiShi pearl crystal soap。

【产品类别】 普通类。

【生产国(地区)】 日本。

【生产企业(中文)】 株式会社和汉生药研究所。

【生产企业(英文)】 WAKAN SHOYAKU LABORATORY Co., Ltd。

【在华申报责任单位】 上海东耀医药科技有限公司。

【批准文号】 国妆备进字J 20098226。

【批准日期】 2009年11月27日。

【批准有效期】 4。

【批准状态】 当前批件。

复习思考题

(1) 请回答青春宝牌永真片批准文号、保健功能、功效成分(标志性成分)含量、主要原料、适宜人群、不适宜人群、产品规格、储藏方法、申请人中文名称。

(2) 改善胃肠道功能和增强免疫力的进口保健食品有哪些?

(3) 请回答利佳薄荷水的产品名称(英文)、产品类别、生产国(地区)、生产企业(中文、英文)、在华申报责任单位、批准文号、批准日期、批准有效期、批准状态。

(4) 祛斑类的国产中药化妆品有哪些?

第十六章　中医医疗器械

第一节　国产器械

针灸针(含一次性使用无菌针灸针)

【注册号】 苏食药监械(准)字2012第2270523号。

【产品适用范围】 供专业医师针灸疗法用。

【产品性能结构及组成】 针灸针(含一次性使用无菌针灸针)采用06Cr19Ni10不锈钢丝制成,按针柄型式分为平柄针、环柄针、花柄针,按是否灭菌分为一次性使用无菌针灸针和未灭菌针灸针,灭菌针灸针分为带和不带进针管两种,一次性使用无菌针灸针应无菌。

【产品标准】 GB2024-94针灸针。

【规格型号】 直径:0.16～0.45mm;针体长度:13～100mm。

【生产单位】 苏州针灸用品有限公司。

梅花针

【注册号】 苏食药监械(准)字2012第2270801号。

【产品适用范围】 用于中医临床刺激人体神经起反射作用。

【产品性能结构及组成】 由针尖、针头和针柄组成,分为单头和双头两种,单头一端面有七支散针组成,双头一端有七支散针,另一端有七支聚针组成。针体采用06Cr19Ni10不锈钢丝制成,梅花针敲头及柄部采用ABS注塑成型。

【规格型号】 单头、双头。

【生产单位】 苏州针灸用品有限公司。

皮内针

【注册号】 苏食药监械(准)字2012第2270812号。

【产品适用范围】 供专业医师针刺疗法用。

【产品性能结构及组成】 皮内针采用GB/T4240-2009规定的06Cr19Ni10不锈钢丝制成。按尺寸不同分为两种规格。

【产品标准】 YZB/苏0813-2012皮内针。

【规格型号】 Φ0.22mm、Φ0.20mm。

【生产单位】 苏州针灸用品有限公司。

中医刮痧板

【注册号】 苏镇食药监械(准)字2013第1270047号。

【产品适用范围】 供中医临床理疗及家庭保健用。

【产品性能结构及组成】 中医刮痧板由玉石、牛角等材料制成。其外形结构为不规则几何形。

【产品标准】 YZB/苏(镇)0048-2013。

【规格型号】 无。

【生产单位】 江苏富林医疗设备有限公司。

中医经络检测仪

【注册号】 吉食药监械(准)字2012第2270140号。

【产品适用范围】 依据传统中医经络理论,替代中医脉诊。对人体健康状况存在的倾向或潜在性的不正常状况、问题、障碍做出初步判断,实施人体健康状态普查、筛查。

【产品性能结构及组成】 产品由主机、探头、握棒、计算机组成。

【产品标准】 YZB/吉0049-2012。

【规格型号】 JK-02A型、JK-02B型、JK-02C型

【生产单位】 通化市海恩达高科技有限公司。

中药蒸疗机

【注册号】 粤食药监械(准)字2014第2260212号。

【产品适用范围】 适用于中药熏蒸治疗。

【产品性能结构及组成】 由蒸汽发生器、红外线发热片、隔离变压器、漏电开关、保险丝座、开关电源、控制电源板、水位传感器、温度传感器、进排水阀组成。

【产品标准】 YZB/粤0671-2014《中药蒸疗机》。

【规格型号】 SH-800P-1、SH-800P-2、SH-800P-3、SH-800P-4、SH-800P-5、SH-800P-6、SH-800P-7、SH-800P-8、SH-800B-1、SH-800B-2、SH-800Z-1、SH-800Z-2、SH-800J-1、SH-800J-2、SH-800J-3、SH-800J-4。

【生产单位】 深圳市中新浩医学科技有限公司。

杜仲胶可塑性夹板

【注册号】 陕安食药管械(准)字2013第1640001号。

【产品适用范围】 适应于人体部分关节部位的外固定。

【产品性能结构及组成】 由杜仲胶压制而成的不同厚度和大小的可塑性夹板。具有可塑性强、塑形性发、便于裁、使用方便、X线能穿透等性能。

【产品标准】 YZB/陕西001-2013。

【规格型号】 WSMJ300*300。

【生产单位】 安康汉阴华晔植物药业有限公司。

一次性使用输液器(带针)

【注册号】 国食药监械(准)字2007第3660560号。

【产品适用范围】 供医疗临床对患者静脉滴注药液用。

【产品性能结构及组成】 本产品由保护套、瓶塞穿刺器、空气过滤器、软管、滴管、流

量调节器、药液过滤器、静脉输液针组成。

【产品标准】 YZB/国 0821-2006《一次性使用输液器 带针》。

【规格型号】 A-1、A-2、B-1、B-2(输液针:0.45、0.5、0.55、0.6、0.7、0.8、0.9、1.2mm)。

【生产单位】 广西巨龙医疗器械有限公司。

病人监护仪

【注册号】 国食药监械(准)字2007第3211024号。

【产品适用范围】 适用于医疗单位的ICU、CCU、麻醉、急诊等部门临床监测。

【产品性能结构及组成】 产品组成详见附页。性能:心率测量范围:20～300次/分钟;呼吸测量范围:0～120次/分钟;血氧饱和度测量范围0～100%;有创血压测量范围:－30～300mmHg;体温测量范围0～50℃;呼吸末二氧化碳测量范围0～10.1kPa;氧气浓度测量范围5～100Vol.%;安氟醚浓度测量范围0～5 Vol.%;异氟醚测量范围0～5Vol.%。

【产品标准】 YZB/国。0144-2007《病人监护仪》。

【规格型号】 UT4000F Pro、UT4000B。

【生产单位】 深圳市金科威实业有限公司。

金属接骨板(商品名:套筒鹅头板)

【注册号】 国食药监械(准)字2007第3460453号。

【产品适用范围】 该产品适用于股骨颈骨折、股骨近端的粗隆下骨折、股骨髁骨折、胫骨平台骨折和类似部位的骨折。

【产品性能结构及组成】 该产品的结构设计采用钉板滑动连接,加压螺旋钉与加压孔设计为便于加压固定,加压螺旋钉通杆空心,材质为GB/T 13810-1997中规定的TC4钛合金。非无菌状态提供。

【产品标准】 YY0017《骨接合植入物金属接骨板》。

【规格型号】 型号:YSQ36。规格:4×78、5×94、5×99、6×110、6×117、7×126、7×135、8×142、8×153、9×158、9×71、10×174、10×189、11×190、12×206(孔数×板长)。

【生产单位】 天津市康尔医疗器械有限公司。

手摇式病床

【注册号】 辽鞍食药监械(准)字2006第1560006号。

【产品适用范围】 用于医院门诊及病房。

【产品性能结构及组成】 手摇式病床由床头、床身、盆架及手柄等结构组成,有单折和三折两种不同型号,床头两侧分别通过插销连接,可通过转动手柄调节床板高度。

【产品标准】 YZB/辽鞍0006-2006 手摇式病床。

【规格型号】 单折、三折。

【生产单位】 鞍山市凯利医疗器械有限公司。

手术台

【注册号】 川药管械(准)字2004第2540011号。

【产品适用范围】 产品适用于一般外科、妇科、泌尿科、整形科、直肠科和五官科手术、检查、治疗等用。

【产品性能结构及组成】 产品由腿板、台座、背板、头板、脚轮、底座、盖板、升降油缸、台面垫子、摆座、挂架、控制器等部分组成。为电动液压方式。

【产品标准】 YZB/川0033-2002手术台。

【规格型号】 MT/ST-220b。

【生产单位】 四川简阳港通集团有限公司。

第二节　进口器械

生物物理治疗仪

【注册号】 国食药监械(进)字2013第2260075号。

【产品适用范围】 临床用于过敏性疾病的辅助治疗。

【产品性能结构及组成】 本仪器由主机(包括打印机、红外传输器、电源适配器、致敏实物立体样本可选部分)、检测笔、电极(包括柱状、球形等)、治疗垫组成。

【产品标准】 进口产品注册标准　YZB/GER 6807-2012《生物物理治疗仪》。

【规格型号】 BICOM Optima B21；BICOM Optima B22；BICOM Optima B23；BICOM Optima B24；BICOM Optima B25。

【生产厂商名称(中文)】 德国瑞格美德医疗技术有限公司。

【生产国(中文)】 德国。

皮肤缝合器

【注册号】 国食药监械(进)字2009第2012534号。

【产品适用范围】 本产品适用于普通外科手术皮肤缝合和紧急医疗处理。

【产品性能结构及组成】 本产品由缝合器和缝合钉组成。

【产品标准】 进口产品注册标准　YZB/JAP 1306-2009《皮肤缝合器》。

【规格型号】 Manipler AZ、Manipler S-2。

【生产厂商名称(中文)】 日本马尼株式会社。

【生产国(中文)】 日本。

尿素氮检测试剂盒(酶动力法)

【注册号】 国食药监械(进)字2011第2400724号。

【产品适用范围】 用于体外定量测定人血清、血浆和尿中尿素氮的浓度。

【产品性能结构及组成】 尿素酶、α-酮戊二酸、GLDH、稳定剂。产品有效期:2～8℃,12个月。附件:注册产品标准,产品说明书。

【产品标准】 YZB/ENG 4029-2010。

【规格型号】 UR2821:4×120t。

【生产厂商名称(中文)】 英国RANDOX Laboratories有限公司。

【生产国(中文)】 英国。

数字X射线成像系统

【注册号】 国食药监械(进)字2010第2300505号。

【产品适用范围】 本产品用于配合X射线机,取代CR和胶片对人体的任何部分进行摄影成像。

【产品性能结构及组成】 CXDI-55C、CXDI-55G型成像系统包括:①传感器单元;②传感器电缆;③电源箱(包括遥控开关、电源线、X-光接口电缆)。该成像系统可选配:滤线栅单元(不含滤线栅)。

【产品标准】 进口产品注册标准 YZB/JAP 0226-2010《数字X射线成像系统》。

【规格型号】 CXDI-55G;CXDI-55C。

【生产厂商名称(中文)】 佳能公司。

【生产国(中文)】 日本。

磁共振成像系统

【注册号】 国食药监械(进)字2010第3280510号。

【产品适用范围】 本产品是0.3T永磁型磁共振成像系统,用于临床MRI图像诊断。

【产品性能结构及组成】 产品组成包括扫描架、检查床、操作台、MRI单元(RF收发器、梯度磁场电源、保温控制单元、图像处理单元、配电盘)、滤波盒、接收线圈(见附表)、心电门控功能插件(心电、脉搏、呼吸同步)、附件(校正用体模、检查床床垫、检查床头垫、固定用辅助工具)、患者呼叫铃、多阵列单元、MOD驱动器、UPS。

【产品标准】 进口产品注册标准 YZB/JAP 0167-2010《磁共振成像系统》。

【规格型号】 AIRIS Vento。

【生产厂商名称(中文)】 日本株式会社日立医疗器械。

【生产国(中文)】 日本。

眼科手术用粘弹剂(商品名:利微视)

【注册号】 国食药监械(进)字2009第3220582号。

【产品适用范围】 本产品为眼科手术辅助剂,用于眼前节手术中包括白内障摘除和人工晶体植入手术。

【产品性能结构及组成】 利微视眼科手术用粘弹剂由粘弹剂和一次性注射器组成,带有套管和套管锁环。本产品是一种无菌、非致热的,由硫酸软骨素钠和透明质酸钠构成的黏弹性溶液。主要成分为每毫升利微视眼科手术用粘弹剂含有不超过17mg透明质酸钠和40mg硫酸软骨素钠,0.45mg一水合磷酸二氢钠,2.0mg无水磷酸氢二钠及3.1mg氯化钠,适量浓盐酸和(或)氢氧化钠,适量注射用水。

【产品标准】 进口产品注册标准 YZB/USA 0082-2007《眼科手术用粘弹剂(商品名:利微视)》。

【规格型号】 0.5ml;1.0ml。

【生产厂商名称(中文)】 美国爱尔康公司。

【生产国(中文)】 美国。

全自动血细胞分析仪

【注册号】 国食药监械(进)字2008第2400059号。

【产品适用范围】 用于在实验室条件下对人类血液样本的细胞计数和分类。

【产品性能结构及组成】 ①主机:包括LCD触摸屏;全血进样针;预稀释进样针(分配器);②管路系统;③条形码阅读器。

【产品标准】 进口产品注册标准　YZB/SWE 1174-2007《全自动血细胞分析仪》。

【规格型号】 M-series M10, M-series M16;M-series M16M-GP, M-series M20M-GP。

【生产厂商名称(中文)】 瑞典布尔医疗设备有限公司。

【生产国(中文)】 瑞典。

一次性使用鼻氧管

【注册号】 国食药监械(进)字2007第1560734号。

【产品适用范围】 本鼻氧管供临床医疗单位为普通患者进行少量吸氧时使用。

【产品性能结构及组成】 结构由一条供氧管、两条跨耳氧管和一个鼻件连接而成。

【产品标准】 进口产品注册标准　YZB/ENG 0545-2007《一次性使用鼻氧管》。

【规格型号】 普通型;成人软鼻件型;儿童软鼻件型;婴儿软鼻件型。

【生产厂商名称(中文)】 英国　FLEXICARE医疗有限公司。

【生产国(中文)】 英国。

体外冲击波碎石机

【注册号】 国食药监械(进)字2004第3210683号。

【产品适用范围】 用于泌尿系结石的粉碎。

【产品性能结构及组成】 产品为电磁式冲击波碎石机,由冲击波发生器和电动治疗台组成,可采用B超或X线定位。性能:第二焦点冲击波峰值为20～50MPa;第二焦点冲击波聚焦范围为径向±7mm、轴向±12.5mm;第二焦点与反射体上端口平面距离不小于110mm;机械传动系统最小调节精度为±1mm;焦点定位偏差不大于3mm;体外冲击波对模拟结石粉碎最大颗粒尺寸不大于3mm。

【产品标准】 YZB/GEM 2659《LITHOSTAR MODULARIS Vario体外冲击波碎石机》。

【规格型号】 LITHOSTAR MODULARIS Vario。

【生产厂商名称(中文)】 德国西门子股份公司医疗系统集团。

【生产国(中文)】 德国。

气压止血带(商品名:Komprimeter)

【注册号】 国食药监械(进)字2006第1541631号。

【产品适用范围】 通过物理方法,控制压力,阻碍血管的血液流通,达到止血作用。

【产品性能结构及组成】 止血带由压力表、止血绷带和气路管等组成。

【产品标准】 进口产品注册标准 YZB/GEM 2028-64-2004《气压止血带》。

【规格型号】 5255。

【生产厂商名称(中文)】 德国鲁道夫-里斯特股份有限公司。

【生产国(中文)】 德国。

复尔凯鼻胃管

【注册号】 国食药监械(进)字2004第2660765号。

【产品适用范围】 本产品临床适用于通过鼻饲对患者进行肠内营养液的输注。

【产品性能结构及组成】 本产品主要由聚氨酯导管及不锈钢导引钢丝组成。按导管接头形状及材质对射线的透过性不同分为普通烟囱状接头、不透射线烟囱状接头及外圆锥接头三种,每种按管径及长度不同由分为CH5、CH6、CH8、CH10、CH12、CH14六种规格。本产品为一次性使用产品。

【产品标准】 YZB/HOL 2301《复尔凯鼻胃管》。

【规格型号】 CH5;CH6;CH8;CH10;CH12;CH14。

【生产厂商名称(中文)】 荷兰纽迪希亚出口有限公司。

【生产国(中文)】 荷兰。

复习思考题

(1) 请回答一次性使用输液器(带针)的注册号、产品适用范围、产品性能结构及组成、产品标准、规格型号、生产单位。

(2) 请回答生物物理治疗仪的注册号、产品适用范围、产品性能结构及组成产品标准、规格型号、生产厂商名称(中文)、生产国(中文)。